Konzepte der Sprach- und Literaturwissenschaft

Herausgegeben von
Peter Eisenberg und Helmuth Kiesel

Peter Auer

Sprachliche Interaktion

Eine Einführung anhand von 22 Klassikern

Max Niemeyer Verlag
Tübingen 1999

Die Deutsche Bibliothek – CIP-Einheitsaufnahme

Auer, Peter : Sprachliche Interaktion : eine Einführung anhand von 22 Klassikern / Peter Auer. – Tübingen : Niemeyer, 1999
(Konzepte der Sprach- und Literaturwissenschaft ; 60)

ISBN 3-484-22060-0   ISSN 0344-6735

© Max Niemeyer Verlag GmbH, Tübingen 1999
Das Werk einschließlich aller seiner Teile ist urheberrechtlich geschützt. Jede Verwertung außerhalb der engen Grenzen des Urheberrechtsgesetzes ist ohne Zustimmung des Verlages unzulässig und strafbar. Das gilt insbesondere für Vervielfältigungen, Übersetzungen, Mikroverfilmungen und die Einspeicherung und Verarbeitung in elektronischen Systemen.
Printed in Germany.
Gedruckt auf alterungsbeständigem Papier.
Satz: Linsen mit Spektrum, Mössingen
Druck: AZ Druck und Datentechnik GmbH, Kempten
Einband: Nädele Verlags- und Industriebuchbinderei, Nehren

Inhalt

Danksagung VII

Einführung 1

1. Kommunikation *(Claude E. Shannon)* 7
2. Ausdruck – Appell – Darstellung *(Karl Bühler)* 18
3. Sprachfunktionen *(Roman Jakobson)* 30
4. Metakommunikation *(Paul Watzlawick)* 39
5. Äußerung („énonciation") *(Emile Benveniste)* 51
6. Gebrauch *(Ludwig Wittgenstein)* 61
7. Performativ *(John Langshaw Austin)* 70
8. Sprechakt *(John Searle)* 80
9. Konversationsmaximen *(H. Paul Grice)* 91
10. Handlung *(Max Weber)* 103
11. Alltag *(Alfred Schütz)* 115
12. Indexikalität/Reflexivität *(Harold Garfinkel)* 127
13. Sequentialität *(Harvey Sacks)* 136
14. Ordnung der Interaktion („interaction order") *(Erving Goffman)*.. 148
15. Kontextualisierung *(John J. Gumperz)* 164

16. Kommunikative Gattungen *(Thomas Luckmann)* 175

17. Performanz *(Dell Hymes)* 187

18. Kultur *(Clifford Geertz)* 198

19. Ideologie *(Valentin Vološinov)* 212

20. Intertextualität *(Michail M. Bachtin)* 222

21. Diskurs *(Michel Foucault)* 232

22. Sprachlicher Markt *(Pierre Bourdieu)* 240

Literaturverzeichnis 253

Sachregister 271

Personenregister 281

Danksagung

Beim Schreiben dieses Buchs haben mir die Fragen meiner Hamburger und Freiburger Studenten und Studentinnen geholfen, besonders aber die inhaltlichen Kommentare von Karin Birkner, Friederike Kern, Helga Kotthoff und vor allem Susanne Günthner. (Trotzdem sind die „Klassiker" der folgenden 22 Kapitel eine reine Männergesellschaft geblieben!) Die Vorbereitung des Manuskripts – besonders der Bibliographie – wären ohne die Hilfe von Barbara Rönfeldt, Ines Lange, Sabine Kuner und Irmtraud Bockstahler unmöglich gewesen. Ihnen allen mein herzlicher Dank!

Einführung

In den folgenden 22 Kapiteln werden 22 Autoren vorgestellt, die ohne Zweifel Klassiker der verbalen Interaktionsanalyse sind; sie haben alle – teils im Zentrum ihrer Schriften, teils als Nebenprodukt ihrer Beschäftigung mit anderen Themen – bedeutende Beiträge zur Grundlegung einer Theorie sprachlichen Handelns geleistet. Zugleich werden 22 Begriffe erläutert, die den 22 Autoren zugeordnet sind; zusammen genommen sollen sie das Spektrum des heute relevanten Grundwissens über sprachliche Interaktionsanalyse abdecken.

Daß sprachliches Handeln bzw. sprachliche Interaktion[1] ein genuiner Gegenstandsbereich der Linguistik ist, wird heute kaum mehr bestritten; fast drängt sich der umgekehrte Eindruck auf, daß die Sprachwissenschaft seit der sog. pragmatischen Wende in den frühen 70er Jahren so selbstverständlich mit Begriffen wie ‚Sprechakt' oder ‚Kommunikation' umgeht, als ob es in der Linguistik schon eine ausgearbeitete und allgemein akzeptierte Theorie sprachlichen Handelns gäbe. Tatsächlich ist dies keineswegs der Fall. Zwar sind in den vergangenen 30 Jahren bedeutende Fortschritte gemacht worden, die die z.B. von Th. Luckmann beklagte „sprachtheoretische Armut der Gesellschaftstheorie und die gesellschaftstheoretische Verflachung der Spezialdisziplinen, die sich mit Sprache und Kommunikation beschäftigten" (1995:48) deutlich gemildert hat. Wie die Liste der Autoren zeigt, die in den folgenden Kapiteln besprochen werden, sind Sprachwissenschaftler darunter aber die Minderheit. Die bedeutendsten Erkenntnisse zum Thema, über die wir heute verfügen, gehen auf soziologische, sprachphilosophische und anthropologische Theoretiker zurück. Auf ihren Schultern eine ausgearbeitete Handlungstheorie zu entwickeln, die linguistische Fragestellungen im engeren Sinn unmittelbar mit einbezieht, ist bisher nur in Fragmenten gelungen. Trotzdem hat sich die Linguistik die ‚Pragmatik'

---

[1] Die Begriffe ‚sprachliches Handeln' und ‚sprachliche Interaktion' werden in diesem Buch weitgehend synonym verwendet, soweit nicht der jeweils zu besprechende Autor erkennbar vom Gegenteil ausgeht. Die in der Literatur verschiedentlich zu beobachtende Tendenz, den ersteren Begriff mehr für intentionalistische Herangehensweisen zu reservieren, den zweiteren eher für dialogisch-materialistische, scheint mir verfehlt, weil der Einheit des Gegenstands zuwiderzulaufen.

mit solcher Selbstverständlichkeit einverleibt, daß diese außerlinguistischen Quellen zumindest im Studium teils nur noch vom Hörensagen bekannt sind und berücksichtigt werden. Nicht wenige Einführungsseminare räumen der ‚Pragmatik' zwar den ihr gebührenden Platz ein; dahinter verbirgt sich aber nicht selten eine platte Sprechaktlinguistik, angereichert mit Versatzstücken aus popularisierter Konversationsanalyse und kaum auf ihre Brauchbarkeit befragten Kommunikationsmodellen. Entwicklungen der 80er und 90er Jahre außerhalb der Linguistik werden ebenso wenig berücksichtigt wie der wissenschaftsgeschichtliche Hintergrund solcher Ansätze wie der ethnomethodologischen Konversationsanalyse. Einer der Gründe, die für diese unbefriedigende Lage verantwortlich sind, mag das Fehlen einer auf Sprache hin orientierten zusammenfassenden Darstellung dieser Quellen und Entwicklungen sein.

Der Versuch, eine solche Darstellung zu geben, ist unter anderem deshalb so schwierig, weil die heute in der pragmatisch orientierten Linguistik zusammenfließenden Traditionen äußerst disparat sind. Es treffen Theorien oder Theoriefragmente von genuin sprachwissenschaftlich ausgerichteten Wissenschaftlern wie Bühler oder Benveniste, deren Interesse vor allem der Deixis und sprachlichen Kontexttheorie gilt, auf kybernetisch und semiotisch basierte Kommunikationsmodelle, die selbst wieder sehr unterschiedlichen Zielen dienen – von der technischen Informationsübertragung (Shannon) bis zur Poetik (Jakobson); mit ihnen verbindet sich die aus der *ordinary language philosophy* stammende Sprechakttheorie sowie die in einer phänomenologisch-soziologischen Tradition verwurzelte Konversationsanalyse, mit unklaren Bezügen zu Wittgenstein und Schütz. In letzter Zeit sind zu dieser Mixtur anthropologische Ansätze (und Begriffe: Kultur, sprachlicher Markt, Performanz, Gattung, etc.) sowie literaturtheoretisch-kultursemiotische Theorien (z.B. von Bachtin und Foucault) hinzugekommen.

Obwohl diese Traditionen alle für die Linguistik in der einen oder anderen Weise relevant sind, ist es kaum denkbar, sie zu einer in sich konsistenten Gesamttheorie zusammenzuschmieden. Es gibt einzelne Traditionslinien (etwa: Weber – Schütz – Garfinkel – Sacks; Austin – Searle; Bühler/Shannon – Jakobson; Schütz – Luckmann; Gumperz – Hymes), möglicherweise zufällige Koinzidenzen und Ähnlichkeiten (Wittgenstein – Garfinkel/Sacks; Bühler – Benveniste; Vološinov – Foucault), Wahlverwandtschaften (Geertz – Wittgenstein) und antagonistische Bezugnahmen (Goffman – Sacks; Bourdieu – Grice), aber auch völlig unabhängige Entwicklungen. Die in der vorliegenden Einführung gewählte Darstellungsweise, die sich an einzelnen Autoren orientiert, denen jeweils ein Grundbegriff zugeordnet ist, schien mir dieser teils fragmentierten, teils durch Familienähnlichkeiten zusammengehaltenen Phase der Theoriebildung am ehesten zu entsprechen. Wo immer möglich, habe ich versucht, auf Ähnlichkeiten sowie Querver-

Einführung

bindungen und explizit gemachte oder zu vermutende Einflüsse hinzuweisen.

Am Anfang steht das Stichwort ‚Kommunikation' und das Modell der mathematischen Kommunikationstheorie Claude Shannons (Kap. 1); weniger, weil dieses Modell zum linguistischen Allgemeinwissen gehört, sondern vor allem, weil fast alle der nachfolgenden Autoren sich direkt oder indirekt auf dieses Modell beziehen oder beziehen lassen, und zwar in der Regel, indem sie sich davon abgrenzen bzw. seine verschiedenen Komponenten angreifen. Bühlers schon früher entstandenes Organonmodell (Ausdruck – Appell – Darstellung, Kap. 2) weist nur scheinbare Parallelen auf; tatsächlich ist es als Zeichenmodell zu verstehen, das die verschiedenen Dimensionen der *face-to-face*-Interaktion in die Konstitution des sprachlichen Zeichens integriert. Jakobsons Funktionsmodell der Sprache (Sprachliche Funktionen, Kap. 3) versucht, zwischen Kommunikations- und Zeichenmodell zu vermitteln. In diesen Diskussionszusammenhang gehört auch Watzlawick, der aus psychotherapeutischer Sicht den Begriff der Metakommunikation (Kap. 4) aus dem Sprachfunktionenmodell weiterentwickelt.

Emile Benveniste (Kap. 5), der mit seiner Theorie der Äußerung (*énonciation*) und des Diskurses (*discours*) in mancher Hinsicht Bühler nahesteht, ist einer der wenigen französischsprachigen Linguisten, die die Beschränkungen des Strukturalismus überwinden. Durch die Betonung des Individuums, das sich in der Aneignung der Sprache zum ‚Subjekt' macht, weist er (ohne daß eine wechselseitige Beeinflussung nachweisbar wäre) auch gewisse Affinitäten zu Erving Goffman (Kap. 14) auf, der in der amerikanischen Soziologie der 50er und 60er Jahre ebenso ein Sonderfall ist wie Benveniste in der französischen Linguistik dieser Zeit.

Mit Kap. 6 wechselt die Perspekive zur Sprachphilosophie, besonders zur *ordinary language philosophy*. Wittgensteins Gebrauchstheorie der Sprache macht aus historiographischen Gründen den Anfang, obwohl ihre Bezüge zur Sprechakttheorie (wie übrigens auch zur Ethnomethodologie und Konversationsanalyse) erst im Nachhinein hergestellt worden sind. Durch Austins Überlegungen zu den von ihm so genannten „Performativen" (Kap. 7) wurde sprachliches Handeln zu einem akzeptierten Thema der Sprachphilosophie, deren Beschränkung auf wahrheitswertfähige Aussagen er kritisiert und auflöst. Obwohl die Bedeutung dieser sprachphilosphischen Diskussion von Linguisten wie Benveniste schon früh erkannt wurde, konnte erst die Systematisierung dieses Ansatzes bei Searle den Siegeszug der Sprechakttheorie (Kap. 8) in der Linguistik einleiten. Mit Grice' Theorien des Meinens und der Konversationsmaximen (Kap. 9) ist ein erster Gegenpol zum Shannonschen Kommunikationsmodell erreicht: an die Stelle eines „Code-Modells" der Interaktion tritt ein „Inferenzmodell", das die linguistische Pragmatik bis heute dominiert.

Die folgenden Kapitel 10–13 greifen erneut einen anderen Forschungszusammenhang auf, nämlich den der Sprachsoziologie. Max Weber sieht zwar seine intentionale Handlungstheorie lediglich als Bedingung soziologischen Arbeitens (Kap. 10), dennoch hat sie die nachfolgenden Theoretiker nachhaltig beeinflußt. So wendet und stützt Alfred Schütz Webers Theorie aus phänomenologischer Sicht; besonders seine Theorie alltäglicher Typisierungen expliziert Webers Begriff des „gemeinten Sinns" einer Handlung (Stichwort ‚Alltag', Kap. 11). Hier setzt auch Harold Garfinkel an, der wie Schütz an den grundlegenden Verfahren der Sinngebung im Alltag interessiert ist und mit dem Begriffspaar Indexikalität/Reflexivität (Kap. 12) in der Ethnomethodologie eine radikalkonstruktivistische Kontexttheorie entwickelt. Als Umsetzung dieser Theorie in die Beschreibung von Alltagsgesprächen ist die Konversationsanalyse zu verstehen, die in Kap. 13 anhand einiger wichtiger Schriften Harvey Sacks' unter dem Stichwort ‚Sequentialität' eingeführt wird.

Ethnomethodologie und Konversationsanalyse sind in Auseinandersetzung mit Erving Goffman, aber auch beeinflußt von anthropologischen Theoriezusammenhängen der 60er und 70er Jahre entstanden, auf die sie selbst wieder zurückgewirkt haben. Goffman (Kap. 14) betont jedoch – anders als die Konversationsanalyse – den „rituellen" oder „moralischen" Charakter der Interaktion, wenn er die Formen der Selbstdarstellung des Individuums im sprachlichen Handeln in den Mittelpunkt seiner Auffassung der ‚Ordnung der Interaktion' (*interaction order*) rückt. Einige dieser Theoriezusammenhänge werden in den Kapiteln 15–18 vorgestellt, beginnend mit John Gumperz' Arbeiten zur ‚Kontextualisierung', die vor allem wegen ihrer Berücksichtigung prosodischer und gestischer Kontextualisierungsverfahren und wegen ihrer Anwendbarkeit auf interkulturelle Kommunikationssituationen leicht an linguistische Fragestellungen angeschlossen werden können. Thomas Luckmanns ‚kommunikative Gattungen' (Kap. 16) und die von Dell Hymes vorangetriebenen Untersuchungen zur ‚Performanz' (Kap. 17) operieren beide (ohne Gumperz' Terminus zu verwenden) mit solchen Kontextualisierungsverfahren. Performanz und Gattung gehören zusammen, denn Performanz ist nicht ohne die Verfestigung sprachlichen Handelns in Gattungen denkbar, während Gattungen im Sinne Luckmanns sehr häufig nach ihrer Performanz bewertet werden.

Das folgende Kapitel 18 führt anhand einer kritischen Diskussion der Arbeiten von Clifford Geertz den Kulturbegriff ein. Geertz wendet sich in handlungstheoretischer Absicht gegen den kognitiven Kulturbegriff, d.h. er verlegt Kultur aus den Köpfen der Mitglieder einer Gesellschaft in ihr Handeln; damit schlägt er auch die Brücke zum letzten Teil des Buchs

Einführung

(Kap. 19–22), der einigen für die Linguistik wichtigen kultursemiotischen Theorien gewidmet ist.

Valentin Vološinovs ‚Ideologie' (Kap. 19) ist Geertz' ‚Kultur' sehr nah. Beide manifestieren sich in der Zeichenpraxis, aus der sie zu rekonstruieren sind. Michail Bachtin verweist einerseits auf die Disziplinierung dieser Zeichenpraxis in Form von Diskurstraditionen (die er ebenfalls Gattungen nennt), andererseits beschreibt er mit dem später mit seinen Schriften assoziierten Schlagwort der Intertextualität (Kap. 20) auch die Formation dieser Traditionen; damit rückt er nah an Michel Foucault (Stichwort ‚Diskurs', Kap. 21). Ein Blick auf die Bewertungsmechanismen für sprachliche Äußerungen auf dem sprachlichen Markt (Kap. 22) im Sinne Pierre Bourdieus schließt die Darstellung ab.

Ich will einräumen, daß die Auswahl der Stichworte wie auch die der zugeordneten Autoren in diesem Buch nicht ganz frei von meinen persönlichen Vorlieben war. Es hätte weitere Kandidaten gegeben, die sicherlich einen Einfluß auf die linguistische Diskussion gehabt haben und noch heute haben (man denke an Jürgen Habermas, Niklas Luhmann, Bronislaw Malinowski, George Herbert Mead oder Gregory Bateson). Persönlich schätze ich ihren Beitrag zur *linguistischen* Handlungstheorie geringer ein als den der aufgenommenen Wissenschaftler; andere hätten hier aber vielleicht anders geurteilt. Dasselbe gilt auch für die Grundbegriffe zur Theorie sprachlichen Handelns; denkbar und sinnvoll wären zum Beispiel auch Stichwörter wie Institutionalisierung, Ritualisierung, Hegemonie gewesen, ganz zu schweigen von detaillierteren Untersuchungsfeldern wie non-verbale Kommunikation oder Narrativ. Für manche dieser Bereiche liegen allerdings keine ausgearbeiteten und allgemein bekannten Theorien vor, und natürlich hat auch die Darstellungsform (Paare von Theoretikern und Grundbegriffen) der Auswahl gewisse Grenzen auferlegt.

Wie schon angedeutet, machen die Beiträge einiger Autoren zur Theorie sprachlichen Handelns nur einen (manchmal kleinen) Teil ihres Gesamtwerks aus (dies gilt etwa für M. Weber, Th. Luckmann, M. Bachtin, M. Foucault, J. Gumperz, P. Bourdieu). In diesen Fällen können die folgenden Kapitel also keineswegs als Einführung in das Werk des jeweiligen Autors betrachtet werden, sondern lediglich als Darstellung eines Einzelaspekts. Die leitende Frage war immer, wie weit die referierten Theorien und Autoren aus sprachwissenschaftlicher Perspektive für eine Theorie des sprachlichen Handelns relevant sind. Es versteht sich im übrigen von selbst, daß die vorliegende Einführung nur Überblickscharakter haben kann; für eine vertiefte Beschäftigung mit den jeweiligen Autoren bzw. Themen werden in den einzelnen Kapiteln weiterführende Literaturhinweise genannt.

Auf die grundsätzliche Frage einzugehen, warum sich denn die Sprachwissenschaft überhaupt mit sprachlichem Handeln beschäftigen sollte, scheint angesichts der Trivialisierung des pragmatischen Charakters von Sprache in der heutigen Linguistik überflüssig. Die meisten Vertreter und Vertreterinnen des Fachs würden sie wohl mit einem kurzen Verweis darauf beantworten, daß sprachliche Interaktionsabläufe zum genuinen Gegenstandsbereich der modernen Linguistik gehören, die sich nicht nur mit Sprache als Grammatik beschäftigt, sondern auch mit Gesprächen in informellen wie formellen, privaten wie institutionalisierten, unmittelbaren und mittelbaren (medialen) Zusammenhängen. Diese Antwort ist ohne jeden Zweifel richtig, jedoch nicht ausreichend. Tatsächlich ist der Zusammenhang zwischen Sprache als grammatischem System und Sprache als Ressource der Kommunikation viel komplexer und viel weniger additiv als mit einer solchen Ansicht suggeriert wird. Es geht um nichts weniger als die Frage, ob und wie sich im Handeln überhaupt erst Sprache (qua Grammatik) konstituiert, und ob und wie andererseits Handeln erst durch Sprache (qua Grammatik) möglich wird.

Zumindest solche Ansätze in der Grammatikforschung, die Grammatik nicht nur als uninteressantes Oberflächenkorrelat der eigentlich zu beschreibenden Bioprogramme ansehen, sondern als historisch gewachsene, optimierte und/oder konventionalisierte Lösungen für kommunikative Aufgaben (vgl. die Ergebnisse der Grammatikalisierungsforschung der letzten Jahre), kommen nicht darum herum, diese kommunikativen Aufgaben im Rahmen einer Theorie sprachlicher Kommunikation genauer zu bestimmen. Nur wenn man weiß, wie sprachliches Handeln möglich ist, läßt sich der Übergang von individuellen, auf die situativen Umstände zugeschneiderten Strategien zur Bewältigung interaktiver Aufgaben einerseits zur Sedimentierung solcher Strategien in grammatischen Formen andererseits adäquat beschreiben. In diesem Sinn (und wenn man einem umfassenden sprachwissenschaftlichen Programm dieser Art überhaupt folgen möchte) ist die Beschäftigung mit sprachlichem Handeln ebenso Voraussetzung für sprachwissenschaftliches Forschen im engeren, grammatischen Sinne, wie sie in Max Webers Entwurf der Gesellschaftswissenschaften Voraussetzung für jede Politik- und Wirtschaftswissenschaft ist. Davon, wie der ‚Sprung' vom individuellen Handeln zur *langue* als sozialem System funktioniert, wissen wir allerdings noch sehr wenig.

Kap. 1

Kommunikation

Claude E. Shannon

C. E. Shannon (geb. 1916) promovierte 1940 am Massachusetts Institute of Technology (MIT) und war zunächst bei den Bell Telephone Laboratories, seit 1958 als Professor am MIT tätig. Sein Einfluß auf die Linguistik ist im Rahmen des in den 40er und 50er Jahren erwachenden Interesses von Mathematikern und Ingenieuren an Problemen der Kommunikation zu sehen. Grundlagen der mathematisch fundierten Kommunikationstheorie sind neben den Schriften Shannons die von Norbert Wiener (1894–1964, ebenfalls am MIT); sie behandeln Kommunikation eher aus der Perspektive der Naturwissenschaften, während Shannon mehr aus der Sicht der Ingenieurwissenschaften argumentiert. Ergebnisse dieser Bemühungen waren die Kybernetik, also die Lehre von selbststeuernden Systemen, die Automatentheorie und die Informatik.

Das rege Interesse an Kommunikationsproblemen nach dem 2. Weltkrieg hängt nicht zuletzt mit dem Beginn der Computerforschung zusammen, die selbst wiederum durch militärische Fragestellungen, besonders die Entwicklung von selbststeuernden Raketensystemen, angestoßen wurde. So definiert z.B. Warren Weaver (s.u.) Kommunikation zwar zunächst als eine Form *menschlichen* Verhaltens, mit dem „one mind may affect another", fügt aber hinzu, daß es nützlich sein kann, den Begriff so auszuweiten, daß er auch „the procedures by means of which one mechanism (say automatic equipment to track an airplane and to compute its probable future positions) affects another mechanism (say a guided missile chasing this airplane)" mit einschließt (1949:3); die Fragestellung ist typisch für die Hochrüstungsperiode während des Kalten Kriegs.

Trotz der nicht human-, sondern natur- bzw. ingenieurwissenschaftlichen Interessen der Begründer der mathematischen Informations- und Kommunikationstheorie hatten sie in den 50er und 60er Jahren einen bedeutenden Einfluß auf die Linguistik. In den USA läßt sich dieser Einfluß auf eine Phase interdisziplinärer Kooperation zwischen Informatikern, Anthropologen, Psychiatern (wie Watzlawick, Bateson; vgl. Kap. 4), Spezialisten für non-verbale Kommunikation (Scheflen, Birdwhistell) und eben auch Linguisten (wie Charles Hockett) an einigen Forschungszentren (v.a. in Palo

Alto) zurückführen.¹ Die im Informationsbegriff implizierte Abkehr von der ('unpräzisen') Semantik wurde durch die parallele Entwicklung in der Sprachpsychologie im Behaviorismus unterstützt.²

In der Bundesrepublik wurden die mathematisch orientierten Kommunikationsmodelle erst in den späten 60er und frühen 70er Jahren als Teil der Neuorientierung der Sprachwissenschaft an formalen Modellen populär. Man sah in ihnen einen exakten, 'wissenschaftlichen' Gegenentwurf zu den älteren europäischen, philologisch und hermeneutisch orientierten Vorstellungen von Sprache und Sprechen: „Die Neue Wissenschaft [von der Sprache] wird in erster Linie durch das Pathos der Wissenschaftlichkeit aufgebaut", kommentierte Maas diese Entwicklung schon 1972 kritisch (1972:32; vgl. auch 54ff.). Für die enorme Bekanntheit des Shannonschen Modells ist aber vor allem seine zentrale Stellung im *Funkkolleg Sprache* verantwortlich, wo es im ersten und zweiten Kapitel ausführlich behandelt wird (Herrlitz 1973).³

Dem folgenden Kapitel liegt die Zusammenfassung und populäre Darstellung der Theorie durch Warren Weaver zugrunde, auf die sich die linguistische Literatur in der Regel stützt: „Recent contributions to the mathematical theory of communication", in: Claude Shannon & Warren Weaver, 1949, *The Mathematical Theory of Communication*. Urbana: University of Illinois Press, S. 3–28.

* * *

Kommunikation (in einem sehr allgemeinen, über menschliche Interaktion hinausgehenden Sinn) wird bei Shannon – in der Darstellung Weavers – folgendermaßen modelliert:

---

[1] Vgl. zu den wissenschaftsgeschichtlichen Hintergründen Kendon (1990:15ff.).

[2] Vgl. die berühmte Neudefinition von Bedeutung bei Bloomfield: „We have defined meaning of a linguistic form as the situation in which the speaker utters it and the response which it calls forth in the hearer." (1933:139)

[3] Das „Funkkolleg Sprache" wurde 1969/1970 unter Federführung von K. Baumgärtner und H. Steger konzipiert (1. Aufl. 1971, 2. Aufl. 1974). Die Taschenbuchausgabe erschien 1973. Herrlitz (1973) legt allerdings eine Version des Kommunikationsmodells vor, die in mancher Hinsicht weit über Shannon/Weaver hinausgeht und neben einem zwischen Sprecher und Hörer nur überlappenden, aber nicht identischen Code auch verschiedene Kontextfaktoren wie „Redekonstellationstyp" und „soziale Normen" vorsieht. Die 'Rohrpostauffassung' von Information (Reddy 1979) bleibt freilich auch in der 2. Auflage erhalten (²1974:29).

Kommunikation

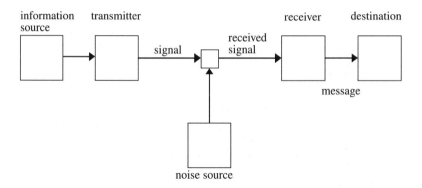

Es ist zunächst nicht recht einsichtig, warum ein solches Modell, das eher einem Schaltplan ähnelt, für die linguistische Beschreibung von sprachlicher Kommunikation relevant sein könnte. Um diesem Einwand zu begegnen, definieren Shannon/Weaver Kommunikation als einen Prozeß auf drei Ebenen, von denen jeweils die tiefere Ebene (nach ihrer Meinung) Voraussetzung für die nächsthöhere ist. Die drei Ebenen sind (a) das „technische Problem", wie Kommunikationssymbole ohne Verlust übermittelt werden können, (b) das „semantische Problem", wie exakt die übermittelten Symbole die intendierte Bedeutung übermitteln können und (c) das „Effektivitätsproblem" (wir könnten heute sagen: das pragmatische Problem), wie erfolgreich die empfangene Bedeutung das Verhalten des Adressaten in der gewünschten Weise beeinflußt. Shannon/Weaver behaupten nun, die erste, technische (und in vieler Hinsicht vor-linguistische) Ebene sei nicht nur die Voraussetzung für die höheren, sondern beeinflusse diese auch in größerem Maß, als man vermuten könnte. Deshalb sei eine „Theorie der 1. Ebene" in signifikanter Weise auch eine für die höheren, ja, die Trennung zwischen den drei Ebenen sei letztendlich überflüssig, weil sich auf der technischen Ebene schon alle relevanten Probleme behandeln ließen (S. 25). In diesem Kapitel ist zu klären, ob dies tatsächlich der Fall ist.

Dem Modell zufolge wird von der Informationsquelle (z.B. einem denkenden Menschen) eine Nachricht (Botschaft) aus einer Vielzahl von Botschaften ausgewählt und im Sender in eine Folge von Symbolen (z.B. Laute) umgewandelt. Dieses Signal wird durch den Kommunikationskanal unter Umständen verschlechtert, weil z.B. die Entfernung zwischen Sender und Empfänger die Qualität der mündlich-auditiven Übertragung von Lauten beeinträchtigt. Das empfangene Signal ist also meist nicht identisch mit dem gesendeten; diese kanalbedingte Differenz nennt man Rauschen. Der Empfänger funktioniert umgekehrt wie der Sender und verwandelt das Signal zurück in eine Nachricht (Botschaft), die vom Adressaten (Ziel) verstanden werden kann, also z.B. von einem anderen, zuhörenden Menschen.

Zentral ist für das Modell der Begriff der *Information*, der deutlich von der Nachricht (Botschaft) selbst geschieden wird. Information ist nichts, was man der Nachricht selber entnehmen kann (wie Bedeutung, die ihr zumindest in manchen Bedeutungstheorien ‚anhaftet'), sondern nur dem Kontext, in dem die Informationsquelle operiert, genauer: sie basiert auf den möglichen Alternativen, die im Augenblick des Auswählens der Nachricht zur Verfügung stehen. Je größer ihre Zahl, um so ‚relevanter' ist die übermittelte Nachricht, d.h. um so mehr Information enthält sie. Nach John W. Tukey wird als Einheit für Information der *binary digit* (*bit*) verwendet, also der Logarithmus zur Basis 2. Stehen z.B. 16 Alternativen zur Verfügung, so ist die Information der übermittelten Nachricht $\log_2 16 = 4$.

In den interessanteren Fällen besteht eine Nachricht aus mehreren miteinander verketteten Einheiten. Deshalb muß ein weiterer Faktor berücksichtigt werden: in einer gegebenen Sequenz von informationstragenden Einheiten reduziert sich die Informationshaltigkeit einer dieser Einheiten um so mehr, je mehr sie von ihrem (linearen) Kontext (den Einheiten, die ihr vorausgehen) determiniert wird. Der Kontext oder die Menge der verfügbaren Alternativen ist deshalb auch von der zeitlichen Verkettung der einzelnen Symbole bestimmt.

Man kann sich also nach Shannon die Kodierung einer Nachricht als Verkettung von einzelnen, jeweils informationstragenden Einheiten vorstellen: die Wahrscheinlichkeit des Übergangs von einem ‚Knoten' (Einheit) zum nächsten ist von Fall zu Fall verschieden.[4] (Beispiel: nach einem (schwach deklinierten) indefiniten Artikel wie *ein* ist im Deutschen die Anzahl der möglichen Folgewörter weit stärker beschränkt – es kann nur eines oder mehrere Adjektive/Partizipien oder ein Nomen folgen – als nach einem Nomen, d.h. im ersten Fall ist die grammatische (!) Information der Folgeeinheit wesentlich geringer als im ersten.) Die Produktion eines Satzes einer Sprache ist deshalb nach dem mathematischen Modell von „finite state Markov processes" beschreibbar.[5]

---

[4] Bei gesprochener Sprache handelt es sich natürlich phonetisch nicht um abgrenzbare Einheiten, sondern um kontinuierliche Vorgänge – komplexe Wellen. Diese können allerdings in diskrete Informationseinheiten zerlegt werden (*sampling*), und zwar nach einem Theorem, nach dem die *bias*-freie Wiedergabe eines Frequenzumfangs von n Hz durch ein *sampling* mit der Frequenz von $2 \times n$ Hz möglich ist. Dieses Verfahren des *sampling* wird in der akustischen Phonetik angewendet, wenn man gesprochene Sprache digitalisiert, bevor man sie weiter analysiert.

[5] Die Anfänge der generativen Grammatik sind übrigens eng mit Chomskys Kritik an solchen „Markov chains" verbunden (vgl. Chomsky 1957:18ff.).

Information ist identisch mit der *Entropie* des Systems (d.h. der Informationsquelle). Je unstrukturierter die Informationsquelle ist, um so mehr Alternativen zu einer bestimmten Nachricht (Botschaft) gibt es.[6] Man kann die faktische Entropie einer Informationsquelle mit der maximalen Entropie vergleichen, die die Menge von Symbolen zulassen würde, die der Informationsquelle zur Verfügung stehen, wenn diese ohne jegliche weitere Einschränkungen kombiniert werden könnten. So ließe sich z.b. aus der Menge alle Phoneme des Deutschen die maximale Entropie der deutschen Phonologie berechnen, die sich aus der freien Kombinierbarkeit aller Phoneme miteinander ergäbe. Faktisch ist diese Kombinierbarkeit jedoch durch die phonotaktischen Strukturregelmäßigkeiten des Deutschen beschränkt (kein Anlaut aus zwei Plosiven, kein velarer Nasal im Anlaut, etc.). Das Verhältnis von absoluter zu faktischer Entropie nennen Shannon/ Weaver relative Entropie, ihr Gegenteil *Redundanz*.

Die Entropie (Redundanz, Informationshaltigkeit) einer Nachricht (Botschaft) ist also vom statistischen Zustand der Informationsquelle in einem bestimmten *Kontext* determiniert. Die Entropie des *Signals* ist hingegen auch von der Kodierung abhängig, also der Aktivität des Senders (*transmitter*). Auf menschliche Sprache bezogen, kann man sich zum Beispiel das Schreiben als einen *transmitter* vorstellen, der Sprache in Buchstaben umsetzt. Dabei werden bestimmte Umkodierungen der ‚inneren Sprache' vorgenommen, manche Dinge werden überhaupt nicht kodiert, etc. Die Entropie der Nachricht (z.B. berechnet nach der Redundanz der Phonemfolgen) ist dann nicht genau identisch mit der Entropie des Signals (z.B. berechnet als Redundanz der Graphemfolgen), denn zwischen Phonemen und Graphemen des Deutschen besteht keine 1:1-Beziehung. (Vgl. etwa die unterschiedlichen, bi- und monographischen Entsprechungen für das Phonem /ts/, z.B. in *Rätsel, Ritze, Zahl*.)

Art des Senders und Kapazität des Kanals sind aufeinander bezogen; im extremen Fall eines rauschfreien Kanals ist die Entropie im Kanal mit der des Signals identisch. Allgemein definiert sich die Kapazität des Kanals aus der Menge von Information, die der Sender im Kanal pro Zeiteinheit übermitteln kann (C). Wenn man davon die Menge von Information, die derselbe Sender pro Zeiteinheit von der Informationsquelle aufnehmen kann, unterscheidet (H), so läßt sich sagen, daß ein rauschfreier Kanal mit einer

---

[6] Der Entropie-Begriff wurde Mitte des letzten Jahrhunderts von Clausius und von Boltzmann eingeführt und v.a. in der Thermodynamik berühmt, wo es ein Theorem gibt – den 2. Thermodynamischen Hauptsatz –, nach dem innerhalb eines abgeschlossenen Systems der Energieverfall (also die Zunahme von Chaos) unvermeidlich ist. Die Zunahme an Entropie ist eine statistisch vorhersagbare Konsequenz des zufälligen Zusammenstoßens der Moleküle, z.B. eines Gases.

durchschnittlichen Geschwindigkeit C/H übermittelt, d.h. die Geschwindigkeit der Informationsübermittlung ist abhängig von der Menge der zu sendenden Informationen und der Kodierungsgeschwindigkeit. Der Wert wird größer, wenn der Sender mehr Information übermittelt und/oder weniger Information aufnehmen kann. Er wird kleiner, wenn der Sender weniger Information übermittelt und/oder mehr Information aufnehmen kann.

Ein guter Sender ist einer, der die Nachricht so kodiert, daß sie im gewählten Kanal optimal übermittelt werden kann. Dazu sind allerdings unter Umständen komplizierte Kodierungsverfahren nötig, die viel Kodierungszeit erfordern; deshalb ist die Übermittlungszeit gegen die Kodierungszeit aufzurechnen.

In der Praxis sind Kanäle freilich nicht rauschfrei. Dies bedeutet, daß durch Verzerrungen des Signals oder Übermittlungsfehler die Information in der empfangenen Nachricht größer (sic!) ist als die in der gesendeten – pragmatisch gesehen ein unbefriedigender Zustand. Man versucht deshalb, die durch Rauschen bedingte Verzerrung zu vermeiden, oder anders gesagt: die relative Entropie der Botschaft zum empfangenen Signal bzw. umgekehrt soll klein sein. Es kann deshalb sinnvoll sein, durch Redundanz der Kodierung (also geringere Entropie in der Botschaft) die Unsicherheitsbeziehung zwischen empfangenem Signal und enkodierter Nachricht gering zu halten. Völlig redundanzfreie Botschaften sind deshalb unter natürlichen Bedingungen des Sprechens genauso wenig sinnvoll wie rauschfreie Kanäle möglich sind.

Wie aber läßt sich nun diese Konzeptualisierung der technischen Seite von Kommunikation (die sich an der Frage orientiert, wie Symbole möglichst gut übertragen werden können) auf die höheren Ebenen der semantischen und pragmatischen Kommunikation beziehen? Shannon/Weaver sind der Meinung, daß ihr Informationsbegriff die Semantik überflüssig macht. Dazu schlägt Weaver zwei Erweiterungen des Modells um einen „semantischen Empfänger" und ein „semantisches Rauschen" vor (S. 26f.), die allerdings in der populären Rezeption nicht mehr berücksichtigt worden sind – sie machen das Modell auch ziemlich undurchsichtig:

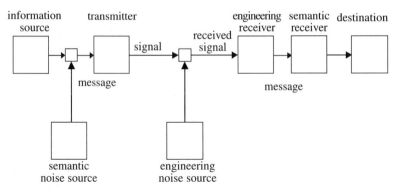

Der semantische Empfänger soll die statistischen Eigenschaften des Empfängers mit einbeziehen (das alte Modell hat nur die der Informationsquelle berücksichtigt); dahinter steckt die sehr berechtigte Idee, daß der Hörer ja unter Umständen die Nachricht in einem anderen Kontext hört als dem, in dem sie der Sprecher konzipiert hat. Bei identischem Signal ist daher die Information der Nachricht für den Sprecher eine andere als für den Hörer (und zwar unabhängig von den Eigenschaften des Kanals, die auch das erste Modell berücksichtigt). Das semantische Rauschen, über dessen genaue Natur sich Weaver nur sehr unklar äußert, soll wohl jene nicht-physikalischen Gründe für die unbeabsichtigte Veränderung der Nachricht beim Hörer erfassen, die auf diese Inkongruenz der Kontextzustände im Sprecher und Hörer zurückzuführen ist. (Unklar bleibt, warum es sich zwischen Informationsquelle und *transmitter* einschiebt.)

Aus heutiger Sicht ist festzustellen, daß die Kommunikationstheorie und die mit ihr verbundenen mathematisch und kybernetisch inspirierten Modelle die linguistische Auffassung von Kommunikation zweifelsohne positiv beeinflußt haben, indem sie den Begriff des Kontextes (in einem bestimmten Sinne) in die Theoriebildung eingeführt und dadurch die Abkehr von einer Bedeutungstheorie, nach der allein die sprachlichen Zeichen den Inhalt der Nachricht bestimmen, eingeleitet haben. Die Radikalisierung dieses Ansatzes z.B. bei Shannon, der auf jedwede intensionale Bedeutung verzichtet, erscheint allerdings fragwürdig und ist auch innerhalb der Sprachphilosophie und mathematischen Logik nicht unumstritten, wie eine ganze Traditionslinie von formalen Semantiktheorien von Frege bis Montague zeigt, die mit intensionalen Bedeutungen arbeiten. Die Behauptung mag plausibel sein, daß ein Phonem oder Graphem keinen anderen Beitrag zur sprachlichen Kommunikation leistet, als in Opposition zu allen anderen Phonemen oder Graphemen zu stehen, die im jeweils verwendeten Code paradigmatische Alternativen zu ihm sind (also „Andersheit" zu signalisieren; vgl. Jakobson 1970:174). Schwieriger liegen die Dinge aber auf der

Ebene der Äußerung. Zwar ist es richtig, daß die Information in dem Ausruf *Feuer!* unabhängig von der Bedeutung des Nomens *Feuer* wesentlich geringer ist, wenn die Adressaten sehen, daß es brennt, als wenn sie mit diesem Ruf aus dem Schlaf geschreckt werden. Aber es bleiben mindestens zwei Probleme:

Das erste Problem ist, daß Shannon die Unterschiede der Informationshaltigkeit derselben Äußerung *Feuer!* in verschiedenen Situationen beschreiben kann, nicht aber die Frage, wie es zu dieser Informationshaltigkeit überhaupt kommt. Auch wenn wir alle nicht-gewählten Alternativen zu dieser Äußerung (faktisch könnten es unendlich viele sein) mit ihren Wahrscheinlichkeiten auflisten könnten, führte uns dies noch nicht zu der Erkenntnis, wie die in der Äußerung enthaltene Information eigentlich strukturiert ist. Der kontextbestimmte Informationsbegriff suggeriert (wenn er den Begriff der Bedeutung eines sprachlichen Zeichens ersetzen soll), daß die innere Struktur des Zeichens für die Kommunikation unwichtig ist. Ob eine bestimmte syntaktische Struktur für die (direkte) Interaktion besonders geeignet ist, ob sie kognitiv-prozessual leichter handhabbar ist oder ob das Gegenteil zutrifft, dafür interessiert sich der Informationsbegriff des Kommunikationsmodells nicht. Oder: Ob eine Sequenz von Phonemen einfach oder schwer zu artikulieren und zu perzipieren ist, ist eine irrelevante Frage, wenn lediglich die Redundanz einer Zeichenkombination zu bestimmen ist (aber nicht nach den möglichen Gründen für mögliche und unmögliche Kombinationen gefragt wird). Oder: Ob anstelle von *Feuer!* jemand sagt: *Es riecht so nach Rauch!* oder gar: *Ich erlaube mir, Ihnen mitzuteilen, daß Ihr Bademantel in Flammen steht!* ist (da jeweils die Botschaft dieselbe bleibt) unerheblich.

Das zweite Problem ergibt sich aus der Frage, ob sich Information mit der geringeren Redundanz im Sender gleichsetzen läßt, oder ob sie nicht vielmehr (vielleicht sogar ausschließlich) mit der Entropie im Hörer zu tun hat.[7] Die Auftretenswahrscheinlichkeit von Feuer mag in bestimmten Fällen für den Sprecher und die von ihm gewarnten Hörer identisch sein, und mithin auch der Informationsgehalt der Äußerung *Feuer!*. Aber in dem immerhin denkbaren Fall, daß der Warner das Feuer selbst gelegt hat, ist die Informationshaltigkeit seiner Äußerung für ihn selbst sehr gering, da das Faktum Feuer nach einer Brandstiftung weitgehend vorhersagbar ist. Dies

---

[7] Grundsätzlich scheint das Kommunikationsmodell zu stark am Sprecher orientiert zu sein; man vergleiche dagegen die Theorie von Sperber & Wilson (1986), die besagt, daß eine relevante Information nicht durch einen hohen Entropiewert im/für den Sprecher gekennzeichnet ist, sondern dadurch, daß sie im Hörer eine nicht vorhersagbare Veränderung seines Informationsstandes („kontextuellen Effekt") auslöst.

berührt freilich die Informationshaltigkeit der Äußerung für die Hörer in keiner Weise. Information für den Sprecher und Information für den Hörer können also deutlich auseinanderfallen, und es gibt gute Gründe dafür, in einer Theorie menschlicher Kommunikation die letztere wesentlich höher zu bewerten als die erstere. Umgangssprachlich würden wir eher eine Äußerung *Feuer!* für irrelevant oder überflüssig halten, die uns als Hörer etwas mitteilt, was wir schon wissen, als eine, die etwas beschreibt, was der Sprecher schon weiß, nicht jedoch wir.

Natürlich können für die Differenz zwischen sprecher- und hörerseitiger Information kanalbedingte Verzerrungen von sprachlichen Signalen verantwortlich sein, die durch Nebengeräusche, mangelnde Sicht (bei gestischer Kommunikation), schlechtes Hören (Schwerhörigkeit), u.a. bedingt sind. Aber viel wichtiger sind sicherlich Mißverhältnisse zwischen enkodierter und dekodierter Nachricht, die auf andere Faktoren zurückzuführen sind. Neben den schon erwähnten Unterschieden des sprecher- und hörerseitigen Kontexts ist hier noch ein anderer Punkt wichtig (der im *Funkkolleg* auch eine gewisse Rolle spielt): der Code selbst, mit dem die Nachricht vom Sprecher konzipiert und/oder vom Sender kodiert wird, muß nicht mit dem identisch sein, der dem Empfänger zur Verfügung steht. Nicht nur bei interlingualer Kommunikation gibt es Code-Unterschiede; nur idealtypisch verfügen zwei Kommunikationspartner über exakt dieselben kommunikativen Ressourcen.

Daß in Shannons ursprünglicher Modellierung weder Code-Unterschiede noch Kontext-Differenzen zwischen Kodierer und Dekodierer berücksichtigt werden, ist nicht zufällig. Die mathematische Kommunikationstheorie setzt eine bestimmte ‚Nachricht' als mentale Entität im Kopf des Sprechers voraus, die quasi schon fertig verpackt vorliegt und in den Sender (*transmitter*) eingespeist wird.[8] Diese Nachricht ist völlig unabhängig vom Hörer und seinem kommunikativen Verhalten: die Pfeile verlaufen immer nur von links nach rechts. Erst in den Andeutungen einer Erweiterung um „semantisches Rauschen" erwähnt Weaver, daß der Informationszustand

---

[8] Auch die Unterscheidung zwischen „Informationsquelle" und „Sender" einerseits und „Empfänger" und „Destination" andererseits ist in der sprachlichen Kommunikation (anders als in der technischen Informationsübermittlung) diffus. Shannon/ Weaver suggerieren, daß Nachrichten zunächst konzipiert und dann in einem getrennten Schritt zu Signalen kodiert werden (bzw. umgekehrt auf der rezipierenden Seite). Handelt es sich in der mündlichen Kommunikation dann um vor-sprachliche Ideen, die grammatisch-phonologisch kodiert werden? Findet Denken ohne Sprache statt? Letztendlich zeigt sich hier, wie sehr Shannon Problemen der technischen Übertragung verpflichtet ist: hier liegt die Nachricht ja schon sprachlich fertig kodiert vor; der „Sender" muß sie lediglich in ein sekundäres Kodiersystem (etwa ein digitales wie den Morse-Code) übersetzen.

des Hörers (*destination*) möglicherweise auch schon die Auswahl des Signals mitbestimmen könnte. Realistisch kann aber nur ein Modell der Kommunikation sein, das berücksichtigt, daß bei der Formulierung einer Botschaft durch einen Sprecher Bezug auf den Informationsstand genommen wird, den dieser beim Hörer vermutet. Während er seine Nachricht formuliert (was oft ja nicht in einem wohlgeordneten Satz passiert, sondern in mehreren Anläufen), hat der Hörer immer wieder Gelegenheit, in den Formlierungsprozeß einzugreifen und so zu signalisieren, ob diese Vorannahmen des Sprechers über sein Hintergrundwissen richtig waren.[9] Schon in die Konzipierung der Nachricht geht also eine Annahme über die *destination* mit ein; der Weg von der Nachricht zum Empfänger ist nicht unidirektional, sondern eher einem reflexiven Hin-und-Her vergleichbar; die Botschaft liegt nicht schon vor Beginn des Kommunikationsprozesses fest, sondern entsteht in ihm. Dies zeigt ein Blick in beliebige Alltagskonversationen:[10]

```
T:   mhhh (- -) .hh und wie gehts KArin?
R:   jjoa gut
     (0.5)
T:   mhh .h s der einzig ruhende POL noch bei euch in der
     wohngemeinschaft=oder? .h (- -)
R:   jjoa : :⌈:h h
T:          ⌊.hh he he⌈h
R:                    ⌊jo=jo ⌈a
T:                           ⌊in bezug auf eX⌈Amina;
R:                                           ⌊bezuch (-)
     bezug auf eXAmen SICher(lich);
     (1.0)
```

Die ,Botschaft' dieses thematischen Abschnitts aus einem alltäglichen (Telefon-)Gespräch ist, daß es ,Karin' gut geht und sie der ruhende Pol in der von Examensvorbereitungen gebeutelten Wohngemeinschaft ist. Aber es ist nicht möglich, diese Botschaft einer einzelnen Äußerung innerhalb dieser kurzen Sequenz zuzuordnen: beide Gesprächsteilnehmer, die Anruferin T und der Angerufene R, sind an ihrem Zustandekommen beteiligt. Obwohl R die Information, daß Karin der ruhende Pol der Wohngemeinschaft sei, zögerlich bejaht, kommt sie nicht von ihm selbst, sondern wird ihm von T vorgeschlagen, ja: in den Mund gelegt. Wer ist hier der Urheber der Botschaft und wer ihr Sender?

---

[9] Vgl. dazu den Begriff des „recipient design" in der Konversationsanalyse; Schegloff (1977).
[10] Alle in diesem Buch zitierten Transkriptbeispiele folgen den GAT-Konventionen (vgl. Selting *et al.* 1998).

Kommunikation 17

Zusammenfassend ist es sicher nicht übertrieben zu sagen, daß das Kommunikationsmodell von Shannon/Weaver heutzutage von niemandem, der sich mit Interaktion beschäftigt, noch ernsthaft verwendet wird. Die Faszination daran konnte eigentlich nur in einer Zeit entstehen, in der die Linguisten zwar einerseits mit ihrer grammatisch und historisch ausgerichteten Wissenschaft unzufrieden waren und eine ‚pragmatische' Erweiterung im Auge hatten, sich andererseits aber noch nicht empirisch mit sprachlichen Kommunikationsabläufen beschäftigt hatte. Sobald dies geschehen war, wurden die Mängel des kybernetischen Kommunikationsmodells zu offensichtlich. Maas schrieb dazu 1972:

> Die Adaption nachrichtentechnischer Begriffe kann für eine noch so anspruchslose Kommunikationswissenschaft (Kommunikation als menschliche Kommunikation verstanden) nicht besonders stimulierend sein. Schlimmer ist, daß sie irreführend ist, weil sie die Spezifika der menschlichen Kommunikation schlicht ignoriert, indem sie diese einreiht in eine Reihe technischer, bestenfalls naturwissenschaftlicher Objekte. Diese Irreführung als Methode ist verantwortungslos. (1972:54)

Unabhängig davon, daß das nachrichtentechnische Kommunikationsmodell für die faktische Beschreibung sprachlicher Interaktion unter Menschen recht ungeeignet ist, bleibt jedoch ein anderer Aspekt festzuhalten: das ‚Rohrpost'-Modell, in dem Nachrichten feste Einheiten in ‚Gefäßen' sind, die ein Sender dem Empfänger aushändigt oder schickt, ist tief in unserer alltäglichen Sprachideologie verwurzelt. Wie Reddy (1979) und spätere Arbeiten gezeigt haben, ist das Englische (und – vielleicht nicht immer so deutlich – auch andere westliche Sprachen) voll von Metaphern, die dieser Ideologie entsprechen (vgl. *to bring across, capture in words, give someone an idea of something, empty of meaning*; dt: *rüberbringen, (einen Text) vollpacken (z.B. mit Fremdwörtern), bedeutungsleer*, etc.). Diese – wie Reddy es nennt – „conduit metaphor" ist also ein zentraler Teil des europäischen vorwissenschaftlichen Denkens über sprachliche Kommunikation. In Shannons Kommunikationsmodell hat diese westliche Sprachideologie in pointierter Form Eingang in die wissenschaftliche Behandlung des Themas ‚Kommunikation' gefunden. Seine Plausibilität erhält es somit weniger aus der empirischen Berechtigung seiner Annahmen als eben aus der Übereinstimmung mit jenen Alltags-Sprachtheorien. Wo und wie beide irren, wird in den folgenden Kapiteln genauer dargestellt.

Kap. 2

Ausdruck – Appell – Darstellung

Karl Bühler

K. Bühler (1879–1963) promovierte erst in Medizin (1903, Freiburg), dann in Philosophie (1904, Straßburg); schließlich habilitierte er sich 1907 in Würzburg als Psychologe.[1] Er geriet schnell in eine scharfe Auseinandersetzung mit Wilhelm Wundt, der damals beherrschenden Figur in der deutschen Sprachpsychologie, dem gegenüber er einen eher sozialpsychologischen als den Wundt vorgeworfenen[2] individualpsychologischen Standpunkt vertrat. Nach Zwischenstationen in Bonn und München wurde er 1918 Ordinarius in Dresden und 1922 in Wien. 1938 mußte er nach dem Anschluß Österreichs durch die Nationalsozialisten nach Amerika emigrieren; dort blieb jedoch der wissenschaftliche Erfolg aus.[3]

Bühler war in erster Linie ein philosophisch orientierter Psychologe. Er kannte sich jedoch in der Sprachwissenschaft seiner Zeit genauso hervorragend aus wie in der Sprachpsychologie. Neben den indogermanischen Forschungen (der Junggrammatiker) war er natürlich auch mit der psychologischen Schule in der damaligen deutschen Sprachwissenschaft (Wundt, Erdmann, Stumpf, besonders Wegener[4]), aber auch mit Saussures Werk[5] bestens vertraut und stand in engem Kontakt mit der Prager Linguisten-Schule. Von den Philosophen seiner Zeit prägte ihn vor allem Husserl (neben H. Gomperz, E. Cassirer und A. Marty). Außerdem rezipierte er den jungen amerikanischen und britischen Behaviorismus und war von ihm beeindruckt, ohne seine Voraussetzungen zu teilen. Enger Kontakt bestand zu dem englischen Sprachphilosophen Alan Gardiner (dessen Buch *A Theory of Speech and Language* von 1932 verschiedene Parallelen zu Bühlers Organonmodell aufweist).

Bühler hatte vor dem 2. Weltkrieg einen wesentlichen Einfluß auf die Psychologie (u.a. mit seiner Frau Charlotte auf die Kinderpsychologie) und

---

[1] „Tatsachen und Probleme zu einer Psychologie der Denkvorgänge", *Archiv für die gesamte Psychologie* 9 (1907), S. 297–365 sowie 12 (1908), S. 1–23 und S. 24–92.
[2] Zur Berechtigung dieses Vorwurfs und zur Beziehung zwischen Wundt und Bühler allgemein vgl. Graumann (1984).
[3] Zur Vita vgl. allgemein Lebzeltern (1969); besonders zum ‚Wiener' Kontext Ash (1988).
[4] Vgl. Wegener (1885).
[5] Vgl. zu Bühlers Einschätzung der Sprachtheorie Saussures u.a. Koerner (1984).

Sprachwissenschaft (vgl. die Erwähnungen seiner Arbeiten bei Trubetzkoy, Jakobson, etc.). Auch ein Einfluß auf Wittgenstein (vgl. Kap. 7) in dessen Wiener Zeit nach dem 1. Weltkrieg ist wahrscheinlich.[6] Nach dem 2. Weltkrieg wurde Bühlers Werk freilich kaum mehr rezipiert und zumindest im Zentrum der (strukturalistischen, später generativen) Sprachwissenschaft mehr oder weniger vergessen. Erst seit der sog. pragmatischen Wende in den 70er Jahren gilt seine *Sprachtheorie* zumindest in Deutschland als einer der bedeutendsten Beiträge zur Sprachwissenschaft. Der Rezeption außerhalb des deutschen Sprachraums steht wohl nach wie vor die begrifflich oft diffuse und unstrukturierte Schreibweise Bühlers im Wege. „Seine Sprache war zu klein für die Gedanken, die er verfolgte, und vielleicht verloren seine Gedanken für ihn auch an Größe durch die Sprache, die er pflegte", schreibt Ungeheuer (1984, II:50) dazu.

Von den zahlreichen linguistischen Themen, die in Bühlers Werk behandelt werden, wird hier das am weitestens bekannte genauer dargestellt, sein sog. Organonmodell. Freilich läßt sich dieses Modell nicht isoliert, sondern nur im Zusammenhang der *Axiomatik* Bühlers im besonderen, sowie der *Sprachtheorie* im allgemeinen verstehen. Aus diesem Grund müssen Bühlers Konzept des „Sprachwerks", seine „Feldertheorie" der Sprache und seine u.a. Talmy Givón[7] vorausgreifende Analyse des Kontinuums von situationsgebundener zu situationsenthobener Rede in diesem Kapitel zumindest am Rand eine Rolle spielen, auch wenn sie nicht direkt mit der Theorie sprachlichen Handelns zu tun haben. Bühlers Theorien der Deixis, der Ellipse oder der Metapher werden hier jedoch nicht behandelt, obwohl sie für die Sprachwissenschaft von großer Relevanz sind.[8]

Die wichtigsten Arbeiten Bühlers sind, neben der hier vor allem interessierenden *Sprachtheorie* (Jena 1934), *Die geistige Entwicklung des Kindes* (1918), „Die Krise der Psychologie" (*Kant-Studien* 31, 1926, S. 455–526 und Jena 1927), *Ausdruckstheorie* (Jena 1933) und *Das Gestaltprinzip im Leben der Menschen und der Tiere* (Bern 1960). Das von Bühler so genannte Organonmodell (‚Werkzeugmodell') wurde zuerst in dem Aufsatz „Kritische Musterung der neuern Theorien des Satzes" (*Indogerm. Jahrbuch* 6. Bd., 1918/1920, S. 1–20), dann in veränderter und wesentlich umfangreicherer Form in dem Aufsatz „Die Axiomatik der Sprachwissenschaften" (*Kant-Studien* Bd. 38, 1933, S. 19–90) vorgestellt (Neuabdruck: Frankfurt 1969, Verlag V. Klostermann, hrsg. v. E. Ströker). In der *Sprachtheorie* findet sich derselbe Beitrag in etwas veränderter Form auf den Seiten 12ff.

---

[6] Vgl. Eschbach (1984).
[7] Vgl. z.B. Givón (1979).
[8] Vgl. zur Metapher etwa Innis (1982:43–54) und Brekle (1988); zur Ellipse Klein (1984); zur Deixis Conte (1988) und Weissenborn (1988).

("Die Prinzipien der Sprachforschung") wieder (v.a. § 2, "Das Organonmodell der Sprache").⁹ Von den inzwischen nicht wenigen Arbeiten zum sprachpsychologischen und sprachwissenschaftlichen Werk Bühlers seien hier genannt: *Bühler-Studien* (= Eschbach (Hrsg.) 1984b; höchst lesenswert der Beitrag von G. Ungeheuer); *Karl Bühlers Axiomatik* (= Graumann & Hermann (Hrsg.) 1984; darin besonders Eschbach 1984) und *Karl Bühler's Theory of Language* (= Eschbach (Hrsg.) 1988; darin besonders Innis 1988 und Ortner 1988) sowie die Einleitung zur englischen Übersetzung der "Axiomatik" (= Innis 1982).

* * *

Bühler stellte sich aus einer psychologischen Denkrichtung kommend die Frage, wie Menschen koordiniert handeln können. Ausgangspunkt ist also auch für ihn das Steuerungsproblem menschlichen Verhaltens, derselbe Aspekt, der später in der Kommunikationsforschung und Kybernetik – freilich völlig unbeeinflußt von Bühlers Arbeiten und mit einem gänzlich anderen theoretischen Hintergrund – eine große Rolle spielen sollte (vgl. Kap. 1). Seine Lösung für das Problem der koordinierten Steuerung sozialen Verhaltens setzt bei der spezifischen Natur der *Zeichen* an, mit denen sprachlich Handelnde umgehen. Die Sprachwissenschaft (ebenso wie die Sprachpsychologie) braucht deshalb nach seiner Meinung eine *semiotische* Grundlage. Dies ist das allgemeinste der "Axiome" ("Leitsätze", 1934:24) der Sprachwissenschaft, die Bühler 1933 vorschlägt:[10] "Die sprachlichen Phänomene sind durch und durch zeichenhaft" (S. 33).

Bühlers Sprachtheorie versucht nun, eine Theorie des Ko(n)textes auszuarbeiten, die die verschiedenen Verfahren, durch die sprachliche Äußerungen zu Zeichen werden, expliziert. Dies ist die von ihm selbst so genannte Zweifeldertheorie.[11] Gestaltpsychologische und phänomenologische

---

[9] Bühler hat außerdem in seinem Buch *Die Krise der Psychologie* 1927 drei Aspekte dieser Wissenschaft auf ihren Gegenstand herausgearbeitet, die er "Erlebnisse", "sinnvolles Benehmen" und "Korrelation mit den Gebilden des objektiven Geistes" nennt (3./1965:29). Es ist unschwer zu erkennen, daß hier die drei Zeichenfunktionen des Organonmodells wieder auftauchen; tatsächlich wird die "Kundgabe" der Erlebnispsychologie, der "Appell" der Verhaltenspsychologie und die "Darstellung" der geisteswissenschaftlichen Psychologie zugeordnet. Genaueres zur Funktion des Organonmodells als axiomatischer Grundlegung der Psychologie ist nachzulesen bei Graumann (1988).
[10] In der Fassung von 1934 ist es das zweite, weil das Organonmodell (4. Axiom von 1933) nun in die erste Position rückt.
[11] Zur Feldertheorie vgl. Heger (1984), Innis (1982:19–42), Ehlich (1986).

Ansätze aufgreifend, geht er davon aus, daß alle sprachlichen Zeichen ihre Bedeutung in Relation zu bestimmten (Um-)Feldern beziehen, in die sie sich einbetten (d.h., die zu ihrem Ko(n)text werden). Dabei unterscheidet er zwei wichtige Fälle, nämlich Zeichen im „Zeigfeld" und Zeichen im „Symbolfeld". (Bühler spielt mit der Möglichkeit, noch einen dritten Zeichentyp einzuführen, der sich auf das „Malfeld" bezieht und der ikonische Beziehungen zwischen Zeichen und Referent erfassen würde, wie sie sich z.b. bei onomatopoetischen Wörtern ergeben. Er verwirft diese Möglichkeit jedoch mit dem Hinweis auf die geringe Relevanz dieser piktorialen Elemente in der Sprache und sieht auch phylogenetisch die Priorität nicht im Ikonismus, sondern in der Indexikalität.)

Zeichen im Zeigfeld – die deiktischen Zeichen – werden in ihrem „symphysischen" oder „sympraktischen" Umfeld (also in ihrem situativ eingebundenen Handlungszusammenhang) verstanden. In Bühlers treffender Metapher sind sie die „Diakritika", die als „Inseln" im Meer der nicht-sprachlichen Handlungen dem Hörer die entscheidenden Interpretationshinweise geben. Dabei haben sie selbst – im Extremfall – keine (bzw. eben nur eine „diakritische") Bedeutung: Genauso wie in der Phonologie die Bedeutung der einzelnen Phoneme lediglich darin besteht, die Opposition zwischen einem sprachlichen Zeichen und einem anderen (*Hund – Hand* = /u/ : /a/) zu konstituieren, ohne inhaltlich zur Unterscheidung dieser Wörter beizutragen (/u/ entspricht keinem semantischen Merkmal von ‚Hund', /a/ keinem semantischen Merkmal von ‚Hand'), ebenso sind auch die deiktischen Sprachmittel nur dazu da, als „Wegweiser" zu dienen, die in einem weitgehend schon vorgängig festgelegten situativen Kontext die „Richtung" angeben und damit die Bedeutung sprachlicher Handlungen bestimmen. Diese Zeichen sind also situationsgebunden.

Daneben steht ein anderer Typ von sprachlichen Zeichen, mittels dessen wir imstande sind, uns beim Sprechen aus der Situation zu lösen und unabhängig vom Sichtbaren und vom Handlungsumfeld auf Dinge zu verweisen, die aus dem Hier-und-Jetzt (der „origo", die das Zeigfeld definiert) verschoben (aus ihr „befreit") sind – indem wir Vergangenes erzählen, uns die Zukunft ausmalen, über Dinge reden, die weder uns noch unseren Zuhörern vor Augen stehen oder über allgemeine Wahrheiten reden. Die menschliche Sprache unterscheidet sich durch diese Möglichkeit der Situationsentbindung z.B. von den einfachen Wut- oder Lockschreien bei Kindern oder Tieren (die immer zeigfeldgebunden sind).[12] Das Umfeld (Ko(n)text) dieses zweiten Typs von Zeichen ist nicht von der Origo abhän-

---

[12] „Displacement" ist auch eines der „design features", die später Hockett & Altmann (1968) für menschliche Sprache nennen.

gig, sondern durch die anderen nicht-deiktischen Ausdrucksmittel einer Sprache gegeben; sie konstituieren nach Bühler das Symbolfeld, das den „synsemantischen Kontext" für das einzelne Zeichen abgibt. Er entspricht den para- und syntagmatischen Beziehungen, die das Einzelwort im Sprachsystem einnimmt, also lexikalischen Feldbeziehungen, grammatischen Relationen, etc.

Die Sprachwissenschaft hat sich nach Bühlers Meinung (die bis zum heutigen Tag nicht überholt ist) viel zu sehr mit den Zeichen im Symbolfeld und viel zu wenig mit den Zeichen im Zeigfeld befaßt. Eine umfassende Theorie des spachlichen Zeichens muß aber nach Bühler nicht nur das situationsgelöste Sprechen erfassen, sondern auch die ‚niedrigeren' Stufen sprachlicher Kommunikation, für die diese Situationsentbundenheit noch nicht gilt. In der *Sprachtheorie* wird deshalb versucht, die menschliche Fähigkeit, mit Sprache zeichenhaft zu handeln, in ihrer ganzen Bandbreite zu untersuchen, von der situationsgebundenen Deixis und der sympraktischen Ellipse (Bühlers Kaffehausbeispiel: *einen Braunen, bitte!*) bis zur situationsentbundenen Darstellung, etwa in einem philosophischen Traktat.

Auf dem Hintergrund der Unterscheidung zwischen Zeichen im Zeigfeld und Zeichen im Symbolfeld entfaltet nun Bühler ein allgemeines Zeichenmodell, das dem Anspruch genügen soll, diese verschiedenen Feldbezüge zu erfassen. (Es stellt ein weiteres seiner „Axiome" dar.) Bühler nennt dieses Zeichenmodell ein Organonmodell (von griech. *organon* = Werkzeug, Instrument, Organ) und bezieht sich dabei auf Platons „Kratylos-Dialog" über die Sprache, in dem diese ebenfalls als Werkzeug bezeichnet wird. (Die Ähnlichkeiten sollte man allerdings nicht zu ernst nehmen, denn Plato meint – anders als Bühler – wirklich nur die darstellende Funktion von Sprache. Überdies ist die Werkzeugmetapher, auch wenn Bühler sie mehrfach verwendet, im Gesamtzusammenhang seines Buchs eher irreführend: schließlich geht es ja gerade darum zu zeigen, daß das „Sprachgebilde" nicht nur ein von seiner Verwendung unabhängiges Instrument ist, sondern sich in seiner Struktur selbst die „verfestigten Formen der Situationsbewältigung" (Ortner 1988:161) nachweisen lassen – etwa in Form von Deixis und Ellipse.[13])

Bühler sieht das sprachliche Zeichen auf drei Bezugspunkte in der Welt hin orientiert: einen Sprecher, einen Hörer und die Gegenstände und Sachverhalte, über die gesprochen wird (Denotat). Damit unterscheidet er sich z.B. von Saussure, in dessen bekanntem Zeichenmodell (vgl. S. 23 unten) nur Ausdrucks- und Inhaltsseite in arbiträrer Weise miteinander verbunden

---

[13] Zu den Versuchungen der Werkzeugmetapher, denen Bühler verschiedentlich erlag, vgl. Ortner (1988:160ff.).

werden, das aber keinen notwendigen Bezug zum Denotat, geschweige denn zu Sprecher und Adressat hat:

Bühler grenzt sein Modell außerdem gegen ein behavioristisches Modell ab, das er am Beispiel folgendermaßen darstellt:

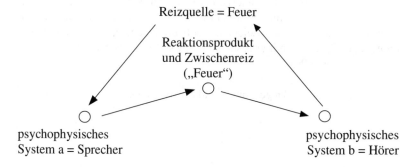

Dieses Modell sei, so Bühler, für „primäre, noch wahrnehmungsgestützte Mitteilung durch Laute" (1933:75) durchaus brauchbar – etwa den Ausruf *Feuer!* in einer Situation, in der das Feuer in der Wahrnehmungsreichweite des oder der Adressaten ist. Für situationsgebundenes Sprechen kann man sich nach Bühler die Beziehung zwischen Sprecher, Adressat und Denotat also im Sinne des Behaviorismus als „Kausalbeziehung" vorstellen, bei der „das Produzieren des Schallphänomens ⟨...⟩ im Sprecher angeregt [ist] durch einen zeitlich vorausgehenden Sinnesreiz, der von einem Ding im Wahrnehmungsfelde herkommt, und [bei der] das Hören des sprachlichen Schallphänomens ⟨...⟩ den Hörer zur Hinwendung der Augen auf dasselbe Ding [stimuliert]" (1933:74). Dies erinnert daran, wie Bloomfield in einem berühmten Beispiel (mit biblischen Anklängen) die Rolle der Sprache beschreibt:

> [Jill] was hungry; that is, some of her muscles were contracting, and some fluids were being secreted, especially in her stomach. Perhaps she was also thirsty: her tongue and throat were dry. The light-waves reflected from the red apple struck her eyes. She saw Jack by her side. ⟨...⟩ All these events, which precede Jill's speech and

concern her, we call the *speaker's stimulus*. ⟨...⟩ The speaker, Jill, moved her vocal chords ⟨...⟩, her lower jaw, her tongue, and so on, in a way which forced the air into the form of sound-waves. These movements of the speaker are a reaction to the stimulus S. Instead of performing the *practical* (or *handling*) reaction R – namely, starting realistically off to get hold of the apple – she performed these vocal movements, a *speech* (or *substitute*) reaction ⟨...⟩. These sound-waves in the air struck Jack's ear-drums and set them vibrating, with an effect on Jack's nerves: Jack heard the speech. This hearing acted as a stimulus on Jack: we saw him running and fetching the apple and placing it in Jill's grasp, much as if Jill's hunger-and-apple stimulus had been acting on him. (1933:22ff.)

Sprache (genauer: das sprachliche Zeichen) ist hier eine „mediating response", ein Zeichen, das anstelle der einfachen S → R-Kette steht, die im Tierreich meist allein verwendet wird (Feuer → Flucht). Aber während für Bloomfield und den Behaviorismus dieses Modell für die gesamte Sprache gilt,[14] verwirft Bühler es wieder und verweist darauf, daß wir für die Sprache ein komplexeres Zeichenmodell brauchen, das auch situationsenthobenes Sprechen mit erfassen kann. Er stellt dieses Modell folgendermaßen dar (1933:90):

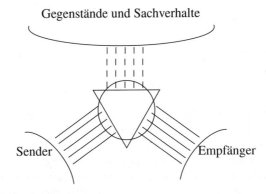

In diesem Modell kommen die Begriffe Sender und Empfänger vor, und es ist deshalb die Frage naheliegend, ob es sich hier um ein Kommunikationsmodell (wie das in Kap. 1) handelt. Die Antwort ist ‚nein'. Für Bühler sind Sprecher und Empfänger keine Schaltpunkte im Kommunikationsprozeß, sondern die zentralen Dimensionen des sprachlichen *Zeichens*. Im Kommunikationsmodell sind sprachliche Zeichen die Dinge, die auf dem Kommunikationskanal zwischen Sender und Empfänger hin- und hergeschickt wer-

---

[14] Es war bekanntlich die Kritik dieser Auffassung, die in den 50er Jahren Chomskys Skinner-Rezension zu Berühmtheit verhalf (Chomsky 1959).

den; wie sie aussehen, ist nicht weiter interessant. Das Kommunikationsmodell Shannons ist also kein Zeichenmodell (und impliziert auch kein solches). Bühler hingegen geht es um ein Zeichenmodell, das wiederum kein Kommunikationsmodell ist: das Zeichen konstituiert sich lediglich in der Kommunikationssituation, d.h. in der Beziehung zwischen Sprecher (Sender), Hörer (Empfänger) und Denotat (Gegenstände und Sachverhalte), die im übrigen nicht zufällig der Dreigliedrigkeit der Pronominalsysteme in den meisten Sprachen – *Ich, Du* und (generisch drittes) *Er* – bzw. der Dreigliedrigkeit der Satzmodi in der traditionellen Grammatik – Wunsch, Befehl, Aussage – entspricht.

Das Zeichen, das in der Mitte des Modells steht, ist zugleich „token", also konkrete Zeichenverwendung (also Teil der „parole" im Sinne Saussures), und „type", also ein Teil des Sprachsystems. (In Bühlers Graphik ist das Zeichen deshalb zugleich Dreieck und Kreis: zugleich Verwendung und Systembestandteil.) Hieraus ergibt sich die Brisanz des Modells im Vergleich zu Saussure oder auch gegenwärtigen generativen Sprachauffassungen: das situative Umfeld aus Sprecher und Hörer ist nicht Teil einer irgendwie gearteten additiven Pragmatik, die die von ihr unabhängigen Sprachzeichen, die ein autonomes grammatisches System produziert hat, nachträglich in ihren situativen Kontext einpaßt, vielmehr geht das Umfeld von Anfang an in die Konstitution der sprachlichen Zeichen ein.

Den drei Beziehungen (Dimensionen) des Zeichens ordnet Bühler (zunächst, d.h. 1918) die Sprachfunktionen Kundgabe (= Sprecher), Auslösung (= Hörer) und Darstellung (= Denotat) zu, die er später umbenennt in *Ausdruck, Appell* und *Darstellung*. Jede dieser drei Relationen („Sinnfunktionen", 1933:81) hat eigene sprachliche Ausdrucksmittel.[15] Allerdings ist die referentielle Funktion (der „bloß intentionale oder symbolische Bezug auf die Gegenstände der Rede", Holenstein 1979 [³1993:14]) nur gestrichelt markiert, also weniger konstitutiv (und auch weniger direkt) als die Bezeichnung zwischen Sprecher, Zeichen und Hörer: man kann nicht ohne Sprecher und Hörer kommunizieren, wohl aber ohne Bezug auf die Dinge in der Welt.[16]

Die *Darstellungsfunktion* des sprachlichen Zeichens ist dennoch in den voll entwickelten Sprachen die wichtigste; sie beruht auf konventionalisierten Laut-Ding-Relationen, mit denen sich die abendländische Sprachphilosophie und Linguistik seit Plato vor allem beschäftigt. Durch solche Laut-

---

[15] Trubetzkoy folgt dieser Dreiteilung des Organonmodells, wenn er in seinen *Grundzügen der Phonologie* (1939) alle drei Dimensionen zumindest als Teil der Phonologie akzeptiert (wenn sich seine Darstellung dann auch fast ausschließlich der Darstellungsfunktion widmet).
[16] Vgl. Malinowski (1923).

Ding-Relationen können sprachliche Zeichen für bestimmte Dinge oder Sachverhalte stehen. Neue Bezeichnungen können durch Namensgebungsakte eingeführt werden. Die Fähigkeit des Kindes zur Namensgebung (die u.a. Objektkonstanz voraussetzt) ist einer der entscheidenden Schritte zur voll ausgeprägten sprachlichen Kompetenz. Nur durch die Darstellungsfunktion (d.h. nur als *Symbol*) kann Sprache sich von der Situation befreien.

Der *Ausdrucksfunktion* von Sprache ist in Bühlers Theorie die gesamte Prosodie zugeordnet, soweit sie keine bedeutungsdistinktiven (und daher für die Darstellungsdimension relevanten) Funktionen erfüllt, wie dies z.b. bei Tonsprachen der Fall ist. In der Regel funktioniert diese Dimension anders als die Darstellungsfunktion: ihre semiotische Basis sind „Anzeichen"[17] oder *Symptome*. Die Zeichenbeziehung wird nicht durch Konvention, sondern zunächst – in Peirceschen Begriffen – durch Ähnlichkeit („Resonanz" bei Bühler 1933:84f.) oder durch Kontiguität hergestellt. Nicht ganz klar ist, ob Bühler die Symptome ausschließlich als nicht-konventionelle, kausal bedingte Zeichen sieht (die miteinander so verbunden sind wie Feuer und Rauch, also als physikalische Ursache und Wirkung), oder ob dominant dem Ausdruck dienende Zeichen auch Züge von Gelerntem (Konventionellem) aufweisen können; für die letztere Interpretation spricht, daß er neben dem Schrei eines Kindes oder eines Tiers auch Wortwahl, Intonation und Interjektionen aufzählt, die alle sehr stark sprachstrukturell bestimmt sind (und damit sicherlich konventionalisiert).[18]

In die Ausdrucksfunktion der Sprache faßt Bühler fast alles zusammen, was zu seiner Zeit in der (deutschen) Psychologie wichtig war, insbesondere in der Charakter- und Persönlichkeitsforschung (vgl. etwa Wundts „Ausdrucksbewegung"). Diese Dimension des Zeichens, so Bühler, vermittelt die „Innerlichkeit" des Sprechers (vgl. Benvenistes „Subjektivität", Kap. 5). Für die *Appellfunktion* verweist er den Leser hingegen auf die Rhetorik und hält sich mit Details zurück, wohl deshalb, weil es hier nicht um psychische Innenzustände, sondern um äußere oder innere Veränderungen im Adressaten geht. Der einfachste Appell ist ein Zeichen, das nichts weiter tut, als die Aufmerksamkeit des anderen zu erregen. Von den grammatischen Sprachmitteln gehört dazu der Vokativ. Bühler nennt die Appelle auch Signale (und verweist auf das Kommunikationssystem der Bienen). Auch hier kann Resonanz (Ikonismus) die Basis für die Zeichenrelation sein, obwohl Konventionalisierungen häufig sind.

---

[17] Ch. S. Peirce, auf den Bühler sich allerdings nie direkt bezieht, spricht von „Indices"; cf. Peirce (1960–1966).
[18] Vgl. dazu ausführlich Kubczak (1984).

Ausdruck – Appell – Darstellung 27

In der Regel vermischen sich in jedem einzelnen Zeichen die drei Dimensionen der Appell-, Darstellungs- und Ausdrucksfunktion, denn reine Ausdrucksmittel (wie Interjektionen und Prosodie) sind ebenso selten wie reine Appellmittel (wie Vokative). Umgekehrt ist aber zumindest in nichtwissenschaftlicher Sprache fast keine darstellende Zeichenverwendung möglich, die völlig frei von Ausdruckselementen wäre: jede Aussage ist auch Ausdruck der Überzeugung des Sprechers. So gehören auch sprachliche Handlungen jenseits der wahrheitswertfähigen Aussagen laut Bühler zur Ausdrucksfunktion; die sprachliche Handlung des Lügens beruht z.b. nicht auf einer Falschheit der Darstellung, sondern einer mangelnden Echtheit der Kundgabe.[19]

Die Dreiteilung der Zeichendimensionen in Ausdruck, Appell und Darstellung leuchtet intuitiv ein und ist bis weit in den Bereich des *communication engineering* (der praktischen Psycho- und Kommunikationsberatung) hinein popularisiert und trivialisiert worden (vgl. etwa die leicht abgewandelte Version bei Schulz von Thun 1981, I:14). Wenn wir jedoch Bühler ernst nehmen wollen, ist ein Blick auf die Rolle dieses Axioms in seiner Sprachtheorie insgesamt notwendig, der über das intuitiv Einleuchtende hinausgeht. Dazu müssen wir zunächst die bisherige Darstellung um die Diskussion eines dritten der Bühlerschen Axiome erweitern (Axiom „C" in Bühler 1934), nämlich die Unterscheidung zwischen Sprechhandlung und Sprachwerk sowie zwischen Sprechakt und Sprachgebilde.[20]

In einer kühnen Kreuzklassifikation von Saussures Opposition *langue* vs. *parole* und Humboldts Unterscheidung zwischen Sprache als „ergon" (Werk) und „energeia" (Hervorbringung) kommt Bühler zu dem folgenden Vierfelderschema:[21]

	„energeia"	„ergon"
langue	Sprachhandlung	Sprachwerk
parole	Sprechakt	Sprachgebilde

---

[19] Vgl. die Diskussion der unwissentlichen Richtigaussagen bei Austin, Kap. 7.
[20] Das vierte und letzte Axiom nennt Bühler übrigens „Wort und Satz"; es behandelt die „doppelte Artikulation" von Sprache, also die Strukturierung auf der phonologischen und der morpho-syntaktischen Ebene (Martinet 1960 [1963:21f.]).
[21] Bei Koerner (1984:95) findet sich eine andere in der Bühler-Rezeption verschiedentlich anzutreffende Umsetzung, die m.E. allerdings nicht mit Bühlers eigenen Kommentaren zum Vierfelderschema kompatibel ist, nämlich:

Sprechhandlung = *parole*	Sprachwerk = *ergon*
Sprechakt = *energeia*	Sprachgebilde = *langue*

Mit Heger (1984) läßt sich rekonstruieren, daß Bühler die Unterscheidung zwischen *langue* und *parole* – sicherlich nicht im Sinne Saussures – vor allem als Komplexitätsdimension versteht; *parole*-Einheiten sind also ‚kleiner' als solche auf der *langue*-Ebene. Die Humboldtsche Opposition zwischen ‚ergon' und ‚energeia' hingegen läßt sich mit Bühlers eigener Unterscheidung zwischen situationsgebundenem und situationsentbundenem Sprechen gleichsetzen. Dementsprechend sind Sprachhandlungen komplexere Handlungen eines einzelnen Sprechers, die sich aus Sprechakten zusammensetzen (etwa eine Erzählung aus einzelnen Schritten); auf der überindividuellen ‚ergon'-Seite steht auf der höheren Komplexitätsebene das Sprachgebilde im Sinne von Sprachsystem, auf der niedrigeren Komplexitätsebene das Sprachwerk, das nach Bühler vor allem durch die retrospektive Zuwendung des Produzenten zu seinem Produkt (Werkcharakter) gekennzeichnet ist; da er aber zugleich von einem vom Sprecher gelösten Werk spricht, liegt es nahe, mit Raible (1989) diesem Feld des Vierfelderschemas schriftliche Texte zuzuordnen.[22]

Nun läßt sich die Viergliedrigkeit dieses Schemas mit der Zweifeldertheorie und den drei Dimensionen des sprachlichen Zeichens im Organonmodell in Verbindung bringen. Dies tut Bühler auch selbst: Sprachwerk und Sprachgebilde werden den Nennwörtern (d.h. denen im synsemantischen Feld) zugeordnet und diese dem Symbol (Darstellungsfunktion); Sprechakt und Sprachhandlung hingegen den Zeigwörtern (den Zeichen im synpraktischen Feld) und diese den Signalen (Appellfunktion).[23] Aus dieser Gleichsetzung ergeben sich jedoch eine Reihe von Problemen. Zunächst hat schon Heger (1984:112) darauf hingewiesen, daß die Symptome in dieser Gleichsetzung fehlen. Zwar sollte man vermuten, daß sie eher zu Sprechakt/Sprachhandlung als zu Sprachwerk/Sprachgebilde gehören; ihr Ort in der Zweifeldertheorie ist jedoch ungewiß. (Mit Blick auf die ikonische Ausdrucksform der Intonation, die ja nach Bühler ein wichtiges Verfahren symptomatischer Zeichenbildung ist, ließe sich vermuten, daß hier das „Malfeld" doch eine größere Rolle spielt, als ihm Bühler – mit sprachsystematischen Argumenten! – zubilligen will.) Auch ließe sich einwenden, daß Bühlers Sprachelemente im Zeigfeld keineswegs mit denen identisch sind, die er als Beispiele für Signale nennt; erstere sind die klassischen deiktischen

---

[22] Für eine weitere Interpretation des Bühlerschen Vierfelderschemas vgl. Coseriu (1971).
[23] Vgl. Bühler (1934:31): „Genau so wie die Zeigwörter fordern, daß man sie als Signale bestimmt, verlangen die Nennwörter eine andere, den Signalen inadäquate Bestimmung; nämlich die herkömmliche. Die Nennwörter fungieren als *Symbole* und erfahren ihre spezifische Bedeutungserfüllung und -präzision im synsemantischen Umfeld."

Sprachzeichen, letztere u.a. auch Anreden (*summons*), Imperative, etc.; das Verweisen auf Dinge wiederum (Darstellungsfunktion) ist nicht mit der Verwendung von Elementen aus dem Symbolfeld identisch, denn auch mit deiktischen Sprachmitteln wird ja auf Gegenstände und Sachverhalte verwiesen.

Noch entscheidender scheint mir aber zu sein, daß sich Bühler durch die Zuordnung des Sprachwerks (=Sprachsystems) zum Symbolfeld selbst der Möglichkeit beraubt, Grammatik als prinzipiell situationsbezogen (nichtautonom) zu beschreiben. Es mag nach allgemeiner Linguisten-Meinung gerechtfertigt sein, „expressive Intonation" aus der Grammatik auszuklammern; aber nicht einmal die formalsten Grammatiker würden deiktische Verfahren (wie Tempus oder Personalsuffixe) aus dem Sprachsystem ausscheiden, weil sie (in Bühlers Begriffen) zeigfeldabhängig sind. Konsequenter wäre es, die vier Erscheinungsformen von Sprache (Humboldt x Saussure) und die sie konstituierende Unterscheidung zwischen Zeig- und Symbolfeld strikt von den Dimensionen des Zeichens im Organonmodell zu trennen. Dann läßt sich argumentieren, daß jedes komplexe Zeichen (als *utterance-type* oder *sentence-type*) Ressourcen aus dem „Sprachgebilde" umfaßt, die als solche überindividuell (als Teil des Zeichenrepertoires der Sprachgemeinschaft) gegeben sind – seien diese nun dem Symbol-, Mal- oder Zeigfeld entnommen; daß aber andererseits die „Aneignung" (im Sinne Benvenistes) eines jeden Zeichens, welchem Umfeld es nun seine Bedeutungshaftigkeit schuldet (und sei es der syn-semantischen Syn-tax, wenn es sich z.B um Perspektivierungsverfahren handelt[24]), symptomatische und signalhafte Dimensionen annimmt.

Wäre Bühler hier konsequenter gewesen, hätte er vielleicht auch die selbst gestellte Frage: „Soll es also endgültig zur Parole erhoben werden, daß die alte Grammatik faktisch im Sinne einer entschlossenen *Situationstheorie der Sprache* reformbedürftig ist?" (1934:23) eindeutig positiver beantwortet, weil ihm der Ausweg versperrt gewesen wäre zu argumentieren, daß in der situationsenthobenen Rede ja die „altehrwürdige deskriptive Grammatik" als eine Lehre vom Symbolfeld tauglich bleibe. Der Verzicht auf deiktische Verweismittel ist eben nicht mit der Situationsbefreiung der Sprache identisch.

---

[24] Vgl. z.B. Kuno (1987).

Kap. 3

Sprachfunktionen

Roman Jakobson

R. Jakobson (1896–1982) wurde in Moskau geboren und studierte dort und in St. Petersburg Linguistik, Literaturwissenschaft, Volkskunde und Psychologie. Er war im russischen Formalismus aktiv, bevor er 1920 nach Prag übersiedelte. Dort wurde er zu einem der Begründer des sog. Prager Linguistenkreises (neben Mathesius, Trubetzkoy, etc.) der unter dem Einfluß Saussures wie auch der Formalisten eine spezifische, funktional orientierte Art des europäischen Strukturalismus entwickelte. Schwerpunkt seiner Arbeit waren zu dieser Zeit neben der Metrik vor allem die Phonologie und die slavische Morphologie. Nach sechs Jahren als Professor in Brünn mußte Jakobson 1939 vor den Nazis fliehen. Nach zwei unsteten Jahren in Skandinavien siedelte er 1941 in die U.S.A. über, wo er 1946 Professor für slavische Studien an der Columbia University, 1949 Professor an der Harvard University und seit 1957 parallel dazu auch Professor für Sprachwissenschaft am MIT wurde.

Jakobson ist geradezu die Verkörperung der Verbindungslinie zwischen europäisch-funktionalem Strukturalismus und amerikanischer Linguistik der Nachkriegszeit. Durch seine Zusammenarbeit mit MIT-Phonologen wie Morris Halle hat er die amerikanische Linguistik generativer Richtung geprägt. Allerdings ist Jakobsons Sprachtheorie nie den Verengungen des generativen Programms erlegen; so verwundert es nicht, daß seine Kontexttheorie in jüngster Zeit auch ein wichtiger Bezugspunkt der ‚Metapragmatiker' um Michael Silverstein wurde, die eine stark anti-chomskianische Richtung vertreten.[1] Für Jakobsons Einfluß auf die europäische Linguistik ist neben dem Prager Zirkel auch die Zusammenarbeit mit Claude Lévi-Strauss (in den frühen 40er Jahren an der franco-belgischen Universität Ecole Libre des Hautes Etudes in New York) verantwortlich; über Lévi-Strauss vermittelt, entfaltete Jakobson seinen Einfluß auf die französischen strukturalistischen und post-strukturalistischen Denker und von dort aus auf die neuere Literaturwissenschaft (auch in Deutschland).

Jakobson war immer zugleich Literaturwissenschaftler und Linguist; man hat sogar behauptet, die Linguistik sei für ihn nur ein (Um-)Weg zur Poetik gewesen. Die Verbindung zur Literaturwissenschaft wird auch in vielen ei-

---

[1] Vgl. z.B. Silverstein (1976).

gentlich sprachwissenschaftlichen Schriften deutlich, nicht zuletzt in dem berühmten „Closing Statement: Linguistics and Poetics", das in dem Band *Style in Language* (hrsg. v. Th. Sebeok), New York, 1960, S. 350–377 erschien [dt. als „Linguistik und Poetik", in H. Blumensatz (Hrsg.), *Strukturalismus in der Literaturwissenschaft*, Köln 1972, S. 118–147; wieder in: Roman Jakobson, *Poetik – Ausgewählte Aufsätze* 1921–71, Frankfurt/M.: Suhrkamp, 1979 (hrsg. v. E. Holenstein & T. Schelbert), S. 83–121]. Die folgenden Bemerkungen zu den „Sprachfunktionen" beziehen sich vor allem auf diesen Aufsatz. Das Modell selbst hatte Jakobson schon lange vorher beschäftigt; eine früher publizierte Version ist in „Metalanguage as a linguistic problem" (vgl. SW III, S. 113–121) enthalten.

Jakobsons wichtigste Schriften sind in einer zehnbändigen Werkausgabe (SW = *Selected Writings*, 1966ff., Mouton/de Gruyter) zusammengefaßt; deutsche Sammelwerke sind neben dem schon erwähnten Band zur Poetik (hrsg. v. Holenstein & Schelbert) die Aufsätze zur *Linguistik und Poetik* (hrsg. v. W. Raible, München: Nymphenburger Verlagsanstalt, 1975) und *Form und Sinn* (hrsg. v. E. Coseriu, München: Fink, 1974).

Aus linguistischer Sicht besondere Bedeutung haben die Arbeiten *Kindersprache, Aphasie und allgemeine Lautgesetze* von 1941 (wieder in SW I)[2], „Two aspects of language and two types of aphasic disturbances" (1956, wieder in SW II, S. 239–259) sowie „Shifters, verbal categories and the Russian Verb" (1957, wieder in SW II, S. 130–147).

Über Jakobsons Funktionsmodell der Sprache lohnt sich nachzulesen bei Holenstein (1979, v.a. S. 10–15), Holenstein (1975, v.a. S. 157–168) sowie – aus der Perspektive der Prager Schule – bei Vltruský (1984)[3]. Ein an Jakobson orientiertes Sprachfunktionsmodell findet man bei Hymes (1974:53–62).

* * *

Zwischen Karl Bühler und Claude Shannon, deren Zeichen- bzw. Kommunikationsmodelle in den Kapiteln 1 und 2 vorgestellt wurden, gibt es keine direkte Verbindung, wenn man davon absieht, daß Bühler in seinem Spätwerk den Begriff der Kybernetik verwendet, und daß auch seine frühen

---

[2] Allerdings sind die psycholinguistischen Aussagen zur Aphasie und Kindersprache, die Jakobson darin auf recht unempirischer Basis macht, heute überholt.
[3] Weitere Informationen über Jakobsons geistesgeschichtliche Wurzeln, über seine Vita und sein Wirken kann man Heft 5 der Zeitschrift *Cahiers Cistre* (Lausanne 1978) – dort v.a. den Beiträge von Robel, Dauthie und Todorov –, außerdem Waugh (1976) und Bradford (1994) entnehmen.

Arbeiten (besonders die *Krise der Psychologie*) das Problem der Selbststeuerung kommunikativer Systeme thematisieren; freilich nicht aus der Perspektive des Ingenieurs, sondern der des Sozialpsychologen.[4] Hingegen ist Jakobsons Funktionsmodell der Sprache sowohl der Kommunikationstheorie als auch dem Bühlerschen Organonmodell verpflichtet; in gewisser Weise kann man es als eine poetologisch gewendete und ergänzte Synthese aus beiden begreifen.

Wie gezeigt, haben Shannon/Weaver ein Modell für die tatsächlich ablaufende (nicht zuletzt technische) Kommunikation entwickelt, Bühler aber ein Modell des sprachlichen Zeichens, das sich nach drei Seiten hin orientiert (bzw. in drei Dimensionen konstituiert), von denen zwei mit den Polen des Kommunikationsmodells identisch sind. Jakobson, so wird in diesem Kapitel zu zeigen sein, hält sich in der Entscheidung zwischen Zeichen- und Kommunikationsmodell eindeutig an Bühler, wenn auch die graphische Darstellung seines Modells an Shannon erinnert und seine Sprachfunktionen deshalb teilweise auch als Erweiterungen dieses Shannonschen Modells gesehen worden sind.[5]

Nach Jakobson umfaßt sprachliche Kommunikation die folgenden Dimensionen:

	KONTEXT	
	MITTEILUNG	
SENDER	———————————————	EMPFÄNGER
	KONTAKT	
	KODE	

Aus diesem Gund kann das sprachliche Zeichen den folgenden Funktionen dienen:

	REFERENTIELL	
	POETISCH	
EMOTIV		KONATIV
	PHATISCH	
	METASPRACHLICH	

---

[4] Vgl. dazu Ungeheuer (1967).
[5] Leider wird der Unterschied zwischen einem Zeichen- und einem Kommunikationsmodell in der Literatur oft verwischt, nicht zuletzt auch bei dem in Deutschland wichtigsten Jakobson-Exegesen, dem Sprachphilosophen Elmar Holenstein; vgl. die in diesem Sinn irreführenden Bemerkungen in Holenstein (1979), bes. S. 16.

Die erste Graphik scheint eine stark erweiterte und auch veränderte Form des Kommunikationsmodells zu sein. Jedoch ist sie eigentlich nur dazu da, auf die zweite hinzuführen, die wesentlich mehr an Bühlers zeichentheoretische Herangehensweise erinnert. (Bühlers Organonmodell war Jakobson natürlich aus dem *Cercle linguistique de Prague* bestens vertraut, es spielte aber in der amerikanischen Linguistik seiner Zeit keine Rolle.) In der zweiten Graphik geht es um die Funktionen des sprachlichen Zeichens bzw. der Sprache, die sich aus der Kommunikation ableiten lassen und die in jedem sprachlichen Zeichen mehr oder weniger deutlich vorhanden sind. (Jakobson benennt das Zeichen nach seiner *dominanten* Funktion; eine Funktion schließt also die andere im selben Zeichen nicht aus.[6]) Betrachten wir nun diese Funktionen nacheinander.

Sender, Empfänger, Kontakt (Kanal) und Botschaft sind aus dem Modell von Shannon/Weaver bekannt. Verschwunden ist allerdings die für direkte (und nicht technisch vermittelte) Kommunikation unplausible Trennung zwischen Informationsquelle und Sender und ihr rezeptionsseitiges Pendant, nämlich der Unterschied zwischen Empfänger und Ziel. Auch die Pfeile von links nach rechts fehlen; es wird nicht mehr impliziert, daß Informationen von links nach rechts verschoben werden.

Die emotive Funktion des Zeichens entspricht der Ausdrucksfunktion bei Bühler und ist dem Sprecher oder Sender zugeordnet. Wie Bühler, so erwähnt auch Jakobson die Interjektionen als Musterbeispiel für einen sprachlichen Zeichentyp, der dominant diese Funktion erfüllt. Allerdings betont er – anders als Bühler, für den die Ausdrucksfunktion mehr oder weniger unbewußt die Emotionen des Sprechers oder bestimmte Persönlichkeitsmerkmale spiegelt (indiziert) –, daß emotive Zeichen nicht immer frei von bewußter Steuerung sind. Oft versucht der Sprecher gerade, einen bestimmten Eindruck zu *erwecken*; die Emotion, für die das Zeichen sich als Symptom darstellt, kann also „wirklich oder fingiert" (89) sein. Die Bezeichnung „emotiv" (die Jakobson von dem Sprachphilosophen Marty übernommen hat) anstelle von „emotional" soll dies wohl ausdrücken.

Die sprecherseitige Durchdringung des sprachlichen Zeichens entspricht bei Jakobson ziemlich genau dem Begriff der „Subjektivität" bei Benveniste (Kap. 5). Als solche ist sie zumindest teilweise konventionalisiert. Selbst bei prosodischen Ausdrucksformen für Emotivität, die in der Regel als der am wenigsten kontrollierte Teil des Sprachsystems gelten, gibt es Konventionen; z.B. wird die Tieferlegung der Akzentsilben einer Äußerung wie

---

[6] Auch in dieser Betonung der Polyvalenz des Zeichens geht Jakobson mit Bühler konform.

```
  ‿         ‿              ⌣         ⌵
```
Dann ist der da RAUSgekommen und hat mich als Erstes mal gefragt was ich WILL

von den meisten Sprechern und Sprecherinnen des Deutschen als emotiv interpretiert, und zwar als Ausdruck von Verärgerung oder als Vorwurf. In verschiedenen Dialekten in Südwestdeutschland ist diese Tieferlegung aber der unmarkierte Intonationsverlauf und hat keinerlei emotive Beiklänge.[7]

Jakobson betont, daß die Sprache immer vom Sprecher durchdrungen ist, nicht nur, wenn sie emotional ist. Zu den sprachlichen Zeichen, die dominant emotive Funktion ausüben, gehören deshalb zum Beispiel auch diejenigen, die dem Ausdruck von Modalität dienen. Wird z.b. das Modalverb *sollen* verwendet, um Information aus zweiter Hand zu kennzeichnen (also in epistemischer Weise), dann sagt der Sprecher etwas über seine Haltung zu der reportierten Information aus (*er soll schon angekommen sein...* im Gegensatz zu *er ist schon angekommen*). Hier sind die Ausdrucksmittel mit emotiver Funktion eindeutig konventionalisiert, denn die Kodierung von Sprechereinstellungen erfolgt ja im Deutschen – zumindest teilweise – mit grammatischen Mitteln wie Hilfsverben.

In der konativen Funktion[8] finden wir Bühlers Appellfunktion wieder. Typisch dafür sind nach Jakobsons Meinung alle „performativen Sprechakte" (im Sinne Austins, vgl. Kap. 7), aber auch z.B. Zauberformeln, mit denen man bei einer bestimmten, ‚verzauberten' Person etwas erreichen möchte.

Die referentielle Funktion der Sprache entspricht dem Bühlerschen Bezug auf die „Gegenstände und Sachverhalte". Daß Jakobson sie in der ersten der beiden Graphiken dem Kontext zuordnet, dürfte ein Reflex der Informationstheorie sein; allerdings spiegelt sich darin auch, wie Holenstein (1975:163) betont, Jakobsons radikal strukturalistisches Denken, in dem die Welt der Zeichen prinzipiell abgeschlossen ist: wir können mit Zeichen letztendlich nur auf andere Zeichen (auf vorgängige Verwendungen desselben Zeichen-*types*, aber auch auf paradigmatisch alternative Zeichen) verweisen, nicht auf die Dinge selbst. Die Zeichen sind nicht mit den Dingen verbunden. Hier unterscheidet sich Jakobson von Bühler, greift aber das Zeichenkonzept Saussures auf (vgl. S. 23).[9]

---

[7] Vgl. zu den Details der „Vorwurfsintonation" Günthner (1996).

[8] > lat. *conatus* = Versuch, Anstrengung; m.W. (in dieser Bedeutung) eine Jakobsonsche Neuschöpfung.

[9] Andere zentrale Elemente der Saussureschen Zeichentheorie hat Jakobson jedoch abgelehnt; dies gilt besonders für Saussures Insistieren auf der Arbitrarität des Zeichens, der Jakobson dessen partielle Determiniertheit gegenüberstellt. Daß z.B. der Komparativ und Superlativ, wenn überhaupt morphologisch markiert, immer *mehr*

Die übrigen Funktionen bei Jakobson gehen über Bühler hinaus. Die phatische Funktion bezieht sich auf den Kanal. Dominant phatisch sind daher Zeichen, mit denen sich der Sprecher lediglich die Aufmerksamkeit des Adressaten sichert bzw. auch umgekehrt solche, mit denen der Rezipient dem Sprecher seine Aufmerksamkeit signalisiert (Rezipientensignale); also alles, was man später mit *backchannel behaviour* bezeichnet hat.[10] Zur phatischen Funktion der Sprache zählt Jakobson aber auch *small talk*, also Gespräche, die so routinisiert sind, daß sie letztendlich (referentiell gesehen) ‚inhaltsleer' sind. Dies ist der Sinn des Wortes ‚phatisch', in dem es Bronislaw Malinowski (1923) ursprünglich eingeführt hat. Jedoch reduziert Jakobson seinen Inhalt fast bis zur Unkenntlichkeit, wenn er die phatische Kommunikation lediglich auf den Kanal bezieht: bei Malinowski hat phatische Kommunikation nämlich keineswegs die (primäre) Funktion, den Kanal offen zu halten; vielmehr ging es ihm darum zu zeigen, daß sprachliches Handeln oft nicht der Übermittlung von Botschaften dient, sondern vielmehr der sozialen Kontaktpflege, der Bestätigung und Stabilisierung sozialer Beziehungen. In Jakobsons Begriff der phatischen Kommunikationsfunktion verbergen sich also zwei ganz unterschiedliche Aspekte: *backchannel behaviour* und soziale Beziehungsarbeit (etwa in Sinne Goffmans).

Daß Jakobson die metasprachliche Funktion mit in sein Funktionsmodell aufnimmt, hat wohl mehrere Gründe. Zum einen entspricht sie der Entwicklung der Kommunikationstheorie jener Zeit (vgl. Kap. 4 über Watzlawick).[11] Diese Funktion ist aber in einem streng strukturalistischen Theorierahmen auch die einzige Möglichkeit, um Zeichen neu einzuführen oder zu definieren (zum Beispiel durch die *demonstratio ad oculos* oder durch Taufakte).[12] Schließlich: durch metasprachliche Operationen lernt nach Jakobson das Kind einen wesentlichen Teil seiner Sprache – nicht etwa durch Imitation.

In ihrer metasprachlichen Komponente bezieht sich die Botschaft auf den Code, also das Zeicheninventar. (Der Code-Begriff, selbstverständlich aus der Informationstheorie entlehnt, wird anstelle des Saussureschen *langue-*

---

morphologischen Aufwand erfordern als die Grundform, zeigt nach Jakobson eine diagrammatische Ikonizitätsbeziehung zwischen bezeichnetem Gegenstand und sprachlicher Form. Daraus ist zu folgern, daß selbst grammatische Zeichen in ihrer Form zumindest teilweise motiviert und nicht völlig arbiträr sind. Zur jüngeren Ikonismus-Diskussion in der „natural syntax" vgl. u.a. Auer (1989), Haiman (1985).
[10] Vgl. z.B. Duncan & Niederehe (1974), Duncan (1974), Erickson & Shultz (1982:118ff.), Schegloff (1982).
[11] Vgl. dazu jüngere Ansätze zur Metapragmatik bei Silverstein (1979), (1993) sowie Kapitel 15.
[12] Kritisch äußert sich dazu Wittgenstein; vgl. Kap. 6.

Konzepts verwendet, das Jakobson wegen seines statischen, überindividuell-unifizierenden Charakters kritisiert; weder – so Jakobson – ist die *langue* überindividuell, noch die *parole* individuell, und schon gar nicht ist sie ungeordnet bzw. unsystematisch.[13]) Wenn wir zum Beispiel sagen *Jakobson schreibt man mit „k"*; so werden ein Wort/Name und ein Buchstabe aus dem sprachlichen „Code" zu Referenzpunkten, auf die sich die Botschaft bezieht. Der umgekehrte Fall – der Code bezieht sich auf die Botschaft – definiert laut Jakobson (1957) übrigens das Wesen der Deixis. Ein deiktischer Ausdruck wie *ich* ist Teil des Codes; er kann aber nur dann verstanden werden, wenn sich der Code in der konkreten Verwendung auf eine Botschaft bezieht, d.h. auf eine kommunikative Situation, in der er verwendet wird und die seine Bedeutung (das Denotat) festlegt.

Schließlich die poetische Funktion, auf die das gesamte Modell hinzielt; während sie bei Bühler noch in der „Ausdrucksfunktion" enthalten ist, versucht Jakobson (hier ganz in der Tradition der russischen Formalisten) das Poetische aus dem Autor zu lösen und am sprachlichen Werk selbst (dem Zeichen) festzumachen. Seine allgemeine Definition ist, daß sich in der poetischen Funktion das Sprechen auf sich selbst bezieht („message" auf „message"). Die Bedeutung dieser Zeichen liegt also niemals außerhalb, sondern immer in ihnen selbst. In der poetischen Funktion besinnt sich die Sprache auf ihre Form. Was macht aber diese Formbezogenheit zu einer poetischen? Jakobsons bekannte Antwort beruht auf seiner Unterscheidung zwischen den beiden grundlegenden Achsen der Sprache, der paradigmatischen (Selektion aus Alternativen), die er in anderen Aufsätzen der Metapher und der Ähnlichkeit (Ikonismus) zuordnet, und der syntagmatischen (Kombination von Elementen, entsprechend Metonymie und Kontiguität/ Index).[14] Charakteristisch für das Poetische ist nun, daß in ihm die paradigmatische auf die syntagmatische Achse projiziert wird; etwa begründet sich die syntagmatische Form der Äußerung *veni – vidi – vici* aus der paradigmatische Ähnlichkeit zwischen den drei Wörtern und erhält dadurch ihre poetische Qualität.

Ob poetische (selbstreferentielle) und nichtpoetische (informationsübermittelnde) Sprache in eine dichotomische Opposition gestellt werden sollten, ist vor allem ein literaturwissenschaftliches Problem.[15] Aus linguistischer Perspektive ist zu konstatieren, daß die poetische Funktion der Spra-

---

[13] „Saussures Modell der *langue* als eine statischen und uniformen Systems ist durch die dynamische Konzeption eines vielfältigen und ‚kovertiblen' Kodes abzulösen, eines Kodes, der sich den verschiedenen Funktionen der Sprache und den wechselnden Umständen der Zeit und des Raumes anpassen kann" (Holenstein 1975:165, nach Jakobson 1973b:39f. = SW II, S. 655–696).

[14] Die Begriffe Ikon, Index und Symbol stammen von Peirce (1960–1966).

[15] Vgl. dazu etwa den Überblick in Bradford (1994:76ff.).

che durchaus auch in der Alltagssprache zu finden ist.[16] Zu den poetischen Verfahren der Alltagssprache, die auch Jakobson erwähnt, gehören zum Beispiel Dreier-Listen (Jefferson 1990, Müller 1991), Assonanzen (beide durch das obige Beispiel *veni vidi vici* exemplifiziert) oder die Tatsache, daß in binomialen Ausdrücken meist das längere Glied hinter dem kürzeren steht (*Max und Moritz, Sang und Klang, Kind und Kegel*); es sei denn, wir wollen ‚Durcheinander' ausdrücken: *upside down*; vgl. Ross (1980); Behaghel (1909 und 1932, IV:6).[17]

Zu einer Kritik an Jakobsons Modell der Sprachfunktionen, die gerade jene Aspekte aufgreift, die es am deutlichsten mit Shannons Kommunikationsmodell verbindet, lassen wir abschließend P. N. Medvedev (evtl. ein Pseudonym von Bachtin[18]) zu Wort kommen, der schon 1928 zum Kommunikationsmodell der russischen Formalisten (zu denen Jakobson ja zeitweise gehörte) schrieb:

What is transmitted is inseparable from the forms, manners, and concrete conditions of the transmission. The Formalists presuppose tacitly, however, in their interpretation, an entirely predetermined and fixed communication, and an equally fixed transmission.

This could be expressed schematically as follows: there are two members of society, A (the author [später in Jakobsons allgemeinerer Formulierung: Sender, P. A.]) and B (the reader [später: Empfänger, P. A.]); the social relations between them are, for the time being, unchangeable and fixed; we also have a ready-made message X, which must simply be handed over by A to B. In this ready-made message X, there is distinguished the ‚what' (‚content') and the ‚how' (‚form'), literary discourse being characterized by the „objective of expression" (‚how').[19] The proposed schema is radically wrong.

In reality, the relations between A and B are in a state of permanent formation and transformation; they continue to alter in the very process of communication. Nor is there a ready-made message X. It takes form in the process of communication between A and B. Nor is it transmitted from the first to the second, but constructed between them, like an ideological bridge; it is constructed in the process of their interaction. (1978:203f., zit. nach der Übersetzung bei Todorov 1984:55).

---

[16] Vgl. Sacks (1992, v.a. Bd. II), Auer, Couper-Kuhlen & Müller (1999), Silverstein (1984), Schwitalla (1994) sowie auch Kap. 17.
[17] Natürlich ist die Reihenfolge in solchen binomialen Ausdrücken nicht ausschließlich von poetischen Gesichtspunkten geleitet, sondern reflektiert auch soziale Normen, besonders wenn keine deutlich erkennbare Differenz der Schwere der einzelnen Glieder zu erkennen ist (vgl. etwa *Maria und Josef, Romeo und Julia*).
[18] Vgl. Kap. 20.
[19] Das letzte Zitat stammt aus Jakobsons erster Publikation seines Kommunikationsmodells.

Tatsächlich werden die sozialen Funktionen von Sprache – sich abzugrenzen und dazuzugehören, Akkommodation und Distanzierung, Distinktion und Solidarität – bei Jakobson überhaupt nicht erwähnt. Wir werden auf sie im Kapitel über den „sprachlichen Markt" zurückkommen (Kap. 22).

Kap. 4

Metakommunikation

Paul Watzlawick

P. Watzlawick (geb. 1921) wurde in Kärnten geboren, studierte zunächst in Italien Sprachphilosophie (Promotion 1949) und ließ sich dann in Zürich (am C.G. Jung-Institut) zum Psychoanalytiker ausbilden. Unter dem Einfluß der Schriften des Anthropologen und Verhaltensforschers Gregory Bateson und der Arbeit des Mental Research Institute in Palo Alto, mit dem Bateson in engem Kontakt stand, ging er 1960 zunächst zu Albert Scheflen nach Philadelphia (wo er Mikroanalysen von Filmaufnahmen aus Therapiesitzungen erstellte) und dann an das Mental Research Institute in Palo Alto selbst. Er arbeitete dort als Forscher und Therapeut; von 1967 bis zu seiner Emeritierung war er außerdem Professor an der Stanford University.

Paul Watzlawick hat sich selbst als eher paragonalen „Jünger" von Gregory Bateson, Don D. Jackson (dem ersten Direktor des Mental Rearch Institute) und dem Hypnotherapeuten Milton H. Erickson bezeichnet (Watzlawick 1988:10). In der Tat gehen viele der zentralen theoretischen Begriffe, die Watzlawick in seinen Büchern verwendet, auf Bateson zurück – so „double bind" als Ursache der Schizophrenie (vgl. Bateson, Jackson, Haley & Weakland 1956), „Interpunktion" (vgl. Bateson & Jackson 1964), „Schismogenese" (vgl. Bateson 1936) und auch der hier zu diskutierende Begriff der „Metakommunikation" (vgl. Bateson 1955 sowie seine eher kryptischen, aber vielzitierten Beiträge zu einer Diskussionsrunde von 1956);[1] andere, wie der Begriff der Familienhomöostase sowie überhaupt der Systemansatz der Familientherapie, stammen von Jackson (vgl. z.B. Jackson 1965). Niemandem ist es allerdings so gut gelungen, die theoretischen Annahmen der Palo-Alto-Schule, ihre Anwendungsmöglichkeiten in der Psychotherapie (in der Watzlawick lange Zeit sein primäres Wirkungsfeld sah), aber auch ihre philosophischen Implikationen populär zu machen. Zur Breitenwirkung dürfte, abgesehen von Watzlawicks geschliffenem Schreibstil, auch die für alle seine Bücher typische Vermischung von (formaler) Philosophie, Psychotherapie, literarischen Beispielen, Weltpolitik, Kybernetik und Lebenshilfe beigetragen haben.

---

[1] Deutsche Übersetzungen der meisten von Batesons Arbeiten finden sich in Bateson (1981).

Seinen größten Erfolg hatte Watzlawick (auch im deutschsprachigen Raum) mit dem zusammen mit Janet H. Beavin und Jackson verfaßten Buch *Pragmatics of Human Communication. A Study of Interactional Patterns, Pathologies, and Paradoxes*, New York: W.W. Norton Inc., 1967 (dt. als: *Menschliche Kommunikation*. Bern, etc.: H. Huber, 1972); zahlreiche andere Aufsätze der Palo-Alto-Schule aus dieser Zeit (in der Regel mit einem dezidert therapeutischen Interesse) sind in dem Sammelband von P. Watzlawick & J.H. Weakland (Hrsg.), *The Interactional View. Studies at the Mental Research Institute, Palo Alto, 1965–1974*, New York: W. W. Norton Inc.,1977 (dt. als: *Interaktion*. Bern, etc.: Huber, 1980) abgedruckt. Die Möglichkeiten (therapeutisch induzierten) Wandels in Familien- und sonstigen Systemen stehen im Mittelpunkt von P. Watzlawick, J. H. Weakland & R. Fisch, *Change*, New York: W.W. Norton Inc., 1974 (dt. als: *Lösungen*, Bern, etc.: Huber, 1974) und *The Language of Change* (New York: Basic Books, 1978). In anderen Arbeiten (v.a. *How Real is Real?* New York: Random House, 1976; dt. als: *Wie wirklich ist die Wirklichkeit?* München: Piper, 1976) geht es Watzlawick um die kommunikativen Grundlagen der Konstitution der Wirklichkeit;[2] er gehört zu den frühen Verfechtern eines radikalen Konstruktivismus.

Eine Einführung in die Denkweise der Palo-Alto-Schule und ihre Wirkung auf die Psychotherapie geben Marc & Picard (1984 [1991]).

Der Einfluß der Kybernetik auf Bateson, aber auch auf Watzlawick ist vielfältig und wird in den Schriften der beiden Autoren auch immer wieder hervorgehoben. Wie Wiener und Shannon einen Informationsbegriff entwickeln wollen, der ohne den traditionellen Bedeutungsbegriff (und ohne eine historisch-genetische Analysedimension) auskommt, indem sie auf Kontext, Information und Redundanz rekurrieren, so versuchen Watzlawick und seine Kollegen in Palo Alto Therapieformen zu entwickeln, die den einzelnen Menschen nicht als „Monade", sondern als Teil eines Systems (z.B. eines Familiensystems) auffassen und daher in deutliche Frontstellung zu der traditionellen Therapieform jener Zeit, nämlich der Psychoanalyse mit ihrer Fixierung auf dem Individuum und seiner Vergangenheit, gehen. Für Watzlawick ist also Kommunikationsanalyse die Beschäftigung mit Relationen zwischen Elementen von Systemen; bei ausreichend großer Abstraktion ergibt sich daraus von allein, daß ihre Vorbilder nicht etwa in der Individualpsychologie liegen können, sondern eher in der Logik und Mathematik, „die sich ja von allen Disziplinen am unmittelbarsten mit den Beziehungen zwischen und nicht der Natur von Entitäten befaßt" (Watzlawick, Beavin & Jackson 1972:23). So bemüht Watzlawick in verschiedener

---

[2] Dieses Interesse teilt er mit Alfred Schütz (vgl. Kap. 11) und Harold Garfinkel (vgl. Kap. 12), freilich ohne deren Schriften überhaupt zur Kenntnis zu nehmen.

Weise die Denkmodelle der ‚exakten' Mathematik und Logik für seine Argumentationen; der Szientizismus, der schon die linguistische Rezeption der kybernetischen Kommunikationsmodelle kennzeichnete, findet hier zahlreiche Parallelen.

***

Watzlawicks Auffassung von Kommunikation ist wesentlich dadurch geprägt, daß sie zwischen Verhalten und Handeln nicht unterscheidet (Watzlawick, Beavin & Jackson 1972:23). Watzlawick steht damit im Gegensatz zu jener sozialwissenschaftlichen Traditionslinie, die sich von Max Weber bis zur Konversationsanalyse aufspannt (vgl. die Kapitel 10–13); aus diesem Grund gilt auch für ihn, was Grathoff (1989:327) Bateson vorhält, nämlich daß er „hart an der Grenze behavioristischer Kommunikationsanalyse" steht. Dies zeigt sich nicht zuletzt an Watzlawicks erstem „Axiom" der Kommunikation, dem berühmten Satz: „Man kann sich nicht nicht verhalten" (Watzlawick, Beavin & Jackson 1972:51).[3] Damit ist gemeint, daß jedes Verhalten Objekt der Apperzeption und Interpretation durch den Anderen werden kann, und daß wir uns dieser ‚Anfälligkeit' unseres eigenen Verhaltens für Sinnzuschreibung durch den Anderen auch bewußt sind: eine(n) Bekannte(n) beim Vorbeigehen auf der Straße *nicht* zu grüßen, ist ein mindestens ebenso schwerwiegendes kommunikatives Ereignis wie ihn/sie zu grüßen. Bemerkenswert ist allerdings, daß Watzlawick *et al.* Verhalten (oder Nicht-Verhalten) mit Kommunikation und diese wiederum mit Interaktion gleichsetzen (Watzlawick, Beavin & Jackson 1972:52). Sie begründen dies mit dem Argument, daß eine Unterscheidung zwischen Verhalten, Kommunikation und Interaktion nur „auf der Grundlage spezifisch introspektiver oder subjektiver Angaben" (Watzlawick, Beavin & Jackson 1972:52) zu treffen sei, und demnach im Rahmen wissenschaftlicher Kommunikationsforschung überhaupt nicht. (Es macht demzufolge keinen Unterschied, ob ich den Anderen tatsächlich übersehen habe oder absichtlich wegschaue.) Menschliche Kommunikation wird damit nach dem *black box*-Verfahren auf *input-output relations* reduziert (Watzlawick, Beavin & Jackson 1972:45). Das Ideal der Palo-Alto-Schule ist eine rein induktive, verhaltensorientierte Kommunikationsforschung, deren Induktionsverfahren

---

[3] Das Axiom wird vor allem zum Zwecke der Analyse schizophrener Sprache eingeführt, die nach Watzlawick durch das Dilemma des Schizophrenen gekennzeichnet ist, „jede Mitteilung zu vermeiden und gleichzeitig zu verneinen, daß sein Verneinen selbst eine Mitteilung ist" (Watzlawick, Beavin & Jackson 1972:52).

auf Rekurrenzen („Redundanz") in der Abfolge von Ereignissen (innerhalb von Interaktionsabläufen) beruht.[4]

Wie Shannon zwischen drei Ebenen der Kommunikationsanalyse (Kap. 1), so unterscheidet auch Watzlawick zwischen einer syntaktischen, einer semantischen und einer pragmatischen Ebene der Zeichenverwendung (eine Unterteilung, die wohl beide, explizit jedoch nur Watzlawick, der Semiotik Charles Morris' entnehmen); mit Shannon teilt Watzlawick außerdem die Tendenz, die pragmatische Ebene auf die ersten beiden zu reduzieren, die offenbar vor allem als stochastische Übergangsrelationen gesehen werden (vgl. Watzlawick, Beavin & Jackson 1972:36f.). Eine weitere grundsätzliche Ähnlichkeit besteht in der technizistischen Gleichsetzung von Kommunikation mit „korrekter Übermittlung von Information" (Watzlawick 1976:13); für Watzlawick wird diese Übermittlung in erster Linie durch Übersetzungsfehler oder Code-Unterschiede zwischen Sender und Empfänger oder durch Fehler in der Botschaft selbst (z.b. ihre Widersprüchlichkeit) gestört (Watzlawick 1976:Teil 1).

Es gibt aber auch Unterschiede. Über das Kommunikationsmodell von Shannon/Weaver hinausgehend (allerdings vollständig in Übereinstimmung mit der kybernetischen Forschung seiner Zeit), betont Watzlawick, daß eine pragmatische Kommunikationsanalyse nicht nur die Wirkung des Senders auf den Empfänger untersuchen muß, sondern auch die Rückwirkung des Empfängers auf den Sender (Rückkopplung). Watzlawicks Denken ist daher radikal systemorientiert. Kommunikationsabläufe in Interaktionssystemen sind nicht teilbar (d.h., den einzelnen Beteiligten zuzuordnen), sondern „übersummativ": ein Interaktionssystem kann nie additiv durch die Betrachtung seiner Bestandteile analysiert werden (Watzlawick, Beavin & Jackson 1972:120f.). Ehepaare, Familien, Gruppen, aber auch die Staatengemeinschaft müssen vielmehr als „Rückkopplungskreise" verstanden werden. Bei dominant negativer Rückkopplung verharren sie in Homöostase (Ruhezustand), während sie bei dominant positiver Rückkopplung ihre Stabilität verlieren und dadurch entweder reifen oder kollabieren (vgl. auch S. 44 unten zum Problem der Rekalibrierung). Im ersten Fall spricht Watzlawick auch von komplementärer Schismogenese: das Verhalten eines Systemelements verstärkt das komplementäre des anderen. Zur komplementären Schismogenese tendieren besonders asymmetrische Beziehungen, zum Beispiel solche zwischen Mächtigen und Unterlegenen, solange in ihnen

---

[4] Es ist übrigens unklar, ob diese Abfolgeregelmäßigkeiten statistischer oder kategorialer Art sind; das von Bateson wie auch Watzlawick oft zitierte Beispiel des Schachspiels verweist auf kategoriale Regeln, die jedoch faktisch nur wenige sequentielle Abfolgen – insbesondere die Paarsequenzen (*adjacency pairs*) der Konversationsanalyse – aufweisen; vgl. unten, Kap. 14.

auch die Machtlosen durch bereitwillige Übernahme ihrer Rolle das bestehende Machtungleichgewicht bestätigen und unterstützen. Im zweiten Fall ist die Schismogenese symmetrisch; in diesem Fall verstärkt das Handeln einer Person dasselbe Handeln im Gegenüber durch positive Rückkopplung – die Dinge ‚schaukeln sich hoch'.[5]

Da in solchen Rückkopplungskreisen das Reden von Ursache und Wirkung seinen Sinn verliert (denn alle kommunikativen Ereignisse hängen irgendwie zusammen, es gibt kein unabhängiges, kausal vorrangig ‚Erstes' wie in einer linearen Ereignisverkettung), ist es auch nicht möglich, bestimmte Handlungen als Auslöser für andere anzusehen. Entsprechend wird auch das Reden von der ‚Schuld' an einer bestimmten interaktiven Entwicklung (bzw. der Verantwortung dafür) sinnlos.

Diese objektive Neutralität des Blicks auf die interaktiven Zusammenhänge, der sich der Betrachter und Therapeut befleißigen soll, entspricht freilich nicht der Wahrnehmung durch die Interaktionsteilnehmer. Diese „interpunktieren"[6] Verhaltenssequenzen, d.h. sie unterteilen in Ursache/Wirkung-Abfolgen. In sozialen (Klein-)Systemen bestehen aber für diese Interpunktion immer mehrere Möglichkeiten (die alle objektiv gesehen falsch sind, weil sie notwendigerweise kausale Zuschreibungen vornehmen). Daraus können sich massive Beziehungsprobleme ergeben, wenn z.B. ein Ehemann seine eigene, passiv-zurückgezogene Haltung als Verteidigung (Reaktion) auf das Nörgeln seiner Ehefrau wahrnimmt und verteidigt, während die Frau umgekehrt ihre Kritik als berechtigte Reaktion auf seine Distanzierung sieht.[7]

---

[5] Beispiel: Steuerhinterziehung provoziert die Bereitschaft zu weiteren Steuerhinterziehungen.
[6] Vgl. die Diskussion bei Watzlawick (1976:72ff.).
[7] Das Beispiel verdient einen Kommentar, gerade weil sein Grundargument so überzeugend ist. Die kleinsten Einheiten, mit denen Watzlawick und Bateson in der Analyse von Interpunktionsphänomenen vorgeben zu arbeiten, sind sprachliche Einzelhandlungen; jedenfalls impliziert „Interpunktion" das Segmentieren eines Handlungsstroms in einzelne Handlungen, die als Stimulus bzw. Reaktion interpretiert werden können (oder – neutraler gesagt – als initiative und responsive Handlungen). Es ist aber nicht leicht, sich einen solchen konkreten Interaktionsablauf vorzustellen, also pathologische Interpunktionsdivergenzen tatsächlich anhand ambiger, d.h. mindestens auf zwei verschiedene Weisen in initiative und responsive Züge aufteilbarer Abläufe zu konkretisieren. Watzlawicks Beispiele (selbst die, in denen er und seine Mitautoren von *Menschliche Kommunikation* das Theaterstück „Wer hat Angst vor Virginia Woolf" von Edward Albee analysieren) sind immer nur *Aussagen* der Mitglieder eines Kleinsystems über ihr Verhalten und ihre Interpretationen. Offenbar beziehen sich diese Aussagen zwar auf einzelne (oder auch Gruppen von) Handlungen, sie abstrahieren jedoch schon von ihnen und liefern eine Interpretation *ex post*. Gesetzt den Fall, man könnte das Ehepaar aus Watzlawicks Beispiel mit einem Transkript oder einer Tonbandaufnahme seines Interaktionsverhaltens konfrontieren, wären

Wie können sich menschliche Interaktionssysteme nun überhaupt verändern, wenn sie grundsätzlich zur Homöostase fähig sind? Wandel kann zum einen aus der Interaktion des Systems mit seiner Umwelt resultieren; findet ein solcher Informationsaustausch statt, so handelt es sich um „offene Systeme" (sonst um „geschlossene"). Auch offene Systeme fangen allerdings nur innerhalb bestimmter Grenzen Umwelteinflüsse ab, ohne sich selbst verändern zu müssen. Ändert sich jedoch die Umwelt eines Kleinsystems auf ganz grundlegende Weise, so ist es nötig, daß sich das System „rekalibriert", um überleben zu können, d.h. es muß einen Sprung zu qualitativ neuen Verhaltensformen machen. Starres Festhalten an der alten Kalibrierung würde hingegen langfristig zum Verlust der Homöostase und damit zu seinem Untergang führen.

Diese Rekalibrierung ist nun ein Prozeß, der auf *Metaregeln* aufbaut (während Verhalten innerhalb einer Kalibrierungsstufe mit einfachen pragmatischen Regeln auskommt). Um rekalibrieren zu können, muß das System quasi über sich selbst reflektieren und sich selbst in einem grundlegenden Aspekt neu organisieren. Watzlawick, Weakland & Fisch (1974:28ff.) sprechen in diesem Fall von Wandel zweiter Ordnung, während Wandel erster Ordnung den homöostatischen Anpassungsprozessen des Systems an seine Umwelt ohne Rekalibrierung entsprechen würde.

Der Begriff der Metakommunikation (bzw. der Metaregeln) wird von Watzlawick zuerst in Analogie zur Hilbertschen Metamathematik[8] eingeführt und später auf die logische Typenlehre B. Russells[9] bezogen.[10] Von diesen mathematischen Theorien, so stellt Watzlawick bedauernd fest, unterscheide sich die Kommunikationswissenschaft dadurch, daß ihr Medium sowohl auf der Objektebene als auch auf der des Sprechens über Kommunikation (anders als zum Beispiel in der Mathematik) die natürliche Sprache ist. (Watzlawicks Ideal scheint hier dem Logischen Positivismus – etwa R. Carnaps – nahe, auf den er sich auch mehrmals beruft; zur Kritik an dieser Position siehe Kap. 6, Wittgenstein.)

---

sie in der Lage, einzelnen Handlungen die jeweils unterstellte Motivation zuzuschreiben und sie immer noch als Erwiderung auf Handlungen des anderen zu sehen? Sind Watzlawicks Interpunktionsdifferenzen solche der *in situ*-Interpretation oder solche späterer Rekonstruktionen, z.B. in einem therapeutischen Setting? Geht es also wirklich um Interpunktion (Gliederung in initiative und responsive Züge) oder nicht vielmehr um unterschiedliche Interpretationen, die als solche lediglich nicht benannt werden, weil Bateson/Watzlawick die damit verbundene „hermeneutische" Dimension mit allen Mitteln vermeiden wollen?

[8] Vgl. Hilbert & Bernays (1934–1939).
[9] Whitehead & Russell (1910–1913).
[10] Vgl. vor allem die umfangreiche Diskussion in Kap. 1 von Watzlawick, Weakland & Fisch (1974).

Um die Rolle der Metakommunikation in Watzlawicks Denken verstehen zu können, ist es notwendig, zwei weitere Begriffspaare einzuführen: die Gegenüberstellung von *Inhalts- und Beziehungsaspekt* der Kommunikation sowie das Begriffspaar *analoge vs. digitale Information*. Inhalts- und Beziehungsaspekt können mit Bühlers Darstellungs- bzw. Ausdrucks-/ Appellfunktion gleichgesetzt werden.[11] Der Beziehungsaspekt, der notwendigerweise in jeder Äußerung enthalten ist, besagt, „wie ihr Sender sie vom Empfänger verstanden haben möchte" (Watzlawick, Beavin & Jackson 1972:53); auf diese Weise bestimmt er die Beziehung zwischen den Kommunikationsteilnehmern.[12] Zeichen auf der Beziehungsebene sind also Verstehensanweisungen für das inhaltlich Gesagte. Dem Beziehungsaspekt dienen aber auch sprachlich-kommunikative Formen, die kaum einen Inhaltsaspekt haben, wie zum Beispiel gesellschaftliche Rituale oder *small talk* (phatische Kommunikation).

Auch der Unterschied zwischen digitaler und analoger Information ist uns aus Bühlers Schriften bekannt; er ist nämlich durchaus mit der Opposition zwischen konventionellen Symbolen (digital) und durch Ähnlichkeitsbeziehung konstituierten Ausdrucksmitteln (analog) vergleichbar. (Erstaunlicherweise fehlt der Index – die Entsprechung zu Bühlers Signal – bei Watzlawick, und entsprechend auch eine Theorie des Verweisens auf Kontexte.) Die „jüngeren und abstrakteren" (Watzlawick, Beavin & Jackson 1972:63) digitalen Symbole sind zwar wesentlich für die „meisten, wenn nicht alle menschlichen Errungenschaften" (Watzlawick, Beavin & Jackson 1972:63), aber die analogen sind allgemeiner gültig (da weniger arbiträr), archaischer und grundlegender. Sie sind allerdings auch ungenauer, d.h. weniger eindeutig und auf verschiedene, manchmal sogar widersprüchliche Weisen verstehbar. (In Watzlawick (1978) wird die analoge Kommunikationsform überdies mit der rechten Hirn-Hemisphäre, die digitale mit der linken Hemisphäre gleichgesetzt – jedenfalls bei Rechtshändern.[13])

---

[11] Siehe dazu Kap. 2.
[12] Diese Gleichsetzung zwischen Beziehungsaspekt und Verstehensanweisungen für die Äußerung ist freilich nicht so selbstverständlich. Ein alternatives Modell könnte Verstehensanweisungen auf der Beziehungsebene lediglich als einen spezifischen Fall von Metakommunikation verstehen, dem sich andere – zum Beispiel über die Interpretation der Äußerung als „Ironie" oder „Spaß" – nebenordnen ließen. Vgl. dazu Kap. 15.
[13] „There are thus two languages involved. The one, in which for instance this sentence itself is expressed, is objective, definitional, cerebral, logical, analytic; it is the language of reason, of science, explanation, and interpretation, and therefore the language of ost schools of psychotherapy. The other ⟨...⟩ is much more difficult to define – precisely because it is not the language of definition. We might call it the language of imagery, of metaphor, of pars pro toto, perhaps of symbols, but certainly

Watzlawick ist nun der Meinung, daß Beziehungskommunikation vor allem analog verläuft, Inhaltskommunikation vor allem digital. Zusätzlich stellt er fest, daß Beziehungsinformation als Anweisung zum Verstehen des Inhalts einer Äußerung zwangsläufig Information über andere Information gibt und daher ihrer Natur nach metakommunikativ ist. Es ergibt sich also die folgende Zuordnung:

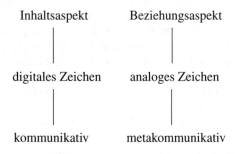

Ein typisches Beispiel ist die von Watzlawick et al. diskutierte Frage von Frau A an Frau B, die man sich als von einer Zeigegeste auf das Collier von Frau B begleitet denken muß: *Sind das echte Perlen?* (Watzlawick, Beavin & Jackson 1972:54). Die Inhaltsinformation wird durch verschiedene Wörter des Deutschen, die in eine der Grammatik entsprechende Fragesyntax zusammengefügt sind, ausgedrückt; sie ist digital, also mit konventionellen, nur kompetenten Sprechern des Deutschen bekannten Mitteln kodiert. Die ‚Botschaft' der Äußerung besteht aber vermutlich nicht in der neutralen Frage nach der Beschaffenheit der Perlen, sondern enthält eine weitere Dimension, die sich erst erschließt, wenn man prosodische Aspekte, aber auch mimische oder andere nicht-sprachliche Elemente der Äußerungssituation berücksichtigt. Diese Information könnte dem Empfänger der Äußerung die metakommunikative Verstehensanweisung geben, daß es sich um eine Freundlichkeit oder auch um den Ausdruck von Neid oder Bewunderung handelt. Sie ist ihrer Natur nach analog und bestimmt die Beziehung zwischen Sprecherin und Hörerin. In diesem Sinn ähnelt ‚Metakommunikation' dem Begriff der Kontextualisierung bei John Gumperz (vgl. Kap. 15). Außerdem ist sie unter Jakobsons Definition der metakommunikativen Zeichenfunktion subsumierbar (Metakommunikation = die Botschaft bezieht sich auf den Kode).

---

of synthesis and totality, and not of analytical dissection." Diese Sprache wird mit ungerichtetem Denken, Assoziationen, Träumen, Witzen, Phantasien, Wortspielen und Verdichtungen (im Sinne Freuds) gleichgesetzt (vgl. Watzlawick 1978:14f.).

Watzlawick bespricht aber auch zahlreiche Beispiele *gestörter* Kommunikation und führt sie auf unzureichende Trennung von Inhalts- und Beziehungsaspekt zurück; in diesen Fällen scheint das Verhältnis zwischen Inhalts-/Beziehungsaspekt einerseits und metakommunikativer vs. kommunikativer Zeichenverwendung andererseits etwas anders gestaltet zu sein. Man nehme etwa jenen Fall, in dem sich ein Ehepaar heftig streitet, nachdem der Ehemann einen guten Freund spontan eingeladen hat, auf einer Geschäftsreise bei ihnen zu übernachten. Wie sich in der Therapiesitzung herausstellt, nimmt ihm die Ehefrau nicht etwa die Tatsache dieser Übernachtung übel (die Watzlawick, Beavin & Jackson der Inhaltsebene zuordnen; 1972:79), sondern daß er die Einladung ausgesprochen hat, ohne sie vorher um ihr Einverständnis zu bitten (was ganz offensichtlich die Beziehungsebene betrifft). Es gibt zwei Unterschiede zum vorgenannten Fall (Perlen-Frage). Zum einen haben wir es hier nicht mit einer einzelnen Äußerung zu tun, die die Rezipientin in der primären Äußerungssituation einerseits in ihren segmentalen (digitalen) Komponenten auf den Inhalt bezieht, andererseits in ihren suprasegmentalen (analogen) auf die Beziehung, sondern es geht um verschiedene Interpretationen einer Äußerung (nämlich der Einladung), die im Nachhinein von anderen Menschen (hier der Ehefrau), an die sie nicht direkt gerichtet war, bewertet wird. Es läßt sich nicht erkennen, warum die Opposition analog/digital dabei eine Rolle spielen sollte. Dasselbe gilt für das Begriffspaar kommunikativ/metakommunikativ, das sich in diesem Fall nicht der Inhalts- bzw. Beziehungsebene zuordnen läßt. Tatsächlich verwendet Watzlawick es im Zusammenhang dieses (und vieler anderer) Beispiele auch in einem anderen Sinn: nicht der Beziehungsaspekt selbst ist metakommunikativ; metakommunikativ ist lediglich die Fähigkeit, über den Beziehungsaspekt zu sprechen. In vielen Fällen sind die Interaktionspartner nämlich zwar in der Lage, sich über den Inhaltsaspekt der Kommunikation auseinanderzusetzen (auf dem sie irrtümlicherweise die Lösung ihres Problems vermuten), nicht aber über den Beziehungsaspekt.

Zusammenfassend läßt sich also sagen, daß der Begriff Metakommunikation von Watzlawick auf vier verschiedene Weisen verwendet wird:
a) um auf die Sätze zu verweisen, die der Wissenschaftler über sprachliches Handeln aufstellt. Dies setzt voraus, daß die Handlungen selber „festen Regeln" (wie denen des Schachspiels) unterworfen sind, die in Form solcher Sätze formuliert werden können (wie dies z.B. in Watzlawick, Beavin & Jackson 1972:43 behauptet wird). Die Interaktionsteilnehmer selbst sind von dieser Form der Metakommunikation nicht berührt.
b) um auf die Fähigkeit eines Systems zu verweisen, sich selbst durch Rekalibrierung („Metaregeln oder Stufenfunktionen", Watzlawick, Beavin & Jackson 1972:137) neu einzustellen. Diese Fähigkeit ist in

menschlichen Kommunikationssystemen eng mit der Fähigkeit zur Metakommunikation im Sinne von d) verbunden.

c) um die „Steuerungssignale" analoger Art zu bezeichnen, mit denen Sprecher zugleich mit dem „Inhalt" ihrer Äußerung etwas darüber vermitteln, wie diese Äußerung verstanden werden und wie sie zur Beziehungsdefinition beitragen soll.

d) um auf die Fähigkeit oder Unfähigkeit der Teilnehmer zu verweisen, über ihre Beziehung zu sprechen und Divergenzen und Auseinandersetzungen auf den Beziehungsaspekt anstelle des Inhaltsaspekts zu beziehen (ein Sonderfall von b)). Im Gegensatz zu c) geht es hier um explizite (‚digitale') *ex post*-Formulierungen von Beziehungsaspekten (also um rekonstruktive Beziehungsarbeit), nicht um ‚analoge' Interpretationsarbeit *in situ*.

Pathologische Interaktionssysteme können nach Watzlawick *et al.* dann entstehen, wenn auf der Inhalts- und Beziehungsebene miteinander nicht kompatible Informationen gegeben werden und wenn die Teilnehmer nicht in der Lage sind bzw. es ihnen nicht erlaubt wird, diese Paradoxien durch Wechsel auf die Metaebene (im Sinne von d)) aufzulösen oder zumindest zu thematisieren (Watzlawick 1976:25ff.). Klassische Beispiele sind Aufforderungen wie *Sei spontan!* Eine Lösung des pathologischen Zustands ist nur möglich, wenn das System durch metakommunikative Prozesse rekalibriert werden kann, also eine andere Stufe erreicht – eine Veränderung, die „meist als etwas Unwillkürliches, ja Unbegreifliches, gesehen ⟨wird⟩, ein Quantensprung, eine plötzliche Erleuchtung, die unerwarteterweise nach langer und oft entmutigender geistiger Anstrengung" eintritt (Watzlawick, Weakland & Fisch 1974:42). Sie kann offensichtlich nicht erfolgen, wenn lediglich einer der Beteiligten auf der Inhaltsebene ‚nachgibt'.

Hier ist ein Blick auf zwei weitere Beispiele aufschlußreich. Das erste dient Watzlawick dazu, das Problem der pragmatischen Paradoxien einzuführen (Watzlawick, Beavin & Jackson 1972:178):[14] Einem Kompaniebarbier wird von seinem Hauptmann befohlen, alle Soldaten der Kompanie zu rasieren, die sich nicht selbst rasieren. Was soll er tun? Für Reichenbach (von dem Watzlawick das Beispiel übernimmt; Reichenbach 1947) ist die Lösung, daß es den Kompaniebarbier im definierten Sinn nicht geben kann, denn wenn der Barbier zur Menge der Soldaten der Kompanie gehört, kann er sich nur entweder selbst rasieren oder nicht. Die Anweisung des Hauptmanns kommt der paradoxen Aufforderung gleich, sich genau dann (selbst)

---

[14] Bezeichnend ist hier wie auch in vielen anderen Fällen, daß Watzlawick seine theoretischen Begriffe nicht mit Beispielen aus der Psychotherapie-Praxis einführt oder illustriert, sondern mit logischen Standardproblemen.

zu rasieren, wenn er sich nicht selbst rasiert. Watzlawick wendet dagegen ein, daß Situationen dieser Art durchaus der interaktiven Realität entsprechen; wesentlich sei, daß der Barbier durch die Befehlsgewalt des Hauptmanns in eine „unhaltbare Situation" gebracht werde, weil er der Paradoxie (daß er sich selbst dann und nur dann rasieren könnte, wenn er kein ‚Selbstrasierer' wäre) nicht durch Kommentierung auf der Metaebene entrinnen könne. So mache es also erst die soziale Situation (die dem Hauptmann Macht – Befehlsgewalt – über den Barbier gibt) die pragmatische Paradoxie des Beispiels aus.

Wie in manchen seiner Beispiele erliegt Watzlawick hier aber dem Denken der Logiker und seinen Faszinationen, ohne sich über die (davon radikal abweichenden) Interpretationsverfahren alltäglicher Sprache Gedanken zu machen. Denn tatsächlich ist der alltägliche Ausweg aus der Situation viel einfacher. Der Befehl: „Rasieren Sie alle Soldaten, die sich nicht selbst rasieren!" ist nicht paradox, es sei denn, der Hörer (= Barbier) nähme ihn wörtlich; *dies* aber wäre eine pragmatisch unsinnige (Interpretations-)Handlung. Für alle kompetenten Sprachhandelnden ist die Lösung durch eine einfache pragmatische Inferenz zu finden, die die Referenz des Quantors *alle* dergestalt auflöst, daß der Befehl so vernünftig erscheint, wie der Hauptmann (vermutlich) ist: es *kann* nur gemeint sein, daß alle Soldaten *mit Ausnahme* des Barbiers rasiert werden sollen. Kein mit gesundem Menschenverstand ausgestatteter Barbier würde auch nur auf die Idee kommen, *alle* im Sinne eines logischen Quantors zu verstehen, der sich exhaustiv auf alle formal bestimmbaren Kompaniemitglieder bezieht, also auch auf sich selbst. Insofern ist die Situation weder paradox noch ein Fall von *double bind*; sie erfordert lediglich jene minimale Inferenzarbeit, die wir ständig leisten müssen, um den Sinn der Äußerungen unserer Interaktionspartner zu erkennen, die oftmals aus logischer Perspektive betrachtet unvollständig, widersprüchlich oder unsinnig sind (vgl. dazu Kap. 9).

Ein zweites, ebenfalls militärische Beispiel aus Watzlawicks Schriften zeigt, wie pragmatische Paradoxien aufgelöst werden können.

> Während einer der im 19. Jahrhundert häufigen Unruhen in Paris erhielt der Kommandant einer Gardeabteilung den Befehl, einen Platz durch Gebrauch der Schußwaffe von der dort demonstrierenden *canaille* zu räumen. Er befahl seinen Leuten, durchzuladen und die Gewehre auf die Demonstranten anzuschlagen. Während die Menge vor Entsetzen erstarrte, zog er den Säbel und rief mit schallender Stimme: ‚Mesdames, messieurs, ich habe den Befehl, auf die canaille zu schießen. Da ich vor mir aber eine große Anzahl ehrenwerter Bürger sehe, bitte ich sie, wegzugehen, damit ich unbehindert auf die canaille feuern kann.' Der Platz war in wenigen Minuten leer. (Watzlawick, Weakland & Fisch 1974:103)

Watzlawick verweist darauf, daß der Offizier das ursprüngliche, homöostatische System von Drohung und Gegendrohung, Gewalt und Gegengewalt durchbricht und eine „Veränderung zweiter Ordnung" herbeiführt. Dadurch wird der Teufelskreis der bisherigen Interaktionsformen, die im vorliegenden Fall in einer symmetrischen Schismogenese zur Eruption von Gewalt führen würden, durchbrochen. Der Offizier deutet die Situation um und thematisiert (indirekt) auf der metapragmatischen Ebene, daß das Problem nicht auf der Ebene der Fakten (der demonstrierenden Menge) liegt, sondern die Folge der Lösungen erster Ordnung ist, die dafür vorgesehen sind (in diesem Fall: auf die *canaille* zu schießen).

Worin besteht das Paradoxe dieser Situation und worin die metapragmatische Lösung durch den Offizier? Daß das Schießen auf die Menge prinzipiell keine Lösung erster Ordnung für Probleme herbeiführen könnte (weil Gewalt immer Gegengewalt provoziert), ist eher eine idealistische Unterstellung als ein unumstößliches Faktum (wie viele Beispiele aus der jüngeren Geschichte zeigen, vielleicht zuletzt das Massaker auf dem Platz des Himmlischen Friedens in der VR China). Wenn der Offizier die Situation als Dilemma empfindet, dürfte dies weniger auf die Paradoxie der Situation an sich zurückzuführen sein (wie Watzlawick insinuiert), sondern eher auf die persönliche Sympathie des Offiziers mit den Demonstranten, die mit seiner Pflicht innerhalb der militärischen Hierarchie konfligiert. Daß er sich, wenn er so denkt, in einem Dilemma befindet, ist aber zweifelsohne richtig. Die Eleganz der metapragmatischen Lösung beruht tatsächlich auf der indirekten Beziehungsarbeit, die der Offizier leistet; er definiert kurzerhand die Teilnehmerkategorien neu. (Anstelle von *Mob* vs. *Ordnungsgewalt* wird dabei eine Dreiteilung in *Mob* vs. *unbescholtene Bürger* vs. *Ordnungsgewalt* eingeführt; oder allgemeiner: neben die Teilnehmerrollen der unmittelbar am Konflikt beteiligten, nämlich Militär und Demonstranten, tritt die dritte der unbeteiligten Zuschauer.) Auf diese Weise bietet er den Beteiligten einen gesichtswahrenden Ausweg aus der Konfrontation an, nämlich den der Rekategorisierung des Mobs als einer Versammlung unbescholtener Bürger, und macht damit die Menge der Angehörigen der *canaille* zu einer potentiell leeren Menge. Er legt aber durch seine Äußerung nicht nur seinen Gegenspielern eine neue/andere Rolle nahe, sondern macht auch indirekt eine Aussage über sich selbst: indem er nämlich seine Sicht auf die Menge (ironisch und öffentlich) neu bestimmt, erweist er sich für die Menschen auf dem Platz als jemand, der mit ihrer Sache sympathisiert.

Solche Neurahmungen sind später sowohl von E. Goffman als auch von J. Gumperz (Kontextualisierung) genauer analysiert worden und werden in Kap. 15 weiter besprochen. Watzlawick hat sie zurecht mit metakommunikativen Prozessen in Verbindung gebracht. Ob solche Rekontextualisierungen immer mit einer „Rekalibrierung" verbunden sind, und vor allem, ob sie in irgendeiner notwendigen Weise mit Watzlawicks Theorie der Doppelbindung verknüpft sind, darf aber bezweifelt werden.

Kap. 5

Äußerung („énonciation")

Emile Benveniste

E. Benveniste (1902–1976) lehrte als Professor für vergleichende indoeuropäische Sprachwissenschaft und Iranistik in Paris an der Ecole des Hautes Etudes und am Collège de France. Als Schüler und seit 1937 Nachfolger von Antoine Meillet war er von dessen kritischer Rezeption des *Cours de linguistique générale* Saussures und von seiner Betonung des sozialen Aspekts von Sprache beeinflußt. Deutlich erkennbar ist auch die Nähe zu Edmund Husserl („egologischer", subjektzentrierter Ansatz), zu Michel Bréal (Betonung des subjektiven Aspekts von Sprache) und zu Roman Jakobson (semiotischer Ansatz, Interesse für Deixis).

Benvenistes empirisches Arbeitsfeld war v.a. die Indogermanistik, manchmal auch das Französische. Seine kleineren Arbeiten zur Allgemeinen Sprachwissenschaft lassen jedoch unter dem Stichwort „Der Mensch in der Sprache" ein deutliches Interesse an der Analyse sprachlicher Interaktionsabläufe erkennen. Wesentliches Verdienst Benvenistes ist es, mit seinem Begriff der Äußerung (*énonciation*) eine Konzeption des Sprechens entwickelt zu haben, die die Beschränkungen des Strukturalismus (besonders den *parole*-Begriff Saussures und die Ablehnung der Semantik im amerikanischen Behaviorismus) überwindet und Sprache stattdessen in den Zusammenhang Kultur – Individuum – Gesellschaft stellt.

Die Rezeption Benvenistes ist in der deutschen und anglo-amerikanischen Linguistik relativ schwach geblieben. Seine bahnbrechende Analyse des französischen Verbsystems wurde zwar durch Weinrichs einflußreiche, wenn auch im Detail nicht unproblematische Übertragung auf das Deutsche (Weinrich 1964) hierzulande bekannt; zugleich verstellte diese Übertragung aber den Blick auf Benvenistes Auffassung von sprachlicher Kommunikation insgesamt. Letztendlich wurden Benvenistes Versuche, eine Linguistik der Äußerung zu begründen, in Deutschland durch die schneller rezipierte anglo-amerikanische Sprechakttheorie (vgl. Kap. 7, 8) überdeckt.

Fragmente zu einer Theorie der Äußerung (*énonciation*) enthalten vor allem Benvenistes Aufsätze „La nature des pronoms" (In: Morris Halle, Hrsg., 1956, *For Roman Jakobson*, Den Haag: Mouton, S. 34–37), „De la subjectivité dans le langage" (*Journal de Psychologie* 1958), „Les relations de temps dans le verbe français" (*Bulletin de la Société Linguistique* 1959), „Le langage et l'expérience humaine" (*Diogenès* 1965) und „L'appareil formel de l'énonciation" (*Langages* 1970, S. 12–18). Alle diese Arbeiten sind wieder abgedruckt in: *Problèmes de linguistique générale*, Gallimard, Paris, Bd. I 1966, Bd. II 1974. Zur soziologischen Dimension in Benvenistes Schriften vgl. auch sein *Vocabulaire des institutions indo-européennes*, Paris: Minuit, 1969 (2. Bd.). Eine Einführung in Benvenistes Werk und besonders seine kommunikationsbezogenen Schriften gibt Dessons (1993); eine weiterführende, auch kritische Auseinandersetzung innerhalb des französischen Diskussionszusammenhangs findet man in dem „Special Supplement" von 1981 der Zeitschrift *Semiotica* (= Lotringer & Gora, Hrsg., 1981) sowie bei Kerbrat-Orecchioni (1980).

* * *

Benveniste geht – wie Bühler – nicht vom Begriff des Handelns aus, sondern von der Kontextabhängigkeit sprachlicher Zeichen. Aus der konsequenten Behandlung der Deixis ergibt sich jedoch für ihn die Notwendigkeit einer weitergehenden Theorie des sozialen Handelns.

Saussure (bzw. seine Herausgeber) hatte(n) bekanntlich im *Cours de linguistique générale* eine strikte Trennung zwischen *langue* und *parole* gefordert; die Linguistik solle sich zunächst ausschließlich auf das Sprachsystem konzentrieren. Dieses Sprachsystem sei durch paradigmatische („assoziative") Beziehungen gekennzeichnet, die jedem Element seinen Platz zuordnen. Die Bedeutung eines grammatischen oder lexikalischen Elements ergebe sich aus diesen Beziehungen *im System*. Die *Verwendung* der sprachlichen Zeichen sei dafür irrelevant.

Es überrascht deshalb nicht, daß sich das strukturalistische Analyseverfahren in jenen Bereichen der Sprache am besten anwenden läßt, die durch weitgehende Paradigmatisierung gekennzeichnet sind; also z.B. in der Lexik in gut strukturierten semantischen Feldern, in denen Ausdrücke wie *Baum* oder *Pferd* in vielfachen paradigmatischen Kontrastbeziehungen (zu *Strauch, Blume, ...; Hund, Katze, ...*) stehen, oder in der Grammatik bei der Beschreibung morphologischer Kategorien wie Genus (Maskulinum im Deutschen in paradigmatischem Kontrast zu Femininum und Neutrum) oder Kasus (Akkusativ im Deutschen in paradigmatischem Kontrast zu Dativ, Resten von Genitiv, Nominativ). Hier korrelieren systematisch ausdrucksseitige Strukturen (Phonemsequenzen) mit inhaltsseitigen (linguistischen Bedeutungen oder grammatischen Funktionen), die sich jeweils durch Oppositionen definieren lassen. Wie aber steht es mit Personalpronomina wie *ich* und *du*, Tempusformen wie Präsens und Präteritum oder Temporal- und Ortsadverbien wie *heute* und *dort*? Auch sie sind Teil des grammatischen (oder lexikalischen) Systems und bilden Oppositionen, aber die für diese Oppositionen konstitutiven inhaltsseitigen Differenzen verweisen immer über das sprachliche System hinaus auf ihre Verwendung: *ich* können wir als Verweis auf den Sprecher, *du* als Verweis auf den Hörer verstehen, das Präsens als Verweis auf (einen Zeitraum um) die Sprechzeit und das Präteritum als Verweis auf einen Zeitpunkt vor dieser Sprechzeit, *heute* als Verweis auf den Tag, der die Sprechzeit einschließt und *morgen* als Verweis auf den Tag, der diesem folgt, etc. Nie jedoch ergibt sich diese Bedeutung allein aus der Menge von Oppositionen, die das jeweilige Strukturelement mit den anderen im Paradigma eingeht. Sprecher, Sprechzeit, Hörer (und Sprecherort) sind konstitutive Merkmale der Situation, in der Sprache verwendet wird; die sog. deiktischen Ausdrücke, die ihre Bedeutung aus diesen Situationselementen beziehen, sind folglich nur als eine Funktion dieser (sich ständig ändernden) Situationsparameter faßbar.

Sprachliche Deixis, also diejenigen Elemente sprachlicher Struktursysteme, die ihrer eigentlichen Natur nach erst Bedeutung haben, wenn sie verwendet werden, sprengt also das Analyseschema der strukturellen Linguistik mit seiner strikten Trennung zwischen sprachlichem System und Sprachverwendung. Sie wurde deshalb in strukturalistischen Ansätzen oft lediglich als Anhängsel des Sprachsystems betrachtet. Benveniste argumentiert hingegen, daß sich in der Deixis eine gänzlich andere Ebene oder Dimension von Sprache manifestiert als in dem der nicht-deiktischen Sprachmittel, nämlich die des *Diskurses*. Er unterstreicht (II.64f.[1]), daß die Saussuresche Sprachtheorie wohl für die bedeutungtragenden Elemente innerhalb der Paradigmen des Sprachsystems geeignet ist, daß sie aber eine unüberwindbare Kluft von den Elementen trennt, die ihre Bedeutung erst aus dem Diskurs (d.h. aus der Sprechsituation) erhalten. Vom sprachlichen Zeichen im Sinne Saussures führt kein Weg in die Sprachverwendung. In dieser radikalen Trennung zwischen den isoliert bedeutungsvollen und den essentiell kontextabhängigen Sprachzeichen ähnelt Benveniste sowohl Karl Bühler (Zeigfeld und Symbolfeld; vgl. Kap. 2), dessen Schriften Benveniste aber wohl nicht kannte, als auch Roman Jakobson (vgl. dessen „shifters"– Jakobson 1957; ihn zitiert Benveniste verschiedentlich).

Für eine realistische Sprachtheorie ist es daher nach Benveniste erforderlich, zusätzlich zur *langue* auch die *énonciation* (Äußerung) theoretisch zu erfassen und zu diesem Zweck eine Theorie des Diskurses (*discours*[2]) aus-

---

[1] Alle Literaturverweise beziehen sich auf die französische Ausgabe der *Problèmes de linguistique générale*.

[2] Der Begriff *discours* wird bei Benveniste unterschiedlich weit gefaßt; in der älteren Arbeit über das französische Verb (1959) stellt er ihn dem *récit* gegenüber, d.h. es gibt diskursive und berichtende Äußerungen. In der allgemeineren Saussure-Kritik

zuarbeiten; dazu ist es notwendig, die Saussuresche Auffassung von Sprachverwendung (*parole*) als unsystematischem, ja chaotischem, weil individuell gestaltetem und daher unreglementiertem Aspekt von Sprache zu überwinden. Auch die Sprachverwendung ist systematisch und daher einer strengen linguistischen Analyse zugänglich. Sie ist mehr als die Benutzung eines Instruments (Werkzeugs).

Wie sieht nun die Linguistik der Äußerung aus, die Benveniste fordert? Zunächst muß man sich den Quantensprung zwischen System und Äußerung in seinen Konsequenzen vor Augen führen: er impliziert, daß die Bedeutung einer Äußerung sich nie aus ihren Einzelteilen ableiten läßt, denn diese sind ja Teil des Sprachsystems, also auf einer ganz anderen linguistischen Analyseebene angesiedelt. Damit setzt sich Benveniste in Gegensatz zu den auch heute noch gängigen kompositionalen oder ‚Frege-Theorien' der Bedeutung, die semantisch komplexe Strukturen als Derivat der Bedeutung ihrer Einzelteile sowie gewisser semantisch interpretierter Verknüpfungsoperationen beschreiben und so vom Sprachsystem (Lexik und Grammatik) ausgehend bis zur Äußerungsebene vordringen wollen. Äußerungen lassen sich schon deshalb nicht auf diese Weise erfassen, weil mit ihnen nicht einfach Information übermittelt, sondern gehandelt wird: „Die Botschaft läßt sich nicht auf eine Folge von einzeln bestimmbaren Einheiten zurückführen; nicht eine Aneinanderreihung von Zeichen läßt die Bedeutung entstehen, sondern umgekehrt realisiert und verteilt sich die global aufgefaßte Bedeutung (die ‚Intention') in/auf einzelnen ‚Zeichen', die WÖRTER" (II.64, Übers. P. A.). Soziales Handeln wird – ähnlich wie bei Max Weber (vgl. Kap. 10) – als intentionales Verhalten mit dem Zweck der Beeinflussung des Anderen gesehen: „Der Sprecher bedient sich der Sprache um auf die eine oder andere Weise das Verhalten des Angesprochenen zu beeinflussen" (II.84, Übers. P. A.). Entsprechend der vom Sprachsystem völlig geschiedenen Art und Weise, in der sich sprachliche Äußerungen darstellen, erfordert ihr Verstehen auch ganz andere kognitive Fähigkeiten („d'esprit"; II.65): das sprachliche Zeichen wird *erkannt*, die Äußerung wird *verstanden*. Jenes konstituiert sich paradigmatisch (im Kontrast zu seinen strukturell möglichen Alternativen), dieses syntagmatisch (in der Linearität

---

von 1969 und überhaupt in den späteren Arbeiten scheint ‚Diskurs' hingegen ganz allgemein *énonciation* zu entsprechen. Sollte Diskurs im engeren Sinn gemeint sein, würde das implizieren, daß manche Äußerungen im „semiotischen" und andere im „semantischen" Interpretationsmodus lägen, oder, anders gesagt, daß das Saussuresche Zeichenmodell für Berichte durchaus brauchbar wäre und lediglich in den nichthistorischen Äußerungen durch eine Theorie des Diskurses zu ergänzen wäre.

Ich werde, um Mißverständnisse zu vermeiden, die ältere Terminologie und entsprechend *énonciation* als Oberbegriff verwenden. Vgl. zur Ambiguität des Begriffs *énonciation* (und damit auch des *discours*) Dessons (1993:40).

Äußerung („énonciation") 55

der Äußerung).³ Entsprechend ist auch die Bedeutung des sprachlichen Zeichens (die Benveniste „semiotisch" nennt) von einer ganz anderen Art als die Bedeutung einer Äußerung (die er „semantisch"⁴ nennt⁵). Damit ist aber selbstverständlich noch nicht geklärt, was unter Äußerung verstanden werden soll. Benveniste meint damit nicht den einmal produzierten und nun in der Rückschau betrachteten Text (etwa im Sinne von Bühlers „Sprachwerk"), sondern den Vorgang des Sprechens selbst (II.80), also den Moment, in dem sich der Sprecher der Sprache bedient, oder besser: sie sich aneignet („appropriation" II.82). Er macht sie sich zu eigen, indem er sie mit seiner Stimme realisiert; aber noch viel mehr, indem er sich selbst in die Sprache einführt, d.h. indem er die Bedeutung der deiktischen Ausdrücke individuell ausfüllt. Dabei schafft er sich zugleich auch ein Gegenüber, einen Hörer, selbst wenn dieser nicht ko-präsent ist, sondern nur als (in Raum oder Zeit) weit entfernter gedacht wird (wie bei manchen schriftlichen Äußerungen): jede Äußerung ist an jemanden gerichtet – selbst der Monolog, in dem das Ich sowohl Sprecher- wie auch Hörerrolle übernimmt. Zum dritten legt der Sprecher im Akt der Äußerung (im ,Äußern') meistens auch eine bestimmte Beziehung zur Welt fest, auf die er in seinen Äußerungen verweist (z.B. durch Demonstrativa). Allerdings ist dieser referentielle Verweis auf Objekte außerhalb des Sprechers und Hörers nicht zwingend (II.88). Diese drei minimalen Kreationen der Äußerung – Sprecher und Hörer sowie gegebenenfalls Bezug zur Welt – ergeben ihren „cadre figuratif" (Äußerungsrahmen), der notwendigerweise dialogisch ist. Es gibt keine Äußerung ohne Dialog und umgekehrt (vgl. erneut die Parallelen zu Bühler, hier besonders zum Organonmodell, Kap. 2).⁶

Benveniste hat seine Theorie der Äußerung vor allem auf drei Bereiche angewendet: auf die Tempusformen des Französischen, auf die französischen Personalpronomina und auf das, was wir heute ,Sprechakte' nennen.

In seiner berühmten Arbeit über das *Tempus* kommt er zu dem Schluß, daß sich die Tempusformen des Französischen auf zwei Systeme verteilen, die quer zu ihrer morphologischen Klassifizierung (synthetisch vs. analytisch) laufen und in unterschiedlichen Äußerungstypen vorkommen. Das eine Tempussystem, zu dem das *passé simple,* das *imparfait* und *plusqueparfait* (sowie peripher einige periphrastische Ersatz-Formen für Futur und

---

[3] Zu dieser Entlehnung von Jakobson vgl. Todorov (1981a).
[4] Eine Differenzierung zwischen pragmatischen und semantischen Bedeutungsaspekten lehnt Benveniste folgerichtig ab.
[5] Vgl. zum Problem Wortbedeutung vs. Äußerungsbedeutung auch Kap. 20.
[6] Hier klingt außerdem ein Bachtinsches Thema an, ohne daß Benveniste auf diesen russischen Theoretiker der Dialogizität Bezug nähme (vgl. zu Bachtin Kap. 19 und 20).

die seltenen zeitlosen Verwendung des *présent* für allgemeingültige Wahrheiten) gehören, ist charakteristisch für historische Äußerungen, die *berichtend* auf vergangene Ereignisse zugreifen. Die typische Äußerungsform dafür ist der historische Bericht, der völlig ohne deiktische Verweismittel auskommt, vor allem aber keinerlei autobiographische Züge des Sprechers zeigt. Lediglich das Pronomen der 3. Person kommt vor. Der Bericht, so schreibt Benveniste, scheint sich selbst zu erzählen; hier scheint niemand zu sprechen. Manche Tempusformen (des Französischen) passen nicht zu diesem Modus des Sprechers; etwa das Futur, weil es in der Regel „prescription, obligation, certitude" ausdrückt, d.h. es hat (wie im Deutschen) keine rein zeitliche, sondern auch eine modale Funktion, durch die subjektive Zustände (Einstellungen) des Sprechers kommuniziert werden. Aus Gründen, die mit der spezifischen Funktion von Schriftlichkeit in der französischen Gesellschaft zu tun haben, kommt der Bericht in dieser Sprachgemeinschaft nur in der geschriebenen französischen Sprache vor: daher die ausschließliche Verwendung des *passé simple* in geschriebenen Texten.

Im Modus des *Diskurses* sind hingegen mündliche und schriftliche Äußerungen möglich. Typisch für den Diskurs ist, daß es einen Sprecher und einen Hörer gibt und daß der erstere den letzteren in der einen oder anderen Weise beeinflussen möchte. Dies manifestiert sich in der sprachlichen Form; es kommen Personalpronomina und Verbformen der 1. und 2. Person vor, die die Beziehung zwischen Sprecher und Hörer überall im Text ersichtlich machen. Alle Tempusformen mit Ausnahme des *passé simple* sind möglich. Besonders typisch sind *future, parfait, présent,* die ja im Bericht nicht oder nur in peripheren Sonderfällen verwendet werden können. (Weil das *passé simple* nur in berichtenden Texten vorkommt, diese aber keine Personalpronomen der 1. und 2. Person enthalten, sagt die Theorie richtig voraus, daß im Französischen die *passé simple*-Formen dieser Personen aussterben, also etwa *nous arrivâmes, vous arrivâtes...*)[7]

Es wird deutlich, daß für Benveniste das Tempussystem der Sprache eine gänzlich andere Konzeptualisierung von ‚Zeit' bewahrt, als wir sie im heutigen, von der physikalisch-chronologischen Zeit durchdrungenen Alltag kennen. Die chronologische Zeit stellen wir uns als Abfolge von Ereignissen vor, die in ein gesellschaftlich gegebenes Zeit-Meßsystem eingepaßt werden (mit einem mehr oder weniger arbitären Null-Punkt, nämlich ‚Christi Geburt'). Auch der in der Jetzt-Zeit wahrgenommene Ereignisablauf ist in die chronologische Zeit eingebunden. Von der physikalischen Zeit, die durch bestimmte rekurrente Naturereignisse vorgegeben ist, ist die chronologische nur theoretisch unabhängig, faktisch ist sie ihr angeglichen. Sprach-

---

[7] Eine neuere Anwendung der Unterscheidung zwischen *discours* und *récit* auf diskursive Modi der gesprochenen Sprache findet sich in Auer (1988).

lich können wir sie durch explizite Zeitangaben wie z.B. *27.11.1932* bezeichnen, die typisch für den Bericht sind. Die sprachliche Zeit im engeren Sinn (grammatisches Tempus) ist hingegen völlig vom Sprechzeitpunkt abhängig, d.h. sie ordnet sich der *énonciation* unter, nicht die *énonciation* (als ein Ereignis wie alle anderen) der chronologischen Zeit. Die Referenzachse für diese Zeit ist das Präsens der Äußerung – der Sprecher schafft sie mit jedem Äußerungsakt neu (II.74). Daher ist das Präsens die sprachliche Zeit par excellence, wenn es auch sehr unterschiedliche referentielle Ausdehnungen des ‚Jetzt' in der chronologischen Zeit zu bezeichnen erlaubt. Futurische und präteritale Tempusformen sind für die sprachliche Zeit sekundär; eigentlich sind sie nur Blickrichtungen aus der Referenzachse des Präsens. Dabei ist der Blick zurück wichtiger als der nach vorne, wie die typologische Vielfalt der Vergangenheitsformen und die relative Kargheit der einfachen, nicht-periphrastischen Zukunftsformen in den Sprachen der Welt zeigt. Rückschau und Vorausschau repräsentieren unterschiedliche Formen der menschlichen Erfahrung.[8]

Der zweite Bereich, an dem Benveniste seine Theorie der Äußerung exemplifiziert hat, sind die *Personalpronomina*. Die der ersten und zweiten Person unterscheiden sich von denen der dritten genauso radikal wie die Tempusformen des Diskurses sich von denen des Berichts unterscheiden (I.254); sie sind ja Teil des Diskurses und damit solange bedeutungsleer, wie man sie nur im Rahmen des Sprachsystems betrachtet; werden sie jedoch verwendet, nehmen sie die Bedeutung an, die ihnen in der spezifischen Sprechsituationen zukommt. Im Gegensatz zu den referentiellen Sprachmitteln, die auch ohne Einbettung in die Sprechsituation Bedeutung haben, sind also die Pronomina der 1. und 2. Person wahrheitswertsemantisch nicht zu beurteilen. Sie können nicht falsch verwendet werden, denn wer auch immer sie verwendet, macht sich selbst reflexiv zum Gegenstand, den sie bezeichnen (II.254).[9]

Obwohl sich Benvenistes Ausführungen in erster Linie auf die Deixis beziehen, ist aus verschiedenen Hinweisen unschwer zu erkennen, daß er der Auffassung ist, daß sich die Person des Sprechers und die des Angesprochenen auch in anderen sprachlichen Mitteln ihren Ausdruck suchen – letztlich in allen Formen, die es dem Menschen erlauben, sich in der Sprache als Individuum darzustellen; denn nur in der Aneignung der Sprache im Diskurs kann der Mensch sich als EGO konstituieren (I.259). Zwar wird

---

[8] Diese starke Betonung der realitätsstiftenden, nicht (nur) die Realität abbildenden Funktion von Sprache stellt Benveniste in die Tradition Humboldts.
[9] Hier sind Ähnlichkeiten mit dem reflexiven Kontextbegriff der Ethnomethodologie und der Kontextualisierungsforschung zu erkennen, der in den Kapiteln 12 und 15 dargestellt wird.

diese „Subjektivität" in erster Linie durch die grammatische Kategorien der Person (die sich im Französischen oder Deutschen außer in den Personalpronomina noch in den Verbformen niederschlägt) und des Tempus ausgedrückt, dazu kommen aber auch Ausdrucksformen der Modalität (Sprechereinstellung) – also z.b. Optativ, *subjonctif* – sowie Adverbien, Interjektionen und Partikeln, die Aufmerksamkeit, Spannung, Sicherheit, Möglichkeit, Zurückhaltung, etc. signalisieren.

Die Beziehung zwischen (sprachlich) handelndem Mensch und Sprache läßt sich aber auch noch anders darstellen. Indem der Mensch seine Subjektivität in der Sprache zum Ausdruck bringt (sich selbst als Subjekt konstituiert), konstituiert er zugleich ‚seine' Sprache (im Sinne von *langue*). Und obwohl uns die Sprache insgesamt als überkommenes, außerhalb von uns selbst existierendes System (d.h. als eine gesellschaftliche Institution) entgegentritt, deren alltagsweltliche Realität wir fraglos akzeptieren, ist die Sprache jedes Menschen zumindest minimal von der aller anderen Sprecher ‚derselben' Sprachgemeinschaft verschieden. Erst aus der Tatsache, daß bestimmte Gruppen von Menschen ‚ihre' Sprache mehr oder weniger deutlich aneinander ausrichten, konstituieren sich Varietäten (Dialekte, Soziolekte, Sprachen, etc.). Die kollektiv geteilte, homogene *langue* ist also sekundäres Konstrukt zur individuellen Aneignung der Sprache; sie ist letztendlich nur die generalisierte Form dieser Aneignung.

Vor allem aber – und hier kommen wir zum dritten Teil von Benvenistes Theorie der Äußerung – konstituiert sich der Mensch in der Sprache als Subjekt durch sein *Handeln*. Während Äußerungen im Berichtsmodus lediglich beschreiben, sind im Diskursmodus auch andere Handlungen möglich, ja typisch.[10] Benveniste zeigt dies anhand der semantisch-pragmatischen Veränderungen, die der Wechsel des Personalpronomens bei manchen Verben auslöst.[11] Zwischen *ich esse* und *er ißt* gibt es keinen Unterschied, der sich nicht restlos aus der Referenz der einzelnen Bestandteile der Äußerungen ableiten ließe. Aber wie verhält es sich mit dem Unterschied zwischen *ich glaube, daß du recht hast* und *er glaubt, daß sie recht hat*? Oder zwischen: *ich versichere Dir, daß ich pünktlich sein werde* und *er versichert ihr, daß er pünktlich sein wird*? Hier liegt ein Unterschied der Handlung vor: während *glauben* in der 3. Person einen mentalen Zustand beschreibt, drückt es in der 1. Person eine Abschwächung der Aussage aus. Oder: während *versichern* in der 3. Person deskriptiv ist, führt der Satz in der 1. Person eine Handlung des Versprechens aus, eben dadurch, daß er geäußert wird. Das Verb wird – mit einem Ausdruck Austins, den Benveniste noch

---

[10] Vgl. Auer (1988).
[11] Diese Bemerkungen Benvenistes sind zweifelsohne von den frühen Arbeiten Austins beeinflußt; vgl. Kap. 7.

nicht verwendet – „performativ" (I.264f.). Die Sätze in der 3. Person gehören zum Berichtsmodus, die in der 1. Person zum Diskursmodus. In einer kritischen Auseinandersetzung mit der gerade sich entwickelnden Sprechakttheorie Austins (vgl. Kap. 7) weist Benveniste darauf hin, daß die dort versuchte Gleichsetzung expliziter Äußerungen mit Sprechaktverben (*ich befehle Dir, die Tür zu schließen*) und der Äußerungen selbst, die diesen Sprechakt ausführen können (*Schließ die Tür!*) in die Sackgasse führen muß, weil sie gerade den Unterschied zwischen Beschreibung und Ausführung einer Handlung verwischt, der in Benvenistes eigener Unterscheidung zwischen Bericht und Diskurs eine so wichtige Rolle spielt.

Insgesamt bieten Benvenistes Schriften einen bemerkenswerten Ansatz in Richtung auf eine sprachliche Handlungs- und Kontexttheorie. Die ursprünglich rein grammatische Fragestellung wird im Rahmen einer Theorie der Äußerung radikalisiert und auf andere sprachliche Strukturen als die allgemein als kontextabhängig anerkannten (deiktischen) ausgeweitet. Die für die Theorie zentrale Unterscheidung zwischen Bericht (*récit*) und Diskurs (*discours*) ist freilich durch die analytischen Notwendigkeiten geprägt, die sich bei der Beschreibung des französischen Vergangenheits-Tempussystems ergeben; wegen des spezifischen Status des *passé simple*, das ausschließlich in geschriebenen Texten vorkommt, erzwingt dieses Tempussystem, den *récit* zu einer theoretischen und empirischen Randkategorie zu machen. ‚Theoretisch' deshalb, weil sich der Sprecher nur im Diskurs als Subjekt konstituieren kann. Der Diskurs ist damit die eigentliche dialogische Sprachform; der Bericht interessiert nur am Rande. Empirisch, weil im faktischen Sprachgebrauch der Bericht in seiner völlig entpersonalisierten Form nur selten vorkommt; oft finden sich auch in dem, was wir umgangssprachlich als Bericht bezeichnen würden, durchaus Spuren des Schreibers bzw. des Adressaten.[12] Realistischer für die praktische Arbeit mit mündlichen und schriftlichen Texten ist daher sicherlich eine polare Konzeption von Bericht und Diskurs, die auch Zwischenformen zuläßt.

Zahlreiche Elemente der Sprache, in denen sich Subjektivität ausdrückt, sind von Benveniste selbst nicht empirisch untersucht worden. Arbeiten aus jüngerer Zeit[13] blieb es zum Beispiel vorbehalten zu zeigen, wie stark auch syntaktische Strukturen von der subjektiven Einstellung des Sprechers zum reportierten Sachverhalt geprägt sind. (Unmittelbar einsichtig ist dies z.B. bei der Diathese, etwa im Deutschen der Wahl zwischen Passiv, Rezipientenpassiv mit *bekommen/kriegen* und Aktiv.) Zu den von Benveniste nicht behandelten Ausdrucksmitteln für Subjektivität gehört nicht zuletzt auch die Prosodie. Auch der empirische Stellenwert des Rezipienten (mit seiner ei-

---

[12] Vgl. in diesem Sinn Martin (1981).
[13] Vgl. Kuno (1987).

genen Subjektivität) bleibt bei Benveniste gering und erschöpft sich in der theoretischen Aussage, daß der Hörer sich in der Äußerung des Sprechers ebenso konstituiert wie der Sprecher selbst (vgl. dagegen den konversationsanalytischen Begriff des „recipient design", etwa bei Schegloff 1977). In all diesen Bereichen ist die empirische Forschung inzwischen über Benveniste hinausgegangen; seine Überlegungen zur *énonciation* bleiben aber ein inzwischen klassischer Beitrag zur handlungsbezogenen Kontexttheorie.

Kap. 6
Gebrauch

Ludwig Wittgenstein

L. Wittgenstein (1889–1951) wurde in Wien im großbürgerlichen Milieu geboren; nach einem Ausflug in die väterliche Ingenieurwissenschaft (Studium an der TH Berlin, ab 1908 in England) studierte er auf Empfehlung Gottlob Freges in Cambridge bei Bertrand Russell Philosphie. Der Englandaufenthalt wurde durch die Kriegsteilnahme (auf seiten Österreich-Ungarns) unterbrochen. 1918 beschloß Wittgenstein zunächst, in Österreich Volksschullehrer zu werden, kehrte aber 1929 nach Cambridge zurück, wo er 1939 (inzwischen britischer Staatsbürger) einen Lehrstuhl für Philosophie erhielt, den er bis 1947 innehatte.[1]

Man hat oft gesagt, Wittgenstein habe zwei völlig entgegengesetzte Philosophien von der Sprache entwickelt. Sein Frühwerk – der *Tractatus logico-philosophicus*, kurz nach dem Krieg fertiggestellt und 1921 veröffentlicht – ist stark von Russell beeinflußt, wurde aber auch von Rudolf Carnap und Moritz Schlick, also der positivistischen Schule der Logik in Wien, als Teil der eigenen Lehre angesehen. Als Wittgenstein 1929 nach Cambridge zurückkehrte, wurde ihm der *Tractatus* als Dissertation anerkannt, und er veröffentlichte zeit seines Lebens kaum mehr.

Alle Vorlesungen, Vorträge und Vorbereitungen zu Veröffentlichungen, die bis 1950 entstanden, hatten jedoch in gewisser Weise kein anderes Ziel, als die Philosophie des *Tractatus* in ihren Grundzügen zu widerlegen. Sie bilden zusammen den ‚zweiten' Wittgenstein, der in den posthum veröffentlichten, nicht abgeschlossenen *Philosophischen Untersuchungen* (erarbeitet in den späten 30er und 40er Jahren, nur der erste Teil wurde von ihm selbst bis zurVeröffentlichungsreife fertiggestellt) eine völlig andere Sprachphilosophie vorlegt als der *Tractatus*. Sie gilt als Grundlage der *ordinary language philosophy* (Austin, Ryle), die dem logischen Positivismus entgegengesetzte Ziele verfolgte: während im einen Fall die natürliche Sprache solange von ihren Defekten gereinigt werden sollte, bis eine eindeutige Kunstsprache entstanden wäre, versucht die Philosophie der normalen Sprache gerade umgekehrt, die Sprache der Logiker wieder auf die natürliche Sprache zurückzubeziehen: „Einerseits ist klar, daß jeder Satz unsrer Spra-

---

[1] Vgl. zur Vita u.a Monk (1990), Buchheiser & Steuer (1992, Kap. 1 und 3), van Wright (1955); Wünsche (1985).

che ‚in Ordnung ist, wie er ist'. D.h. daß wir nicht ein Ideal anstreben: Als hätten unsere gewöhnlichen, vagen Sätze noch keinen ganz untadelhaften Sinn und eine vollkommene Sprache wäre von uns erst zu konstruieren. – Anderseits [sic] scheint es klar: Wo Sinn ist, muß vollkommene Ordnung sein. – Also muß die vollkommene Ordnung auch im vagsten Satze stekken." [PU I, 98]. Als kompetente Benutzer einer Sprache können wir in ihr nichts entdecken: sie ist, wie sie ist, und wenn wir als Grammatiker Regel formulieren, haben wir sie als Sprachbenutzer immer schon ‚gewußt'.

Auch stilistisch verändert sich auf dem Weg vom *Tractatus* zu den *Philosophischen Untersuchungen* viel: „Wo der Tractatus über zu vieles schweigt, reden die späteren Texte von zu vielem" – so fassen Buchheister & Steuer (1992:x) den Unterschied treffend zusammen. Im Stil der *Philosophischen Untersuchungen* scheint man einerseits das Selbstgespräch des Philosophen mit sich selbst vorgeführt zu bekommen; andererseits auch einen Lehrdialog Wittgensteins mit seinen Lesern, deren Alltagsauffassung von Sprache nach und nach de(kon)struiert wird. Wo der *Tractatus* (über-)abstrakt ist, sind die *Philosophischen Untersuchungen* (zwar nicht konkret, aber doch) ‚anti-abstrakt'.

Andererseits gibt es durchaus eine Gemeinsamkeit zwischen Wittgenstein I und II: beide Sprachphilosophien versuchen, philosophische Probleme sprachkritisch zu lösen. Im *Tractatus* ist der Duktus der Sprachkritik konstatierend-apodiktisch, in den *Philosophischen Untersuchungen* dialogisch und ‚(selbst-)therapeutisch'. (Wittgenstein war inzwischen zu einem kritischen Kenner der Schriften Freuds geworden.) Der gemeinsame Nenner hinter beiden könnte aber die Definition von Philosphie sein, die Wittgenstein selbst gibt [PU I,109]: „Die Philosphie ist ein Kampf gegen die Verhexung unsres Verstandes durch die Mittel unserer Sprache."

Versucht man, Wittgensteins Einfluß auf die Linguistik und Kommunikationsanalyse genauer zu verfolgen, so zeigt sich paradoxerweise, daß die beiden wichtigsten Schulen zur sprachlichen Handlungsanalyse, nämlich die ethnomethodologische Konversationsanalyse und die Sprechakttheorie, zwar vielfältige Bezüge zu Wittgensteins Spätphilosophie haben, offenbar aber nicht direkt unter dem Einfluß seiner *Untersuchungen* entstanden sind. Weder Austin noch Garfinkel beziehen sich in den 50er und frühen 60er Jahren auf sie. (Ein ähnlicher Punkt läßt sich übrigens auch für Wittgensteins Frühphilosophie machen, deren direkter Einfluß auf die formale Semantik, etwa im Vergleich zu dem Freges, gering geblieben ist.) Die historischen Traditionslinien sind erst im Nachhinein gezogen worden.

Neben dem *Tractatus* (zuerst 1921 in den *Annalen der Naturphilosophie*; später edition suhrkamp 12) und den *Philosophischen Untersuchungen* (nach der Erstveröffentlichung in englischer Übersetzung aus dem Jahre 1953 (bei B. Blackwell) 1971 im deutschen Original in Frankfurt bei

Suhrkamp veröffentlicht) sind die meisten Schriften in der Werkausgabe (*Schriften,* Frankfurt/M., 1959ff.) enthalten; es gibt außerdem textkritische Ausgaben. Von den zahlreichen Büchern über Wittgensteins Philosophie(n) sei besonders auf v. Savigny (³1993 und 1988/1989) verwiesen.

* * *

Wittgensteins sprachphilosophisches Ziel ist es zu erforschen, was es heißt, wenn wir sagen, daß ein Wort Bedeutung hat. Er interessiert sich also in erster Linie für das, was nach der gängigen Fächergliederung innerhalb der Linguistik zur Semantik gehört, nicht zur Pragmatik oder sprachlichen Handlungstheorie. Daß wir ihm trotzdem ein Kapitel widmen, hat damit zu tun, daß er auf der Suche nach einer Beantwortung der Frage nach der Bedeutung in seinem Spätwerk notwendigerweise zur theoretischen Beschäftigung mit sprachlichem Handeln kommt. Die Verbindung zwischen Bedeutungstheorie und sprachlicher Handlungstheorie ist in dem bekannten Schlagwort zusammengefaßt: „Die Bedeutung eines Wortes ist sein Gebrauch in der Sprache." [1, 43][2] Folglich muß Wittgenstein über diesen Gebrauch etwas sagen. Man hat diesen Ansatz deshalb die *Gebrauchstheorie* der Sprache genannt.

Wittgenstein greift in seinen Untersuchungen eine Auffassung von Bedeutung an, die uns so natürlich erscheint, daß wir kaum in der Lage sind, uns von ihr zu befreien: die Art und Weise, wie wir über Sprache sprechen – unsere Sprachideologie –, suggeriert sie uns. Man kann diese Auffassung als *Abbildungstheorie* der Sprache bezeichnen. Sie ist in Wittgensteins *Tractatus* prägnant beschrieben und gipfelt in Aussagen wie

4	Der Gedanke ist der sinnvolle Satz.
4.01	Der Satz ist ein Bild der Wirklichkeit.
4.024	Einen Satz verstehen, heißt, wissen was der Fall ist, wenn er wahr ist.
3.202	Die im Satze angewandten einfachen Zeichen heißen Namen.
3.203	Der Name bedeutet den Gegenstand.

Die einfache und einleuchtende Gleichung ist also Welt = Gedanken = Sprache (Namen und Sätze). Namen benennen Dinge, sie sind ihnen „angehef-

---

[2] Vgl. allerdings den Kontext dieses berühmten Satzes: „Man kann dann für eine *grosse* Klasse von Fällen der Benützung des Wortes ‚Bedeutung' – wenn auch nicht für *alle* Fälle seiner Benützung – dieses Wort so erklären: ...". Es geht hier also nicht um eine empirische Feststellung oder gar um eine Definition, sondern um die Erklärung des Worts *Bedeutung*. Wenn wir sagen, etwas bedeutet X, so meinen wir, daß es in einer bestimmten Art und Weise gebraucht wird.

tet" wie „Namentäfelchen" [I, 26³]. Wir sagen, ein Satz *hat* eine Bedeutung, ein Ding *hat* einen Namen, also ob es ein Besitz, eine Eigenschaft oder eine Zugehörigkeit wäre; so wie: *Ich habe blaue Augen* oder sogar: *Ich habe ein Auto.* Sätze setzen sich aus Namen zusammen und sind wahr oder falsch. (Natürlich weiß auch Wittgenstein (I), daß es Sätze gibt, die weder wahr noch falsch sind. Diese sind aber für die Philosophie uninteressant: sie muß versuchen, sie zu vermeiden bzw. in referentiell eindeutige zu verwandeln.) In den *Untersuchungen* wendet sich Wittgenstein (II) gegen diese von ihm selbst früher vertretene Auffassung.

Neben dieser Abbildtheorie der Sprache, die sich in einer extensionalen Semantik niederschlägt (die Bedeutung eines Worts ist die Menge der Dinge, die dadurch bezeichnet werden), greift Wittgenstein (II) zugleich alle Bedeutungstheorien an, die sprachliche Bedeutung an einer geistigen Aktivität festmachen wollen, die auf einer assoziativen Verbindung zwischen Namen und Ding beruht, so daß „das Bild des Dings vor die Seele tritt, wenn es [das Kind] das Wort hört". („Das Aussprechen eines Wortes ist gleichsam ein Anschlagen einer Taste auf dem Vorstellungsklavier." [I, 18]) Der Widerlegung dieser psychologisch-subjektiven Bedeutungstheorien ist der Großteil der Bemerkungen gewidmet, die die *Untersuchungen* ausmachen. Sie sind also anti-mentalistisch.[4] In diesem Kapitel soll kurz nachgezeichnet werden, wie Wittgensteins anti-mentalistische Verneinung der Abbildungstheorie zu einer Theorie der sprachlichen Praxis führt.

Wittgensteins Text beginnt mit folgendem Beispiel: jemand wird in einen Laden geschickt und verlangt *fünf rote Äpfel.* Der Verkäufer holt fünf rote Äpfel. Er hat den Kunden also offenbar verstanden. Welche Bedeutung hat nun der Ausdruck *fünf rote Äpfel?*

Zunächst ist *fünf rote Äpfel* eine Nominalphrase – also ein ‚Name' (in einem weiten Sinn dieses Terminus, denn die Nominalphrase ‚benennt' etwas). In der Abbildtheorie der Sprache wäre seine Bedeutung (extensional) mit der Menge aller roten Äpfel identisch, oder (intensional) mit einer wie auch immer gearteten mentalen Kombination der Konzepte von ‚Apfelheit', ‚Fünfheit' und ‚Rotheit' bzw. der Assoziationen, die Sprecher und Hörer mit den entsprechenden Wörtern verbinden. Aber kann man sagen, daß der Kunde im Laden Gegenstände benennt? Offenbar nicht, denn die Äußerung verstehen, heißt ja nicht (nur) zu erkennen, welche Gegenstände damit ge-

---

[3] Seitenverweise beziehen sich auf die Suhrkamp-Ausgabe der *Philosophischen Untersuchungen.*
[4] Obwohl er nicht genannt wird, richten sich diese Bemerkungen gegen die Assoziationstheorie von Bertrand Russell, Wittgensteins früherem Lehrer, die wiederum stark mit dem Behaviorismus in der Psychologie verbunden ist (vgl. Russell 1940).

meint werden, sondern (auch), was der Verkäufer tun soll. Der Ausdruck ist offenbar zugleich ein Name und ein ‚Satz', und zwar ein elliptischer Satz. (Elliptisch ist er nicht deshalb, weil mit der Äußerung ‚eigentlich' *ich möchte 5 rote Äpfel* gemeint ist – denn was wäre dieses Meinen, so fragt Wittgenstein: „Sprichst du dir inwendig den unverkürzten Satz vor?" [I, 19] Vielmehr ist er elliptisch, weil er im Vergleich zu einer bestimmten grammatischen Norm gekürzt ist [I, 26]. Es geht hier also überhaupt nicht um das Meinen als einen psychischen Akt. Der gegen die Norm verkürzte und der normative Satz können beide im selben Kontext, im selben Handlungszusammenhang verwendet werden und sind deshalb mehr oder weniger bedeutungsgleich.)

Es ist im Beispiel (*im* Kontext) nicht möglich zu fragen, ob der Kunde eine wahre oder falsche Äußerung produziert. Nehmen wir die Äußerung *aus* ihrem Kontext, so sehen wir andererseits, daß sie ganz unterschiedliche Verwendungsmöglichkeiten hat. So können wir sie auch verwenden, um eine Mitteilung zu machen (etwa als Antwort auf die Frage: *was hast du heute zu Mittag gegessen?*), etwas zu behaupten (*was wiegt mehr, 5 rote Äpfel oder 10 grüne Tomaten?*) oder sich etwas zu wünschen (*was wär Dir am liebsten, wenn Du Dir was wünschen dürftest?*). Wittgenstein nennt diese verschiedenen Verwendungskontexte *Sprachspiele*.[5] Die Sprachspiele bestimmen die Verwendung eines Ausdrucks. Im vorliegenden Sprachspiel des Einkaufens wird *5 rote Äpfel* verwendet, um dem Verkäufer mitzuteilen, was man kaufen möchte. In diesem Sprachspiel hat er keinen Wahrheitswert. (Wir könnten höchstens fragen, ob der Kunde wirklich will, was er sagt; dann könnten wir vielleicht von ‚Aufrichtigkeit' sprechen, aber nicht von Wahrheit.) Es gibt allerdings auch Sprachspiele, in denen ‚wahr' und ‚falsch' durchaus sinnvolle Kategorien der Bewertung desselben Ausdrucks sein können – etwa, wenn die Äußerung im Sprachspiel der Behauptung verwendet wird.

Den Begriff der *Lebensform*, den Wittgenstein in diesem Zusammenhang ebenfalls einführt, bezieht er eher auf den kulturellen Hintergrund, das fraglos Gewisse, das die Bedeutung von Äußerungen prägt (vgl. Kap. 18). Im Sprachspiel der Behauptung dient dieses fraglos Gewisse den Menschen als Basis dafür, was sie für wahr und falsch halten: „Das Hinzunehmende, Gegebene – könnte man sagen – seien *Lebensformen*." (II, 363) Dieses Gegebene ist nicht nur für den Sprecher/Hörer, sondern auch für den Philosophen/Linguisten nicht hintergehbar.

Wie bekommen nun die einzelnen Wörter, die in der Äußerung verwendet werden, ihre Bedeutung? In der Abbildtheorie stellt man sich dies als

---

[5] Levinson (1992) setzt diesen Begriff mit seinem „Aktivitätstyp" gleich; vgl. S. 184f.

Ergebnis einer Unterweisung vor: jemandem wird ein Gegenstand gezeigt und dazu der Name des Gegenstands genannt. Auf diese Weise lernt er z.B., was ein Apfel ist. Der Gegenstand bekommt sein Namensschild verliehen. Wittgenstein bestreitet, daß das eine sinnvolle Theorie ist. Für ihn sind solche ostentativen Definitionen nur dann ein sinnvolles Sprachspiel, wenn der Lernende das Konzept ‚Apfel' schon kennt. (Dann wird das Wort aber nicht verwendet, sondern erklärt; I, 45.) Dies ist zum Beispiel im Fremdspracherwerb der Fall, wo ein Franzose vielleicht lernt, daß das, was im Französischen mit *pomme* bezeichnet wird, im Deutschen *Apfel* heißt. Woher weiß er aber, was *pomme* bedeutet? Nach Wittgenstein daher, daß er weiß, wie man dieses Wort gebraucht. Käme ein Wort nie vor – würde jemand nur privat für sich festlegen, daß es bestimmte Dinge bezeichnet – hätte es keine Bedeutung. Aus diesem Grund lernen Kinder die Sprache auch meist nicht durch ostentative Definitionen, sondern, wie Wittgenstein sagt, durch „Abrichten", quasi durch „Dressur", etwa so, wie ein Hund *Gassi* lernt, wenn dieses Wort in einem bestimmten Zusammenhang immer wieder von seinem Herrchen oder Frauchen verwendet wird.

Ein weiteres Problem von ostentativen Definitionen besteht darin, daß man die Zeigegeste, die die Namensnennung begleitet, richtig interpretieren muß, um den Namen zu lernen. Alle Gesten dieser Art sind aber vage: wenn man auf einen Apfel zeigt und sagt, *dies heißt Apfel*, so weiß jemand, der das Konzept ‚Apfel' noch nicht kennt, ja nicht, ob auf das Ding insgesamt, seine Farbe, seine Form, diese spezifische Sorte von Äpfeln, auf Obst insgesamt, auf die Kiste, die die Äpfel enthält, etc. verwiesen werden soll. Die Referenz läßt sich durch die Zeigegeste nur annähernd festlegen; wir verstehen sie eben nur dann problemlos, wenn wir das Wort (oder zumindest das Konzept) schon kennen. Am besten zeigt sich das Scheitern der ostentativen Bestimmung der Wortbedeutung bei den deiktischen Wörtern. Anstatt von *5 rote Äpfel* hätte der Kunde ja auch *5 von denen da* sagen und dazu auf die Äpfel zeigen können. In diesem Fall ist das verwendete Wort eines, das nicht nur beim Erlernen, sondern auch bei jedem Gebrauch mit einer Geste verbunden ist. Es wäre also nicht möglich, diesen Gebrauch selbst wieder durch eine ostentative Definition zu lehren.

Mit seiner Gebrauchstheorie steht Wittgenstein sowohl in Kontrast zu den extensionalen Bedeutungstheorien wie auch zu den intensionalen. Die ersteren sind abzulehnen, weil es „sprachwidrig" ist, wenn man die Bedeutung eines Namens mit seinem Träger verwechselt [I, 40]. Wenn jemand gestorben ist, so sagt Wittgenstein, können wir ja auch immer noch von ihm reden; es stirbt damit nicht die Bedeutung des Namens. Die intensionalen Bedeutungstheorien, die Namen mit Konzepten bzw. Assoziationsketten verbinden, sind aus mehreren Gründen nicht adäquat. Zum einen deswegen, weil die Verwendungszusammenhänge, in denen ein Wort angemessen benutzt werden kann, nicht zu einer niet- und nagelfesten, genau abgegrenzten Bedeutung führen. Vielmehr hängen die einzelnen Gebrauchsweisen einzeln zusammen, es ist aber nicht möglich, einen gemeinsamen Nenner zu finden, der allen Verwendungsweisen gemeinsam ist. Wittgenstein exemplifiziert das am Wort *Spiel*: zwar treffen auf Spiele eine Anzahl von Eigenschaften zu (Konkurrenz, Sieg/Niederlage, Spielsteine, körperliche Bewegung, Ball, Mannschaften, u.a.), aber obwohl es für jedes einzelne Spiel mindestens ein anderes gibt, mit denen es fast alle dieser Eigenschaften teilt, gibt es keine Menge dieser Eigenschaften, die – als Bedeutungskern – für alle Spiele gilt, und die man als das Konzept ‚Spiel' bezeichnen könnte. Wittgenstein nennt die Beziehung zwischen den einzelnen Verwendungen des Wortes *Spiel* ihre *Familienähnlichkeit*.[6]

Jeder Begriff hat also „unscharfe Ränder" [I, 71]; wir können Spiele beschreiben, aber wir müssen immer sagen: „Das, und Ähnliches, nennt man ‚Spiele'." [I, 69] Das Bemühen der Semantiker und Logiker, scharfe Grenzen um die Begriffe zu ziehen, führt nur dazu, daß ihre Begriffe nicht mehr die der natürlichen Sprache sind. (Dasselbe gilt auch für die Bedeutung von Sätzen.) Oder anders gesagt: die Regeln, die die Anwendung des Wortes steuern, sind nicht so rigide, daß es keine Zweifel über ihre Anwendung gäbe. „Eine Regel steht da, wie ein Wegweiser." [I, 85] Sie hat immer mehrere Deutungen und läßt manchmal Fragen offen. Einer Regel zu folgen, ist deshalb immer eine interpretative Aufgabe. Wir richten uns nach ihr, weil wir es so gewöhnt sind, nicht, weil sie uns zwingt [I, 198].

Eine zweite Argumentation gegen intensionale Bedeutungstheorien entwickelt Wittgenstein aus der Diskussion von Wörtern und Sätzen, die innere Zustände zu beschreiben scheinen – z.B. *ich habe Schmerzen* oder *ich meine* oder *ich denke*. Er argumentiert, daß jeder derartige Satz nur dann bedeutungsvoll wird, wenn es eine Verwendung gibt, die ihn sinnvoll macht: „Ein ‚innerer Vorgang' bedarf äußerer Kriterien." [I, 580][7]

Ein Beispiel ist das Verb *meinen*. In den traditionellen Bedeutungstheorien (wie übrigens auch in der Sprechakttheorie, vgl. Kapitel 8, 9) kommt ihm eine große Rolle zu, denn es verleiht den Wörtern angeblich erst Sinn. Wittgenstein bestreitet das schon deshalb, weil man nicht mit jedem Ausdruck meinen kann, was man will, und weil ein Ausdruck nicht deshalb seine

---

[6] Allerdings spricht er an anderer Stelle auch von „normalen" und „abnormalen" Verwendungen. Sollten die ersteren doch eine Art Bedeutungskern darstellen? Vgl. sein Beispiel vom Würfel, der auch als Pyramide darstellbar ist [I, 141].

[7] Auch hierzu kann man zahlreiche konversationsanalytische und ethnomethodologische Entsprechungen finden; vgl. etwa Heritage (1984) über „change-of-state-tokens" wie *oh!* – ein äußeres Zeichen für den ‚inneren Vorgang' des Verstehens, der dadurch sichtbar gemacht wird.

Bedeutung verliert, weil man im Innersten seines Herzens damit gar nichts gemeint habe. Was ein Ausdruck bedeutet, scheint sogar ziemlich unabhängig von der Tatsache zu sein, daß jemand damit etwas meint. Das Meinen ist kein mentaler Akt, der zum Sagen hinzukommt. Für die Bedeutung ist das Meinen gleichgültig. Wenn wir sagen *ich meine, daß ...*, wollen wir meist gar nicht den mentalen Akt des Meinens benennen; vielmehr wird die Formel oft als Unschärfeindikator, Abschwächung, *hedge*, Höflichkeitsfloskel, etc. verwendet.

Ein weiteres Beispiel sind die Schmerzempfindungen und die Ausdrücke für Schmerzen, denen sich Wittgenstein deshalb ausführlich widmet, weil wir bei ihnen am ehesten geneigt sind anzunehmen, daß nur der Sprecher weiß, was die ‚eigentliche' Bedeutung eines Satzes wie *Ich habe Bauchschmerzen* ist. Ist hier also die Bedeutung ein psychischer Zustand? Wittgenstein verneint die Möglichkeit solcher „Privatsprachen". Ein Wort, das jemand nur für sich selbst erfindet, um damit einen inneren Zustand, den nur er kennt, zu bezeichnen, ist kein Wort der öffentlichen Sprache. (Wenn jemand z.B. nicht weiß, wie man das Wort *Sodbrennen* verwendet, dann hat es für ihn auch keine Bedeutung.) Wörter für Schmerzen können also nicht bedeutungsvoll verwendet werden, wenn wir zunächst ‚privat' ein Wort für einen bestimmten, nur von uns alleine gekannten Schmerz einführen und uns dann untereinander einigen, daß das, was wir jeweils mit demselben Wort belegen, auch auf denselben Gegenstand verweist. Vielmehr werden solche Wörter bedeutungsvoll verwendet, weil (und insoweit) wir wissen, *wie* man sie verwendet: „Den Begriff ‚Schmerz' hast du mit der Sprache gelernt." [I, 384] Sprache und Erfahrung sind nicht zwei getrennte Bereiche, die z.B. durch Benennungsakte oder Assoziationsketten miteinander verbunden werden; vielmehr sind Sprache und Erfahrung eins. Fragen über Erfahrungen werden fälschlicherweise als empirische Fragen aufgefaßt, obwohl sie nichts weiter als sprachliche („grammatische") Fragen sind: auf die Frage: *Woher weißt Du, daß Du/er Sodbrennen ha(s)t?* kann man nur sinnvoll antworten: *Ich spreche deutsch.*

Fassen wir zusammen: für Wittgenstein kann Bedeutung nicht das Resultat eines Akts des Meinens sein; was jener Akt sein soll, können wir im Gespräch nicht erkennen (ob es ihn nun gibt oder nicht), denn wir können unserem Gesprächspartner nicht in den Kopf sehen, und sein Meinen kann deshalb auch nicht für die Bedeutungshaftigkeit einer sprachlichen Äußerung verantwortlich sein. Daß Sprache Bedeutung hat, zeigt sich vielmehr daran, daß Äußerungen *verstanden* werden. Dieses Verstehen ist im Gegensatz zum Meinen nicht versteckt, sondern offen sichtbar, vor allem daran, wie der Andere auf das Gesagte reagiert (wenn er z.B. Äpfel aus der Kiste holt). Aus seinem Anti-Mentalismus heraus kommt Wittgenstein also zu der Erkenntnis, daß die Bedeutung einzelner Wörter nur ein sekundäres Konstrukt aus ihrem Gebrauch in sprachlichen Handlungen ist: „Jedes Zeichen scheint *allein* tot. *Was* gibt ihm Leben? – Im Gebrauch *lebt* es." [I, 433] Dieses Handeln ist bedeutungsvoll, wenn wir sehen können, daß es verstanden worden ist.

Wie wir den Gebrauch von Sprache analysieren sollen, wie sich die Bedeutung sprachlicher Ausdrücke aus ihrem Gebrauch rekonstruieren läßt, wie sich Äußerungsbedeutung, Satzbedeutung und Wortbedeutung zueinander verhalten: darüber sagt uns Wittgenstein freilich nichts.

Kap. 7

Performativ

John Langshaw Austin

John L. Austin (1911–1960) war Professor für Philosophie in Oxford. Neben Ludwig Wittgenstein (Kap. 6) und Gilbert Ryle gilt er als einer der maßgeblichen Vertreter der *ordinary language philosophy*. Ein direkter Einfluß Wittgensteins auf sein Denken ist jedoch nicht nachweisbar. Austin hat in Vorlesungen und Aufsätzen in den 40er und 50er Jahren die später so genannte Sprechakttheorie entwickelt, die (in Deutschland vor allem über seinen Schüler John Searle, vgl. das folgende Kapitel) massiven Einfluß auf die Entwicklung der Linguistik genommen hat.

Seine wichtigsten Aufsätze, die teilweise schon auf die performative Analyse hinführen, sind in den von James O. Urmson & G. J. Warnock herausgegebenen *Philosophical Papers* (Oxford: Clarendon, 2./1970) zusammengefaßt (besonders „Performative Utterances" und „Other Minds"). Das inzwischen klassische Buch *How to Do Things With Words* (Oxford: Clarendon, 1962; dt. *Zur Theorie der Sprechakte*, Stuttgart 1972) wurde jedoch (wie auch sein zweites, von G. J. Warnock herausgegebenes Buch, *Sense and Sensibilia*) erst posthum (von James O. Urmson) veröffentlicht und beruht auf den William James Lectures, die Austin 1955 in Harvard hielt. Obwohl der Text dieser Vorlesungen von Austin stark redigiert und ergänzt wurde (und sicherlich zur Veröffentlichung vorgesehen war), ist er von ihm nicht abschließend bearbeitet worden. Über Austin ist u.a. nachzulesen bei v. Savigny (3./1993, Kap. 3), Levinson (1983:227ff.) und Warnock (1989; besonders Kap. VIII).

* * *

Die Art und Weise, wie Austin in *How to Do Things With Words* Sprachphilosophie betreibt, ist sympathisch, aber auch manchmal frustrierend: abgesehen von Wittgensteins *Untersuchungen* dürfte es nur wenige klassische Texte geben, in denen soviele Aussagen wieder in Frage gestellt werden. So bleibt von der Theorie, die Austin zu Beginn seiner zwölf Vorlesungen vorstellt, am Ende kaum mehr etwas übrig. (Austin kündigt mitten im Buch an, daß nun ein „fresh start" nötig sei.) Trotz dieser vielen Fragezeichen sind in Austins Buch nicht nur die theoretischen Grundlagen der Sprechaktanalyse gelegt, sondern zugleich auch schon die Sackgassen angekündigt, in die sie später geraten wird. Austin kommt in seiner letzten Vorlesung zu der Auffassung, „the total speech act in the total speech situation is the *only actual* phenomenon which, in the last resort, we are engaged in elucidating" (147). Trotzdem findet sich in seinen Texten keine einzige tatsächliche Äußerung; alle Beispiele sind erfunden und werden von Austin in einen mehr oder weniger plausiblen situativen Kontext gesetzt. Es gibt aber *systematische* Gründe, warum man den „total speech act in the total speech situation" introspektiv, als ‚Schreibtischlinguist' (oder -‚Philosoph'), nicht erfassen kann. Obwohl also Austin viel näher an der sprachlichen Praxis argumentiert als seine logisch orientierten Kollegen, beruht seine Analyse des sprachlichen Handelns letztendlich – wie die der gesamten Sprechakttheorie – doch nur auf *Annahmen* über diese sprachliche Praxis, nie auf ihrer Beobachtung. Diese Beschränkung hat sie auch in der linguistischen Rezeption nicht überwunden.[1]

Austins Ausgangspunkt ist dem des späten Wittgenstein recht ähnlich: er ist unzufrieden mit den Abbildtheorien der Bedeutung, für die Sätze nur semantisch beschreibbar sind, wenn ihnen Wahrheitswerte zugeordnet werden können. In seinen Vorlesungen entwickelt Austin zunächst *einen* Begriff – den des „Performativs" –, der geeignet ist, die in der Abbildtheorie ausschließlich berücksichtigten und für relevant erachteten Aussagen (die er „Konstative" – also Behauptungen – nennt) in ihre Schranken zu weisen. Für Performative gilt nämlich gerade nicht, was Konstative ausmacht: daß man ihnen genau eines der Prädikate ‚wahr' oder ‚falsch' zuweisen kann. Dennoch haben sie in einem zu explizierenden Sinn ‚Bedeutung'. In den späteren Teilen des Buchs widerlegt sich Austin selber, indem er Performative lediglich als einen Spezialfall von sprachlichen Handlungen identifiziert und eine umfassendere Theorie entwickelt, in der sie bestenfalls Pol eines Kontinuums sind. Die Gegenüberstellung von Performativ und Konstativ ist also letztendlich in Austins eigenen Augen nicht haltbar. Trotzdem hat sich der Begriff ‚Performativ' in der Linguistik etabliert – vielleicht deshalb, weil er durchaus ein interessantes sprachliches Phänomen erfaßt (wenn auch nicht das, was Austin eigentlich beschreiben will, wenn er danach fragt, wie man ‚mit Worten Dinge tun' kann).

---

[1] Vermutlich galt Austins Interesse weniger der tatsächlich verwendeten Sprache als der Sprache der Wörterbücher – also dem Sprachsystem, besonders den lexikalischen Sedimentierungen menschlicher Erfahrung im Wortschatz: „Certainly ordinary language has no claim to be the last word, if there is such a thing. It embodies, indeed, something better than the metaphysics of the Stone Age, namely, as was said, the inherited experience and acumen of many generations of men. ⟨... But⟩ certainly ordinary language is not the last word: in principle it can everywhere be supplemented and improved upon and superseded. Only remember, it *is* the *first* word." (1970:185)

Performative haben laut Austin zwei Eigenschaften: sie sind (a) nicht wahr oder falsch und (b) mit ihrer Äußerung wird eine Handlung (oder ein Teil einer Handlung) vollzogen. Als Beispiele nennt er die Antwort *ja* auf die Frage des Standesbeamten *Willst Du ... zur Frau nehmen?* sowie die Äußerungen *Ich taufe Dich auf den Namen Friedrich, Ich vermache/vererbe Dir meinen schönsten Anzug* und *Ich wette mit Dir um 100 Mark, daß es morgen regnet.* Mit einer solchen Handlung wird nicht *ausgesagt* oder beschrieben, daß ich (der Sprecher) die Frau neben mir heirate, daß ich den Knaben, dem ich Wasser aufs Haupt gieße, auf einen Namen taufe, daß ich einen Erben für einen Teil meines Vermögens einsetze oder eine Wette abschließe, sondern ich (der Sprecher) *vollziehe* mit diesem Wort den Akt des Heiratens, des Taufens, des Vererbens oder des Wettens. Die genannten Äußerungen können nicht falsch und auch nicht wahr sein, so wie es keinen Sinn macht, auf *Ich taufe Dich auf den Namen Friedrich* zu erwidern: *Nein, das ist nicht wahr.* Allerdings sind eine Reihe anderer Erwiderungen denkbar, die die „Gültigkeit" der Äußerung in Frage stellen; etwa: *Unsinn, Du bist doch kein Pfarrer* oder *Geht nicht, er heißt schon Caspar.* Obwohl Performative nicht wahr oder falsch sein können, können sie also doch aus verschiedenen Gründen „mißglücken" (*unhappy* sein). Austin unterscheidet, je nach Art dieses Mißglückens, zwei Fälle, nämlich *misfires* und *abuses*:

Misfires (Fehlzündungen, Rohrkrepierer) haben mit der Konvention zu tun, auf die die Äußerung bezug nimmt. So kann es sein, daß überhaupt keine Konvention existiert, die das Performativ glücken lassen könnte (Fall Ia), oder, daß diese Konvention in den jeweiligen Umständen nicht zur Anwendung kommen kann (Fall Ib) (*misinvocations*). Beide Fehlzündungen dieses Typs zeigen, daß es für das Gelingen eines Performativs eine allseits akzeptierte Verfahrensweise geben muß (eine Konvention); sie muß regeln, wie bestimmte Menschen in bestimmten Umständen bestimmte sprachliche Formen äußern und damit bestimmte Dinge tun. So können sich in einer Kultur, in der die Heirat konventionell durch Beischlaf geschlossen wird, die Partner zwar ebenfalls verbal über ihr zukünftiges Leben austauschen, aber dies (alleine) hätte keinen Effekt (die Hochzeit wäre nicht gültig), weil man eben auf diese Weise nicht heiraten kann (Fall Ia). Oder umgekehrt: in unserer Kultur ist es nicht möglich, durch das dreimalige Äußern von *Wir sind geschieden* die Scheidung zu erreichen, während dieser Weg für muslimische Männer in manchen Ländern erfolgreich sein kann, weil es dafür eine Konvention gibt. Es könnte auch sein, daß zwar die vorgeschriebene Prozedur zum Heiraten aus dem Ja-Wort besteht, der Sprecher jedoch gar nicht berechtigt ist, das Ja-Wort zu geben, z.B. weil er schon verheiratet ist, weil die Braut nicht anwesend ist oder weil der Standesbeamte noch im Nebenzimmer ist und die Frage *Willst Du .... zur Frau nehmen?* nur von irgendeinem Spaßvogel der Hochzeitsgesellschaft gestellt worden ist. In diesem Fall ist das Performativ ebenfalls nicht geglückt (Fall Ib).

Eine zweite Gruppe von Fehlzündungen (Typ II) geht auf fehlerhafte Durchführungen (*misexecutions*) zurück. Sie zeigen, daß die Konvention von den Teilnehmern korrekt und vollständig befolgt werden muß, um zu einem gültigen Performativ zu führen. Wenn der Bräutigam z.B. bei einer Hochzeitszeremonie statt *ja* sagt: *Naja, ich bin nicht abgeneigt*, gilt die Zeremonie nicht als vollzogen. Oder: wenn die Braut im nächsten Rede-Zug nicht ebenfalls ihr Ja-Wort gibt, ist die Zermonie ungültig, weil sie nicht vollständig durchgeführt worden ist. (In Bremen tobte 1996/7 ein Streit darüber, ob man auch mit einem niederdeutschen *jo* anstelle des hochdeutschen *ja* die Heirat gültig vollziehen könne: die durchaus schlüssige Antwort des Standesamtes war (zunächst) ‚nein', denn Amtssprache der Bundesrepublik sei (Hoch-)Deutsch.[2])

Schließlich gibt es eine dritte Gruppe von mißglückten Performativen; Austin nennt sie Mißbräuche (*abuses*). Hier wird der Akt selber durchaus *comme il faut* ausgeführt, jedoch fühlen wir uns im Nachhinein betrogen. Während es bei I und II um Bedingungen für das Glücken von Performativen geht, die *präsupponiert* werden, damit der Akt als geglückt gilt, werden die Bedingungen in dieser Gruppe von der Ausführung des Aktes *impliziert*. Aus Mißbräuchen lassen sich ebenfalls Bedingungen für das Glücken von Performativen erkennen. Sie zeigen nämlich, daß mit einem Performativ die Erwartung verbunden ist, daß der Sprecher die Gedanken oder Gefühle, die er durch die Äußerung zum Ausdruck bringt, tatsächlich hat, oder die Konsequenzen, die der Akt ihm aufbürdet, tatsächlich übernehmen will bzw. übernimmt. Das würde zum Beispiel nicht der Fall sein, wenn jemand sein Ja-Wort gibt, sich aber in keiner Weise wie ein verheirateter Mensch benimmt (was auch immer das heißen mag). Oder wenn jemand etwas verspricht, aber nicht willens ist, das Versprechen zu halten (IIIa) bzw. das Versprechen faktisch nicht hält (IIIb). Oder *Ich bedaure sehr* sagt, aber tatsächlich nichts bedauert.

---

[2] Man beachte am Rande die paradoxe Situation, in die sich die professionellen und nicht-professionellen Verteidiger des Niederdeutschen in der nachfolgenden öffentlichen Diskussion brachten, die schließlich mit dem Zugeständnis endete, daß auch ein niederdeutsches Gelöbnis möglich ist, soweit der Standesbeamte niederdeutsch versteht: einerseits wird seit langem für die Eigenständigkeit des Niederdeutschen als *Sprache* argumentiert, andererseits machte es die Auseinandersetzung um die Form des Rituals auf dem Standesamt notwendig, vehement dafür zu argumentieren, daß das Niederdeutsche lediglich eine lokale *Variante* der Amtssprache Deutsch ist. (Hätte man nicht so argumentiert, hätte man für die Zulässigkeit anderssprachiger Standesamtrituale – in einem prinzipiell mehrsprachigen Staat – plädieren und dann zum Beispiel auch ein türkisches *evet* als ritualangemessen akzeptieren müssen.)

Es gibt weitere Typen von problematischen Performativen, die Austin aber nicht mißglückt nennt; etwa kann der Linienrichter im Fußball auf ‚aus' entscheiden und diese Entscheidung nach allen Bedingungen I, II, III ein geglückter performativer Akt sein, mit dem das Spiel unterbrochen wird. Wenn später ein Kameramitschnitt beweist, daß der Ball tatsächlich nicht im Aus war, dann war die Entscheidung des Schiedsrichters objektiv falsch, aber der Akt selbst ist deswegen nicht mißglückt; er bleibt vielmehr gültig.[3]

Austins (oben zitierte) Beispiele werfen zwei Fragen zur sprachlichen Form des Performativs auf. Zum einen ist es zumindest im Fall des Taufens und des Heiratens Teil der Konvention, daß das Performativ in einer genau vorgeschriebenen Weise produziert wird; jede Abweichung führt zum Scheitern. Spielt die formale Konventionalisierung der Performative also eine zentrale Rolle für ihr Gelingen? Zum anderen enthalten drei der vier Fälle ein „explizit-performatives" Verb (*taufen, vermachen/vererben, wetten*), und im ersten Fall ist ein solches Verb in der Frage enthalten und in der Antwort nur nicht mehr wiederholt (*zur Frau/zum Mann nehmen*). Dieses explizit-performative Verb wird immer in der 1. Person Präsens verwendet. Ist es also notwendig, daß ein Performativ auf diese Weise explizit gekennzeichnet ist?

Offenbar ist die Antwort auf beide Fragen negativ. Die erste, stärkere Aussage wird schon durch Austins Beispiele selbst widerlegt. In den Beispielen zum Wetten und Vererben gibt es eine Vielzahl von sprachlichen Realisierungen, in denen der Akt glücken kann. Dennoch scheint sie einen wesentlichen Gedanken in Austins Konzept der Performative zu erfassen, so wie es im ersten Teil von *How to do things with words* entwickelt wird. Denn Austin sieht ja das Gelingen eines Performativs in entscheidender Weise an eine etablierte Konvention gebunden, und im besten Fall umfaßt diese Konvention natürlich auch eindeutige Vorschriften für die sprachliche Form. In einem recht plausiblen Sinn sind Performative ritualisierte Handlungen; freilich sind solche Performativa (im engsten Sinn) relativ selten, und sie sind sicherlich nicht die einzige Art und Weise, wie man mit Worten Dinge tun kann.

Auch die schwächere Form der Konventionalisierung, die durch die obligatorische Verwendung explizit-performativer Verben gegeben wäre, liegt nicht notwendigerweise vor. Obwohl das explizit-performative Verb in einigen Fällen Teil des Rituals und daher unbedingt notwendig ist, damit die Handlung nicht scheitert (z.B. bei der Taufe, sei es nun eines Babys oder eines Schiffes), können andere performative Handlungen auch ohne sie er-

---

[3] Hier kommt offenbar doch die Frage der Wahrheit ins Spiel; das Gelingen der Handlung wird davon aber nicht tangiert; zum Problem der Wahrheit bei performativen Äußerungen vgl. unten, S. 78.

folgreich ausgeführt werden; z.B. kann man unter der Überschrift *Testament* auch *Meinen Dackel soll Tante Emma bekommen* schreiben und damit erfolgreich Tante Emma den Dackel vermachen. Allerdings laufen solche „primären Äußerungen" (wie Austin die impliziten Performative nennt) Gefahr, unterschiedlich interpretiert zu werden; sie sind also potentiell ambig, zumindest wenn man sie aus ihrem Kontext herauslöst.

Zu manchen performativen Handlungen gibt es im Deutschen oder Englischen kein performatives Verb. Dazu gehört zum Beispiel das Beleidigen: man kann niemand durch eine Formel wie etwa *Hiermit beleidige ich Dich* erfolgreich beleidigen, denn diese explizit-performative Verfahrensweise (Konvention) existiert nicht (Bed. Ia). (Vergleiche jedoch das Beispiel unten, S. 76).

Sind nun explizite Performative lediglich die vollen und nicht angreifbaren, weil eindeutigen Varianten der impliziten? Austin legt dies an verschiedenen Stellen des Textes nahe; zum Beispiel verwendet er die Umformbarkeit einer Handlung unter Verwendung eines performativen Verbs als Test für den performativen Status der Äußerung (S. 62). Er sagt auch, daß in der Entwicklung der Menschen (er meint das phylogenetisch, aber ontogenetisch stimmt es auch) Performative wie ‚Versprechen' (d.h. die Fähigkeit, die sprachliche Handlung des ‚Versprechens' auszuführen) schon früh erworben werden, die dazugehörigen metapragmatischen Ausdrücke – die performativen Verben wie *versprechen* – aber erst später; nämlich, wenn die Gesellschaft oder das Individuum eindeutige, einklagbare Ausdrucksweisen braucht, die klar festlegen, welche Handlung gerade ausgeführt wird. An anderen Stellen des Texts hegt Austin hingegen Zweifel an der Meinung, implizite Performative seien in explizite umformbar: „We say ‚I am sorry'; is this really exactly like the explicit ‚I apologize'?" (S. 66) Einmal (S. 83) nennt er die erste Form halb-deskriptiv, die zweite explizit-performativ (*I repent* schließlich wäre rein deskriptiv).

Wir betreten damit das viel beackerte Feld der sog. *Sprechaktverben* und ihrer Beziehung zu den Sprechakten. Austin liefert selbst ein schönes Beispiel dafür, daß die Beziehung zwischen expliziten und impliziten Performativen viel zu kompliziert ist, als daß man die ersteren als eindeutige bzw. exakte Varianten der zweiten verstehen könnte. Das Beispiel kommt aus der Blütezeit der schlagenden Burschenschaften in Deutschland, wo dem Duell eine Beleidigung vorausgehen mußte. Beleidigungen können, wie schon erwähnt, in unserer Kultur nicht explizit performativ ausgeführt werden, was für diese Sprecher offenbar ein Problem war: sie wollten sich ja nicht wirklich ernsthaft beleidigen, sondern nur die notwendige Vorstufe zum Duell erreichen, also die ‚Konvention' erfüllen. Also stellten sie sich einander gegenüber und sagten in höflichstem Ton: *Beleidigung!* Es ist klar, daß hier künstlich eine explizit-performative Prozedur (als Konvention) eingeführt wurde, *eben weil* deren Bedeutung eine andere ist (und sein sollte) als die einer wirklichen Beleidigung. Die wirkliche Beleidigung unterschied sich nicht nur durch ihre Vagheit (was zählt schon als Beleidigung, was noch nicht) von der mit einem performativen Verb *beleidigen*; vielmehr war ihre soziale Bedeutung (in diesem Fall auf der Dimension der sprachlichen Höflichkeit) eine andere.

Die Rituale des Duellierens in den deutschen Burschenschaften und die damit verbundenen kommunikativen Pathologien sind auch in Bezug auf den umgekehrten Fall lehrreich: neben dem äußerst gesichtswahrenden explizit-performativen Weg zum Duell mit einem bestimmten Kommilitonen, der einen faktisch gar nicht beleidigt hatte (und den man auch selber nicht wirklich beleidigen wollte), gab es auch noch den zweiten Weg, nämlich eine Beleidigung zu ‚erfinden'. Dies wurde durch eine extreme Dehnung des Begriffs des impliziten Performativs ‚Beleidigung' möglich: irgendeine (fast) beliebige kommunikative Handlung des anderen (z.b. Blickkontakt) konnte schon als implizite Beleidigung gewertet werden, die dann mit dem Spruch *Mein Herr, Sie haben mich fixiert!* quittiert wurde und zum Duell führte (vorausgesetzt, der Partner war satisfaktionsfähig).[4] Das Beispiel ist übrigens auch deshalb aufschlußreich, weil es die Bedeutung der Folgehandlung (*Mein Herr, Sie haben mich fixiert*) dafür deutlich macht, welche interaktive Bedeutung die Vorgängerhandlung (Blickzuwendung) selbst annimmt, und zwar unabhängig von der Intention, die mit ihr verbunden war.

Auch wenn die (explizit-)performativen Verben also nicht einfach nur als Vereindeutigungsverfahren für implizite Performative verstanden werden dürfen, sind sie doch eine interessante lexikalische Klasse. Auffällig ist, daß bei ihnen jede Veränderung der grammatischen Form (nämlich in der Regel: 1.Ps.Sg., Aktiv, Präsens) zu einem Verlust ihres performativen Charakters führt; sie werden dann zu ‚normalen' deskriptiven Verben, die von einer sprachlichen Handlung berichten, sie aber nicht ausführen. (Vgl. *Ich verspreche Dir, morgen zu kommen* mit *Du versprichst mir .../Ich habe Dir gestern versprochen* ...) Dies gilt nicht für alle Verben: die Semantik von Verben wie *rauchen* bleibt immun gegenüber denselben grammatischen Veränderungen. Der eigentliche Grund für das abweichende Verhalten der performativen Verben ist, daß sie ihrer Natur nach an den handelnden Sprecher gebunden sind. Sie beziehen sich auf die Sprechsituation, was sich grammatisch in der Verwendung EGO-, HIC- und NUNC-bezogener deiktischer Mittel ausdrückt. (Vgl. auch die in Performativen häufige Formel *hiermit* ..., die ebenfalls die Bindung an die Sprechsituation herstellt.)

---

[4] Vgl. Objartel (1984).

Soweit die Theorie der Performative, die Austin in den ersten Vorlesungen seines Buchs entwickelt. Sie ist unproblematisch, wenn man sie auf stark ritualisierte sprachliche Handlungen (wie Taufen oder Heiraten) beschränkt, bei denen die dem Glücken des Performativs zugrundeliegende Konvention stark ist und sich auch auf die sprachliche Form erstreckt. Austin hat allerdings einen wesentlich weiteren Begriff von Performativ; im zweiten Teil seiner Vorlesungen zeigt er, daß die Gegenüberstellung von Performativen und Konstativen nicht haltbar ist, wenn man mit dem Begriff des Performativs alles abdecken möchte, was Sprecher mit Worten tun. Es gibt nämlich zwischen Konstativen (*statements*, Aussagen) und Performativen wichtige Parallelen. Wie ein Performativ „unaufrichtig" sein kann, wenn die Bedingung IIIa nicht erfüllt ist (Implikation), ist auch eine Aussage unaufrichtig, an die der Sprecher nicht glaubt (selbst wenn sie objektiv wahr sein sollte). Und ebenso wie ein Performativ scheitert, wenn die Bedingungen I und II nicht erfüllt sind (Präsuppositionen), tut dies auch eine Aussage, wenn die präsupponierten Aussagen nicht gelten. (Deshalb ist der berühmte Russellsche Beispielsatz *The king of France is bald* nicht glücklich: die Präsupposition, daß es einen König von Frankreich gibt, ist ja falsch. Der Satz ist deshalb unsinnig; die Frage nach seiner Wahrheit stellt sich nicht.) Performative und Konstative sind sich also gar nicht so unähnlich: auch Konstative scheinen in gewisser Weise Performative zu sein. Auch sie sind sprachliche Handlungen, für die ähnliche Typen von Bedingungen gelten wie für Performative im bisher diskutierten Sinn. Die Parallele wird noch deutlicher, wenn man (mit Austin) auch metapragmatische Verben wie *argue, conclude, testify, admit, prophesy*, etc. als explizite Indikatoren für Aussagen auffaßt (S. 85); sie entsprechen dann den explizit-performativen Verben *promise, bet, baptise*, etc.

Aufgrund dieser Ähnlichkeiten entwickelt Austin ab Vorlesung VII eine zweite Theorie sprachlicher Handlungen, die zunächst in jeder Äußerung einen „phonetischen" (Teil-)Akt, einen „phatischen" (Teil-)Akt (der letztlich die grammatische Form meint) und einen „rhetischen" (Teil-)Akt (der sich auf das Thema bzw. die Referenz[5] bezieht) unterscheidet. Damit sind quasi die traditionelle Phonetik, Grammatik und Semantik erfaßt. Zusammen stellen sie den *locutionary act*, den lokutiven Handlungsaspekt der Äußerung dar. Dazu kommt nun der *illokutive* Handlungsaspekt (die „illocutionary *force*", wie Austin ihn auch nennt, um das Wort *Bedeutung* vermeiden zu können), nämlich die sprachliche Handlung, die ausgeführt wird (‚beschreiben', ‚eine Terminabsprache machen', ‚eine Frage stellen', ‚jemanden warnen', etc.). Austin gibt eine exhaustive Liste von solchen

---

[5] Austin scheint damit etwas wie pragmatische „aboutness" zu meinen. Fehler auf dieser Ebene machen die Äußerung „vague or void or obscure, etc." (S. 98).

Illokutionen, die am Anfang einer langen Tradition von Klassifikationsvorschlägen für Sprechakte steht. Der Unterschied zwischen Performativen und Konstativen ist mit dieser neuen Variante der Theorie aufgelöst.

Eine von Austins interessantesten Ideen ist, daß zu einer Illokution immer eine Erwiderung (*uptake*, S. 116) gehört. (Vgl. unser obiges Beispiel zum Beleidigen von Kommilitonen durch ‚Fixieren'.) Diese Erwiderung signalisiert, daß und wie die Äußerung verstanden worden ist. Die tatsächliche Wirkung einer Äußerung muß nicht die vom Sprecher intendierte sein, sondern kann sich zufällig und unabsichtlich einstellen. Diesen Aspekt der sprachlichen Handlung nennt Austin den *perlokutiven Akt*. Während die Illokutionen auf Konventionen beruhen (Test: Umformung unter Verwendung eines explizit-performativen Verbs: *ich rate Dir, einen Schirm mitzunehmen!* S. 103), gilt dies für Perlokutionen nicht (*Ich überrede Dich, einen Schirm mitzunehmen;* aber: *Er hat mich überredet, einen Schirm mitzunehmen*). Je deutlicher die Konvention ist, die die Illokution stützt, um so eindeutiger ist ihre Kraft zu erkennen, und um so wahrscheinlicher wird es, daß die tatsächlich eintretende perlokutive Wirkung auch der Illokution entspricht; je weniger stark sie ist, um so mehr ist der Hörer auf kontextuell gestützte Vermutungen angewiesen. In unserem ersten Burschenschaften-Beispiel ist die Konvention, die die Illokution stützt, sehr stark (jedenfalls im kulturellen Milieu der Corps), im zweiten Fall sehr schwach: der *uptake* (*Sie haben mich fixiert!*) ist ausschließlich ein Produkt der Interpretation. Die Perlokution ist aber in beiden Fällen dieselbe: das Duell.

Auf dem Hintergrund seiner allgemeinen Theorie sprachlicher Handlungen, die *alle* vollständigen, sinnvollen Äußerungen in ihre lokutiven, illokutiven und perlokutiven Komponenten zerlegt, stellt sich Austin nun noch einmal die Frage nach dem Status von Aussagen/Konstativen. Er kommt zu dem Schluß: „surely to state is every bit as much to perform an illocutionary act as, say, to warn or to pronounce" (S. 133). Aussagen unterscheiden sich lediglich dadurch von den anderen illokutionären Akten, daß ihnen keine Perlokutionen zugeordnet werden können.

Die Wahrheitsfähigkeit einer Äußerung ist nun für Austin kein relevanter Unterschied mehr: die Wahrheit, die wir Aussagen zusprechen, ist, wie schon oben gezeigt, auch bei vielen eindeutig performativen Handlungen im Spiel (ein Lob ist gerechtfertigt, ein Rat gut, eine Abseits-Entscheidung richtig, etc.); und umgekehrt: auch bei Aussagen ist nicht immer entscheidbar, ob sie wahr oder falsch sind. (Ist z.B. die Aussage, daß Frankreich sechseckig ist, wahr oder falsch?) Austin schließt, daß Aussagen und Performative im ursprünglichen, stark ritualisierten Sinn (Taufen, Heiraten) nur die Pole eines Kontinuums sind.

Er hätte vielleicht noch einen Schritt weitergehen können: die sprachliche Handlung der Aussage gibt es gar nicht. (Das ist auch der Grund, warum sie keine Perlokution hat.) Niemand wird nur etwas feststellen; jede Aussage, die Teil eines natürlichen sprachlichen Austausches ist, hat neben ihrer Funktion, einen Sachverhalt zu bezeichnen, eine weitere Funktion. Einen Sprecher, der eine Äußerung produziert, deren Illokution jenseits der gemachten Aussage nicht problemlos zu erkennen ist, ziehen wir mit einem *Warum sagst Du das jetzt?* zur Verantwortung und fordern eine Klärung der Illokution ein. Mit einer Äußerung, die vorgibt, nichts als eine Aussage zu sein, geben wir uns also kaum zufrieden; wir werden vielmehr versuchen, sie als (versteckte) Drohung, Warnung, Schmeichelei, Kritik, etc. zu verstehen.

Kap. 8

Sprechakt

John Searle

J. Searle (geb. 1932) ist seit 1959 Professor für Philosophie an der University of California at Berkeley. Seine Verbindung mit Austin geht auf das Studium in Oxford zurück; die Monographie *Speech Acts* war seine Doktorarbeit. Der ungeheuere Erfolg dieses Buchs vor allem in der Bundesrepublik ist einigermaßen verwunderlich, denn die umfangreichsten Kapitel davon widmet Searle der Ausdehnung der Austinschen Sprechakttheorie in den lokutiven Akt hinein, also in die semantische Proposition. Es geht dabei um klassische logisch-semantische Beschreibungsprobleme (Referenz, Prädikation), nicht um sprachliche Handlungstheorie im Austinschen Sinn. Um diese Analyse von Referenz und Prädikation rankt sich Searles Theorie der Sprechakte, deren wesentliches Verdienst man darin sehen kann, daß sie die recht offene Argumentationsweise Austins vereinheitlicht und in einen rigideren theoretischen Rahmen zwingt.

Durch Searle hat sich im Deutschen der Begriff ‚Sprechakt' (als Übersetzung von *speech act*) eingebürgert. Sinnvoller und sprachgerechter wäre es gewesen, von ‚sprachlichen Handlungen' zu reden und damit einen in der deutschen (Sprach-)Soziologie immer schon üblichen Begriff zu verwenden, der seinerseits kaum ins Englische zu übertragen ist.

Zu *Speech Acts* (1969; dt.: *Sprechakte*, Frankfurt/M.: Suhrkamp, 1971) gibt es als Vorläufer den Aufsatz „What is a speech act?" (1965, in: Max Black, *Philosophy in America,* Ithaca, New York: Cornell Univ. Press). Von den späteren Aufsätzen Searles, in *Expression and Meaning* (1979, Cambridge: Cambridge University Press) zusammengefaßt, sind „Indirect speech acts" (S. 30–57; erst in: P. Cole & J. Morgan (Hrsg.) 1975, *Syntax and Semantics,* Bd. 3, New York: Academic Press) und „A taxonomy of illocutionary acts" (S. 1–29, zuerst in: K. Gunderson (Hrsg.), *Language, Mind, and Knowledge = Minnesota Studies in the Philosophy of Science,* Bd. VII, University of Minnesota Press, 1975:344–369) für die Sprechakttheorie wichtig. Searles größere Arbeiten nach *Speech Acts,* nämlich die Bücher *Intentionality* (1983, Cambridge: Cambridge University Press), *Minds, Brains and Science* (1984, Cambridge, Mass.: Harvard University Press), *The Rediscovery of the Mind* (1992, Cambridge, Mass.: MIT Press), sowie sein Beitrag in *(On) Searle on Conversation* (Hrsg. v. Herman Parret,

Amsterdam: Benjamins, 1992) wurden in der Linguistik weitaus weniger rezipiert.
Zur Rezeption in der Bundesrepublik vgl. u.a. Wunderlich (1976), Wunderlich (Hrsg.) (1972), Maas & Wunderlich (^{2}1972), Habermas (1971). Zur Kritik an der Sprechakttheorie vgl. u.a. Silverstein (1979), Streeck (1980) oder Wootton (1975, Kap. 3). In Deutschland versucht die sog. Dialoganalyse (vgl. etwa: Hindelang 1994) z. Zt. eine Wiederbelebung der Sprechakttheorie in „gesprächslinguistischer" Intention.

* * *

Searle unterscheidet sich von Austin vor allem in den folgenden Punkten:

1) Er berücksichtigt die perlokutive Kraft von Äußerungen nicht; alle Formen von *uptake* sind für ihn irrelevant. Es geht ausschließlich um die Illokution. Wir haben bei Austin gesehen, daß die perlokutive Kraft einer Äußerung nicht konventionell und daher nur ziemlich lose an die Äußerung gebunden ist. Wenn Searle aus eben diesem Grund den perlokutiven Effekt (das, was tatsächlich als Reaktion auf eine Äußerung kommt) ausblendet, ist er durchaus konsequent. Im Gegensatz zu Austin, der auf dem Sprechereignis in seiner Gesamtheit zumindest insistiert (auch wenn er daraus keine methodischen Konsequenzen zieht), nehmen Sprechakte nun einen sehr abstrakten Charakter an; die Methodologie bleibt weiter unempirisch. Es werden ganz explizit nicht tatsächliche Handlungen analysiert, sondern die Kompetenz, die hinter ihnen steht: „Gemeint sind ⟨...⟩ nicht Äußerungen, die konkret jemand getan hat und die uns protokolliert vorliegen, sondern *mögliche Äußerungen*" (so Wunderlich im *Funkkolleg Sprache* von 1973, Bd. II:113, Herv. P.A.).
2) Ganz parallel zu den illokutionären Akten behandelt Searle die „propositionalen Akte" der Referenz und Prädikation, also die traditionellen Themen der sprachphilosophischen Semantik. (Er betrachtet Referenz als Sprechakt – also z.b. die Äußerung des Namens *Friedrich* in der Äußerung *Friedrich fährt Fahrrad*. Die Prädikation – *fährt Fahrrad* – ist hingegen seiner Meinung nach stärker an die Illokution gebunden und deshalb kein eigener Sprechakt.) Es ist klar, daß diese ‚subsidiären' sprachlichen Handlungen nicht auf derselben Ebene liegen wie die klassischen Sprechakte wie ‚Taufen' oder ‚Warnen', was sich leicht daran zeigt, daß sie nie alleine vorkommen: wir referieren nicht einfach so auf ‚Friedrich', sondern nur im Rahmen einer sinnvollen Äußerung, also einer, die eine sprachliche Handlung darstellt.

3) Austin war der Meinung, daß es zur Theorie des sprachlichen Handelns gehört und in ihrem Rahmen sinnvoll ist, eine Liste der Sprechaktverben (performativen Verben) einer Sprache zu erstellen. Searle löst sich von dieser Bindung an die Lexik. Sie erscheint in der Tat nicht plausibel: die Liste der Sprechaktverben im Deutschen sagt uns vielleicht etwas über die in der Sprache versteckte Auffassung von Kommunikation aus, sie ist also Teil unserer Sprachideologie. Aber deswegen können wir durchaus auch sprachliche Handlungen ausführen, für die wir kein eigenes Wort haben. (Was ist z.B. ein engl. *summons* wie *hallo!* im Deutschen? Sicher kein ‚Ruf', wie das Lexikon meint.)

Searle sucht hingegen nach einem universalen Inventar von Sprechakten, das sich in prinzipiellerer Weise aus den Bedingungen sprachlichen Handelns ergeben soll und von der Lexik der Einzelsprachen unabhängig ist. Seine Typologie („Taxonomy of illocutionary acts", Searle 1975) ist allerdings lediglich auf Plausibilität gestützt. Er unterscheidet
– Repräsentativa (Behaupten, Schlußfolgern ...: wahrheitsorientiert)
– Direktiva (Bitten, Auffordern ...: S will den H veranlassen, etwas zu tun)
– Kommissiva (Versprechen, Anbieten ...: der S verpflichtet sich)
– Expressiva (Danken, Gratulieren, Willkommen-Heißen ...: Ausdruck psychischer Zustände des S)
– Deklarativa (die institutionalisierten Performativa Austins: Taufen, Heiraten, ...)
Auch andere Autoren haben versucht, solche universalpragmatischen Typologie von Sprechakten aufzustellen.[1]

---

[1] Eine bekannte Typologie stammt z.B. von Habermas (1971:111ff.), der sich allerdings wieder stark an die Lexik anlehnt. Er unterscheidet „Kommunikativa" wie *sagen* oder *erwidern*, deren Rolle darin besteht, „den pragmatischen Sinn der Rede überhaupt auszusprechen" (S. 113); „Konstativa" wie *beschreiben* oder *versichern*, die dazu dienen, „den Sinn der kognitiven Verwendung von Sätzen auszudrücken"; „Repräsentativa" wie *wissen* oder *enthüllen*, die dazu dienen, „den pragmatischen Sinn der Selbstdarstellung eines Sprechers vor einem Hörer auszusprechen"; und „Regulativa" wie *befehlen* oder *verzeihen*, die verwendet werden, um „den Sinn der praktischen Verwendung von Sätzen auszudrücken". Zur Kritik an diesem merkwürdigen Versuch, „die Verzerrungen der Searleschen Sprechakttheorie durch die linguistische Pragmatik" zur Basis einer Explikation der „universalen bzw. transzendentalen Struktur der Sprache" zu machen, vgl. u.a. Maas 1976:151ff. Bemerkenswert ist vor allem die weitgehende Gleichsetzung von Verben der Kommunikation mit Sprechakten (eine Übernahme der „performative hypothesis") und die Mißachtung einzelsprachlicher Unterschiede in einem angeblich universalpragmatischen Ansatz.

4) Austin zieht indirekt aus den möglichen Fehlschlägen (also aus mißlungenen Sprechakten) Rückschlüsse auf die Bedingungen, die vorliegen müssen, wenn die Ausführung erfolgreich sein soll. Searle hingegen formuliert von vornherein positive Bedingungen, die er (konstitutionslogisch) Regeln nennt. Diese Regeln sollen deutlich machen, wie eine Äußerung per Konvention als ein Sprechakt verstanden bzw. gemeint werden kann.

Von den sieben Beispielen für illokutionäre Akte, die Searle in *Speech Acts* bespricht – Versprechen, Auffordern, Behaupten, Fragen, Danken, Raten und Warnen – sei hier (anstelle des wohlbekannten und immer wieder zitierten Versprechens) das Raten herausgegriffen (vgl. 1971:104f.). Searle unterscheidet verschiedene Bedingungsgruppen für erfolgreiche Sprechakte, die er umsetzt in verschiedene Regeltypen für die Verwendung „eines jeden Mittels V, das als Indikator" dient (z.b. das explizite Verb *raten*, aber auch indirektere Ausdrucksmittel wie in *vielleicht sollten Sie ..., ich würde an Ihrer Stelle ..., warum machen Sie nicht X?*). Will man einen solchen Ausdruck verwenden, um einen Rat zu geben, dann sind die „rule of propositional content", „preparatory rules" (übliche dt. Übersetzung: ‚Einleitungsregeln'; besser wäre wohl ‚Vorbereitungsregeln'), eine „rule of sincerity" (Aufrichtigkeitsregel) und die „essential rule" (wesentliche Regel) einzuhalten, die im vorliegenden Fall so formuliert werden:

Regel des propositionalen Gehalts: ein beliebiger zukünftiger Akt des Angesprochenen muß in der Äußerung ausgedrückt werden. Der Hörer (H) ist Gegenstand dieser Proposition, d.h. über ihn wird prädiziert: S rät H: R(H) (R = Rat). Salopp gesagt: man kann nicht vorgeben, jemandem zu etwas raten zu wollen, wenn man nicht sagt, wozu. (Natürlich muß der propositionale Gehalt nicht explizit benannt werden, wenn er schon aus dem Kontext bekannt ist.)

Einleitungsregeln: sie nennen bestimmte situative Bedingungen, die für das Raten vorliegen müssen, auch wenn ihr Vorliegen die Äußerung noch keineswegs zu einem Rat macht, nämlich: (a) der Sprecher hat Grund zu glauben, daß die dem Hörer angeratene Handlung diesem nützen wird, und (b) es ist für beide Beteiligten nicht offensichtlich, daß der Hörer auch bei normalem Verlauf der Dinge die angeratene Handlung ausführen wird. Bei der ersten Bedingung muß wahrscheinlich noch hinzugefügt werden (wie Searle dies analog beim Versprechen tut), daß überdies auch der Hörer Grund haben muß zu glauben, daß der Sprecher Grund hat zu glauben, daß ihm, dem Hörer, die angeratene Handlung nützen wird. Denn den vom Sprecher subjektiv gut gemeinten Rat werden wir nicht als solchen erkennen, wenn wir nicht auch annehmen können, daß der Sprecher zu unserem Besten handelt. Die zweite Bedingung will wohl ausdrücken, daß ein Rat immer eine offene Handlungsalternative präsupponiert. Sie ist aber nicht sehr geschickt

formuliert, denn auch wenn man davon ausgeht, daß H etwas ziemlich sicher tun wird, kann man ihm zuraten, es auch wirklich zu tun; d.h. auch jemanden in seinem Entschluß zu bestärken, kann ein Fall von Raten sein. *Aufrichtigkeitsbedingung:* der Sprecher glaubt wirklich, daß die Handlung dem Hörer nützen wird. Natürlich kann diese Bedingung verletzt werden, indem einer dem anderen (wissentlich) zu etwas rät, was zu dessen Schaden ist. Dann ist der Akt aber nicht aufrichtig ausgeführt worden. (Im Sinne Austins handelt es sich um einen Mißbrauch.)
wesentliche Regel: das Äußern des sprachlichen Mittels, das den Sprechakt anzeigt (z.B. *ich denke, Sie sollten ...* (p), wobei p = R(H) entspricht) gilt als eine Versicherung, daß die angeratene Handlung in Hs Interesse ist. Dies nennt Searle eine konstitutive Regel, wie man sie z.b. bei Spielregeln findet.

Fast komplementär ist nach Searle der Sprechakt des (nicht-hypothetischen) Warnens; nur liegt hier die zukünftige Handlung des Hörers (oder irgendein anderes zukünftiges Ereignis) nach Meinung des Warners nicht im Interesse des Hörers.

Die entscheidende Frage ist natürlich, ob uns diese Regeln überhaupt in einer interessanten Weise helfen, die Kompetenzen der Handelnden zu beschreiben, also die Frage zu beantworten, wie man jemandem rät und wie man einen Rat erkennt. Bevor wir uns dieser Frage zuwenden, ist ein Exkurs zur Explizitheit von Sprechakten notwendig, denn sie hat die Forschung lange beschäftigt. Wie Austin ist auch Searle nicht der Meinung, daß jeder Sprechakt ein explizit-performatives Verb sozusagen als Erkennungsmerkmal mit sich tragen muß. Unter den nicht auf diese Weise explizit gemachten Sprechakten gibt es zwei Fälle: die impliziten, aber direkten und die implizit-indirekten. Einen impliziten, aber direkten Rat könnte man mit dem Worten *Sie sollten vielleicht X tun* geben. Obwohl nicht explizit gesagt wird: *Ich rate Ihnen, X zu tun,* ist es doch für die kompetenten Mitglieder unserer Sprechgemeinschaft offensichtlich, also durch Konvention festgelegt, daß die Verwendung des Modalverbs *sollen* im Konjunktiv mit dem Hörer-Pronomen in Subjektposition einen Rat darstellt.[2]

Nach Searles „Prinzip der Ausdrückbarkeit" („alles, was man meinen kann, kann man auch sagen") ist es immer möglich, einen impliziten in einen expliziten Rat umzuwandeln. Er sieht dieses Prinzip der Ausdrück-

---

[2] Ein anderes Beispiel für ein syntaktisches Format, das per Konvention die Interpretation der Äußerung im Sinne eines bestimmten Sprechakts – nämlich des Vorwurfs oder der Empörung – recht präzise steuert, sind *was*-eingeleitete Fragen, wenn das *was* nicht in der syntaktischen Rolle des Objekts steht, sondern mit *warum* paraphrasiert werden kann. (Etwa: <u>was</u> *mußt Du auch immer soviel saufen!*; vgl. dazu Günthner (im Druck)).

barkeit – wie Austin – als eine Art Entdeckungsprozedur: wenn du nicht genau weißt, ob eine Äußerung den Sprechakt X repräsentiert, versuche, ihn in einen expliziten Sprechakt mit dem performativen Verb *X* umzuformen. Die Äußerung *Sie sollten vielleicht p tun* ist umformbar in *Ich rate Ihnen, p zu tun*; also handelt es sich um einen Rat.

Diese Entdeckungsprozedur ist jedoch mehrfach problematisch. Zum einen gibt es, wie schon angedeutet, für manche Sprechakte kein Sprechaktverb, also keine metapragmatische Bezeichnung in der jeweiligen Sprache (Beispiel: *summons* im Deutschen). Zum anderen ist in manchen Fällen zwar die Überführung in eine explizite Formulierung möglich, diese ist aber mit der impliziten nicht bedeutungsgleich. So sind etwa die Bedingungen für die Verwendung der Äußerung *Es ist gleich 12 Uhr* und *Ich behaupte, daß es gleich 12 Uhr ist* nicht identisch; im ersten Fall ist die Aussage viel weniger angreifbar als im zweiten. Trotzdem scheint auch im ersten Fall der Sprechakt der Behauptung vorzuliegen. Wird auch in diesem Fall das Gemeinte durch die längere Version expliziert? Schließlich nivelliert die „performative Analyse", d.h. die Explizierung der illokutiven Kraft durch Einsetzen eines Sprechaktverbs, gerade den Unterschied zwischen sprachlichen Handlungen und semantischen Propositionen; damit untergräbt sie letztendlich die Basis der Sprechaktanalyse, nämlich, daß sprachliche Handlungen nicht mit den Prädikaten ‚wahr' und ‚falsch' bewertet werden können. Die vollständige, explizite Version – also z.B. *Ich rate Ihnen, daß X* – hat ja durchaus einen Wahrheitswert; sie ist, anders als die implizite Variante *Sie sollten vielleicht X,* trivialerweise immer wahr.[3]

Die impliziten Sprechakte können auch *indirekt* sein. In diesem Fall ist es nicht mehr klar, daß die Äußerung einen bestimmten Sprechakt repräsentiert, denn die sprachlichen Indikatoren sind für mehrere Interpretationen offen oder indizieren sogar oberflächlich einen anderen Sprechakt. Zum Beispiel könnte jemand sagen: *wenn Sie nicht X tun, wird Y passieren*, wobei wir voraussetzen, daß Y ein unerfreuliches Ereignis für den Angesprochenen ist (etwa: *Wenn Sie nicht mehr Sport betreiben, bekommen Sie einen Schlaganfall*). Handelt es sich hier um einen Rat, X zu tun, oder um eine Warnung vor Y? Oder: man kann jemandem raten, X zu tun, indem man explizit eine Einschätzung/Bewertung abgibt: *ich finde, daß Ihr gut zuein-*

---

[3] Tatsächlich lag die Semantisierung der Sprechaktanalyse, die durch die Einsetzung explizit performativer Verben erreicht wird, in den frühen 70er Jahren dem Versuch zugrunde, die Sprechakttheorie in die formale Semantik (Wahrheitswertsemantik) zu integrieren. Man postulierte, daß in der zugrundeliegenden syntaktischen Struktur eines Sprechakts immer ein Sprechaktverb vorhanden ist, das durch eine spätere Tilgung beseitigt wird (Ross 1970). Schon aus syntaktischen Gründen dürfte das heute niemand mehr glauben (vgl. die frühe Kritik von Grewendorf 1972).

ander paßt. Zugleich kann diese Bewertung aber als Rat an den Angesprochenen interpretiert werden, sich nicht von seiner Freundin zu trennen.

Oft ist es schwer, zwischen konventionalisierten, also implizit-direkten, und nicht konventionalisierten, aber im Augenblick der Äußerung über Inferenzen erschließbaren indirekten Sprechakten zu unterscheiden. *Ich würde X tun* ist oberflächlich gesehen eine Meinungsäußerung; der Andere könnte darauf antworten: *das ist mir klar, aber jetzt geht es darum, was für mich das beste ist*. Er hätte damit die interpretative Offenheit ausgenützt, die nur ein indirekter Sprechakt hat. Andererseits ist *ich würde X tun* – und besonders *ich an Deiner Stelle würde X tun* – so stark zur Formel geworden, daß man es auch schon als einen impliziten, aber direkten Sprechakt sehen könnte.

Was nützt uns die Sprechaktanalyse? Sind mit den genannten Regeln die Kompetenzen der Handelnden genügend expliziert, die sie brauchen, um einen Rat zu geben bzw. zu verstehen? Man kann sich die Möglichkeiten und Grenzen der Sprechaktanalyse am besten am empirischen Material vor Augen führen. Das folgende Transkript stammt aus einem Corpus von telefonischen Beratungsgesprächen (Fischer 1991) – also Gesprächen, in denen schon aus institutionellen Gründen so etwas wie ein Rat auftreten sollte und intuitiv gesehen tatsächlich auch gegeben wird. Es ist zunächst auffällig, daß in den Gesprächen kein einziger expliziter Sprechakt des ‚Ratens' vorkommt; einmal wird das Verb *empfehlen* verwendet (*DANN äh möcht ich ihnen emPFEHlen, daß sie sich eine HILfe suchen*) – zumindest für Searle ist Empfehlen aber ein anderer Sprechakt als Raten. In jedem Fall ist die Empfehlung nicht der Rat, den der Berater selber geben könnte. Immer wenn die Berater selbst beraten, tun sie das implizit und meist auch indirekt.

Ein Beispiel für ein solches Rat-Geben ist nun der folgende Ausschnitt. Zu Beginn des Telefonanrufs hat die Anruferin ihr Problem vorgestellt:

WIEDERHOLUNGSZWANG (FISCHER 1991)

```
04   A      =ich hab AUCH n kleines problem
05          und bräuchte jetzt so:n: TIP .hh ⌈äh'
06   B                                       ⌊jetzt SCHAU mer mal ja?
07   A      =ich tu:' ich tu mich O:FT wiederHOLN
08          (0.5)
09   A      also=in: SÄTzen: .hh die gar nich SO: wIchtig sind daß man sie
            wiederholt
```

Die Anruferin benennt die Handlung, die sie erreichen möchte, hier mit dem Begriff *Tip*. Es folgt eine Reihe von Nachfragen der Therapeutin sowie ein Versuch der Anruferin selbst, ihr Problem auf ihre Kindheitserfahrungen zurückzuführen. Schließlich fordert sie explizit die Meinung der Therapeutin an und bekommt den folgenden ‚Rat':

```
05   A    <<p>mh>=und äh wie kann ich jetzt MICH:: n bißchen: äh
          abgewöhn?
06   B    .hh äh wenn sie HINhorchen,
07   A    mm
08   B    .hh ob das was sie geSAGT habm? (-) schon ANgekommen ist–
09   A    ach SO–
10   B    (-) dann MERken se=s ja;
```

Zunächst ist das eine Antwort auf eine Frage, und da Searle auch das Fragen als Sprechakt aufführt, gibt es zwei Kandidaten für den Sprechakt in 05: Frage und Ratsuchen. Entsprechendes gilt auch für den Sprechakt in Z. 06/08/10, der sowohl als Antwort als auch als Ratgeben verstanden werden kann. Dies ist kein besonders verwunderlicher oder außergewöhnlicher Befund, denn wie schon mehrfach ausgeführt, sind Typisierungen von Äußerungen als Sprechakte immer kontextabhängig. Da Searle selbst die empirische Analyse fortlaufender Gespräche qua Segmentierung in Sprechakte gar nicht anstrebt und sich vielmehr mit einer Konstitutionsanalyse für virtuelle Äußerung(styp)en zufrieden gibt (also mit der Beantwortung der Frage, was man tun muß, um einen Sprechakt des Typs X erfolgreich zu realisieren), ist die Reibung zwischen unterstellter eindeutiger Zuordnung zwischen Form und Funktion (Äußerung und Sprechakttyp) und faktisch offenem Deutungshorizont vieler tatsächlicher Gesprächsbeiträge für ihn kein Problem.

Wichtiger ist die folgende Frage: wie können die Teilnehmerinnen dieses Gesprächs erkennen, daß es sich bei der Äußerung in 06/8/10 (auch) um einen Rat handelt? Nach Searle ist dafür die Formel *wenn Sie X tun, dann wird Y sein* zusammen mit den Regeln, die ihre Verwendung steuern (siehe oben), verantwortlich. Dazu gehört, daß der Sprecher Grund hat zu glauben, daß die dem Hörer angeratene Handlung diesem nützen wird, daß der Hörer glaubt, daß der Sprecher Grund hat, das zu glauben, und daß beide meinen, daß der Hörer nicht sowieso die empfohlene Handlung ausführen würde. Diese Bedingungen bleiben aber bei der Anwendung auf unser konkretes Beispiel auf eigenartige Weise nichtssagend; einerseits scheinen sie zu stark, andererseits zu schwach zu sein, um den tatsächlichen Konversationsablauf zu erfassen. Zu stark sind sie deshalb, weil auch dann, wenn die Sprecherin (ohne daß es der Hörerin bekannt wäre) subjektiv nicht der Meinung wäre, daß der Rat der Anruferin nützen könnte (z.B. könnte sie der Meinung sein, daß das tatsächliche Problem der Anruferin gar nicht in dem angeblichen Wiederholungszwang liegt, sondern ganz woanders, aber dies aus Zeitgründen in der Radiosendung nicht thematisieren kann), der

Rat ein Rat bleibt; weil er auch dann ein Rat bleibt, wenn die Ratsuchende erkennt, daß das, was ihr vorgeschlagen wird, dem entspricht, was sie sowieso gemacht hätte; weil er selbst dann ein Rat bleibt, wenn die Anruferin subjektiv davon überzeugt ist, daß die Beraterin ihr gar nicht zu etwas rät, wovon sie glaubt, daß es ihr von Nutzen sein könnte; usw. Es scheint überhaupt ziemlich egal zu sein, was die Teilnehmerinnen denken und meinen. Ob nun die fragliche Äußerung die Searleschen Einleitungsregeln erfüllt oder nicht: sie wird in der gegebenen Formulierung und in der gegebenen sequentiellen Position (nach der Frage der Anruferin) als Rat akzeptiert. Dies läßt sich aus der perlokutiven Komponente der Äußerung erkennen, also dem weiteren Gesprächsverlauf:

```
((nach einigen Sekunden des Gesprächs))
07  B       .h denn wenn jemand AUSreichend geHÖRT wurde,=
08  A       =⟨p⟩mhm=
09  B       =dann hat er NICHT die vorstellung er muß (-) den satz
            ZWEImal sagen;=
10  A       =jetzt hats bei mir KLICK gemacht
11  M       ⌈⟨p⟩ja
12  B       ⌊jo? ⌈⟨all⟩JETZT ham ses verSTANden.=
13  A            ⌊ja:
14          =jetzt hats KLICK gemacht=
15  B       =⟨all⟩ach des FRREUT mich aber=
16  A       =ach recht schönen DANK
```

Die Anruferin ratifiziert den Rat, indem sie darauf hinweist, daß sie verstanden hat, was die Gesprächspartnerin meint (Z. 10, 14), und indem sie sich bedankt (Z. 16).

Einerseits sind also die Searleschen Bedingungen dort zu streng, wo sie auf mentale Dispositionen der Teilnehmerinnen (ihr Denken und Glauben) verweisen; andererseits ist es aber natürlich richtig, daß der ratifizierte Rat von B *präsupponiert*, daß die empfohlene Handlung im Interesse von A ist und nicht sowieso ausgeführt worden wäre. Verunglückt – und zwar, in Austins Sinn, „mißbraucht", nicht etwa „fehlgezündet" – wäre der Rat aber nur, wenn diese Präsuppositionen in *sichtbarem* Widerspruch zu den manifesten Details der bis zu diesem Zeitpunkt abgelaufenen Interaktion stünden. Wie ein solcher sichtbarer Widerspruch aber festgestellt werden kann, darüber gibt uns die Sprechakttheorie keine Auskunft; in diesem Sinn sind Searles Bedingungen nicht präzise genug.

Die Transformation der Searleschen Theorie von einer Konstitutionstheorie für virtuelle Sprechakte zu einer Analysetheorie für tatsächliche Interaktionen kann nur gelingen, wenn seine Einleitungsbedingungen auf die gesamte sequentielle Entwicklung der Ratgebungssequenz bezogen und damit von den unterstellten/vorausgesetzten Annahmen in den Köpfen von Sprecherin und Hörerin in die Materialität des Dialogs verlagert werden. Erst dort wird ein möglicher Widerspruch zwischen manifesten Äußerungen der Teilnehmer und den für ein Gelingen des Sprechakts notwendigen Kontextbedingungen faßbar. Dies bedeutet umgekehrt, daß die Interaktionsteilnehmer sicherstellen müssen, daß im Vorfeld einer Äußerung des Handlungstyps ‚Rat' keine in diesem Sinn widersprüchlichen Evidenzen auftauchen, bzw., mehr noch, die Searleschen Einleitungsbedingungen nachweisbar erfüllt sind. Tatsächlich widmet sich die Psychotherapeutin in der umfangreichen (hier nicht wiedergegebenen) Phase zwischen Problemformulierung und Ratgebung nichts anderem als dem Problem, den Nutzen des schlußendlich gegebenen Rats für die Anruferin sowie ihre eigene Überzeugung, daß dieser Nutzen tatsächlich gegeben ist, unter Beweis zu stellen. Dazu gehört, daß sie das Problem der Anruferin nicht sofort beantwortet, sondern sich Zeit nimmt, ihr zuzuhören und durch Nachfragen Details des Problems zu erfahren; auf diese Weise suggeriert sie, daß sie sich auf die Anruferin einstellt und ihr Problem wirklich erkennt. Sie hört sich die eigenen Hypothesen der Anruferin über ihr Problem an; auf diese Weise sammelt sie sichtbar Aussagen darüber, wie die Anruferin sonst mit ihrem Problem umgeht, etc. Unabhängig davon, ob die von der Anruferin in dieser Zwischensequenz gegebenen Informationen tatsächlich die inhaltliche Grundlage für den ‚Rat' bilden, dienen sie auf jeden Fall dazu, die Bedingungen für einen erfolgreichen und befriedigenden Rat interaktiv herzustellen.

Dasselbe gilt übrigens hörerseitig für die von Searle genannte Bedingung, daß ein erfolgreicher Rat nur dann vorliege, wenn der Hörer die ihm angeratene Handlung nicht sowieso ausgeführt hätte: hier ist es die Anruferin, die einerseits in der Besprechung ihres Problems deutlich macht, daß sie keinen Ausweg weiß (also keinerlei Handlungsentwürfe im Kopf hat), andererseits mehrmalig auf den plötzlichen Informationsgewinn verweist, den ihr der ‚Rat' der Gesprächspartnerin verschafft habe (vgl. ihre Metapher, es habe *klick gemacht*).

Die sog. Einleitungsbedingungen Searles werden also überhaupt nur dann relevant, wenn sie in der Interaktion – sei es in derselben Episode (wie notwendigerweise im Gespräch zwischen Fremden, wie in unserem Beispiel), sei es im Verlauf einer Interaktionsgeschichte – von den Gesprächsteilnehmern relevant *gemacht* werden. Sobald man sich dies klar macht, wird deutlich, daß der isolierte Sprechakt eine Illusion ist. Sprachliches Handeln ist immer in einen sequentiellen Kontext eingebettet; im Fall unseres Beispiels, des Ratgebens, ist dieser Kontext sogar ausgesprochen komplex, denn er umfaßt das gesamte Beratungsgespräch. Wer eine Analyse der sprachlichen Handlung des Ratens geben will, muß deshalb diesen gesamten sequentiellen Verlauf untersuchen. Die Zusammenstellung intuitiv mehr oder weniger plausibler Bedingungen oder Regeln für abstrakte Sprechakte, wie sie in der Searleschen Sprechaktanalyse anvisiert wird, simuliert die Kompetenz der Sprachbenutzer nur in sehr ungenügender Weise – schon deshalb, weil sie die Rolle des Hörers stark unterschätzt. Worauf es ankommt, ist, diese Bedingungen im Gespräch *sichtbar* zu erfüllen. Um aber zu beschreiben, wie solche Gelingensbedingungen sichtbar erfüllt werden, muß sich die Sprechaktanalyse in Konversationsanalyse verwandeln (vgl. Kap. 14).[4]

---

[4] Ein schlagendes Beispiel dafür ist die Tatsache, daß sich viele der Bedingungen Searles in sequentiellen Vorlaufaktivitäten („pres"), wie sie in der Konversationsanalyse untersucht worden sind, wiederfinden (vgl. Heritage 1980; Levinson 1983:345ff.; Schegloff 1980).

Kap. 9
Konversationsmaximen
H. Paul Grice

H. P. Grice (1913–1988) war 1939–1967 Fellow am St. John's College in Oxford und 1968–1980 (wie Searle) Professor für Philosophie an der University of California at Berkeley. Für die linguistische Pragmatik ist er aus zwei Gründen wichtig: zum einen als Verfechter einer Kommunikationstheorie, die, anders als die von Shannon/Weaver (Kap. 1), nicht auf einem Code aufbaut, sondern auf Intentionen und Inferenzen. Zum zweiten als der Erfinder des Begriffs der Implikatur, die den Weg vom Gesagten zum Gemeinten theoretisch ebnen soll.

Der zentrale Aufsatz zum ersten Punkt, noch in Grice' Oxforder Zeit geschrieben, heißt schlicht „Meaning" (in *The Philosophical Review*, LXVI, 1957, S. 377–388; dt. als „Bedeuten, Meinen, Intendieren", *LAUT* A, 44, 1977; bzw. als „Intendieren, Meinen, Bedeuten" in: G. Meggle (Hrsg.), *Handlung, Kommunikation, Bedeutung*. Frankfurt: suhrkamp, 1979, S. 2–15).[1]

Für den zweiten Punkt sind Grice' Harvard-Vorlesungen (*William James Lectures*, 1967) grundlegend, die mit einiger Verspätung auch als Aufsätze erschienen sind („Logic and Conversation" in: P. Cole & J. L. Morgan (Hrsg.), *Syntax and Semantics*, Vol. 3 (Speech Acts), 1975, S. 41–58 [dt. als Logik und Konversation, in: Meggle (Hrsg.) 1979, S. 243–265] und „Further notes on logic and conversation" in: P. Cole (Hrsg.), *Syntax and Semantics* Vol. 9 (Pragmatics), 1978, S. 113–128). Inzwischen sind Grice' Werke zusammen in einem Band als *Studies in the Way of Words* (Cambridge, Mass., 1989) publiziert und leicht zugänglich.

Die Gricesche Theorie ist in der linguistischen Pragmatik ausführlich rezipiert worden. Eine umfassende Darstellung findet man z.B. bei Rolf (1994) oder Kemmerling (1991); dort auch zahlreiche Verweise auf die Weiterentwicklung der Theorie der Implikaturen in der formalen Pragmatik. Zur Kritik an „Meaning" vgl. u.a. Searle 1969 [1971:68ff.] und Ziff

---

[1] Der veränderte, komplizierte Titel zeigt schon, warum man beim Original bleiben sollte. Spätere Aufsätze zum selben Thema sind: „Utterer's Meaning, Sentence-Meaning, and Word-Meaning" (zuerst 1968; dt. als „Sprecher-Bedeutung, Satz-Bedeutung, Wort-Bedeutung" in: Meggle (Hrsg.) 1979, S. 85–111); „Utterer's Meaning and Intentions" (zuerst 1969; dt. als „Sprecher-Bedeutung und Intentionen" in Meggle (Hrsg.) 1979, S. 16–51) und „Meaning Revisited" (zuerst 1982). Alle sind in *Studies in the Way of Words* wieder erschienen.

(1967). Implikaturen spielen in der mehr formal orientierten Pragmatik eine große Rolle (vgl. z.b. Gazdar 1979), die Konversationsmaximen sind die Grundlage für die einflußreiche Theorie der Relevanz von Sperber & Wilson (1986; vgl. auch Levinson 1989); auch Brown & Levinsons Theorie der Höflichkeit (1978 [1987]) baut nicht nur auf dem Goffmanschen *face*-Begriff, sondern auch auf Grice auf.

* * *

Grice gibt das folgende Beispiel: ein Mann steht vor einem Wagen, der ganz offensichtlich nicht mehr fährt; ein anderer kommt dazu. Der erste sagt:

Kein Benzin mehr drin.

und der andere antwortet:

Um die Ecke is ne Tankstelle.

Was meint der zweite mit seiner Anwort? Grice (1957) argumentiert wie folgt: die traditionelle Bedeutungstheorie, die das abendländische Denken über Sprache geprägt hat, ist hier nicht anwendbar. Wenn wir diese „Code-Theorie der Bedeutung" (so Sperber & Wilson 1986) auf das Beispiel anwenden, würden wir lediglich zu einer Beschreibung dessen kommen, was der Satz bedeutet („sentence-meaning" bei Grice). Diese konventionelle Bedeutungstheorie würde davon ausgehen, daß die einzelnen Wörter eine bestimmte, feste Bedeutung haben (die wir z.b. in einem Lexikon nachsehen könnten) und daß es bestimmte, semantisch ebenfalls nach festen Regeln interpretierte Konkatenationsregeln gibt (Syntax), die diese Wörter in ein Satzganzes bringen. Natürlich würde nach dieser Code-Theorie der Satz *Um die Ecke is ne Tankstelle* erst einmal nichts anderes bedeuten als dies, nämlich die (wahre oder falsche) Proposition, daß um die Ecke eine Tankstelle ist. Dies ist ganz offensichtlich nicht das, was der Sprecher mit der Äußerung meint, nämlich in etwa: ‚Sie können Ihr Problem beheben, wenn Sie mit Ihrem Reservetank um die nächste Kurve gehen, dort die Tankstelle aufsuchen und ein paar Liter Benzin kaufen, mit denen Ihr Fahrzeug wieder funktionieren wird.'

Auch die Vertreter der Code-Theorie haben dieses Problem gesehen, und es gibt verschiedene Versuche, es aus der Welt zu schaffen. Einer davon ist die sog. „performative Analyse" die die Äußerungsbedeutung semantisiert, indem sie sie mit der Bedeutung einer zugrundeliegenden, ausgebauteren Proposition gleichsetzt, die z.b. ein *verbum dicendi* enthält, das explizit benennt, was die Äußerung bedeutet (vgl. Kap. 8, S. 84ff.). Das scheint in unserem Beispiel aber kein besonders vielversprechender Weg zu sein, denn der zugrundeliegende, mit den Methoden der traditionellen Satzsemantik interpretierbare Satz müßte sich extrem weit von seiner Oberflächenform entfernen.

Nach Grice ist schon der Ausgangspunkt der Code-Theorie falsch. Nicht die konventionelle Bedeutung der Wörter und der Grammatik (= der Code) ist primär, sondern der Sprecher und seine Intention. Wir können deshalb seine Theorie als intentionale Bedeutungstheorie bezeichnen, oder auch, wie später gezeigt wird, als Inferenz-Theorie der Bedeutung (so Sperber & Wilson 1986). Den Ausgangspunkt nicht im Code, sondern in den Intentionen des Sprechers zu suchen, würde allerdings zu einem radikalen Subjektivismus führen; dagegen könnte man mit Wittgenstein zurecht einwenden, daß man eben nicht mit allem alles meinen kann. Wenn der Sprecher mit der Äußerung *Um die Ecke is ne Tankstelle* die Absicht verbunden haben sollte, den anderen dafür zu tadeln, daß er an einer verbotenen Stelle parkt, dann mag das in der Privatwelt seiner Ideen und Absichten zutreffen, wir würden aber sicherlich nicht sagen, daß man mit der genannten Äußerung *meinen* kann, daß der andere falsch parkt. Dazu muß die Äußerung vielmehr so gestaltet sein, daß der andere die Intention des Sprechers erkennt. Deshalb generalisiert Grice wie folgt: „ ‚A meint etwas mit x' heißt (ungefähr), daß A die Absicht hatte, mit x einen Effekt in der Zuhörerschaft dadurch zu erzielen, daß diese diese Absicht erkennt" (1957:385). Dies nennt Grice *non-natural meaning* oder kurz $means_{NN}$; davon unterschieden wird die Bedeutung von *to mean* in einem Satz wie *These spots mean measles*, die Grice *natural meaning* nennt. (Es gibt in diesem Fall keine intentionale Zuschreibung.) Im Deutschen ist die Unterscheidung nicht nötig, weil hier das Verb *meinen* nur im nicht-natürlichen Sinn verwendet werden kann.

Wenn man in diesem Sinn von erkennbaren Intentionen ausgeht, ist der ‚Code', also die Bedeutung z.b. eines Wortes, eine derivative Angelegenheit (während in der Code-Theorie das vom Sprecher Gemeinte derivativ ist). Sie ist letztendlich nichts anderes als eine Abstraktion aus zahlreichen Verwendungen in Äußerungen, die dadurch zustande kommt, daß in vielen vergleichbaren Fällen damit etwas Ähnliches gemeint wird.

Grice hat diesen Teil seiner Bedeutungstheorie schon lange vor Searle entwickelt. (Mit Austins Denken war er natürlich aus Oxford vertraut.) Wenn wir aber, mit der Austin/Searleschen Unterscheidung zwischen Illokution und Perlokution gewappnet, Grices Definition von *meaning* betrachten, so fällt auf, daß er diesen Unterschiede gerade nicht macht; beim Buchstaben genommen, scheint er sogar zu suggerieren, daß es eher die Perlokution als die Illokution ist, die dafür verantwortlich ist, was jemand mit einer Äußerung ‚meint' (vgl. die Ausdrucksweise „produce some effect in the audience" im Original des obigen Zitats). Dafür ist er u.a. von Searle kritisiert worden, der seinerseits die Perlokution völlig aus seinem Modell verbannt (vgl. Kap. 8). Allerdings behauptet Grice ja nicht, daß die Bedeutung einer Äußerung mit ihrer faktischen Perlokution *identisch* ist, sondern lediglich, daß der Hörer, um die Äußerungsbedeutung verstehen zu können, erkennen muß, welche Perlokution erzielt werden soll. Ersteres wäre wenig sinnvoll, denn faktisch kann man mit einer Äußerung alles Mögliche, auch Unvorhersagbare (und sicherlich Ungeplante), erreichen. Die zweite Version verweist hingegen auf eine regelmäßige Beziehung zwischen Äußerung und erkennbar intendierter Wirkung und ist deshalb durchaus angemessen.[2]

Nun stellt sich die Frage, wie der Zuhörer die Intentionen des Sprechers erkennen kann, oder vielmehr: wie der Sprecher so sprechen kann, daß der Zuhörer seine Intentionen erkennt. (Man kann diese Schraube weiterdrehen: es geht auch darum, wie der Hörer erkennen kann, daß der Sprecher so spricht, daß der Hörer seine Intentionen erkennt, etc.) In seinem frühen Artikel äußert sich Grice darüber nicht sehr weitgehend. Manchmal tun die Sprecher explizit ihre Intentionen kund (etwa wenn jemand ankündigt, einen Witz zu erzählen), aber nicht immer ist das, was der Ankündigung folgt, auch wirklich das Angekündigte. (Ich kann z.b. ankündigen, daß ich die Gricesche Bedeutungstheorie erklären will, aber im Lauf meines Redebeitrags zeigt sich, daß ich dazu gar nicht in der Lage bin.) Normalerweise müssen sich die Gesprächsteilnehmer auf ihr Wissen über sprachliche Konventionen und auf den Kontext verlassen. Wie genau das geschehen kann, wird von Grice in seiner Theorie der *Implikaturen* (*implicatures*) behandelt.

Mit diesem Kunstwort meint Grice eine Art von Schluß, der nötig ist, um vom Gesagten (das er auch „conventional meaning" nennt) zum Gemeinten zu kommen; also aus der Bedeutung des Satzes *Um die Ecke is ne Tankstelle* zur Bedeutung dieser Äußerung, nämlich ‚Sie können Ihr Problem beheben, wenn Sie mit Ihrem Reservetank um die nächste Kurve gehen, dort die Tankstelle aufsuchen und ein paar Liter Benzin kaufen, mit denen Ihr Fahrzeug wieder funktionieren wird.' (Er vermeidet den naheliegenden Begriff der Implikation, der in der Logik seinen festen Platz hat; Implikaturen funktionieren nicht wie logische Implikationen.) Es gibt verschiedene Typen von Implikaturen. Die wichtigsten, nämlich die *konversationellen Implikaturen* lassen sich nach Grice auf dem Hintergrund „gewisser allgemeiner Diskursmerkmale" (1975:45) verstehen. Um diese zu erfassen, ent-

---

[2] Searles Gegenbeispiel ist das Grüßen, von dem er behauptet, daß es keinen perlokutionären Effekt habe. Das ist natürlich falsch. Auf einen Gruß folgt i.d.R. ein Gegengruß – ein sequentieller Effekt. Außerdem versichern sich die Teilnehmer ihrer sozialen Beziehung – auch das ist ein perlokutionärer Effekt. Ob der Sprecher ihn tatsächlich intendiert hat, ist nicht wichtig: Hauptsache, man kann erkennen, daß er ihn intendiert haben kann.

wirft Grice nun eine ideale Konversation. (Das Adjektiv ‚ideal' soll hier klar machen, daß Grice keine empirische Beschreibung faktischer Konversationsabläufe im Sinn hat; dies ist ein häufiges Mißverständnis.) In dieser idealen Konversation halten sich alle Teilnehmer an ein allgemeines Kooperationsprinzip, nämlich: „Make your conversational contribution such as is required, at the stage at which it occurs, by the accepted purpose or direction of the talk exchange in which you are engaged" (S. 45). Unter der Voraussetzung, daß die Gesprächsteilnehmer sich in diesem Sinne kooperativ verhalten, unterscheidet Grice nun vier Gruppen von Maximen.

Quantitätsmaximen:
I) Dein Beitrag soll so informativ wie nötig (für die augenblicklichen konversationellen Zwecke) sein!
II) Dein Beitrag soll nicht informativer als nötig sein!

Qualitätsmaximen:
Obermaxime: Du sollst Dich bemühen, Deinen Beitrag wahr sein zu lassen!
I) Sage nichts, was Du für falsch hältst!
II) Sage nichts, wofür Du keine passende Evidenz hast!

Relationsmaxime: Sei relevant!

Maximen der Art und Weise:
Obermaxime: Sprich klar und verständlich (*perspicuous*)!
I) Vermeide Unklarheiten (*obscurity*)!
II) Vermeide Doppeldeutigkeiten (*ambiguity*)!
III) Fasse Dich kurz!
IV) Sprich geordnet (*orderly*)!, etc.

Eine gewisse Evidenz dafür, daß sich die Alltagssprache an solchen Maximen ausrichtet, kann man darin sehen, daß für jede von ihnen metapragmatische Ausdrücke existieren bzw. sogar idiomatisiert sind, die Abweichungen einleiten (etwa im Sinne von „disclaimers"; vgl. Hewitt/Stokes 1975; Rolf 1994:107); so kündigt eine Einleitung eines Gesprächsbeitrags mit den Worten *Das tut ja vielleicht nichts zur Sache, aber ...* eine potentielle Verletzung der Relationsmaxime an, die formelhafte Einleitung mit *Wie Du weißt ...* eine Verletzung der II. Quantitätsmaxime, die Einleitung mit *Da muß ich etwas weiter ausholen* eine Verletzung der III. Maxime der Art und Weise, und die Einleitung mit *Das ist ja bestimmt nur alles dummes Geschwätz, aber man sagt ...* eine Verletzung der II. Qualitätsmaxime. Man kann auch viele der gängigen rhetorischen Figuren (Tropen) als konventionalisierte Formen der Verletzung einzelner oder mehrerer Maximen sehen (Rolf 1994:111); etwa die Litotes (Negation des Gegenteils) als Verletzung der Quantitätsmaxime, die Metapher und Metonymie als Verletzungen der

Maxime der Art und Weise, die Ironie als Verletzung der Qualitätsmaxime, etc.

Es ist klar, daß die Vierteilung in manchen Punkten etwas künstlich ist und es Überlappungen gibt. Sie ist eine Anspielung auf Kants Urteilstafel[3] und wohl nicht so sehr ernst gemeint („There are, of course, all sorts of other maxims (aesthetic, social, or moral in character ...)", sagt Grice selbst; S. 47). Für die Relationsmaxime und zumindest den zweiten Teil der Quantitätsmaxime konzediert Grice die Überlappung explizit; für die III. Maxime der Art und Weise und die II. Quantitätsmaxime ist sie offensichtlich. Grice verweist auch darauf, daß manche Maximen sozusagen dringlicher sind als andere (z.b. wird Weitschweifigkeit weniger negativ bewertet als falsche Aussagen); auch innerhalb der Maximengruppen scheint eine Hierarchie zu bestehen, d.h. die zuerst genannten Maximen eines Typs sind wichtiger als die später genannten. (Demnach wäre es zum Beispiel gravierender, nicht die Wahrheit zu sagen, als etwas zu behaupten, wofür man keine Evidenz hat.)

Wenn man bedenkt, daß Grice seine idealisierte Konversation absichtlich unabhängig von „ästhetischen, sozialen und moralischen" Gesichtspunkten bestimmt, verwundert es nicht, daß er als Ziel der Konversation „einen maximal effektiven Informationsaustausch" angibt (1975:47). (An anderer Stelle wird dies ergänzt um „influencing and being influenced by others", wohl in Erinnerung an Grice 1957; vgl. 1975:49) In dieser Hinsicht ist Grice' Modell seiner idealen Konversation genauso einseitig wie das am Code ausgerichtete Kommunikationmodell. Zu dieser instrumentellen, auf effiziente Informationsübertragung ausgerichteten Auffassung von Sprache gehört auch, daß Grice explizit von einem vernünftigen Interaktionsteilnehmer ausgeht, von dem er voraussetzt, daß er im eigenen Interesse kooperativ handelt.

Die Teilnehmer können sich natürlich unkooperativ verhalten, indem sie z.B. lügen oder unabsichtlich eine Sprache oder ein Register verwenden, das der andere nicht versteht; das passiert z.B. in Interaktionen zwischen Laien und Fachleuten, etwa in Arzt/Patient-Interaktionen; auch kann es zu einem Konflikt zwischen verschiedenen Maximen kommen, denn man kann z.B. nicht immer maximal informativ (Quantitätsmaxime) sein und zugleich Evidenz für das Gesagte haben (Qualitätsmaxime) (vgl. 1979:253). All diese Fälle interessieren Grice nicht besonders. Der Fall, auf den es ihm an-

---

[3] Vgl. Kant (1781), Elementarlehre II. Teil, I. Abtl., I. Buch, 1. Hauptst., II. Abschn. § 9: „Von der logischen Funktion des Verstandes in Urteilen", wo er zwischen der Quantität („Allgemeine, Besondere, Einzelne"), Qualität („Bejahende, Verneinende, Unendliche"), Relation („Kategorische, Hypothetische, Disjunktive") und Modalität („Problematische, Assertorische, Apodiktische") der „Urteile" unterscheidet.

kommt, ist vielmehr der, in dem im Prinzip unterstellt werden muß, daß sich ein Gesprächsteilnehmer kooperativ verhalten will und kann, er jedoch trotzdem sichtbar und offensichtlich eine der Maximen verletzt. In solchen Fällen steht der Hörer vor einem Interpretationsproblem: das konkrete Verhalten (die ‚wörtliche' Bedeutung) paßt nicht zur unterstellten Kooperativität. Das ist die Situation des Menschen vor seinem wegen Benzinmangels nicht mehr fahrbereiten Auto; er hat keinen Grund, den anderen als prinzipiell unkooperativ einzustufen. Andererseits hat dessen Replik (*Um die Ecke is ne Tankstelle*) an der Oberfläche nichts mit seiner eigenen vorherigen Äußerung (*Kein Benzin mehr drin*) zu tun. Sie verletzt also die Maxime der Relation/Relevanz. (Es ist bei Grice oft nicht recht klar, welche Maxime eigentlich verletzt ist. Im Beispiel könnte man auch sagen, daß die Maxime der Art und Weise verletzt ist, weil die Antwort ambig bzw. unklar/implizit ist.) Es gibt zwei Lösungen. Entweder gibt der Hörer die Kooperationsunterstellung auf und kategorisiert seinen Gesprächspartner als sozial oder sprachlich inkompetent (verrückt, geistesabwesend ...), oder er versteht die Verletzung der Relationsmaxime durch den Sprecher als absichtliche Verletzung (*exploitation*) mit dem Ziel, im Hörer eine bestimmte Inferenz auszulösen. Der Inhalt dieser Inferenz selbst ist vom situativen Kontext gesteuert. Der Widerspruch zwischen unterstellter allgemeiner Kooperativität und verletzter Relationsmaxime läßt den Hörer überlegen, in welcher rational nachvollziehbaren Weise die Differenz zwischen Gesagtem und Gemeintem überbrückt werden kann. Auf der Grundlage des beiden Gesprächsteilnehmern gemeinsamen Wissens, daß Tankstellen Benzin verkaufen, daß man Benzin nachfüllen kann, daß die meisten Autofahrer einen Reservekanister dabei haben, daß ‚um die Ecke' nicht unzumutbar weit ist, wenn es darum geht, einen Benzinkanister zu schleppen, daß die Tankstelle zu dieser Tageszeit geöffnet ist, etc., kann der Hörer dann die Äußerung als einen Rat verstehen, der ihm aus der Patsche helfen soll.[4]

Nennen wir einige weitere Beispiele von Grice: die Maxime der Quantität wird verletzt in Tautologien wie *Krieg ist Krieg*, denn an der Oberfläche ist jede Tautologie ohne Information; die gemeinte Bedeutung ergibt sich erst aus dem Kontext. Oder: allzu heftige Beteuerungen der eigenen Unschuld – Verletzung der II. Maxime der Quantität – können den Verdacht der Schuld auslösen. Oder: Ironie und andere rhetorische Figuren wie Metapher oder Hyperbel verletzen die Qualitätsmaxime (*X ist mir ein schöner*

---

[4] Ironischerweise akzeptiert Grice das Auto-Beispiel gar nicht als Implikatur und als Verletzung der Relevanzmaxime, denn „the unstated connection between B's remark and A's remark is so obvious". Er deutet damit ein wichtiges Problem seiner Theorie an, nämlich die Frage der Konventionalisierung (oder Routinisierung) von Inferenzen (Implikaturen).

Freund!). Oder: wenn jemand etwas Ungehöriges gesagt hat und die anderen nach einer kurzen Schrecksekunde anfangen, über das Wetter zu plaudern, ist die Relationsmaxime verletzt. Oder: wenn Erwachsene in Gegenwart von Kindern absichtlich ‚in Rätseln' sprechen, verletzen sie die Maxime der Art und Weise, derzufolge Unklarheiten zu vermeiden sind, eben um sich selbst, aber nicht die Kinder als Adressaten auszuwählen. In all diesen Fällen suggeriert Grice, daß der Hörer eine Art von mentaler Kalkulation vornimmt, um unter Zuhilfenahme des Kontextes und der Maximen (oder zumindest des Kooperationsprinzips) die intendierte Bedeutung ‚auszurechnen'. (Wahrscheinlich sollte man eher sagen: die Implikatur ist prinzipiell berechenbar; ob sie im einzelnen Fall vom Hörer tatsächlich berechnet, oder nicht schon aufgrund allgemeinen Konversationswissens sofort gewußt wird, ist zumindest fraglich; vgl. die Diskussion in Rolf 1994:114ff.).

Konversationelle Implikaturen sind aber nur ein Fall von Implikaturen, wie Abb. (1) (aus Rolf 1994:124) zeigt. Da sie für die Theorie sprachlichen Handelns bei weitem am wichtigsten sind, wurden sie hier am ausführlichsten vorgestellt.

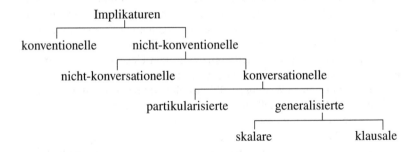

Neben den partikularisierten konversationellen Implikaturen, die sehr stark vom jeweiligen Kontext abhängen, gibt es „generalisierte konversationelle Implikaturen". Sie sind relativ kontextunabhängig und werden deshalb auch Standardimplikaturen genannt. Beispiele sind Sätze wie *X glaubt, daß der Euro kommen wird;* die Implikatur (über die Maxime der Relevanz oder Quantität konstruierbar) wäre hier, daß der Sprecher es nicht weiß. Oder: der Satz *Es waren einige Besucher im letzten Konzert des Uni-Orchesters* impliziert, ohne daß wir seinen konkreten Äußerungskontext wüßten, aufgrund derselben Maximen, daß nicht viele Leute da waren, obwohl logisch gesehen ‚viele' ‚einige' impliziert. (Die letztere Variante wäre ja informativer, und die Maximen schreiben die maximal informative Variante vor.) Im Fall der Interpretation von *einige* handelt es sich um eine skalare (generalisierte, konversationelle) Implikatur, denn die einzelnen Ausdrücke, die aufeinander bezogen werden (im Beispiel: *einige* und *viele*) stehen zueinander in einer graduellen Beziehung (‚einige' sind weniger als ‚viele'), die ihre relative Stärke ausmacht (die Version mit *viele* macht eine stärkere Aussage als die mit *einige*). Bei klausalen Implikaturen gilt dasselbe, sie beziehen sich jedoch auf komplexe Sätze. (Etwa: *Maria trinkt keinen Wein, geschweige denn Schnaps*; die Implikatur der Konjunktion *geschweige denn* ist, daß Schnaps mehr Alkohol enthält als Wein.)

Das wesentliche Merkmal, das konversationelle Implikaturen von konventionellen unterscheidet, ist laut Grice, daß sie zurückgenommen werden können.[5] Etwa ist in dem Satz *Ich habe meinen Schlüssel wieder gefunden* die konventionelle Implikatur, daß der Sprecher seinen Schlüssel auch gesucht hat. Die Annullierung (Rücknahme) dieser Folgerung ist nicht möglich, wie die mangelnde Akzeptabilität des folgenden Satzes zeigt: **Ich hab meinen Schlüssel wieder gefunden, aber ich hab ihn gar nicht gesucht*. Hingegen hätte der zweite Sprecher im Eingangsbeispiel – einer partikularisierten konversationellen Implikatur – durchaus sagen können: *Um die Ecke ist ne Tankstelle, aber wahrscheinlich hat es keinen Sinn, hinzugehen, denn die haben jetzt schon zu.* Damit würde er zu erkennen geben, daß er hilfsbereit ist und über Lösungsmöglichkeiten nachdenkt, hätte aber die Implikatur seines ersten Äußerungsteils in dem nächsten wieder zurückgenommen.

Gelingt es dem Hörer, eine Implikatur als Brücke zwischen Gesagtem und Gemeintem zu bauen, dann ist das allgemeine Kooperationsprinzip gerettet. Als Gesprächsteilnehmer unternehmen wir fast alles, um zu diesem Ergebnis zu kommen, d.h. wir sind bereit, höchste interpretative Anstrengungen zu unternehmen, um die Unterstellung allgemeiner Kooperationsbereitschaft nicht aufgeben zu müssen. Erst wenn sich solche Anstrengungen allesamt als unbrauchbar erweisen, werden wir den anderen z.B. als Störenfried oder Geisteskranken abtun.

Soweit Grice selbst. Von den vielen linguistischen Untersuchungsfeldern, die auf seine Konversationsmaximen zurückgreifen, sei hier abschließend die sprachliche Kodierung von Höflichkeit herausgegriffen. Hier stehen sich zwei entgegengesetzte Positionen in der Literatur gegenüber. Zum einen ist behauptet worden, daß es zusätzlich zu den genannten Griceschen eine weitere Maxime: ‚Sei höflich!' geben müßte.[6] In der Argumentationslogik des Griceschen Ansatzes reicht es natürlich keinesfalls aus, zur Stützung dieser zusätzlichen Maxime darauf zu verweisen, daß Höflichkeit in allen Sprachgemeinschaften eine große Rolle spielt und unser sprachliches Handeln immer mit leitet. Vielmehr muß nachgewiesen werden, daß die absichtliche Durchbrechung der Höflichkeitsmaxime Implikaturen auslöst. Tatsächlich

---

[5] Vgl. Levinson (1983:127ff.), Rolf (1994:125ff.).
[6] Z.B. von G. Leech (1983). Grice selbst deutet dies ebenfalls an (1975:47).

gibt es zumindest einen Bereich, in dem dies geschieht, nämlich den des Scherzens (vielleicht allgemein des Humors; vgl. Kotthoff 1998). Grobheiten können dann als humorvoll verstanden werden, wenn man eine entsprechende Maxime ‚Wahre das Gesicht des anderen!' einführt. Die entgegengesetzte Position vertreten z.b. Brown & Levinson (1978 [1987]) in ihrer Theorie der Höflichkeit: sie betrachten Höflichkeit selbst als Verletzung von Maximen. Auch dafür gibt es empirische Evidenz: viele Formeln der negativen Höflichkeit[7] zeichnen sich ja gerade durch Indirektheit aus, sie verletzen also die Maxime der Art und Weise. (So die Einleitung einer Bitte mit *Ich wollte Sie fragen ...*; die Vergangenheitsform ist in gewisser Weise sogar eine Verletzung der Qualitätsmaxime.) Auch unnötige Weitschweifigkeit könnte man dem höflichen Sprecher vorwerfen. Es ist also ein wenig paradox: höfliche Sprache ist eine Verletzung der Griceschen Maximen, spaßiges Sprechen eine Verletzung einer bei Grice nur angedeuteten Höflichkeitsmaxime. Die Lösung dieses Problems steht noch aus.

Grice' „konversationelle Logik" ist nur eine Art Skizze, in der so manche Unterscheidung (wie die zwischen konventionellen, konversationellen und generalisiert-konversationellen Implikaturen) präzisiert werden muß und in der die einzelnen Maximen eher heuristisch als definitiv sind. Manche Kritiker werfen Grice jedoch mehr als mangelnde Ausarbeitung der Details seiner Theorie vor: nämlich, daß Grice zu sehr von einem von der westlichen Sprachphilosophie geprägten Bild des (sprechenden) Menschen ausgehe, wenn er Intentionen und rationale Inferenzen zu grundlegenden Bestandteilen seiner Theorie macht.[8] Eine Reihe von Anthropologen haben die Universalität intentionalistischer wie auch rationalistischer Auffassungen von Sprache und menschlicher Kommunikation bezweifelt. So argumentiert z.B. Ochs (1984), daß auf West-Samoa Bedeutungen nicht auf Intentionen – oder überhaupt auf Personen – bezogen werden. Deshalb gebe es dort in Reparatursequenzen, zum Beispiel zwischen Kindern und Betreuern, keine Konjekturen – etwa: *Meinst Du ‚p'? –*, die ja auf der Annahme aufbauen, daß der Sprecher über das von ihm Intendierte entscheiden kann, das ihm der Gesprächspartner quasi zur letztinstanzlichen Entscheidung vorlegt. Ähnlich formuliert auch Rosaldo (1982) ihre Kritik an uni-

---

[7] Negative Höflichkeit ist im Spiel, wenn man dem anderen ‚nicht zu nahe treten' will, also sein Gesicht durch Einhaltung bestimmter Grenzen wahrt (vgl. Kap. 14, S. 151).
[8] Vgl. zur ‚Zweckrationalität' in Grice' Denken auch die Diskussion bei Rolf (1994:162ff.). Stark intentionalistische Präsuppositionen macht Grice vor allem in seinen früheren Arbeiten (dasselbe gilt übrigens für Searle, vgl. Kap. 8, jedoch kaum für Austin, vgl. Kap. 7); hingegen setzt die Theorie der Implikatur weniger auf die Intentionen des Sprechers als auf die Inferenzen des Hörers, der allerdings betont rational portraitiert wird.

versalistischen intentionalen Bedeutungstheorien und belegt sie mit der Beobachtung, daß es bei den Ilongots (auf den Philippinen) keine ‚Versprechen' gibt.[9] (Dieser Sprechakt setzt eine erkennbare individuelle Absicht voraus.) Dies ist für uns schwer nachzuprüfen. Allerdings ist auch aus westlicher Perspektive klar, daß zumindest der Gricesche Bedeutungsbegriff in „Meaning" dem Sprecher als Person (mit seinen Intentionen) eine entscheidende Rolle zubilligt. Zwar ist er – im Gegensatz zu den Code-Theorien à la Shannon – nicht mehr allein für das Gemeinte verantwortlich und der Rezipient nicht nur passiver Zuhörer-Empfänger, sondern aktiv in Form der notwendigen Inferenzprozesse an der Kommunikation beteiligt. Entscheidend für die Bedeutung einer Äußerung bleibt trotzdem, was der Sprecher (unterstellbar) gemeint hat; denn dies ist es ja, was der Hörer durch seine Inferenzen herausfinden will. Aber kann nicht der Rezipient das Gesagte in einem viel fundamentaleren Sinn gegen den Strich des Sprechers bürsten? Gehen wir dazu noch einmal zu unserem Ausgangsbeispiel zurück und fragen nun nicht nach der Bedeutung der zweiten, sondern der *ersten* Äußerung. In der bisherigen Version ist die tatsächliche Replik des zweiten Sprechers so angelegt, daß sie retrospektiv die erste Äußerung nicht nur als Begründung dafür ratifiziert, warum der Sprecher so verzweifelt vor seinem unbeweglichen Auto steht; zugleich ist die Replik auch kompatibel mit der unterstellten Intention, daß der erste Sprecher den zweiten mit seinem *Kein Benzin mehr drin* um Hilfe bitten wollte. (Auch die Interpretation dieser Äußerung setzt ja schon Inferenzen voraus, denn auch sie ist nicht so explizit, wie die ideale Konversation im Sinne der Griceschen Maximen es erfordern würde.) Die Replik ist im Sinne Grice' nur äußerliches Korrelat des hörerseitigen Verstehens der Intention des Sprechers. Der Beitrag des Hörers zur Bedeutung der ersten Äußerung läßt sich aber auch gänzlich unabhängig davon, was der erste Sprecher tatsächlich gemeint hat, konstruieren. Dem Rezipienten steht es frei, aus der relativ großen Anzahl von möglichen gemeinten Bedeutungen, die im Rahmen der sprachlichen Konventionen und im Rahmen der Situation in diesem Fall inferierbar sind, eine herauszugreifen und sie durch seine Replik dem ersten Sprecher zu *unterstellen*. Um deutlich zu machen, wie damit der zweite Sprecher zur Bedeutung der ersten Äußerung beiträgt, stellen wir uns vor, der Ausgangsdialog wäre folgendermaßen verlaufen:

A: *Kein Benzin mehr drin.*

B: *Das ist mir völlig egal; hier vor meiner Ausfahrt ist absolutes Halteverbot, und wenn Sie nicht gleich wegfahren, ruf ich die Polizei.*

---

[9] Vgl. in diesem Sinn auch Du Bois (1987) und Duranti (1988).

Nehmen wir an, A habe mit seiner Äußerung subjektiv dasselbe gemeint wie im ersten Fall (nämlich eine indirekte Bitte um Hilfe aus einer unangenehmen Lage); dennoch ist B's Replik legitim. Er greift lediglich aus dem Bereich möglicher zuschreibbarer Intentionen in diesem Fall eine andere heraus, nämlich daß sich A mit seiner Äußerung dafür habe rechtfertigen wollen, daß er vor seiner Ausfahrt steht. Beliebige weitere Interpretationen wären konstruierbar. Fälle absichtlichen und unabsichtlichen Mißverstehens zeigen die Macht des Rezipienten bei der Bestimmung sprachlicher Handlungen. Die tatsächlich gemeinte Bedeutung wird in einem solchen Fall erst dann interaktiv relevant, wenn der Sprecher sie im Rahmen einer konversationellen Reparatursequenz öffentlich macht, also einklagt; andernfalls wird der von ihm subjektiv als Mißverständnis eingestufte Austausch in der objektiven Realität des Gesprächs keine Beachtung finden.[10]

---

[10] Das Argument wird ausführlicher entwickelt in Verschueren (1995).

Kap. 10
Handlung

Max Weber

M. Weber (1864–1920) studierte in Heidelberg und Berlin Rechtswissenschaften; er promovierte (1889) und habilitierte sich (1891) mit Arbeiten über das Handelsrecht und die römische Agrargeschichte. Entgegen ursprünglichen Absichten, wie sein Vater Jurist und Politiker zu werden (sein Vater war nationalliberaler Abgeordneter, Max Mitglied im sozialistisch orientierten „Verein für Sozialpolitik", ironisch die „Kathetersozialisten" genannt), schlug er eine akademische Laufbahn ein und lehrte – von Phasen äußerer und innerer Krisen unterbrochen – an den Universitäten Freiburg/ Br., Heidelberg und München.

Max Weber ist der Begründer der deutschen Politologie und vielleicht der bedeutendste deutsche Soziologe. (Seit 1909, als er wesentlich an der Gründung der Deutschen Gesellschaft für Soziologie beteiligt war, fühlte er sich mehr dieser neuen Wissenschaft zugehörig als der Jurisprudenz oder Nationalökonomie.[1]) Bekannt wurden vor allem seine Wirtschafts- und Religionssoziologie. In „Die protestantische Ethik und der ‚Geist' des Kapitalismus" (*Archiv für Sozialwissenschaft und Sozialpolitik* Bd. 20, 1, S. 1–54 und Bd. 21, 1, S. 1–110; 1904/5) beschreibt er den Zusammenhang zwischen Protestantismus/Calvinismus und der Herausbildung des kapitalistischen Systems in Europa (und leistet damit eine bedeutende Kritik am marxistischen Determinismus). Von Weber stammen außerdem wichtige Beiträge zur soziologischen Definition von ‚Macht', ‚Herrschaft' (mit der bekannten Dreiteilung von traditioneller, charismatischer und legaler Herrschaft; in *Wirtschaft und Gesellschaft*) und ‚Legitimität' sowie zum Problem der Wertfreiheit in der Wissenschaft („Der Sinn der ‚Wertfreiheit' der soziologischen und ökonomischen Wisssenschaften", *Logos* Bd. 7, 1, S. 40–88, 1917). Berühmt ist weiterhin sein Vortrag über die Berufspolitiker („Politik als Beruf" von 1919, wieder abgedruckt in: *Gesammelte politische Schriften*, Hrsg. v. J. Winckelmann, Tübingen: Mohr, ³1971, S. 505–560).

Weber gilt auch als Begründer der Verstehenden Soziologie; hieraus begründet sich seine Bedeutung für die (linguistische) Interaktionsanalyse. Mittelpunkt seiner Soziologie ist der sozial handelnde und soziale Hand-

---

[1] Vgl. zur Vita Käsler (1979:9–29).

lungen anderer deutende Mensch. Mit Webers Handlungsbegriff (den er in Abgrenzung z.b. gegen die Soziologie Emile Durkheims, aber auch die von Karl Marx entwickelt) vollzieht sich in den Sozialwissenschaften ein Übergang, den die Linguistik unter dem Stichwort ‚pragmatische Wende' erst 40 Jahre später gemacht hat: nämlich der von einer strukturellfunktionalistischen zu einer handlungs- und daher verstehensbezogenen Betrachtungsweise. Dabei standen für Weber dieselben Probleme an, die auch später die Linguistik beschäftigt haben; nämlich soziales Handeln zu bestimmen und eine Methode zu finden, die es wissenschaftlicher Betrachtung zugänglich macht. Zu fragen ist also, wie Max Weber dieses Problem löst, ob seine Lösung geglückt ist und ob sie auf die linguistisch ausgerichtete Interaktionsanalyse übertragbar ist.

Der klassische Text dazu ist das 1. Kapitel („Soziologische Grundbegriffe") aus Webers Buch *Wirtschaft und Gesellschaft*, Heidelberg 1921, das mehrfach separat publiziert worden ist (etwa: Tübingen: J.C.B. Mohr – Paul Siebeck/UTB, ³1976).

Vgl. zu den handlungstheoretischen Aspekten im Werk Webers u.a. Bühl (1972), Collins (1986) (dort Kap. 2, v.a. S. 31–46); Hamilton (Hrsg., 1991) (bes. Bd. I, S. 307–394 und Bd. II, S. 1–51), Käsler (1979) (dort v.a. S. 175–183), Sprondel & Seyfarth (Hrsg., 1981) und Weiß (1975) (dort v.a. Kap. 2.3., „Probleme der Methode", und Kap. 2.4., „Begriffliche und theoretische Setzungen").

* * *

Weber beginnt sein Buch *Wirtschaft und Gesellschaft* mit der folgenden bekannten Definition:

Soziologie ⟨...⟩ soll heißen: eine Wissenschaft, welche soziales Handeln deutend verstehen und dadurch in seinem Ablauf und seinen Wirkungen ursächlich erklären will. ‚Handeln' soll dabei ein menschliches Verhalten ⟨...⟩ heißen, wenn und insofern als der oder die Handelnden mit ihm einen subjektiven *Sinn* verbinden. ‚Soziales' Handeln aber soll ein solches Handeln heißen, welches seinem von dem oder den Handelnden gemeinten Sinn nach auf das Verhalten *anderer* bezogen wird und daran in seinem Ablauf orientiert ist.

Nehmen wir als Beispiel die Lautsprecheransage *Zurückbleiben bitte,* wie sie aus den S- und U-Bahnhöfen vieler deutscher Großstädte bekannt ist, und versuchen wir, die zentralen Begriffe in Webers Definition darauf anzuwenden: „Handeln", „sozialer Sinn", „deutend verstehen" und „ursächlich erklären". Was ist der *Sinn* der Äußerung? Als Linguisten könnten wir versuchen, diesen Sinn am sprachlichen Objekt selbst festzumachen, also an der faktischen Äußerung oder vielleicht auch dem ‚Satz', der hinter ihr steht (als typifiziertem Muster, dem die Äußerung entspricht). Wir könnten *Zurückbleiben bitte* in seine Bestandteile zerlegen – ein Verb im Infinitiv und eine Höflichkeitspartikel. Diese beiden Wörter haben, so könnten wir weiter argumentieren, jeweils eine Bedeutung, die wir einem Wörterbuch des Deutschen entnehmen könnten; solche Wörterbücher sollen ja das gemeinsame lexikalische Wissen der deutschen Sprachgemeinschaft darstellen. Im vorliegenden Fall umschreibt etwa das *Handwörterbuch der deutschen Gegenwartssprache* die Bedeutung des Verbs *zurückbleiben* als „verharrt, bleibt an einer Stelle, einem Ort, während ein anderer, etw. anderes diese Stelle, diesen Ort verläßt", und *bitte* wird charakterisiert als ein Wort, „das einen Wunsch, eine Frage, eine Aufforderung" unterstreicht. Um den Sinn der Äußerung *Zurückbleiben bitte* aus der in ihr selbst enthaltenen Information ableiten zu können, muß außerdem die Art der Verbindung zwischen den Wörtern berücksichtigt werden, also ihre syntaktische Beziehung. Im vorliegenden Fall ist das gar nicht so einfach: die Äußerung entspricht ja nicht den gängigen deutschen Satzbaumustern, denn sie enthält kein finites Verb. Versteckt sich hinter der geäußerten Form etwa eine ‚zugrundeliegende' explizitere Form wie *Ich bitte Sie, zurückzubleiben*? In diesem Fall wäre *zurückbleiben* infinitivisches Objekt zum Verb *bitten*, dessen Subjekt *ich* ebenso wie das zweite Objekt *Sie* elliptisch fortgelassen wäre. Ob eine solche Analyse sinnvoll ist, steht hier nicht zur Debatte.[2] Aus der Wortbedeutung und der Bedeutung der syntaktischen Verknüpfung ergäbe sich nach diesem Verfahren jedenfalls der ‚Sinn' der Gesamtäußerung.

Weber nennt eine Sinnzuschreibung dieser Art, die den Sinn in der Beschaffenheit des Objekts (bzw. Zeichens) selbst lokalisiert, „objektiv"; sie ist unabhängig von den beteiligten Handelnden. Eine solche Art von Sinn ist ganz offenbar in dem oben zitierten Einleitungssatz zu *Wirtschaft und Gesellschaft* nicht gemeint, denn die Begriffe „Verstehen" und „Handeln", die dort eine wichtige Rolle spielen, werden für eine „objektive" Sinnzuschreibung gar nicht benötigt.

Es ist nicht schwer zu sehen, daß der „objektive Sinn" (die Bedeutung der isoliert betrachteten sprachlichen Struktur) nicht die subjektiven Verstehensprozesse abbildet, die der in die Situation verwickelte Passagier auf dem Bahnsteig leisten muß, um angemessen zu handeln – genausowenig wie dieser „objektive Sinn" den nachträglich, etwa aufgrund einer Videoaufnahme oder eines Transkripts, die Äußerung analysierende Forscher (direkt) zu ihrem „subjektiven Sinn" führen kann. „Objektiver" und „subjektiver Sinn" gehören zu gänzlich verschiedenen Ebenen der Sprach-

---

[2] Vgl. dazu oben, S. 65 und S. 84f.

analyse.³ Die Unmöglichkeit, vom einen (direkt) zum anderen zu gelangen, ergibt sich schon daraus, daß Wörterbucheinträge ja nur bestimmte Interpretationsrahmen vorgeben (also die Menge der Lesarten einschränken), aber keine präzise Bedeutung der beiden Wörter liefern, die wir ohne weiteres als Bausteine in unserem Bedeutungskalkül verwenden könnten.

Besonders kritisch ist das im Fall von *bitte*: der Wörterbucheintrag sagt, daß die Partikel nur etwas unterstreicht, was an sich schon eine sprachliche Handlung ist, nämlich „Wunsch, Frage oder Aufforderung". Das führt im Beispiel aber zu Schwierigkeiten, denn die Wörterbuchbedeutung von *zurückbleiben* ist ja alleine gar nicht in der Lage, irgendeine dieser Handlungen eindeutig zu konstituieren. Die Wörterbucheintragung von *bitte* könnte also überhaupt nur dann für die Beschreibung der Gesamtbedeutung der Äußerung nützlich sein, wenn wir schon entschieden hätten, welche Handlung mit *zurückbleiben* gemeint ist; dies wollen wir aber erst herausfinden.⁴

Mit dem alleinstehenden Infinitiv *zurückbleiben* läßt sich sicherlich (bei entsprechender intonatorischer Verpackung) eine Vielzahl von möglichen Handlungen realisieren; neben ‚Wunsch' und ‚Aufforderung' kämen z.b. auch ‚Vorwurf' (*zurückbleiben – das würde dir so passen!*), Ausdruck von Überraschung (*zurückbleiben? hätt' ich nicht von dir gedacht!*), ‚Warnung' oder ‚Befehl' in Frage. Wenn man sich entscheidet, entgegen dem Wörterbucheintrag die Partikel *bitte* mit in die Analyse einzubeziehen und ihr damit eine aktive, nicht nur „unterstreichende" Rolle zuzubilligen, können einige dieser Lesarten ausgeschlossen werden, z.B. die des Vorwurfs. Dennoch liefern auch dann die Bedeutung der Einzelwörter und die ihrer Verknüpfung keine Möglichkeit, über die Bedeutung der tatsächlich vollzogenen sprachlichen Handlung entgültig zu entscheiden. Dies läßt sich schon daraus erkennen, daß nicht alle Äußerungen, die das Verb *bitten* oder die Partikel *bitte* enthalten, deswegen schon automatisch ‚Bitten' sind (vgl. etwa *Ich bitte Sie, Platz zu nehmen, Bitte nicht berühren!*). In jedem Fall ist es unwahrscheinlich (und widerspricht unserer subjektiven Interpretation), daß die Lautsprecherdurchsage als Bitte gemeint ist.

Um den „subjektiven Sinn" der Äußerung verstehen zu können, ist Zusatzwissen notwendig: daß wir uns auf einem Bahnsteig befinden, auf dem ein abfahrbereiter U- oder S-Bahn-Zug steht, daß die Stimme aus dem Laut-

---

³ Hier sind – in einer Konvergenz über völlig unterschiedliche wissenschaftliche Traditionen hinweg – Parallelen zu Benvenistes Unterscheidung zwischen *langue* und *énonciation* zu erkennen; vgl. Kap. 5.

⁴ Wenn man die Meinung vertritt, daß *bitte* als Kurzform aus der zugrundeliegenden ‚Vollstruktur' *ich bitte Sie, zurückzutreten* abzuleiten ist, würde man hingegen – anders als die Wörterbucheintragung – eher zu dem Schluß kommen, daß eben dieses *bitte* den Infinitiv zum Wunsch oder zur Aufforderung macht.

Handlung

sprecher vom ‚aufsichtsführenden Beamten' kommt, daß die Stimme jedesmal erklingt, kurz bevor die Türen geschlossen werden und der Zug abfährt, etc. Erst mit diesem schematischen situativen Wissen gewappnet, können wir aus dem lexikalisch und syntaktisch angelegten Bedeutungspotential (= „objektiven Sinn") die Bedeutung (= „subjektiven Sinn") der sprachlichen Handlung mehr oder weniger eindeutig erschließen. Wenn man zusätzlich aus Erfahrung weiß, daß, wer nicht tut, was die Stimme sagt, öffentlich getadelt wird, dann läßt sich der Sinn der Handlung am ehesten als ‚dienstliche Anweisung' beschreiben, die abfahrbereiten Waggons nicht (mehr) zu betreten. Es geht also, entgegen dem ‚Wortsinn'/Wörterbucheintrag, nicht um einen Wunsch oder eine Bitte, und nur in einem sehr unpräzisen Sinn um eine Aufforderung. Die Partikel *bitte* scheint hier nur Teil einer formelhaften Wendung zu sein, ohne wesentlich zu ihrem Sinn beizutragen.

Weil die Äußerung, obwohl sie eine Form (sprachlichen) Verhaltens ist, einen semantischen Mehrwert hat, der nicht objektiv in diesem Verhalten selbst lokalisiert werden kann, haben wir es es, in Webers Definition, nicht mehr (nur) mit Verhalten, sondern mit *Handeln* zu tun. Die Äußerung bezieht sich überdies „dem Sinn nach auf das Verhalten anderer", nämlich auf das der S- oder U-Bahn-Reisenden, die auf dem Bahnsteig stehen oder auf die Bahn zulaufen. Also liegt im Weberschen Sinn überdies eine *soziale* Handlung vor. Nicht als Handlungen einzustufen sind reine Reaktionen (z.b. wenn jemand, der auf die S-Bahn zuläuft, deshalb stehenbleibt, weil vor ihm die Tür zugeht). Die rein routinemäßige (weil dienstlich vorgeschriebene) Äußerung *Zurückbleiben bitte* auf einem menschenleeren nächtlichen U-Bahnhof wäre hingegen zwar eine Handlung, aber nicht sozial. Weitere Handlungen, die nach Weber nicht sozial sind, sind rein traditionsbestimmte (z.b. das *Amen* in der Kirche) sowie rein mystische Verhaltensweisen (z.b. ein Gebet).

Was also einfaches Verhalten von Handlungen trennt, ist deren „Sinnbezogenheit". Die sozial konstituierte Domäne des Handelns selbst wird bei Weber sehr weit gefaßt: nicht nur Sprachliches, sondern auch Nicht-Sprachliches zählt dazu (also nicht nur die Lautsprecheranweisung, sondern auch das Aufspringen auf den Zug), nicht nur Tun, sondern auch Lassen (Stehenbleiben, statt auf den Zug aufzuspringen), ja selbst nicht nur „äußeres", sondern auch „inneres Tun" (Denken). Aber nur die Verhaltensweisen von Individuen haben Sinn, nur sie können sozial handeln. Größere soziale Einheiten (z.b. Nationen, Massen) sind lediglich als Geflecht und Verflechtung von Einzelhandlungen (die gleichgerichtet sein können) zu verstehen. Ebenso haben Dinge nur als Mittel oder Zweck für Handlungen Sinn. Man könnte deshalb mit Weber sagen, daß Sprache als System solange nicht sinnbezogen ist, wie sie nicht zum sprachlichen Handeln wird.

Im konkreten Fall kann es freilich recht schwierig sein, für ein bestimmtes Verhalten zu entscheiden, ob es eine soziale Handlung darstellt. Dies läßt sich leicht anhand einiger sprachlicher Beispiele zeigen. Eine Richtung der Sozialpsychologie, die sog. Akkommodationstheorie (Giles 1973, etc.), beschäftigt sich zum Beispiel damit, wie sich Interaktionsteilnehmer während eines Gesprächs sprachlich und nicht-sprachlich aneinander anpassen (etwa in Sprechgeschwindigkeit, Pausenstruktur, Akzent/Dialekt, etc.). Giles u.a. argumentieren, daß sich dadurch die Wertschätzung durch den Gesprächspartner erhöht; es handelt sich also sicherlich um ein soziales Verhalten (denn es nimmt Bezug auf den anderen). Aber haben wir es bei dieser Akkommodation mit einer sozialen Handlung im Sinne Webers zu tun? Die Antwort muß vermutlich negativ sein, solange es sich um reine Nachahmung handelt, denn Nachahmung ist für Weber nicht auf den anderen orientiert.

Ein zweites Beispiel: in der Linguistik, Konversationsanalyse und Sozialpsychologie gibt es eine umfangreiche Literatur über Verzögerungsphänomene wie Stocken, Pausieren, mehrfaches Ansetzen, etc. Sind diese Verzögerungsphänomene soziale Handlungen? Nach einer verbreiteten Theorie dienen Äußerungsphasen, die voll von Verzögerungen sind, der Planung der folgenden Äußerungen, die dann selbst ohne Verzögerungen ablaufen.[5] Nach dieser Auffassung wären Verzögerungsphänomene Indikatoren für psychische Abläufe oder Befindlichkeiten (‚Planungsstadium' vs. ‚Ausführungsstadium') und deshalb kein soziales Handeln in Webers Sinn, vielleicht nicht einmal Handeln. Andere, vor allem konversationsanalytische Forschungsergebnisse haben hingegen gezeigt, daß solche sprachlichen Turbulenzen durchaus systematisch eingesetzt werden können. Nach Goodwin (1980) können sie z.B. zu Beginn eines neuen Redebeitrags dem neuen Sprecher dazu dienen, sich den Blickkontakt mindestens eines anderen Gesprächsteilnehmers zu sichern. Ein Anakoluth, das in einen solchen strukturellen Zusammenhang aus Turnübernahme – mangelndem Blickkontakt – Verzögerung – hergestelltem Blickkontakt – Weitersprechen eingebaut ist, ist konversationstechnisch gesehen sicherlich ‚sinnvoll' – es handelt sich um eine systematisch verfügbare Ressource der Gesprächsorganisation – und damit wohl für Weber auch „sinnbezogen". Je nach Analyseansatz wäre also dasselbe Phänomen einmal als reines Verhalten, das andere Mal als soziales Handeln zu bewerten.

Ein drittes Beispiel: Goffman (1978) zeigt in seiner Analyse von *response cries*, daß die kleinen Ausrufe, mit denen wir Mißgeschicke kommentieren, die uns im Alltagsleben passieren, also etwa *Au!, Mist!, Verdammt!,* nur

---

[5] Vgl. u.a. Butterworth (1975), Butterworth & Goldman-Eisler (1979), Butterworth (1980).

Handlung 109

scheinbar automatische Reaktionen auf diese Mißgeschicke (reines Verhalten) sind. Bei genauerem Hinsehen entpuppen sie sich als durchaus sozial gesteuerte Handlungen, die wir einsetzen, um Zuschauern, die uns bei diesem Mißgeschick tatsächlich oder potentiell beobachten, klar zu machen, daß es sich dabei um einen versehentlichen Ausrutscher, nicht etwa um systematisch fehlende Alltagskompetenz handelt. In diesem Fall versteckt sich die soziale Handlung also hinter der Fassade scheinbar reinen Verhaltens.

Die Soziologie (ebenso wie die an sprachlichen Handlungen interessierte Linguistik) unterscheidet sich nun nach Weber von anderen Wissenschaften, besonders den Naturwissenschaften, dadurch, daß sie Bedeutungen nicht objektiv, sondern subjektiv – im Handelnden –, und zwar als den von ihm „gemeinten Sinn" untersucht, also „deutend verstehen" will. Dies heißt nun freilich nicht, daß sich Soziologie/Linguistik für die tatsächlichen Handlungsmotive des singulär Handelnden in einer singulären Situation interessieren sollte, daß sie also dem konkret Handelnden sozusagen in den Kopf schauen müßte. Das empathische Nach(er)leben der jeweiligen Handlung ist nicht geeignet, die Struktur sozialer Handlungen wissenschaftlicher Beschreibung zugänglich zu machen, denn diese Methode bleibt im Intuitiven, Individuellen stecken. Weber ordnet die Erforschung dieses „tatsächlichen", „historisch singulären" Sinns vor allem einer anderen verstehenden Wissenschaft zu, nämlich der Geschichtswissenschaft. Anders als den Historiker, der ein Buch darüber schreiben kann, warum Hitler 1939 den Angriff auf Polen befohlen hat, interessiert uns normalerweise der triviale Einzelfall nicht, daß heute morgen um 9.02 auf dem S-Bahnhof Dammtor in Hamburg jemand *Zurückbleiben bitte* gesagt hat. Weber nennt vielmehr zwei Arten von gemeintem Sinn, die für die Soziologie wichtig sind. Zum einen den „durchschnittlichen, annähernden" tatsächlichen Sinn, den viele Menschen mit einer Handlung verbinden (z.B. also den Sinn, der für sie mit der Wahl einer bestimmten Partei verbunden ist); zum anderen (und für die Methodik der Kommunikationsanalyse ungleich wichtiger) den von den *als Idealtypen*[6] *gedachten Handelnden* subjektiv gemeinten (kurz: *idealtypischen*) Sinn.

Während z.B. der durchschnittliche Wähler der ‚Grünen' ein statistisches Konstrukt ist, das sein mittleres Einkommen, sein mittleres Alter, etc. einschließt, dabei aber notwendigerweise unklare Konturen hat (weil zufälliger- oder absichtlicherweise vielleicht auch bisherige CDU-Wähler ‚grün' gewählt haben), ist der Idealtyp des ‚Grünen' eine radikalisierte, in der Rea-

---

[6] Vgl. zum Konzept der Idealtypen in der sozialwissenschaftlichen Methodologie Weber (1904) und Rogers (1969). Idealtypen sind eine rein methodologische Begrifflichkeit; sie haben, soviel hier schon vorgreifend auf das nächste Kapitel, nichts mit den „Typen" Alfred Schütz' zu tun, die Teil des Wissens der Gesellschaftsmitglieder selbst sind.

lität unter Umständen seltene, im Extremfall sogar gar nicht existente Variante davon. Weber sagt: „Je schärfer und eindeutiger konstruiert die Idealtypen sind: je *weltfremder* sie also, in diesem Sinne, sind, desto besser leisten sie ihren Dienst, terminologisch und klassifikatorisch sowohl wie heuristisch" (1904:28).[7] Was für Wähler gilt, gilt auch für sprachliche Handlungen: wir wollen den Sinn erfassen, den idealtypische Äußerer damit verbinden. Dieses Sinn-Erfassen nennt Weber *Verstehen*. Verstehen hat also (anders als in der umgangssprachlichen Verwendung des Begriffs) nichts mit Empathie zu tun, und übrigens auch nichts mit Austauschbarkeit der Rollen des Verstehenden und des Handelnden: der Verstehende muß nicht selbst in der Lage sein, die Rolle des Handelnden zu übernehmen, den er verstehen will („man muß nicht Caesar sein, um Caesar zu verstehen"). Wie ist nun dieses Verstehen möglich?

Hier führt Weber eine weitere, für seine Theorie sehr wichtige Unterscheidung ein, nämlich die zwischen vier Bestimmungsgründen des Handelns reiner Typen: er unterscheidet zwischen *zweckrationalem, wertrationalem, affektuellem* und *traditionalem* Handeln. Die ersten beiden Handlungsgründe sind sowohl sinnhaft wie auch sinnvoll, affektuelles Handeln ist (soweit es nicht rein reaktives Verhalten ist) zwar auch sinnhaft, aber nicht sinnvoll; traditionales Handeln beruht auf Gewohnheit und wird deshalb in seiner Sinnhaftigkeit nicht mehr (voll) durchschaut.

Zweckrationales Handeln dient der möglichst optimalen Verwirklichung eines bestimmten Handlungsziels und ist vernunftorientiert. Wenn wir es verstehen wollen, können wir – bei Kenntnis des Handlungsziels – zu einer „intellektuellen" Deutung kommen. Diese Deutung ist zugleich erklärend, weil sie dem Handelnden – im gegebenen „Sinnzusammenhang" (Kontext) – ein „Motiv" zuschreiben kann, auch wenn sich der Handelnde dieses Motivs vielleicht gar nicht immer bewußt ist. Ideale Zweckrationalität ist bei Max Weber der wichtigste Fall sozialen Handelns; sie ist, wie ein Blick in die Literatur über Handlungstheorien klar macht, auch in der linguistischen Pragmatik beliebt und verbirgt sich u.a. im Konzept des „Planens" (vgl. Rehbein 1977). Auch unser Beispiel *Zurückbleiben bitte* kann man zweckrational verstehen, denn es dient dazu, die Reisenden am evtl. gefährlichen Betreten einer abfahrenden Bahn zu hindern. Im Rahmen der Weberschen Wirtschaftstheorie entspricht das zweckrationale Handeln dem

---

[7] Solche Idealtypen werden auch in der Linguistik in vielen Zusammenhängen verwendet. Zum Beispiel arbeitet eine wichtige Richtung in der Sprachtypologie (vgl. Skalička 1966) mit Sprachtypen (flektierend, agglutinierend, etc.) die als reine Idealtypen verstanden werden.

Handlung

Handeln des gewinnorientierten Kapitalisten, aber auch dem der staatlichen Verwaltung (Bürokratie).

Wertrationales Handeln unterscheidet sich vom zweckrationalen (von dem es sich nur idealtypisch völlig trennen läßt) dadurch, daß es seinen Eigenwert unabhängig vom Erfolg der Handlung erhält. Weber meint damit Handlungen, die aufgrund von Geboten, als Pflicht eines Einzelnen, aber auch aus ästhetischen Gründen ausgeführt werden. Sie sind nicht an der Erreichung eines Ziels, sondern an der Erhaltung der Werte, die dem Verhalten zugrundeliegen, orientiert. Wenn der Sprecher des *Zurückbleiben bitte* also seine Äußerung nur macht, weil er als Bahnbeamter dies tun muß (Pflicht) oder weil er gern seine Stimme hört (Ästhetik), dann handelt er wertrational. Für Weber als Politologen sind wertrationale Handlungen die Grundlage politischer Bewegungen; oft kollidieren sie mit dem zweckrationalen Handeln. In gewisser Weise ist die Religion als Begründung für wertrationales Handeln das Gegenstück zum Kapitalismus, der zweckrationales Handeln impliziert. (Im Falle des Protestantismus spielen freilich beide ausnahmsweise zusammen.)

Affektuelles Handeln ist wesentlich weniger leicht zu verstehen als zweck- oder wertrationales; wir können es nur nacherlebend erfassen, wenn wir seine Prämissen teilen. Letztendlich läßt es sich nur dann interpretieren, so Weber, wenn wir es gegen die Meßlatte des in derselben Situation möglichen zweckrationalen Verhaltens halten. Affekt ist sozusagen nur als Abweichung vom vernünftigen Handeln beschreibbar.

Traditional ist schließlich jedes habituelle Verhalten; je weniger der Sinn dem individuellen oder typischen Handelnden klar ist, um so weniger spricht Weber noch von Handeln. Dies wirft die Frage auf, ob unsere Beispieläußerung, die ja extrem konventionalisiert und habituell ist (tatsächlich so habituell, daß sie oft gar nicht mehr von einem Sprecher direkt stammt, sondern durch Knopfdruck vom Tonband abgefahren wird), vielleicht doch kein oder nur einen Randfall sozialen Handelns im Sinne von Weber darstellt? Wir kommen darauf am Ende des Kapitels zurück.

Sei es nun wert- oder zweckrational, habituell oder affektuell, jedes Handeln kann in der Situation, in der es entsteht („aktuell"), aber auch durch den Wissenschaftler („erklärend") verstanden werden, dann nämlich, wenn dieser den gemeinten Sinn im Sinnzusammenhang durch Motivationszuschreibung rekonstruiert. Dafür gibt es eine Kontrolle: die „sinnhafte Adäquanz" dieser Zuschreibung. Diese liegt dann vor, wenn der Sinnzusammenhang nach den „durchschnittlichen Denk- und Gefühlsgewohnheiten" akzeptabel bleibt. (Leider gehen Webers Aussagen in diesem wichtigen methodologischen Punkt kaum über solche recht vagen Anmerkungen hinaus.)

Aus dem zitierten Anfang von Webers „Soziologischen Grundbegriffen" bleibt noch der Begriff des *kausal adäquaten Erklärens.* Eine kausale Erklärung im eigentlichen Sinn ist für Weber in den Sozialwissenschaften nicht möglich, weil jede Handlung das Ergebnis einer Auswahl aus teils widersprüchlichen Motivationen des Handelnden sein kann, die sich erst ex post rekonstruieren läßt. Die Freiheit des Handelnden, die sich in dieser Auswahl manifestiert, verbietet es, strikte Kausalketten zwischen Motiv und Handlung herzustellen. Mit „kausal adäquat" sind deshalb lediglich statistisch rekurrente Abfolgen von Handlungen gemeint. Statistik ist aber nur sinnvoll, wenn die Sinnadäquanz der Erklärung sichergestellt ist; keine statistische Regel ohne Sinnadäquanz verdient den Namen „soziologische Regel". Anders gesagt: nur das darf gezählt werden, was man auch verstehen kann.

Bisher klingt es so, als ob einer der bedeutendsten deutschen Soziologen in seiner Theorie ganz ohne die Berücksichtigung der verschiedenen „Formen der Vergesellschaftung" (Simmel) auskommen würde, die doch gemeinhin als Gegenstand der Soziologie gelten. Weber hat sich gegen diesen Vorwurf einer ‚individualistischen' Soziologie ganz entschieden gewehrt; er insistiert auf dem sozialen Charakter des Handelns und Verstehens. Die Mikro- und Makrostrukturen gesellschaftlicher Ordnung kommen bei ihm dreifach ins Spiel. Zum ersten methodisch: natürlich müssen die gesellschaftlichen Einheiten und die ihnen zugeordneten Funktionen schon bekannt sein, damit eine verstehende Soziologie überhaupt erklärend wirksam werden kann. Zweitens werden soziale Institutionen für die Handelnden relevant, weil sie ihnen in Form von Vorstellungen „von Seiendem oder Geltensollendem" sehr real als Orientierungspunkt dienen. Zum Beispiel orientieren sich die S- und U-Bahn-Passagiere nicht nur an der ‚dienstlichen Anweisung' *Zurückbleiben bitte,* weil sie von irgendjemandem ausgesprochen wird; vielmehr beruht ihre Wirkung auf dem Gelten bestimmter Vorstellungen vom Funktionieren einer öffentlichen Einrichtung wie einer S- oder U-Bahn-Station, die unter anderem bestimmte Aufsichtsrechte und -pflichten der dort tätigen Beamten oder Angestellten implizieren. Die gesellschaftlichen Institutionen sind hier ‚im Kopf' der Handelnden präsent.

Zum dritten, und vielleicht noch wichtiger, verknüpfen sich das Handeln des Einzelnen und die Formen der Vergesellschaftung deshalb, weil sich letztere aus dem ersteren ergeben.[8] Um die Bildung von gesellschaftlichen

---

[8] Diese konstruktivistische Denkweise ist bei Weber zwar angelegt – er sieht seine Theorie sozialen Handelns ja als Grundlegung der soziologischen Analyse von wirtschaftlichen oder gesellschaftlichen Strukturen –, wurde aber später viel pointierter von Schütz & Luckmann (1975/1984) und vor allem von Berger & Luckmann (1966 [1969]) vertreten.

Handlung 113

Einheiten aus dem Handeln einzelner beschreiben zu können, benötigt Weber den Begriff der *sozialen Beziehung*, die er als „Chance" „gegenseitig eingestellten und dadurch orientierten Sichverhaltens mehrerer" definiert. Soziale Beziehungen sind mithin nicht durch die tatsächlich in ihnen ablaufenden Interaktionen[9] bestimmt, sondern durch die *Möglichkeiten* gegenseitiger Bezugnahme, also aufeinander abgestimmten sozialen Handelns mehrerer Personen, gleichzeitig oder in Sequenz. Wird die „Chance" der Interaktion in der sozialen Beziehung genutzt, so werden ständig *wechselseitige Sinnzuschreibungen* vorgenommen, d.h. die soziale Handlung eines Beziehungsmitglieds wird von den anderen verstanden und umgekehrt. Anders als das Kommunikationsmodell aus Kap. 1, das vollständige Identität suggeriert, betrachtet Weber die vollständige Deckung von Meinen und Verstehen aber lediglich als Grenzfall. Normalerweise entsprechen sich Gemeintes und Verstandenes nur soweit, daß sprachliche Kommunikation funktioniert.

Eine soziale Beziehung, wenn auch sehr spezieller Art, gehen auch alle ein, die sich in der Institution S-Bahn in welchen Rollen auch immer zusammenfinden: der Zugabfertiger, der *Zurückbleiben bitte* ins Mikrofon sagt oder den entsprechenden Tonband-Knopf drückt, die Reisenden im Zug oder auf dem Bahnsteig. Sobald sie den Bahnhof betreten, unterwerfen sie sich überdies einer legitimen Ordnung, die durch vereinbarte Konventionen, ja durch geltendes Recht (Allgemeine Betriebsvorschriften, etc.) gekennzeichnet ist.[10] Weber spricht dann vom „Sinngehalt" einer sozialen Beziehung, der im vorliegenden Fall der Verkehrsbetriebe vielleicht, zweckrational gedacht, der des effektiven Transports großer Mengen von Menschen ist.

Der Ansatz der verstehenden Soziologie läßt sich ohne Abstriche auf die linguistische Analyse sprachlicher Handlungen übertragen. Bei aller Würdigung des enormen Verdienstes Webers, den Handelnden und den Sinn seines Handelns in den Fokus gerückt zu haben, ist jedoch eine Aporie in Webers Denken nicht zu übersehen. Wie gezeigt, sind für Weber sinnhafte Handlungen im eigentlichen Fall, für den er seine Theorie im Wesentlichen entwickelt, zweckrational. Dem Handelnden muß der Sinn seiner Handlung, die er im Einzelfall unter Berücksichtigung des Sinnzusammenhangs als beste Methode zur Erreichung eines bestimmten Zwecks ausgewählt hat, außerdem klar sein. Natürlich sieht auch Weber, daß „reale" Handlungen meist halb- oder unbewußt, „triebhaft oder gewohnheitsmäßig" ablaufen. Er schlägt deshalb vor, solche Handlungen so zu behandeln, „als ob"

---

[9] Den Begriff der *Inter*-Aktion gibt es bei Weber allerdings noch nicht.
[10] Konventionen und Recht sind für Weber nichts anderes als Handlungsabläufe mit gleichem gemeinten Sinn, die er unter dem Oberbegriff *Brauch* zusammenfaßt.

sich die Beteiligten bewußt und klar sinnhaft verhielten. Seine Methode des Idealtyps, die ja gerade vom Einzelfall mit seinen letztendlich unbewußten und methodisch auch kaum zu fassenden Sinnzuschreibungen abstrahiert, ist geeignet, dieses „als ob" zu erfassen. Idealtypische Erklärungen sind nun aber, wie schon erwähnt, auf die Stimmigkeit der Sinnzuschreibung bei „durchschnittlichen Denk- und Gefühlsgewohnheiten" angewiesen. Nirgends läßt sich diese Stimmigkeit besser beurteilen, als in mehr oder weniger habitualisierten Handlungsabläufen; vielleicht ist eine erfolgreiche idealtypische Sinnrekonstruktion überhaupt nur dann möglich, wenn ein gewisses Maß an Rekurrenz und daher auch Habitualisierung vorliegt. (Unsere Sinnzuschreibung im Fall von *Zurückbleiben bitte* ist um so stimmiger, je mehr sie auf die rekurrenten Abläufe auf den S- und U-Bahnhöfen zurückgreifen kann, die wir alle kennen und die deshalb Teil unserer „durchschnittlichen Denk- und Gefühlsgewohnheiten" sind.) Ironischerweise verhindert Weber nun aber die Anwendung der idealtypischen Methode auf rekurrente Handlungsmuster, indem er Verhaltensweisen mit dem zunehmenden Grad ihrer Habitualisierung gerade die Sinnhaftigkeit abspricht. Die Aporie in Webers Ansatz ist also, daß er diejenigen idealtypischen Handlungen, die gerade am besten – sinnadäquat – zu erklären sind, tendenziell aus seinem Handlungsbegriff ausschließt. Der spätere Erfolg der Konversationsanalyse beruhte hingegen zum wesentlichen Teil darauf, genau diese habitualisierten Abläufe als Handlungssequenzen beschrieben zu haben (vgl. Kap. 13).

Webers Glaube an den „rationalen Ökonomismus" (der sich hinter der Betonung des Zweckrationalen verbirg) ist ein Bekenntnis zu den (noch) modernen Zeiten in Europa, während derer sein Werk geschrieben wurde. Seine Skepsis gegenüber habituellen und seine Betonung rationaler Handlungsweisen entspricht dem Geist der Aufklärung und dem Untergang religiöser Orientierungen („Entzauberung" der Welt) in der Blütezeit der bürgerlich-kapitalistischen Gesellschaften um die Jahrhundertwende. Er unterschätzt aber die Vielschichtigkeit sozialen Handelns, indem er einem bestimmten, faktisch eher peripheren Typ – dem zweckrationalen – das absolute Primat einräumt.

Kap. 11

Alltag

Alfred Schütz

A. Schütz (1899–1959) wurde in Wien geboren und studierte dort Rechtswissenschaft. Er war in Wien auch als Finanzjurist (und nur nebenher als Privatgelehrter akademisch) tätig. Die Grundzüge seiner phänomenologischen Philosophie und Soziologie stellte er schon vor dem Krieg in dem 1932 erschienenen Werk *Der sinnhafte Aufbau der sozialen Welt* vor.[1] Erst später traf er Edmund Husserl, der damals in Freiburg/Br. lehrte, persönlich. In Vorausahnung der nationalsozialistischen Machtübernahme lehnte er es jedoch ab, sein Assistent zu werden; er floh nach dem Anschluß Österreichs über Paris nach Amerika. In dieser Zeit wurden die Soziologen Aron Gurwitsch und Talcott Parsons (dessen systemtheoretische Handlungstheorie sich jedoch als unvereinbar mit der Schütz' erwies) für ihn wichtige wissenschaftliche Diskussionspartner. Er fand Aufnahme in der New School of Social Research in New York (einer ausschließlich aus Emigranten, meist vor den Nazis geflüchteten Juden, zusammengesetzten Hochschule), wo er 1952 Professor wurde.

Schütz untersuchte die elementaren Strukturen der Alltagswelt, in denen sich soziales Handeln und soziale Welten konstituieren. Aus seinem Versuch, die Verstehende Soziologie in der Theorie des Alltagshandelns zu fundieren, ergaben sich entscheidende Impulse für die Wissenssoziologie sowie für die Ethnomethodologie.

Aus linguistischer Perspektive sind neben den Monographien *Der sinnhafte Aufbau der sozialen Welt* (Wien 1932; wieder Frankfurt/M.: Suhrkamp, 1984) und A. Schütz & Thomas Luckmann, *Strukturen der Lebenswelt* (1. Bd. Frankfurt/M.: Suhrkamp, 1975; 2. Bd. Frankfurt/M.: Suhrkamp, 1984)[2] einige der kleineren Schriften (in deutscher Übersetzung zusammengestellt als *Gesammelte Aufsätze*, hrsg. von H. L. van Breda, den Haag: Marinus Nijhoff) wichtig (v.a. in Band 1: „Das Problem der sozialen Wirklichkeit", 1971).

---

[1] Der Titel spielt kontrafaktisch auf Rudolf Carnaps *Der logische Aufbau der Welt* an; Schütz war natürlich in Wien mit dem Logischen Positivismus in Berührung gekommen.
[2] Siehe v.a. Bd. 1, Kap. II: „Die Aufschichtung der Lebenswelt" und Bd. 2, Kap. V: „Lebenswelt als Bereich der Praxis".

Einführungen in Schütz' Werk bieten u.a. Berger & Luckmann (1966/ 1969) (bes. Kap. I), Luckmann (1986/1992) und Grathoff (1989) (bes. Kap. 1, 3, 4, 5, 6). Vgl. auch Sprondel & Grathoff (Hrsg.), 1979), darin besonders der Beitrag von I. Srubar.

* * *

Die Schwächen des Weberschen Ansatzes zur Handlungsanalyse liegen – wie wir im letzten Kapitel gesehen haben – in zwei Bereichen. Zum einen kann Weber wegen seiner Vernachlässigung des habituellen Handelns letztendlich nicht beantworten, wie der subjektive, gemeinte Sinn einer Handlung zu einem interaktiv realen Faktum wird. Sein Konzept des Sinnzusammenhangs ist zu wenig ausgearbeitet, um dafür als Erklärung auszureichen. Zum anderen ist der Begriff der sozialen Beziehung zwar vorhanden (als „Chance" des sinnhaften Austausches), jedoch versäumt es Weber, daraus eine Theorie des sozialen *Inter*-Agierens zu entwickeln. So wurde Weber schon von Zeitgenossen vorgeworfen, daß er sich die soziale Welt zu sehr als eine Ansammlung isolierter Individuen vorstelle, die nur subjektiv verstehen, was sie selbst und andere tun. Er sei aber nicht in der Lage, die *Inter*-Subjektivität der sozialen Welt zu beschreiben und zu erklären, also die Tatsache, daß dem einzelnen Handelnden die Alltagswelt nicht nur als seine individuelle Vorstellung (als Teil seines Bewußtseins) verfügbar ist, sondern ihm auch und vor allem als unbefragt hinzunehmende Wirklichkeit außerhalb seiner selbst entgegentritt.

Auch Alfred Schütz[3] sieht Handlungen, wie Max Weber, als „sinnhaft" an; er stimmt mit Weber weiterhin darin überein, daß Handlungen „motiviert sind" und dadurch subjektiven Sinn bekommen: „Das treibende Motiv der Handlung ist die Erreichung eines Ziels, und dieses Ziel ist vom Handelnden vorentworfen worden" (II, 14[4]). Das klingt nach Webers zweckrationalem Handeln, und tatsächlich werden andere, z.B. affektive Handlungen auch bei Schütz nicht oder nur als Derivate der zweckrationalen Handlungen berücksichtigt. Dennoch sieht Schütz die Grenzen des Weberschen Denkens; er lokalisiert sie vor allem im zu wenig ausgearbeiteten Sinn-Begriff. Die Lösung liegt aber für ihn nicht etwa in der Hinwendung zu weniger ‚subjektiven' (strukturalistischen oder funktionalistischen) Theorien, sondern gerade umgekehrt in der phänomenologischen ‚Einklam-

---

[3] Zur Beziehung zwischen Weber und Schütz vgl. Hekman (1983), bes. S. 66–76, und Srubar (1981).
[4] Seitenangaben beziehen sich auf die eingangs erwähnte Ausgabe der *Strukturen der Lebenswelt*, Bd. I bzw. Bd. II.

merung' der Begriffe ‚Handlung' und ‚soziale Beziehung' und ihrer Rekonstruktion aus der Perspektive eines zunächst radikalen Rückbezugs auf das Ich und seine Lebenswelt. Erst auf der Grundlage einer detaillierten Darstellung des Bewußtseins des Ego wird es nach Schütz möglich, die Externalisierung („Entäußerung", „Objektivation") des gemeinten Sinns und die Beziehung zwischen Ego und Alter als soziale Beziehung zu beschreiben, wie dies in seiner Theorie der Typen geschieht. So ist Schütz' *Sinnhafter Aufbau* als Versuch der Explizierung des Weberschen Sinnbegriffs und der Vervollständigung seiner Theorie des Handelns (als Grundlage der Sozialwissenschaften) zu verstehen, und die *Strukturen der Lebenswelt* als „außerordentlich genaue Analysen der Objektivierungen menschlicher Bewußtseinstätigkeit"[5], die diese Explizierung leisten soll. Der gewaltige Einfluß, den Husserl auf dieses Projekt hatte, ist offensichtlich. Erst spät wird der Begriff des Handelns systematisch eingeführt, und zwar charakteristischerweise als eine besondere Art von „Erfahrungsablauf", also ganz aus der Perspektive des Bewußtseins des Individuums in seinem lebensweltlichen Handlungszusammenhang.

In diesem Kapitel soll kurz nachgezeichnet werden, wie Schütz von dieser scheinbar sehr individuumbezogenen Sichtweise zu einer Bestimmung von Handeln und sozialer Beziehung kommt, die wesentlich über Max Weber hinausführt. Dabei wird sich eine allmähliche Verlagerung von Bewußtseins- zu Handlungsabläufen beobachten lassen, vor allem aber eine Begründung des Handlungssinns in der Typik des Alltags(handelns), die bei Weber noch fehlt.

Ausgangspunkt ist die Husserlianische Annahme, daß die Welt sich dem einzelnen jeweils als eine Wirklichkeit von mehreren möglichen darstellt; von diesen Wirklichkeiten ist (für die Soziologie wie auch für die Linguistik) die wichtigste die des Alltags. (Andere wären z.B. Traum oder Phantasie.) Die alltägliche Einstellung zur Wirklichkeit zeichnet sich durch den Zustand voller Wachheit und maximaler Bewußtseinsanspannung aus („natürliche Einstellung"). Die phänomenologische Analyse der Lebenswelt besteht nun darin, diese „natürliche Einstellung" künstlich zu suspendieren (‚einzuklammern') und das, was uns im Alltag selbstverständlich vorkommt, erklärungsbedürftig zu machen.[6]

---

[5] So Luckmann in der Einleitung zu den *Strukturen*, I:15.
[6] Es ist kein Zufall, daß die Radikalisierung des Schützschen Ansatzes in der Ethnomethodologie Garfinkels in ihren jungen Jahren als „sociology of marihuana smokers" gebrandmarkt wurde. Die Möglichkeit mehrfacher Wirklichkeitsentwürfe und des Wechselns zwischen ihnen – auch unter dem Einfluß von Drogen – war eine „phänomenologische" Erfahrung, die für die frühen Ethnomethodologen prägend war; vgl. etwa Carlos Castanedas *Lehren des Don Juan* (Castaneda 1974): die engl. Originalversion wurde von H. Garfinkel als *Ph.D. Thesis* betreut.

Weite Passagen im ersten Teil der *Strukturen der Lebenswelt* widmet Schütz der Analyse von Raum und Zeit. Diese Strukturbereiche der Lebenswelt sind noch nicht notwendigerweise mit (sozialem) Handeln verbunden, sie beziehen sich vielmehr auf die Erfassung der Wirklichkeit in einem allgemeineren Sinn. (Allerdings ist es offensichtlich, daß alles Handeln in der Zeit und im Raum stattfindet und daher auch jede Handlungsanalyse auf eine phänomenologische Durchdringung der Zeit- und Raumdimension angewiesen ist.[7]) Uns interessiert hier jedoch vor allem, wie die ‚Einklammerung' der natürlichen Einstellung bei Schütz zu einer Analyse der *sozialen* Wirklichkeit führt.

In der „natürlichen Einstellung des Alltags", so Schütz (I, 87ff.), nehme ich[8] fraglos hin, daß ich nicht allein bin, daß die Anderen mit einem dem meinen ähnlichen Bewußtsein ausgestattet sind, daß sie die Dinge der Außenwelt genauso wahrnehmen und typisieren wie ich und daß wir in eine gemeinsame Sozial- und Kulturwelt eingebunden sind. Allerdings weiß ich auch, daß mein eigenes Bewußtsein und das des Anderen aufgrund der unterschiedlichen Reichweiten meiner um mein und seiner um sein HIC-ET-NUNC[9] zentrierten Alltagswelten sowie aufgrund unserer unterschiedlichen biographischen Erfahrungen nicht völlig identisch sein können. Ich muß also für die praktischen Zwecke des Alltags und des Handelns im Alltag bestimmte Idealisierungen vornehmen. Erst auf der Grundlage dieser Idealisierungen können (soziale) Fakten als ‚objektiv gültig' unterstellt werden; nicht zuletzt hilft uns die gemeinsame (bzw. als gemeinsam unterstellte) Sprache, diese ‚Objektivierung' der Welt zu leisten.

Zwei Idealisierungen sind in der natürlichen Einstellung besonders wichtig. Einerseits die Idealisierung, die Schütz mit dem Begriff der *Vertauschbarkeit der Standpunkte* erfaßt, und die sich auf das Problem der Reichweite bezieht. Sie unterstellt, daß mein Gegenüber die Welt genauso sehen würde wie ich, wenn er an meiner Stelle wäre und umgekehrt. Andererseits die Idealisierung, die Schütz als Unterstellung der *Kongruenz der Relevanzsysteme* bezeichnet, und die sich auf das Problem der unterschiedlichen Biographien bezieht. Sie nivelliert die biographischen Unterschiede der „Auffassung und Auslegung" der wahrgenommenen Welt für die praktischen Zwecke des Alltagshandelns. Schütz nennt diese beiden Idealisierungen zusammen die *Generalthese der wechselseitigen Perspektiven*[10] (engl.

---

[7] Ein expliziter Zusammenhang zwischen Deixis und sprachlichem Handeln wird sowohl in den Arbeiten Bühlers (Kap. 2) als auch Benvenistes (Kap. 5) hergestellt.
[8] Aussagen unter Verwendung des ‚phänomenologischen *ich*' sollen bei Schütz die natürliche Einstellung kennzeichnen.
[9] Vgl. Bühler (vgl. Kap. 2) zu dieser Zentrierung der Origo auf den Sprecher.
[10] Nach Berger & Luckmann (1969:31) ist der Begriff von Theodor Litt übernommen.

"reciprocity of perspectives"); sie ist ein erster wesentlicher Schritt auf dem Weg vom individuellen Bewußtsein zur sozialen Welt.

Zuvor wurde behauptet, daß die Idealisierungen des Alltags durch die gemeinsame Sprache unterstützt werden: wenn ich das Wort *Hund* verwende (etwa in der Äußerung: *Pfeif den Hund zurück!*), verlasse ich mich darauf, daß mein Gesprächspartner das Wort in derselben Art und Weise verwendet, daß wir also eine Sprache teilen.[11] Zugleich trifft aber auch umgekehrt zu, daß die alltägliche Einstellung Voraussetzung für die Herausbildung von Sprache (als einer besonderen Art von gesellschaftlicher Objektivierung) ist. Die Beziehung ist reflexiv: Sprache unterstützt die Annahme der Wechselseitigkeit der Perspektiven und hängt zugleich von ihr ab. Dies kann man sich leicht anhand des kindlichen Spracherwerbs klarmachen. Einerseits kann das Kind die in der Sprache abgelagerten Typisierungen, die die Sprachgemeinschaft für die Wirklichkeit entwickelt hat, nicht (oder nur in ganz beschränktem Umfang) neu erfinden und auch nicht (oder nur zeitweise) wesentlich verändern. Um sie aber überhaupt zu erwerben, ist die Idealisierung der wechselseitigen Perspektiven notwendig. Wenn zum Beispiel der einjährige Anselm das ‚Wort' *Leilei* verwendet, um seine Eltern auf einen Hund oder ein anderes vierbeiniges Tier aufmerksam zu machen, dann ist – anders als beim Wort *Hund* – nicht die sprachlich objektivierte Typik primär und quasi der Garant für die (unterstellte) Gemeinsamkeit der Wahrnehmung des ‚Hundes' durch Sprecher und Hörer, sondern vielmehr umgekehrt die gemeinsame (unterstellte) Gleichgerichtetheit der Wahrnehmung Bedingung dafür, daß die Eltern diese intendierte Bedeutung überhaupt erkennen können.[12] Die unterstellte Reziprozität der Perspektiven kann in solchen Fällen eines (noch nicht) geteilten sprachlichen Repertoires an Ausdrucksmitteln zwar durchaus zu Mißverständnissen oder zumindest Verstehensproblemen führen, aber nur diese Idealisierung macht es überhaupt möglich, daß Kinder neue Wörter *aus dem Gebrauch* lernen.[13]

Die in der natürlichen Einstellung enthaltenen Idealisierungen konstituieren und sichern also die Erfahrung des Anderen und der mit ihm geteilten Alltagswelt. Die Erfahrung des Anderen kann unmittelbar (*vis-à-vis, face-to-face*) oder mittelbar sein. Schütz (und der ganzen auf ihm aufbauenden, z.B. konversationsanalytischen Forschung) zufolge ist die unmittelbare Interaktionssituation die primäre, weil sich nur in ihr mein Bewußtseinsstrom mit dem des Anderen in echter weltzeitlicher Gleichzeitigkeit syn-

---

[11] Zu diesem Vertrauen in die Sprache vgl. Hartmann (1958:39).
[12] Und erst auf dieser Basis werden die Eltern *Leilei* als Annäherung an den Namen ihres Hundes Leika rekonstruieren können.
[13] Vgl. Kap. 6.

chronisiert und uns außerdem ein Sektor des lebensweltlichen Raums gemeinsam ist.

Wende ich meine Aufmerksamkeit jemandem zu, der mit mir Zeit und Raum teilt, nehme ich die *Du-Einstellung* ein. Wendet sich der Andere auch mir zu, d.h. ist die Du-Einstellung wechselseitig, so konstituiert sich eine soziale Beziehung, die Schütz *Wir-Beziehung* nennt. Die Wir-Beziehung stellt den zweiten Schritt auf dem Weg von den singulären Erfahrungen des Bewußtseins zu den objektivierten Tatsachen der als geteilt unterstellten sozialen Welt dar.

Allerdings ist eine Wir-Beziehung fast immer mehr als nur die reine Bezugnahme aufeinander („reine Wir-Beziehung"), also mehr als eine „fokussierte Interaktion" im Sinne Goffmans (vgl. Kap. 14); sie ist nämlich immer auch als ein Typ von Interaktion bestimmt (als Liebesakt, Geschäftsbeziehung oder Interaktion zwischen Fremden), wobei sich die verschiedenen Typen von Beziehungen in erster Linie durch den Grad ihrer „Unmittelbarkeit" unterscheiden. Manche dieser Beziehungen weisen außerdem notwendigerweise über die Einmaligkeit der Situation, in der sie stattfinden, hinaus; wenn ich von einer Freundschaftsbeziehung rede, orientiere ich mich (anders als z.b. bei der Beziehung zwischen Verkäufer und Kundin) auch an den vergangenen Wir-Beziehungen mit einer bestimmten Person und an der Wiederholbarkeit dieser Art von Beziehung in der Zukunft (vgl. Webers „Chance" des Handelns). Die Beziehung hat also eine Geschichte.

Schütz teilt die soziale Welt danach ein, wie stark die Typen von sozialen Beziehungen, die ich mit den Anderen eingehe, auf Wir-Beziehungen basieren und wie weit sie unabhängig davon sind. Menschen, die mir nicht über Wir-Beziehungen zugänglich sind, sind meine *Zeitgenossen*. Zu ihnen habe ich nur als Typen, nicht als konkret erfahrbare Individuen Zugang; ein Zugang, den Schütz *Ihr-Einstellung* nennt.

Obwohl mir auch in der Wir-Beziehung nur mein eigenes Bewußtsein subjektiv voll zugänglich ist, habe ich – aufgrund der zeitlichen Synchronisierung in der *face-to-face*-Interaktion – nirgends sonst so gut die Möglichkeit, durch Beobachtung des Verhaltens meines Interaktionspartners mittelbar auch seinen Erlebnisablauf zu erschließen. Außerdem erfahre ich, daß er mein Verhalten ebenso deutet und in seinem Verhalten berücksichtigt: das Selbst spiegelt sich in der Fremderfahrung (I, 96). In der Wir-Beziehung verdinglicht sich also aufgrund der gegebenen Rückbezüge zwischen eigenem und fremdem Bewußtsein die individuelle Erfahrung zur gemeinsamen, intersubjektiven Lebenswelt: „Die Lebenswelt ist weder meine private Welt, noch deine private Welt, auch nicht die meine und die deine addiert, sondern die Welt unserer *gemeinsamen* Erfahrung." (I, 98)

Resümieren wir kurz die wichtigsten Unterschiede zu Weber: Schütz leitet seinen Begriff der sozialen Beziehung nicht von der Handlung, sondern

Alltag

von der Erfahrung ab. (Von Handlungen war bisher noch nicht die Rede.) Soziale Beziehungen sind bei Schütz (normalerweise) typisierte Wir-Beziehungen, die zwar gegenseitige Aufmerksamkeitszuwendung voraussetzen, nicht aber motiviertes, sinnhaftes soziales Handeln. Bemerkenswert ist außerdem im Vergleich zu Weber, daß für Schütz soziale Beziehungen, auch *face-to-face*-Beziehungen, praktisch immer von Typisierungen überformt werden, die die Teilnehmer einem gesellschaftlich vermittelten Inventar entnehmen.[14] Dadurch kommt von Anfang an die Konventionalisierung (Sedimentierung) von Erfahrungsmustern ins Spiel.

Wendet man den Schützschen Ansatz auf das U- und S-Bahn-Beispiel aus dem letzten Kapitel an (*Zurückbleiben bitte!*), werden die Unterschiede zu Weber noch deutlicher. Nach Schütz handelt es sich hier wohl nicht um eine unmittelbare Beziehung, und wahrscheinlich nicht einmal um eine Wir-Beziehung, denn obwohl ich als S-Bahn-Fahrer(in) zumindest auditiv meine Aufmerksamkeit dem Bahnbeamten zuwende (denn ich habe ihn ‚verstanden'), gilt das umgekehrt meist nicht. Ich kann die Äußerung verstehen, ohne daß ich als handelnde Person von ihrem Produzenten in irgendeiner Weise wahrgenommen worden bin. Sie ist außerdem nicht an mich als Einzelperson gerichtet, sondern bestenfalls an den Bahnkunden ‚als solchen'. Tatsächlich erscheint das gesamte ablaufende Ereignis in der Erfahrung beider beteiligter Parteien hochgradig anonym und typisiert. Sein Sinn ergibt sich für mich in erster Linie gerade aus meinem Wissen über das Funktionieren der S-Bahn als Transporteinrichtung, besonders aus meinen persönlichen, generalisierten Erfahrungen. Dieser dominante, „objektive Sinnzusammenhang"[15] (also einer, der unabhängig von der konkreten Einzelsituation existiert, weil er aus dem Bewußtsein der Beteiligten externalisiert wird), wird erst dann in einen „subjektiven Sinnzusammenhang rücktransportiert" (I, 109), wenn die Typizität des Ablaufs durchbrochen wird; zum Beispiel, wenn ich das Verbot, den S-Bahn-Waggon zu betreten, doch nicht befolge, und der Bahnbeamte mich dafür zurechtweist. Er wird in diesem Augenblick vom reinen Typus zum Gegenüber in einer Wir-Beziehung.

Wie kommt nun das Konzept des sozialen *Handelns* ins Spiel? Zunächst einfach deshalb, weil sich der Alltag gerade durch seine praktische Relevanz vor allen alternativen Wirklichkeitsbezügen auszeichnet; ohne handelnd in den Alltag einzugreifen, sind wir nicht überlebensfähig. Dabei müssen wir einerseits reagieren auf die „unweigerlich auferlegten" Aspekte der Wirklichkeit, die wir nicht verändern können, mit denen wir uns aber aus-

---

[14] Vgl. dazu auch Sacks (1972).
[15] Schütz' „objektiver Sinnzusammenhang" ist nicht mit Webers „objektivem Sinn" identisch; vgl. unten, S. 123.

einandersetzen müssen; andererseits können wir auch „wirkend" in die Alltagswelt eingreifen, also die Welt durch unsere Handlungen verändern. (Die Grenze zwischen „unweigerlich Auferlegtem" und „Verfügbarem" (Luckmann 1986) ist nicht zuletzt ein kulturelles Konstrukt.) Aber was sind diese Handlungen? Schütz führt sie in den *Strukturen* folgendermaßen ein:

> Manche Erfahrungen haben ⟨...⟩ eine merkwürdige Zeitstruktur – und dementsprechend eine eigenartige Sinndimension –, die sie vor allen anderen Erfahrungen auszeichnet. Wenn *Erfahrungen* nicht nur schlicht ablaufen, nicht nur sozusagen nachträglich sinnvoll gemacht werden, sondern einem Entwurf folgen, erhalten sie ihren wesentlichen – hier können wir sogar sagen: aktuellen – Sinn aus ihrer Beziehung zum Entwurf. ⟨...⟩ Erfahrungen, die ihren Sinn aus ihrer Beziehung zu einem Entwurf des Menschen schöpfen, nennen wir Handlungen. (II, 14, Herv. P. A.)

Handlungen sind also (a) Erfahrungen und (b) Erfahrungen mit einem bestimmten Sinn: nämlich solche, die im Entwurf vorweggenommen worden sind. Damit wird impliziert, daß sich der Sinn von sonstigen Erfahrungen erst in der nachträglichen Zuwendung des Bewußtseins zu einem Erfahrungsinhalt konstituiert, also nicht im Erlebnis der Erfahrung selbst angelegt ist – ein problematischer und vieldiskutierter Teil der Schützschen Phänomenologie.[16] Handeln unterscheidet sich von solchen Erfahrungen nun dadurch, daß es motiviert ist, d.h. es nimmt im Entwurf eine bestimmte Erfahrung vorweg.

Vor dem Hintergrund der phänomenologischen Einklammerung der natürlichen Einstellung erscheint diese Verlagerung des Charakters des Handelns von einer bestimmte Form des Verhaltens zum Handeln als einer bestimmten Form der Erfahrung, also die Rückverlagerung ins Bewußtsein des handelnden Individuums, konsequent. Handeln ist zunächst eine „subjektive Bewußtseinsleistung" (II, 15). Wie kann solches Handeln aber sozial sein, d.h. wie kann ich den Sinn der Handlung des Anderen erkennen, wo ich doch nur zu meinen eigenen Erfahrungen unmittelbaren Zugang habe und deshalb auch nur von mir selbst eindeutig sagen kann, ob und wie ich wirklich handle?

In der alltäglichen Wirklichkeit verkörpert sich das Handeln im *Verhalten*. Hier kommt es „auf den Schein (allerdings nicht einen trügerischen, sondern den durchschnittlich verläßlichen) des Handelns oder Nicht-Handelns an." (II, 15) Die Beziehung zwischen Handeln (Erfahrung) und Verhalten ist dann „durchschnittlich verläßlich", d.h. für den Anderen erkenn-

---

[16] Vgl. u.a. Grathoff (1989:32ff.) zu dieser Zeitstruktur der Sinngebung, die auch den Sinn von Handlungen betrifft, der sich prospektiv oder retrospektiv entfalten kann, nicht aber *im* Handeln: „Nur die Handlung ist sinnvoll, nicht aber das Handeln selbst" (1989:36).

bar (und also mein Handlungsentwurf durch ihn rekonstruierbar), wenn eine typische Korrelation zwischen Entwürfen und Verhalten unterstellt werden kann. Diese Typik ermöglicht es nämlich, vom Verhalten des Anderen ausgehend seine Handlungen zu rekonstruieren; die Wechselseitigkeit der Perspektiven erlaubt die Unterstellung, daß sich die Handlungen des Anderen typischerweise in denselben Verhaltensformen realisieren wie meine eigenen.

Beim sozialen Handeln kommt es also darauf an, die subjektive Sinnzuschreibung, die ich mit meinem Handeln verbinde, so in Verhalten umzusetzen, daß der Andere es verstehen kann. Umgekehrt habe ich nur dann selbst die Möglichkeit, das Verhalten des Anderen als Handeln zu erkennen, wenn ich aus der Art und Weise, wie er oder sie sich verhält, also aus dem „Schein", und aufgrund meiner Erfahrungen mit früheren Verstehensleistungen, also „durchschnittlich verläßlich" (typisiert), Rückschlüsse auf den gemeinten Sinn ziehen kann. Ich kann dann unterstellen, daß die Beziehung zwischen gemeintem Sinn und oberflächlichem Verhalten, die ich selbst als Handelnder herstelle, auch von meinem Gegenüber in annähernd gleicher Weise hergestellt wird, und so aus seinem Verhalten den Schluß ziehen, daß er damit mehr oder weniger dasselbe meint wie ich, wenn ich mich so verhalten würde.

Hier deutet sich eine entscheidende Wende gegenüber der Weberschen Auffassung an: die praktische Instanz, die über den Sinn einer Handlung (bzw. das Vorliegen einer Handlung) entscheidet, ist nicht der Handelnde selbst (dem quasi nur das theoretische Privileg des primären Zugangs zum Sinn seines Handelns bleibt), sondern der Andere (II, 18). Damit ist der Übergang vom subjektiv gemeinten, nur dem Handelnden selbst zugänglichen Sinn, zu dem geleistet, was Schütz den „objektiven" Sinn nennt; „objektiv" nun aber nicht wie bei Weber als Bedeutung, die sich aus dem Objekt (z.B. der sprachlichen Form) selbst ergibt, die ihm sozusagen anhaftet, sondern *sozial objektiv,* d.h. als Teil der sozialen Wirklichkeit. Ich kann mich nicht damit begnügen, in meiner subjektiven Erfahrung ein bestimmtes eigenes Verhalten als sinnhaft zu erleben; um kommunizieren zu können, muß ich vielmehr an der Oberfläche, in meinem Verhalten, typische und deshalb von den anderen kompetenten Mitgliedern der Gesellschaft erkennbare Indikatoren liefern, die mein Verhalten diesen als das gemeinte Handeln erkennbar machen. Der subjektive Sinn verlagert sich in dieser Orientierung an der Erkennbarkeit des Handelns durch den Anderen nach außen. Im Dialog materialisiert sich der subjektive Bewußtseinsinhalt. Bei Schütz ist damit angelegt, was die späteren, besonders ethnomethodologischen Handlungstheorien von Max Weber unterscheidet: daß Handlungen nicht durch den subjektiv gemeinten Sinn zu sozialen Handlungen werden, sondern sich selbst als Handlungen (eines bestimmten Idealtyps) darstellen und so verstehbar machen müssen: „Man legt sein Verhalten dort, wo es darauf ankommt, auf die Deutung des Verhaltens seitens anderer an." (II, 19) Handeln, das nicht am Verhalten erkennbar ist, nennt Schütz hingegen *Denken*.

Es bleibt das Problem der spezifischen Zeitstruktur, die Handlungen laut Schütz haben. Der Durchführung einer Handlung geht in der Regel ein Handlungsentwurf voraus, der wiederum von einem Handlungsziel motiviert wird. Schütz nennt das die Handlungs-Motivation im *Um-zu*-Zusammenhang (I, 253ff.; II, 33ff., u.a.). Diese Motivationsrelevanz „setzt das Verhalten in der aktuellen Situation in Sinnbezug zu Lebensplänen und Tagesplänen" (I, 256). Die Motivationszusammenhänge können natürlich in sich komplex sein. So kann der Besuch einer Vorlesung in einem Um-zu-Zusammenhang zur Vorbereitung eines Examens stehen, das selbst in einem Um-zu-Zusammenhang zu einer bestimmten Berufsperspektive steht, etc.

Bei genauerer Betrachtung ist es allerdings nicht richtig, zu sagen, daß Handlungentwurf/Handlungsziel einerseits und Handlungsdurchführung andererseits in einem zeitlichen ‚vorher/nachher' zueinander stehen. Denn eigentlich sind die „innere Zeit", die mein Bewußtsein bestimmt, und die „Weltzeit", die die soziale Außenwelt mit mir teilt, nicht kommensurabel; da der Handlungsentwurf in der ersten, die Handlung selbst aber in der zweiten stattfindet, ist keine gemeinsame Zeitachse vorhanden, auf der wir beide einordnen könnten. (Die eine Zeit läuft innerlich, die andere äußerlich ab). Allerdings nähern sich im Handeln innere Zeit und Weltzeit soweit wie möglich an (z.B. viel mehr als beim Denken oder gar in anderen Wirklichkeiten, etwa dem Traum). Der Alltag ist also auch durch optimale, wenn auch nicht vollständige Deckung zwischen innerer Zeit und Weltzeit gekennzeichnet.

Man kann die zeitliche Reihenfolge zwischen Motiv und Handlung auch umkehren, wenn man im Nachhinein auf die Handlung zurückblickt. Schütz spricht dann von der Motivation im *Weil*-Zusammenhang (I, 261ff.; II, 33ff., u.a.). In der Weil-Perspektive können dieselben Motivationen angeführt werden, die auch schon in der Um-zu-Perspektive gültig waren: ich bin in die Vorlesung gegangen, weil ich mich auf mein Examen vorbereiten wollte, etc. Allerdings gibt es, wie leicht einzusehen ist, Weil-Motive, die nicht in Um-zu-Motive umformuliert werden können: ich bin in die Vorlesung gegangen, weil ich mich für Linguistik interessiere, ist ein Motiv, das kein Um-zu-Gegenstück hat. Bei solchen „echten" *weil*-Sätzen blicken wir auf Fakten zurück, die biographisch kontingent sind, die aber nicht von vornherein, also vor der Handlung selbst, zur Erreichung eines bestimmten Ziels geplant wurden.

Ein besondere Verzahnung von Um-zu- und Weil-Motiven ist im Ablauf von Konversationen zu beobachten; sie ist später in der Konversationsanalyse als „adjacency pair" (vgl. Kap. 13) beschrieben worden. In der folgenden Handlungssequenz aus einer ‚Einladung' und ihrer ‚Ablehnung'

A: *sollen wir baden gehen?*
B: *nein, ich muß noch arbeiten.*

ist etwa die Handlung von A von dem Um-zu-Motiv bestimmt, B zu einer Aussage darüber zu bewegen, ob er/sie zum Baden gehen möchte. Umgekehrt ist die Antwort B's von dem entsprechenden Weil-Motiv bestimmt: sie/er antwortet, weil er/sie von A gefragt worden ist. In sequentiellen Ablaufschemata dieses Typs verschränken sich also Um-zu- und Weil-Motive verschiedener Handelnder in einer ‚Wir-Beziehung'.

Abschließend ein Wort zur Rolle der *Sprache*. Für Schütz (wie auch später Berger & Luckmann 1966) ist die Sprache Reservoir von gesellschaftlich gültigen Typisierungen. Diese finden sich im Wortschatz kodiert, also z.b. in den verfügbaren Personenbezeichnungen. So stellt den Sprechern des Deutschen schon die Existenz des Wortpaaares *Kunde/Verkäufer* eine Typisierung der Handlungen und des Handlungsablaufs in einer Verkaufsinteraktion zur Verfügung, die gesellschaftlich vorgegeben ist, auch wenn die genaue Semantik dieser Begriffe in Abhängigkeit von neuen Erfahrungen der Sprecher immer wieder revidiert wird. Daneben bestimmt aber auch die Grammatik unser Denken; besonders, so unterstreicht Schütz, kodiert die Syntax der westlichen Sprachen (durch ihre prototypische Abbildung von morphologischen Kasus auf semantische Rollen, also Nominativ ~ Subjekt ~ Agens und Akkusativ ~ Objekt ~ Patiens/‚Thema') eine spezifische Auffassung von Ereigniserfahrungen, nämlich die der Handlung mit verantwortlichem Agens (II, 15).

Die Sprache, in der ich aufwachse, drängt sich mir nach Schütz als weitgehend unveränderliche, sozial gegebene Tatsache auf. Sie ermöglicht mir einerseits über die praktische Unterstellung, daß alle erwachsenen, kompetenten Sprecher des Deutschen dieselbe Semantik teilen, den relativ problemlosen Austausch von Erfahrungen; andererseits zwingt sie mich aber auch, mich beim Ausdruck meiner Erfahrungen diesem System zu unterwerfen. Die Gleichsetzung von Typisierung und Sprache und der nach Schütz prägende Charakter, der sich daraus für unser Denken und Handeln ergibt, erinnert im Ansatz an Humboldt oder sogar Whorf (I, 95).[17] Schütz denkt dabei an sprachliche Felder wie die der metapragmatischen oder Sprechakt-

---

[17] Vgl. zur sprachlichen Relativität kürzlich Gumperz & Levinson (Hrsg., 1996).

verben (Bezeichnungen für sprachliche Handlungen, also etwa *Vorwurf, Verbot, Gruß*) sowie das der Personenbezeichnungen für Handelnde (*Verkäufer, Bahnschaffner* oder *Professor*). Bei dieser Auffassung von Sprache als Sedimentierung von Erfahrungen/ Typisierungen wird aber vernachlässigt, daß Sprache auch bei der Indizierung und dem Erkennen von Handlungstypen im Laufe ihrer Produktion, im Prozeß des Verstehens, eine zentrale Rolle spielt, also bei der Beantwortung der Frage, aufgrund welcher sprachlicher Formen, die der Sprecher verwendet, wir sein Verhalten als ‚Vorwurf', ‚Verbot', ‚Gruß', und ihn selbst als ‚Verkäufer', ‚Bahnschaffner', ‚Professor' erkennen können. Diese Kontextualisierungsfunktion von Sprache wird in Kap. 15 ausführlicher dargestellt.

Kap. 12

Indexikalität/Reflexivität

Harold Garfinkel

H. Garfinkel (geb. 1917) ist Begründer und wichtigster Theoretiker der Ethnomethodologie, einer vor allem in den 60er und 70er Jahren entwickelten Denkrichtung innerhalb der Verstehenden Soziologie. Seine Arbeiten sind von der (teils kritischen) Auseinandersetzung mit seinen Lehrern Alfred Schütz (an der New York School of Social Research) und Talcott Parsons (in Harvard) geprägt. Man hat Garfinkels Werk sogar insgesamt als „Radikalisierung" der Parsonschen Handlungstheorie bezeichnet (vgl. Sharrock & Anderson 1986). Aus der Ethnomethodologie entwickelte sich in den 60er Jahren die (ethnomethodologische) Konversationsanalyse (vgl. das folgende Kapitel). Garfinkel lehrt an der University of California at Los Angeles (UCLA).

Die grundlegenden theoretischen Gedanken Garfinkels finden sich in seinem Buch *Studies in Ethnomethodology* (Englewood Cliffs, 1967) zusammengefaßt. Zu den zentralen Aufsätzen gehören außerdem „Remarks on ethnomethodology" (in J. Gumperz & D. Hymes, Hrsg., *Directions in Sociolinguistics*, New York, 1972, S. 301–324) und der zusammen mit H. Sacks verfaßte Aufsatz „On formal structures of practical actions" (in J. C. McKinney & A. Tiryakian, Hrsg., *Theoretical Sociology*, New York, 1970, S. 337–366; dt. als „Über formale Strukturen praktischer Handlungen", in: E. Weingarten, F. Sack & J. Schenkein, Hrsg., *Ethnomethodologie*, Frankfurt/M.: Suhrkamp, 1976, S. 130–176). In deutscher Übersetzung (und mit vielen Anmerkungen) liegt auch vor: „Das Alltagswissen über soziale und innerhalb sozialer Strukturen", in: Arbeitsgruppe Bielefelder Soziologen (Hrsg.), *Alltagswissen, Interaktion und gesellschaftliche Wirklichkeit*, Reinbek: rororo, Bd. 1, 1973, S. 189–262 (orig. „Aspects of common-sense knowledge of social structures", in: *Transactions of the 4th World Congress of Sociology*, Bd. IV, Louvain 1961, S. 51–65).

Garfinkels außerordentlich hermetischer Stil läßt es allerdings ratsam erscheinen, die Beschäftigung mit der Ethnomethodologie mit einer Einführung zu beginnen, etwa Leiter (1980), Patzelt (1987), Heritage (1984a) oder Flynn (1991, v.a. S. 25–69).

* * *

Mit Garfinkels Ethnomethodologie setzt sich die im vorausgegangenen Kapitel angesprochene Entwicklungslinie fort, die den Sinn einer (sprachlichen) Handlung aus dem Bewußtsein des Handelnden in die sozial-objektive Wirklichkeit der Interaktion verlagert. Dabei bleiben wir aber innerhalb des interpretativen Ansatzes, der niemals ohne die Kategorien Meinen und Verstehen auskommt. Zwischen Garfinkels Ethnomethodologie und Wittgensteins Sprachphilosphie (vgl. Kap. 5), die wissenschaftsgeschichtlich nichts miteinander zu tun haben, bestehen einige erstaunliche Ähnlichkeiten. So lädt uns Wittgenstein ein zu beschreiben, wie mit einem Wort umgegangen wird, anstatt es – vermeintlich – zu erklären, indem wir es auf nicht sichtbare kognitive Ebenen verlagern: „Da alles offen daliegt, ist auch nichts zu erklären. Denn, was etwa verborgen ist, interessiert uns nicht." (1971: I, 126) Ebenso mißtraut auch Garfinkel einer psychologischen oder gar neuropsychologischen Annäherung an das Problem des sozialen Handelns. Der Sinn einer Handlung fällt nicht in den Gegenstandsbereich der experimentellen oder gar physiologischen Wissenschaften. Auch in ihrem Interesse für die Struktur des Alltagslebens stimmen Garfinkel und Wittgenstein überein: die wichtigsten Dinge sind „durch ihre Einfachheit und Alltäglichkeit verborgen" (Wittgenstein 1971: I, 129).

Mit dem eigenartig anmutenden Begriff ‚Ethnomethodologie' wollte Garfinkel eine Disziplin innerhalb der phänomenologischen Soziologie bezeichnen, der es einerseits um die Rekonstruktion der sozialen Wirklichkeit aus der Perspektive der Mitglieder einer bestimmten Kultur geht – also um die Rekonstruktion von Teilnehmer- oder ‚Ethno'-Kategorien wie in *ethno-science, ethno-medicine, ethno-semantics,* etc. –, die sich aber andererseits nicht auf einen bestimmten Wissensbereich spezialisiert (wie etwa die *ethno-medicine* auf die Kategorien, mit denen in einer bestimmten Gesellschaft Krankheiten bezeichnet werden), sondern die Verfahren als solche analysiert, mittels derer soziales Handeln sinnvoll werden kann. Es geht also (etwa auf der Abstraktionsebene von Schütz' „reciprocity of perspectives") um sehr allgemeine Prinzipien der Sinngebung und des Verstehens, die wir alle, als Wissenschaftler oder Laien, tagtäglich unreflektiert (als Teil der „natürlichen Einstellung") einsetzen, um handelnd mit/in unserem Leben zurechtzukommen.

Damit ist bei Garfinkel (und anderen Ethnomethodologen[1]) eine massive Kritik an der gängigen (etwas unglücklich „konstruktivistisch" genannten) Sozialwissenschaft verbunden. Die Kritik richtet sich gegen wissenschaftliche Verfahren, die den Sinngebungsverfahren der Mitglieder einer Kultur

---

[1] Vgl. v.a. Aaron Cicourel (1967).

Indexikalität/Reflexivität

zutiefst mißtrauen und ihnen ihre eigenen, eindeutigeren, besser definierten, axiomatisch begründeten, etc. gegenüberstellen. Dagegen besteht die Ethnomethodologie – genauso wie Schütz – darauf, daß die Kategorien (Typisierungen) der Mitglieder einer Gesellschaft gerade der Gegenstand der Soziologie seien (nicht etwa ein von ihr zu überwindender Mißstand des Alltagsdenkens); sie baut ihre „sekundären Konstrukte" (wissenschaftlichen Kategorien) auf diesen „primären" auf und versucht, möglichst nahe an ihnen zu bleiben. Deshalb erscheinen die Ergebnisse der Verstehenden Soziologie (und übrigens auch der Konversationsanalyse) ab einem gewissen Grad an Verkürzung oft ‚trivial': der Wiedererkennungseffekt im Resultat bestätigt die Qualität der Analyse, der es ja gar nicht um die Entwicklung eines alternativen (besseren) Schemas zum Begreifen der sozialen Wirklichkeit geht, sondern um die Rekonstruktion der primären Alltagskategorien. Es sind aber gerade die unauffälligen, trivialen Routineabläufe, hinter denen sich das Funktionieren der Ethno-Methoden der Sinngebung zeigt. So ist die Ethnomethodologie zurecht als eine „sociology of nothing happened today" (Sacks) bezeichnet worden: Ethno-Methoden der Sinngebung spielen bei jedem sozialen Handeln, und sei es noch so alltäglich, dieselbe fundamentale Rolle; es ist deshalb gleichgültig, wo man zu forschen anfängt (Prinzip der ‚ethnomethodologischen Indifferenz').

Also ein beliebiges Beispiel. Nehmen wir an, wir haben einen engen Freund, der seit vielen Jahren nicht mehr hier war, vom Flughafen abgeholt. Auf dem Nachhauseweg sieht der Besucher eine Zeitlang aus dem Auto und sagt dann: *Hat sich alles ganz schön verändert hier, ne?* Die Äußerung erscheint unproblematisch und ihre Interpretation trivial. Mit der ethnomethodologischen Lupe vergrößert, also spielerisch ihrer Alltäglichkeit beraubt und somit phänomenologisch ‚eingeklammert', wird sie aber zu einem Objekt außerordentlicher und bemerkenswerter Ungenauigkeit: was ist mit *hier* gemeint? Die Stadt, der Flughafen, die Stelle, an der wir gerade im Stau stehen? Das neue Auto? Ist es möglich, daß sich wirklich *alles* verändert hat? Sind nicht ganze Straßenzüge identisch geblieben? Was genau ist mit *verändert* gemeint, die Straßen, die Häuser, die Leute, etc.? Ist die Äußerung ein Lob oder eine Kritik, negativ oder positiv gemeint? All das den Sprecher zu fragen, wäre unsinnig: natürlich verstehen wir im konkreten Fall mehr oder weniger, was gemeint war. (Jedenfalls für alle „praktischen Zwecke". Wir können nicht sicher sein, welchen subjektiven Sinn der Sprecher konkret mit seiner Äußerung verbunden hat, aber wir können ausreichend sicher sein, ihn richtig verstanden zu haben, um nicht nachfragen zu müssen.) Aber *wie* können wir es wissen? Wie können wir Verhalten verstehen, also die Handlung in ihrem intendierten Sinn erkennen, ohne dem Sprecher in den Kopf zu schauen?

Garfinkel reformuliert diese Grundfrage, wenn er die Ethnomethodologie definiert als „the investigation of the rational properties of indexical expressions and other practical actions as contingent ongoing accomplishments of organized artful practices of everyday life" (1967:11). Hier wird Sinngebung weitgehend mit der Interpretation von „indexikalischen Ausdrücken" gleichgesetzt, d.h. all jenen sprachlichen Elementen, die isoliert (ohne ihren Kontext) betrachtet nicht eindeutig, klar und fraglos eine konkrete Bedeutung haben. Solche indexikalischen Ausdrücke wären in unserem Beispiel etwa *hier, alles, ganz schön, verändert* – also praktisch jedes Wort. Sie alle stellen unpräzise Teile der Äußerung dar, nicht nur das auch in der Linguistik allgemein als deiktisch bezeichnete (das heißt, nur situationsabhängig verstehbare) Lokaladverb *hier*.

Mit Indexikalität gehen die Gesprächsteilnehmer und die Wissenschafler verschieden um. Für die ersteren ist sie ein unbemerktes und nicht kommentierenswertes Faktum. Zwar sind wir im Alltag oft nicht mit dem zufrieden, was der Andere oder wir selbst gesagt haben; wir elaborieren, reparieren oder reformulieren es. Es kommt natürlich auch vor, daß wir von unserem Gesprächspartner gebeten werden, die Bedeutung einer sprachlichen Handlung metakommunikativ zu erläutern. Zum Beispiel könnten wir, wenn wir uns wirklich nicht sicher sind, was unser Besucher auf dem Weg vom Flughafen in die Stadt gemeint hat, und wenn wir es für den weiteren Gesprächsverlauf für notwendig erachten, dies genauer zu wissen, nachfragen: *Wie meinst Du das?* oder *Meinst Du hier den Flughafen?* Allerdings wären alle Antworten auf solche Reparaturinitiierungen, wiewohl sie einen Teil der indexikalischen Vagheit der ursprünglichen Äußerung beseitigen könnten, selbst wieder indexikalisch und daher prinzipiell reparaturbedürftig. (Etwa die Antwort: *Naja, ich find', es ist viel gebaut worden* oder *Ja, früher war das doch alles so schäbig hier.*) Würde man nun versuchen, die Indexikalität der Antwort in einem weiteren metakommunikativen Schritt aufzuklären (also etwa nach der präzisen gemeinten Bedeutung von *viel, früher, alles, schäbig*, etc. zu fragen), so erhielte man erneut indexikalische und daher reparaturbedürftige Antworten. Vermutlich kämen wir schnell an die Grenze, wo unser Gesprächspartner Bedenken über unser Befinden äußern würde. Der theoretisch infinite Regreß von Erklärungen, die jeweils die vorausgehende Äußerung des Anderen ein Stückchen zu de-indexikalisieren suchen, dabei aber neue erklärungsbedürftige Äußerungen nach sich ziehen, ist in der Praxis des Alltagslebens schon nach wenigen ‚Reparaturrunden' am Ende.

Garfinkel hat in sog. Brechungsexperimenten seine Studierenden aufgefordert, in beliebigen Alltagsgesprächen mit Freunden die sonst von allen gutwilligen Gesprächsteilnehmern akzeptierte grundsätzliche Indexikalität natürlichsprachlicher Äußerungen zu verweigern. Es ergaben sich dann Sequenzen wie die folgende (aus Garfinkel 1961, Übersetzung P. A.):

VP: Hallo Ray, wie fühlt sich deine Freundin?
E: Was meinst Du mit der Frage, wie sie sich fühlt? Meinst du das körperlich oder geistig?
VP: Ich meine: wie fühlt sie sich? Was ist denn mit dir los? (Er wirkt eingeschnappt.)
E: Nichts. Aber erklär mir doch ein bißchen deutlicher, was du meinst.
VP: Lassen wir das. Was macht deine Zulassung für die medizinische Hochschule?
E: Was meinst du damit: „Was macht sie?"
VP: Du weißt genau, was ich meine.
E: Ich weiß es wirklich nicht.
VP: Was ist mit dir los? Ist dir nicht gut?

Nach ein oder zwei Nachfragen reagierten die Befragten nicht mehr mit weiteren Erläuterungen, sondern mit Verärgerung, Abbruch (Themenwechsel), oder sie vermuteten eine bestimmte Strategie hinter dem Verhalten ihres Gesprächspartners, der sich offenbar ‚dumm stellt'. (Sich ‚dumm zu stellen' kann selbst eine Handlung sein, ein alltagsrhetorischer Trick, den es zu durchschauen gilt; aber dem, der sich ‚dumm stellt', geht es nicht mehr um die Aufklärung einer indexikalischen Vagheit, sondern um etwas ganz anderes, d.h. der Sinn der Nachfrage verändert sich.) Die Möglichkeiten der Aufklärung indexikalischer Strukturen in der Praxis des Alltags sind also beschränkt. Zwar können wir in so-und-so-vielen Worten „formulieren" (Garfinkel & Sacks 1970), was wir gemeint haben, diese Formulierung wird aber selbst in irgendeiner Weise wieder indexikalische Elemente enthalten. Unsere alltagspraktischen Verfahren der Sinngebung sehen weder eindeutige Formulierungen vor, noch setzen sie sie voraus. Sinngebung funktioniert offenbar anders.

Garfinkel kritisiert die üblichen sozialwissenschaftlichen Methoden deshalb, weil sie bestrebt sind, ganz im Gegensatz zu der praktischen Nachlässigkeit der Alltagshandelnden die Indexikalität natürlichsprachlicher Äußerungen zu beseitigen. (Dasselbe Argument gilt für formalsemantische Methoden in der Linguistik, auf die Garfinkel aber nicht direkt eingeht.[2]) Die indexikalischen Komponenten alltäglicher Äußerungen sind für die Wissenschaftler dann nur „die armen Verwandten" der vermeintlich de-indexikalisierten, präziseren Formulierungen einer wissenschaftlichen Metasprache: „Unter ‚armen Verwandten' verstehen wir ‚peinliche, aber notwendige Lästigkeiten', ‚schlechtere Versionen', ‚Un-Phänomene', ‚kein Grund zum Feiern', ‚häßliche Doubles', auf die sich die Gesellschaftsmitglieder

---

[2] Vgl. u.a. Schneider (1993).

stützen, um die Ansprüche jener Verwandten zu befriedigen, die eine Universität besucht haben und von dieser gebildet zurückgekommen sind" (so Garfinkel & Sacks 1970:356, Übers. P. A.).

Nun kann man tatsächlich (auch als Linguist, der sich mit Semantik oder Pragmatik beschäftigt) in Konkurrenz zur Alltagssprache treten und versuchen, natürlichsprachliche Äußerungen in eine ‚gereinigte' Form zu bringen, die allen Ansprüchen an Klarheit und Eindeutigkeit zu genügen scheint. In der Sprachphilosophie war dies das Programm des Logischen Positivismus (etwa vertreten durch Rudolf Carnap und den frühen Wittgenstein; vgl. Kap. 6), das von formalen Semantikern in der Tradition Reichenbachs oder Montagues fortgeführt wurde (Reichenbach 1947, Montague 1968). Das Programm bezog sich zunächst auf die sog. deiktischen Ausdrücke und Formen einer Sprache (wie *ich, hier, jetzt,* Tempus, Aspekt, etc.); da aber Indexikalität auch die Bedeutung sog. Inhaltswörter (Lexeme) und natürlich den Sinn einer sprachlichen Äußerung insgesamt (als Handlung) betrifft, ist die ‚Reinigung' natürlichsprachlicher Sätze von deiktischen Elementen noch nicht ausreichend, um eine eindeutige Sprache zu schaffen. Gegen alle Versuche einer solchen ‚Übersetzung' der Alltagssprache in eine wissenschaftliche (z.B. logische) Metasprache argumentiert die Ethnomethodologie, daß sie höchstens tendentiell, aber nie vollständig in der Lage sind, den alltagssprachlichen Äußerungen ihre Indexikalität auszutreiben. Genauso wie die von Garfinkels Studenten in den Brechungsexperimenten Befragten, müssen auch die Wissenschaftler (Sozialwissenschaftler oder formale Semantiker und Logiker) irgendwann aus praktischen Gründen vor der Aufgabe kapitulieren, in so-und-so-vielen Worten zu formulieren, was mit einer Äußerung gemeint war; Indexikalität ist, wie Garfinkel sagt, „unheilbar".

Garfinkel gebrauchte dafür den folgenden Vergleich (Garfinkel & Sacks 1970:347):[3]

> Nehmen wir an, daß Hausfrauen, die in einen Raum geführt werden, unabhängig voneinander auf eine bestimmte Stelle zugehen und zu putzen anfangen. Daraus könnte man schließen, daß die Stelle das Putzen wirklich nötig hatte. Andererseits könnte man auch schließen, daß etwas an der Stelle und etwas an den Hausfrauen so beschaffen ist, daß ihr Aufeinandertreffen die Gelegenheit zum Putzen ergibt; in diesem Fall wäre die Tatsache des Putzens nicht Evidenz für Schmutz, sondern ein Phänomen sui generis. (Übers. P. A.)

---

[3] Die Metapher mag vielleicht heute ein wenig schräg oder sogar wenig frauenfreundlich klingen, aber wenn man den Putzfetischismus der 60er Jahre berücksichtigt, wird die Ironie deutlich.

Indexikalität/Reflexivität

Der Fleck ist natürlich die Indexikalität, und die putzwütigen Hausfrauen sind die klassischen Soziologen und logischen Semantiker, aber auch die im Alltag Handelnden, wenn sie z.b. Erläuterungen ihrer eigenen Handlungen liefern. Die Ethnomethodologen hingegen interessiert überhaupt nicht, wo der Fleck ist, wie er aussieht, ja ob es ihn überhaupt gibt, ob er wirklich so schlimm ist, etc. Es interessiert sie nur das Faktum, daß hier eine Säuberung stattfindet: die Äußerung selbst ist so, wie sie ist (vage und prinzipiell erklärungsbedürftig), vollkommen.[4] Empirisch zu untersuchen ist hingegen z.b. die Frage, warum eine bestimmte Version einer Äußerung für Laien und/oder Wissenschaftler sinnvollerweise nicht mehr weiter deindexikalisierbar ist, während andere Fälle von Indexikalität bearbeitet werden.

Wie kann aber die natürliche Sprache zugleich vage und vollkommen sein? Das Geheimnis der ethnomethodologischen Antwort versteckt sich im zweiten Schlüsselbegriff dieses Kapitels, dem der *Reflexivität*. In Garfinkels etwas kryptischen Worten ausgedrückt, bedeutet Reflexivität, daß „the activities whereby members produce and manage settings of organized everyday affairs are identical with members' procedures for making those settings ‚accountable'" (1967:1). Die Art und Weise, in der wir unsere Alltagshandlungen kontextsensibel organisieren, liefert also nach Garfinkel zugleich die Anhaltspunkte, die unsere Gesprächspartner darauf hinweisen, wie diese verstanden werden sollen. Aus den lokalen Umständen ihrer Produktion, also aus der zeitlichen Plazierung der Handlung relativ zu einem Handlungszusammenhang, aus ihrem Ort, ihrem Sprecher und Adressaten und deren Beziehung zueinander, dem bisherigen Interaktionsverlauf und weiteren spezifischen Kontextmerkmalen, läßt sich erkennen, wie sie zu interpretieren sind, ohne daß mehr als bis zu einem bestimmten Grad auf Klärung insistiert werden müßte. Reflexiv sind unsere Handlungen also deshalb, weil sie selbst den Kontext organisieren, der sie für-alle-praktischen-Zwecke-dieses-Augenblicks-interpretierbar macht (selbstverständlich ohne daß wir uns dieser Reflexivität bewußt wären).

Zum Flughafenbeispiel zurück: die sich selbst organisierende und erklärende Situation, in der und als Teil deren die Äußerung *Hat sich alles ganz schön verändert hier, ne* produziert wird, liefert uns auch die entscheidenden Hinweise, wie wir sie verstehen sollen, und wieviele Details (etwa bei der Auflösung des deiktischen Elements *hier*) wir dazu benötigen. Im vorliegenden Fall sind es nicht viele, wenn überhaupt irgendwelche: durch den (von den Handelnden selbst produzierten) Kontext ist es klar, daß die Äußerung als Initiierung einer fokussierten Interaktion (und Einleitung eines Themas) gemeint ist (vgl. die Plazierung nach einer Gesprächspause). Der kon-

---

[4] Vgl. Wittgenstein 1971:I, 98.

krete referentielle Bezugspunkt für die sprachliche Handlung ist dabei ziemlich gleichgültig. Tatsächlich funktioniert die soziale Handlung ‚Gesprächseinleitung' sogar dann, wenn der Sprecher überhaupt keinen konkreten referentiellen Sinn mit seiner Äußerung verbindet.

(Das Beispiel ist natürlich doch nicht ganz zufällig gewählt; Garfinkel & Sacks (1970:366) verwenden es selbst im Anhang ihres Aufsatzes, wo sie von einem ‚Kollegen' berichten, der, wenn er in eine völlig fremde Stadt kam, in derselben Situation zu sagen pflegte: *It certainly has changed!* (natürlich ohne subjektiv überhaupt irgendwelche Veränderungen in einer unbekannten Stadt feststellen zu können). Sein Gastgeber fand dann alleine einen (vom Sprecher nicht intendierten, weil ihm nicht bekannten) Referenten für *it* und initiierte wie gewünscht ein neues Gesprächsthema, etwa wenn er antwortete: *It was ten years before they rebuilt the block after the fire.* Die Umstände produzieren in diesem Beispiel also das Gemeinte aus einer dafür *notwendigen* Vagheit.)

Aus der Verschränkung von Indexikalität und Reflexivität lassen sich eine Reihe von einzelnen Strategien (man könnte auch sagen: Maximen) der Sinngebung ableiten, die von Garfinkel teils unter direktem Rückgriff auf Alfred Schütz formuliert werden. Dazu zählen

- das *etc.-Prinzip* („enough is enough"): jede Sammlung von Beschreibungen (von Objekten, Situationen, Regeln u.ä.) ist unvollständig und muß mit dem Zusatz ‚etc.' versehen werden; umgekehrt sind prinzipiell immer Erweiterungen möglich und Detaillierungen einklagbar. Aber jede derartige Liste ist aus praktischen Gründen in einem bestimmten Kontext ausreichend, auch wenn sie nie vollständig ist;
- die *dokumentarische Methode der Sinngebung* (ein Begriff, den Garfinkel von dem Wissenssoziologen Karl Mannheim übernimmt[5]): einzelne interpretierbare Handlungen oder Handlungselement werden, wenn möglich, auf dem Hintergrund einer zugrundeliegenden Interpretationsfolie gedeutet, die sie in ein Gesamtinterpretationschema einbindet. Dieses liefert dann seinerseits Kontextelemente, die für das Verstehen einzelner Handlungen notwendig sind. So werden wir z.B., wenn sich der Gast auf dem Weg vom Flughafen zum Bahnhof schon mehrmals negativ über die Stadt geäußert hat, die Äußerung *Hat sich alles ganz schön verändert hier, ne* auf dieser Interpretationsfolie hören und vielleicht als negative Bewertung verstehen;
- die *retrospektiv-prospektive Orientiertheit der Sinngebung* („wait and see", „let it pass"): unklare, vage, referentiell ungeklärte Handlungen oder

---

[5] Vgl. Mannheim (1921/1922).

Äußerungen werden im Vertrauen auf die zukünftige Entwicklung der Interaktion nicht immer sofort eingeklagt; vielmehr vertrauen wir darauf, daß spätere Handlungen sie retrospektiv klären werden.

Für Garfinkel ergibt sich die Konstitution des Sinns von Handlungen also aus dem Zusammenspiel von einzelnen Verhaltensweisen und kontextuellen *settings*. Verhaltensweisen werden erst durch ihre Einbettung in diese Kontexte zu sinnhaften Handlungen, aber auch umgekehrt – das ist die *pointe* des ethnomethodologischen Unternehmens – gilt, daß *settings* erst durch die Handlungen, die in ihnen stattfinden, konstituiert werden. So haben wir es in der Ethnomethodologie mit einem radikal konstruktivistischen Ansatz (*avant la lettre*) zu tun, der letztendlich die gesamte soziale Wirklichkeit als „Vollzugswirklichkeit" begreift, die die Teilnehmer durch ihr Handeln „lokal" und „endogen" (Bergmann 1981) erzeugen.

Die Bedeutung der Ethnomethodologie für die Linguistik wäre vermutlich gering geblieben, wenn Garfinkels meist sehr abstrakte Überlegungen nicht durch die ethnomethodologische Konversationsanalyse konkretisiert worden wären. Ebenso muß man Garfinkels Idee der „self-organizing settings" im Zusammenhang ähnlicher theoretischer Entwürfe bei E. Goffman (1974) und J. Gumperz (Kap. 15, Kontextualisierung) sehen, um ihre Bedeutung für die praktische Beschreibung sprachlicher Interaktionsabläufe zu beurteilen.

Kap. 13

Sequentialität

Harvey Sacks

H. Sacks (1935–1975) studierte ursprünglich Rechtswissenschaften in Yale, später Soziologie als Doktorand in Cambridge am MIT (wo er von Talcott Parsons beeinflußt war), von 1959/60 an in Berkeley. Von 1963 an lehrte er an der University of California at Los Angeles; prägend für seine Entwicklung war der Kontakt mit Harold Garfinkel, den er seit den späten 50er Jahren kannte und der ebenfalls in Los Angeles arbeitete, aber auch der mit E. Goffman.[1]

Sacks gilt als der Begründer der *conversation analysis*, die er in der zweiten Hälfte der 60er Jahre bis 1972 in umfangreichen Vorlesungsreihen v.a. an der University of California at Irvine entwickelt hat. Sacks verfolgte das Forschungsprogramm der Ethnomethodologie aber nicht nur anhand von konversationellem Material, sondern auch anhand anderer Themen (z.b. den Ethno-Verfahren, nach denen amerikanische Polizisten auf Streife Verdächtige erkennen, vgl. Sacks 1972); manche seiner frühen Schriften sind eher wissenssoziologisch als gesprächsanalytisch orientiert (z.b. die zum „membershipping" , vgl. Sacks 1972a).

Die meisten Vorlesungen sind inzwischen posthum veröffentlicht worden (H. Sacks, *Lectures on Conversation*, Oxford: Blackwell, 1992). Klassische Aufsätze der frühen Konversationsanalyse, die deren „analytische Mentalität" gut erkennen lassen, sind etwa „A simplest systematics for the organization of turn-taking for conversation" (mit E. Schegloff, G. Jefferson; zuerst 1974 in *Language* 50: 696–735; in erweiterter Version in: J. Schenkein, Hrsg., *Studies in the Organization of Conversational Interaction*, New York, 1979, S. 7–55), „Opening up closings" (mit E. Schegloff; *Semiotica* 8, 1973, S. 289–327), „The preference for self-correction in the organization of repair in conversation" (mit E. Schegloff, G. Jefferson; *Language* 53, 1977) oder „Everyone has to lie" (in: Sanchez, M. & Blount, B. G., Hrsg., *Sociocultural Dimensions of Language Use*, New York 1975, S. 57–79).

Gerade in der Bundesrepublik wurde die Konversationsanalyse schon früh von soziologisch interessierten Linguisten und Linguistinnen rezipiert;[2]

---

[1] Zur Vita vgl. die Einleitung von E. Schegloff zu Sacks' edierten Vorlesungen (1992).
[2] Vgl. die einflußreiche frühe Darstellung der Konversationsanalyse durch den Linguisten W. Kallmeyer und den Soziologen F. Schütze (Kallmeyer & Schütze 1976).

die Situation für eine solche Rezeption war nach der sog. pragmatischen Wende in den 70er Jahren günstig.

Als Einführungen in die Konversationsanalyse sind Bergmann (1981) und (1994), das Kapitel „Conversational structure" in Levinson (1983) (mit Schwerpunkt „Präferenzsysteme"), Goodwin & Heritage (1990), Nofsinger (1991) sowie Hutchby & Wooffitt (1998) geeignet.[3]

* * *

Um die Methoden analysieren zu können, mit denen die kompetenten Mitglieder einer Gesellschaft einer Handlung Sinn zuschreiben, wird, wie im letzten Kapitel gezeigt, in der Ethnomethodologie der Begriff der Indexikalität (Kontextbezogenheit) zentral. Garfinkels Denken kreist um das Thema, wie Handelnde „praktisch" mit der unvermeidlichen und nicht zu beseitigenden Indexikalität ihrer Handlungen umgehen. Diese Frage wurde wohl am erfolgreichsten in der Konversationsanalyse bearbeitet.

Dem Prinzip der ethnomethodologischen Indifferenz entsprechend, war die Richtung, die das ethnomethodologische Forschungsprogramm damit genommen hat, allerdings ziemlich zufällig – jedenfalls wurde das von Ethnomethodologen immer wieder behauptet.[4] So bekennt Sacks (1984[5]):

> It wasn't from any large interest in language or from some theoretical formulation of what should be studied that I started with tape-recorded conversation, but simply because I could get my hands on it and I could study it again and again, and also, consequentially, because others could look at what I had studied and make of it what they could, if, for example, they wanted to be able to disagree with me.

Selbst wenn es tatsächlich nur die Verfügbarkeit einer unkomplizierten Aufzeichnungsmaschine war, die der Anlaß für die ethnomethodologische Be-

---

Zur Auseinandersetzung zwischen orthodox-soziologischer und linguistisch-adaptierter (teils auch miß-adaptierter) Konversationsanalyse vgl. einerseits Bergmann (1981) und Streeck (1983), andererseits die germanistischen Einführungen in die ‚Gesprächsanalyse' von Henne & Rehbock (1979) und Brinker & Sager (1989).

[3] Vgl. außerdem Psathas (1995); Taylor & Cameron (1987), darin Kap. 6; Wardhaugh (1985) (wesentlich breiter angelegt, umfaßt nicht nur die ethnomethodologische Gesprächsanalyse). Zu der bedeutenden Rolle, die Telefongespräche als Datengrundlage in der Konversationsanalyse gespielt haben, vgl. auch Hopper (1992).

[4] Dabei war vielleicht die strategische Überlegung nicht ganz unwichtig, die Grenzüberschreitung in die Nachbardisziplin Linguistik herunterzuspielen und den soziologischen Charakter des Unternehmens zu unterstreichen, auch wenn die zentralen Arbeiten der frühen Konversationsanalyse nicht selten in linguistischen Zeitschriften und Büchern veröffentlicht wurden.

[5] Ein von G. Jefferson herausgegebener Text einer Vorlesung von 1967.

schäftigung mit Sprache wurde (übrigens sehr oft mit Telefon-Sprache, weil in diesem Fall die Bedeutung des visuellen Kommunikationskanals ohne Reduktion des Interaktionsereignisses ausgeschaltet werden konnte), so scheint das Thema Alltagsgespräch doch äußerst klug gewählt; denn kaum ein anderes Untersuchungsfeld eignet sich so gut, die interaktive Herstellung („accomplishment") von Intersubjektivität zu untersuchen. Die von Garfinkel entwickelte These, daß die unvermeidliche und „unheilbare" Indexikalität allen sozialen Handelns deshalb kein Hindernis für intersubjektives Verstehen ist, weil sich die emergente soziale Situation reflexiv selbst strukturiert und somit erklärt, läßt sich hier sehr konkret am Material nachweisen.

In den vorausgehenden Kapiteln wurde gezeigt, daß sich die analytische Bearbeitung des Handlungssinns auf dem Weg von Weber über Schütz bis zu Garfinkel immer mehr von der subjektiven Intention des Handelnden in die objektiven (sichtbaren, hörbaren, erfahrbaren) Gegebenheiten der Interaktion hinein verlagert. Diese Oberflächenphänomene im Verhalten hängen freilich den sprachlichen (oder sonstigen) Aktivitäten keine Etiketten um, an denen ihr Sinn eindeutig erkennbar wäre. Vielmehr bedeutet Indexikalität nichts anderes, als daß der Weg von diesen Oberflächenphänomenen zum gemeinten Sinn vom Rezipienten Interpretationsarbeit verlangt. Allerdings liegt die Last, Intersubjektivität herzustellen, nicht beim Rezipienten allein; der (sprachlich) Handelnde muß seine Aktivitäten so gestalten, daß dieser intendierte Sinn sichtbar, hörbar, erfahrbar, etc. („accountable") wird. Eine Handlung – etwa ein ‚Vorwurf' – wird dadurch zum intersubjektiv realen, nicht nur subjektiv gemeinten Vorwurf, daß sie verstehbar *dargestellt* wird. Dieses „making accountable" macht den Anteil des Sprechers an der Verwandlung von Verhalten in Handeln aus.

In Alltagsgesprächen unterstellen die Beteiligten in den meisten Fällen, daß sie sich verstehen. Nur in Ausnahmefällen wird Nachfragen, Reformulieren, explizites metakommunikatives Sprechen über den gemeinten Sinn notwendig. Daraus ergibt sich die Frage: was verschafft den Handelnden diese Sicherheit? Wie können sie (einigermaßen zuverlässig) wissen, daß sie verstanden worden sind?

Eine Antwort der Konversationsanalyse ist einfach: wir erkennen aus der Art und Weise, wie der Andere seine *nächsten* Handlungen (‚Erwiderungen') formuliert, wie er unsere erste Handlung verstanden hat. Natürlich gibt es nicht immer passende Folgehandlungen, die sich eindeutig auf die Vorgängerhandlung beziehen und deren korrektes (d.h. mit dem intendierten Sinn übereinstimmendes) Verständnis für den ersten Sprecher sichtbar werden lassen. In bestimmten konversationellen Abläufen ist dieses Verfahren der Sinn-Kontrolle an der Folgeäußerung jedoch sehr effektiv und erfolgreich. Mit solchen Sequenzen hat sich die Konversationsanalyse besonders intensiv beschäftigt. Betrachten wir dazu ein Beispiel:

Telefongespräch
(Ausschnitt, Telecom-Techniker (T) und Tochter der Kundin (B))

```
((...))
T:  ((wir ham)) no amal mit ihrem (-) MUTter glaub=war des oder?
B:  ja?
T:  gschbroche (.) na hat sie uns MITgeteilt daß de (.) empFÄNger, also
    FERNseh<<acc>empfänger> defekt war, ⌈und beim FACHhandwerk isch,
B:                                       ⌊mhm,
    ja:,
T:  un:d (.) ets isch=er (-) wieder in ORDnung; (-)
    ⌈(    )
→B: ⌊ja: aber die STREIfn k' sin wieder da:;
T:  ja (-) REGgelmäßig odda (-)⌈(    )
B:                              ⌊ich wEIß nich ich seh SO selten fErnsehn
((etc.))
```

Betrachten wir zunächst die Äußerung des Fernsehmechanikers vor der durch Pfeil markierten Äußerung von B. Obwohl sein *und jetzt ist er wieder in Ordnung* keinerlei formale (syntaktische oder prosodische) Merkmale einer ‚Frage' aufweist, kann diese Äußerung, in ihrem Kontext betrachtet, doch legitimerweise als (sprachliche Handlung) ‚Frage' verstanden werden. Dazu trägt der Vorlauf (*presequence*[6]) bei, durch den der Techniker seine Äußerung einleitet (*(wir ham) no amal mit ihrem (-) MUTter glaub=war des (...) gschbroche (.) na hat sie uns MITgeteilt daß de (.) emPFÄNger, also FERNseh<<acc>empfänger> defekt war, und beim FACHhandwerk isch*). Durch ihn wird die nun auszuführende Handlung in eine Interaktionsgeschichte gestellt, die den Anrufer mit der Mutter der Angerufenen verbindet; der Teilnehmer T demonstriert damit, daß die gerade stattfindende interaktive Episode nicht eigentlich von ihm initiiert wird, sondern auf eine vorherige Beschwerde der Mutter zurückgeht, also selbst ein responsiver Zug ist. Damit verschafft er sich die Erlaubnis, ja die Verpflichtung, nach dem jetzigen ‚Stand der Dinge' zu ‚fragen': er greift die frühere Beschwerde der Kundin auf und bearbeitet sie. Die ‚Frage' wird also an einem Punkt im Ablauf der Interaktion produziert, in dem der Kontext, in den sie sich einbettet, die ihr inhärente Indexikalität (praktisch ausreichend) auflöst; das *setting* organisiert sich selbst (vgl. dazu Garfinkel im

---

[6] Vgl. zur interaktiven Funktion solcher Vorläufe besonders Schegloff (1980) und (1988).

vorherigen Kapitel), die kontextbezogene, an sich betrachtet nicht eindeutige Äußerung wird (für alle gutwilligen Teilnehmer) als ‚Frage' erkennbar. Wie kann der Produzent der ‚Frage' nun sicher sein, daß seine Handlung ‚richtig' verstanden worden ist? Die nächste Handlung der bisherigen Rezipientin (vgl. Pfeil) liefert die notwendige Evidenz: sie demonstriert Verstehen. Weil sie als eine ‚Antwort', und zwar nicht als irgendeine ‚Antwort', sondern als ‚Antwort' auf die unmittelbar vorausgegangene ‚Frage' gelten kann, weil also erste und zweite Handlung zueinander ‚passen', belegt sie zugleich, daß die Sprecherin die Vorgängeräußerung als ‚Frage' verstanden hat. Die ‚Frage' wird damit in der interaktiven Realität des Dialogs sichtbar ratifiziert und somit zu einem intersubjektiv gesicherten Bestandteil dieses Telefongesprächs. (Der Anrufer könnte also zu einem späteren Zeitpunkt in diesem Gespräch oder in dieser Interaktionsgeschichte legitimerweise darauf zurückkommen und etwa darauf verweisen, daß er ‚die Tochter doch gefragt habe, ob der Fernseher jetzt funktioniere'.)

Daß das Problem nicht trivial ist, zeigt sich vielleicht am besten an systematisch mehrdeutigen Fällen, wie z.B. gesprächseröffnenden Äußerungen des Typs *Weißt Du, was passiert ist?* (oder *Weißt Du, wie's ausgegangen ist?*). Syntaktisch gesehen handelt es sich dabei sicherlich um Fragen (grammatisch an der Spitzenstellung des Verbs erkennbar). Interaktiv gesehen sind sprachliche Handlungen des genannten Typs jedoch ambig: sie können einerseits tatsächlich als Fragen nach Information verstanden werden (dann ist es der Angesprochene, der als nächstes die dem Sprecher fehlende Information geben darf bzw. muß), andererseits können sie aber auch dazu dienen herauszufinden, ob der Angesprochene die Neuigkeit schon kennt, über die der Sprecher verfügt. Die erwartete Antwort auf eine solche Äußerung ist *nein*, und in diesem Fall liefert sie zunächst dem Sprecher die Erlaubnis (und verpflichtet ihn sogar), die angekündigte Neuigkeit mitzuteilen. Systematisch ambige Äußerungen dieses Typs sind ein Beispiel für den seltenen Fall, in dem die Sprecherhandlung sich nicht schon selbst durch den Kontext, in dem sie produziert wird, reflexiv mit dem Zusatzwissen versorgt, das die ‚richtige' Interpretation und die passende Erwiderung nahelegt. Hier bleibt es allein dem Rezipienten überlassen, zwischen den beiden möglichen Lesarten zu wählen. Erst im dritten Redebeitrag zeigt sich, ob die gewählte Lesart auch der Intention des ersten Sprechers entspricht (er wird bei Nichtentsprechung entweder mit *Nein, ich frag Dich doch!* oder mit *Ach, Du weißt es schon, ich wollt Dir's grad erzählen!* reagieren).

Der Grund, warum sich Alltagskonversationen so hervorragend für den Nachweis eignen, daß der Handlungssinn interaktiv – in einem Zusammenspiel zwischen Darstellung der eigenen Intention durch den Sprecher und Darstellung der eigenen Interpretation durch den Rezipienten – produziert wird, ist also dieser: es gibt verfestigte und routinisierte Abfolgen von Hand-

Sequentialität 141

lungen in bestimmten konversationellen Sequenzmustern, die mehr oder weniger bindenden Charakter haben. Im Gegensatz zu Handlungen wie dem Überqueren einer Fußgängerampel bei ‚rot' in Gegenwart anderer Passanten, dem Türzuschlagen beim Verlassen eines Konzertsaals, einer Bundestagsrede oder der Verlesung des Wetterberichts im Rundfunk, auf die nicht systematisch (erwartbar) bestimmte andere Aktivitäten folgen, sind in Alltagskonversationen manche Ablaufsequenzen normativ geregelt und nur noch eingeschränkt der spontanen Entscheidung der Gesprächsteilnehmer überlassen: einem Gruß folgt ein Gegengruß, einer Einladung eine Annahme oder Ablehnung, etc. Diese Erwiderungen folgen der ersten Handlung unmittelbar (auch wenn es Möglichkeiten gibt, sie aufzuschieben, z.B. durch eine Gegenfrage). Dadurch ist die interaktive Produktion von Sinn in vielen Fällen ‚lokal' überprüfbar.

Abfolgen von zwei Handlungen, die so hochgradig reglementiert sind wie Gruß/Gegengruß, Informationsfrage/Antwort oder auch Einladung/ Annahme oder Ablehnung nennt Sacks Paarsequenzen[7] (*adjacency pairs*). Sie sind dadurch charakterisiert, daß sie zwei Handlungstypen aneinander binden, die von unterschiedlichen Gesprächsteilnehmern ausgeführt werden, unmittelbar aufeinander folgen und durch eine Beziehung der konditionellen Relevanz miteinander verkettet sind. Da in einem Paarsequenzschema das erkennbare Vorliegen des ersten Handlungstyps die folgende konversationelle Position sequentiell vorstrukturiert, wird, was auch immer in dieser Position geäußert wird, als Kandidat für den zweiten Handlungstyp verstanden.

Natürlich muß die Bindung zwischen zwei Aktivitäten nicht immer so eng sein wie im Fall der Paarsequenzen. Dies läßt sich auch am Transkriptausschnitt zeigen. Die Äußerungen des Technikers, die in den ersten sechs Zeilen wiedergegeben sind, werden zum Beispiel erkennbar als Vorlauf zu einer später folgenden, zentralen Handlung produziert, nämlich der Frage, ob ‚der Fernseher wieder funktioniert'. (Die ‚progrediente', leicht steigende Intonation am Ende der Intonationskonturen unterstützt die Interpretation, daß der Redebeitrag des Technikers noch nicht abgeschlossen ist.) Daß die Rezipientin diese ersten Äußerungen als etwas hört, was auf die zentrale Handlung hinführt – also als einen Sequenzvorlauf –, zeigt sich insbesondere daran, daß sie ihre eigenen Beiträge an dieser Stelle auf Rezipientensignale (*continuers*[8]) beschränkt, also sichtbar auf die Übernahme des Redebeitrags an Stellen, an denen dies zumindest syntaktisch möglich wäre, verzichtet. Zwischen Sequenzvorlauf und Zielhandlung besteht also

---

[7] In der deutschsprachigen konversationsanalytischen Literatur wird „adjacency pair" teils auch mit „Adjazenzpaar" übersetzt.
[8] Vgl. Schegloff (1982).

eine sequentielle Bindung, die allerdings nicht so strikt ist wie in einer Paarsequenz: auf die erkennbare *presequence* muß zwar eine andere sprachliche Handlung desselben Teilnehmers folgen, sie könnte aber durchaus auch eine andere sein als eine ‚Frage'. Die ‚Frage' des Technikers ist demnach sequentiell zweifach einbettet, prospektiv und retrospektiv. Einmal ist sie die Zielaktivität, auf die die Vorlaufhandlung hinführt; zum anderen wird sie durch die Erwiderung (‚Antwort') der Angerufenen als Handlungstyp im spezifischen Format der Frage/Antwort-Sequenz bestätigt. Die Antwort, die die Angerufene gibt, zeigt aber (dem Anrufer wie auch den Analysierenden) noch mehr: sie verrät, wie diese Frage im größeren Kontext der Interaktionsgeschichte zwischen ihrer Mutter und der Telecom zu verstehen ist.[9] Als ‚Antwort' (und *display of understanding* für die ‚Frage') hätte ja auch schon ein einfaches *ja* ausgereicht. Die nachgeschobene Information, daß ‚die Streifen noch da seien', orientiert sich daran, daß die Frage nach dem Zustand des Fernsehgeräts ja eigentlich (im Rahmen dieser Interaktionsgeschichte gesehen) als Frage danach gemeint ist (oder zumindest verstanden wird), ob der Grund der Beschwerde der Kundin noch vorliegt. Die Angerufene bezieht sich in ihrer zweigliedrigen Antwort also einerseits auf den direkten Gegenstand der Frage (‚der Fernseher ist nicht mehr defekt'), andererseits auf ihren indirekten Sinn (‚die Telecom muß trotzdem die Sache weiter verfolgen'), eine doppelte Orientierung, die selbst wieder im weiteren Verlauf der Interaktion vom Anrufer ratifiziert wird, indem er auf das Problem der Kundin eingeht und versucht, eine Lösung vorzubereiten.

Das Interesse an den Verfahren, die die interaktive Hervorbringung intersubjektiv ratifizierter sozialer Strukturen möglich machen, und die Suche nach beobachtbaren Verhaltensweisen, die diese Hervorbringung im transkribierten Material nachzuvollziehen erlauben, führte die Ethnomethodologie also zur Beschäftigung mit konversationellen Daten. In Alltagsgesprächen wechseln die Sprecher schnell; und unmittelbare Erwiderungen auf sprachliche Aktivitäten erlauben es besonders gut, ihren interaktiv ratifizierten Sinn zu analysieren. Sequentialität (d.h. Identifizierung und kontextuelle Einbettung von Ablaufformaten wie Paarsequenzen) ist daher das wichtigste Thema der ethnomethodologischen Konversationsanalyse.[10]

---

[9] Zur Problematik von ‚Fragen' als konversationellen Objekten vgl. Schegloff (1978 [1984]). Er argumentiert, daß ‚harmlose', einfache Informationsfragen recht selten sind. Entweder führen sie auf andere Aktivitäten hin, oder sie sind nur die oberflächliche Verpackung für eine andere sprachliche Aktivität (wie z.B. einen Vorwurf).
[10] Für Sacks gehört dazu übrigens auch die Abfolge größerer Einheiten, zum Beispiel in ‚Witzrunden', wo ein Witz auf den nächsten folgt und möglicherweise spezifische

Sequentialität 143

Ein weiteres naheliegendes Untersuchungsfeld, das sich aus demselben Interesse für die sichtbaren Methoden der interaktiven Sinnproduktion ergibt, ist das der *Reparaturen*.[11] Reparaturen ermöglichen es, auch noch im zweitbesten Fall – quasi im zweiten Anlauf – Intersubjektivität herzustellen. Sie sind einerseits Bestandteil der Konversation, andererseits metakommunikativ, indem sie sich auf deren Elemente (als *reparanda, ,repairables'*) beziehen. Sacks interessierten vor allem Fälle wie der folgende:

Bewerbungsgespräch

```
   I:   hh un: ⌈DANN: ham (se) sich für GREIFSwald
   B:          ⌊<räuspert sich>
   I:   entschieden,=gabs da irgendwelche ⌈GRÜNde dafür' (.)
→  B:                                     ⌊ROStock.
   I:   ach ne ROStock. ROStock. ja.
```

Reparanda müssen nicht offensichtlich falsch sein; die Konversationsanalyse faßt unter Reparatur vielmehr auch beliebige Elaborierungen, Detaillierungen oder Reformulierungen, deren Grund nicht unbedingt ersichtlich ist. Aber im vorliegenden Fall irrt sich der Interviewer ganz offensichtlich in Bezug auf den Studienort des Bewerbers. Dieser muß ihn korrigieren (Pfeil); es handelt sich um eine fremdinitiierte und fremddurchgeführte Reparatur (im Gegensatz zu einer selbstinitiierten und selbstdurchgeführten, die der Sprecher im eigenen Gesprächsbeitrag ohne sichtbare Mitwirkung des Gesprächspartners durchführen würde):

Inhalte oder formale Merkmale des ersten Witzes aufgreift, oder ‚zweite Geschichten', die eine erste Geschichte indirekt kommentieren und dadurch ihre Interpretation interaktiv sichtbar machen.

[11] Vgl. u.a. Schegloff, Jefferson & Sacks (1977), Streeck (1983), Schegloff (1992).

	selbstinitiiert	fremdinitiiert
selbst-durch-geführt	und dann haben Sie sich für Greifswald (-) äh für Rostock entschieden (hypothetisches Beispiel)	A: und dann haben Sie sich für Greifswald entschieden B: bitte? A: äh für Rostock (hypothetisches Beispiel)
fremd-durch-geführt	A: und dann haben Sie sich für äh (-) wars Greifswald? B: Rostock A: für Rostock entschieden (hypothetisches Beispiel)	A: und dann haben Sie sich für Greifswald entschieden B: Rostock

Im Fall der selbstinitiierten und selbstdurchgeführten Reparaturvariante wird also innerhalb des Redebeitrags revidiert – der Sprecher signalisiert durch Verzögerungspartikeln wie *äh* und Pausen die Initiierung der Reparatur und ersetzt dann das Reparandum *Greifswald* selbst durch *Rostock*. In der selbstinitiierten und fremddurchgeführten Reparaturen signalisiert der augenblickliche Sprecher durch Verzögerungen und Rückfrage[12], daß er mit der Formulierung unzufrieden ist; das Reparandum liegt in seinem Redebeitrag, die neue Formulierung liefert jedoch der andere Sprecher. In den fremdinitiierten Reparaturvarianten geht die Problematisierung der vom Sprecher gelieferten Formulierung vom Rezipienten aus; im selbstdurchgeführten Fall beschränkt er sich auf die Indizierung eines Problems – im Beispiel durch die Rückfrage mit *bitte?* –, im fremddurchgeführten Fall liefert der Rezipient zugleich auch die Reformulierung.

Die interessante Frage ist nun: warum wartet B mit seiner fremdinitiierten und -durchgeführten Reparatur so lange? Warum greift er nicht zum frühestmöglichen Zeitpunkt – also in Überlappung direkt nach der Äußerung des Wortes *Greifswald* – ein, um den Fehler zu korrigieren? Im vorliegenden Beispiel könnte man zunächst vermuten, daß dies mit Höflichkeitsnormen und Hierarchien in einem Bewerbungsgespräch zu tun hat; jedoch sind Überlappungen in solchen Gesprächen – und auch in diesem – keineswegs unüblich; man vergleiche nur B's tatsächliche Plazierung seiner Fremdreparatur, die ja mitten in I's Redebeitrag liegt (simultan zu *GRÜNde*).

---

[12] In konversationsanalytischer Sprechweise läge auch dann schon eine selbstinitiierte Reparatur vor, wenn der Sprecher lediglich durch Verzögerungen zu verstehen gäbe, daß er mit der Formulierung seines Redebeitrags in Schwierigkeiten kommt, d.h. auch wenn noch gar kein Reparandum produziert worden ist.

Schegloff, Jefferson & Sacks (1977) belegen vielmehr, daß Verzögerungen dieser Art in amerikanischen[13] Alltagskonversationen systematisch vorkommen. Die Gesprächsteilnehmer warten möglichst lang ab, um dem augenblicklichen Sprecher die Chance zu geben, *selbst* seinen Redebeitrag zu reparieren: der Sprecher kann seine Turnkonstruktionseinheit (*turn constructional unit*) zumindest noch zuende formulieren, und meist verzögert der nächste Sprecher seine Reparaturinitiierung sogar noch ein wenig über diesen Punkt hinaus (wie im vorliegenden Fall, wo deren Endpunkt nach *entschieden* erreicht ist). Das Verhalten der Konversationsteilnehmer läßt also den Schluß zu, daß fremdinitiierte Reparaturen systematisch verzögert und damit vermieden werden (*Präferenz*[14] für Selbstreparaturen). Zwar hören wir unserem Gesprächspartner meist ständig zu, die interaktive ‚Beurteilung' seiner Handlung nehmen wir jedoch erst vor, nachdem wir ihm die maximale Chance gegeben haben, ihre Oberflächenverpackung zu revidieren und zu vervollständigen. Erst dann signalisieren wir durch unsere nächste Handlung, daß wir verstanden haben, oder wir klagen ihren problematischen und daher reparaturbedürftigen Status ein.

Der dritte große Untersuchungsbereich der Konversationsanalyse, der sich schon früh aus Sacks' Interesse für sequentielle Strukturen ergeben hat, ist das konversationelle *turn-taking*, also die Verteilung des Rederechts (Redewechsel). Es legt sich als abstraktes, inhaltlich unspezifiziertes Regulierungsschema über die sequentielle Organisation von Handlungsabläufen und spezifiziert deren genaue zeitliche Plazierung. Die berühmte „simplest systematics" der Rederechtverteilung, die Sacks *et al.* 1974 erstmals vorgestellt haben, ist wirklich so einfach, daß sie ans Triviale zu grenzen scheint. Der Wert der Systematik liegt freilich nicht in sich selbst, sondern in der Art und Weise, wie diese strukturelle Ressource in Konversationen genutzt wird, so daß sich die bekannten (und trotzdem erklärungsbedürftigen) Eigenschaften von Alltagskonversationen ergeben; etwa, daß Sprecherwechsel vorkommt; daß meist nur ein Sprecher spricht und Simultansprechphasen kurz sind; daß Sprecherwechsel meist ohne oder mit nur geringer Pause oder Überlappung geschieht; daß die Reihenfolge, mit der die Teilnehmer das Rederecht übernehmen, genausowenig festgelegt ist wie die Länge ihrer Redebeiträge; daß die Länge einer konversationellen Episode flexibel ist; daß die Anzahl der Konversationsteilnehmer variabel ist; daß das Gespräch unterbrochen und wieder aufgenommen werden kann; daß Turnübernahme sowohl durch Selbstwahl als auch durch Fremdwahl erfol-

---

[13] Es gibt keine systematische Untersuchung zu diesem Thema an deutschem Material; sporadische Evidenz läßt es aber wahrscheinlich erscheinen, daß deutsche sich von transatlantischen Gesprächsgewohnheiten in diesem Punkt nicht unterscheiden.
[14] Vgl. u.a. Levinson (1983:332ff.), Bilmes (1988).

gen kann; daß es Reparaturtechniken für *turn taking*-Probleme wie gleichzeitige Turnübernahme durch mehrere Parteien (*simultaneous starts*) gibt.

Wie sich all dies aus der „simplest systematics" ableiten läßt, ist der eigentliche Gegenstand der konversationsanalytischen Forschung zum Redewechsel, dessen ausführliche Darstellung freilich die Grenzen dieses Kapitels sprengen würde.[15]

Der Überblick in der Graphik unten erfaßt lediglich die gröbste Struktur. Mit möglichem Übergabepunkt (oder genauer: *transition relevant space*) ist ein Punkt gemeint, an dem aus syntaktischen, prosodischen und inhaltlichen Gründen der Wechsel von einem Sprecher zum nächsten möglich ist. Die verschiedenen Alternativen, die an diesem Punkt bestehen, sind, wie das Flußdiagramm zeigt, hierarchisch geordnet. Oberste Priorität hat die Fremdwahl eines nächsten durch den augenblicklichen Sprecher. Macht er von dieser Möglichkeit keinen Gebrauch, haben alle übrigen Gesprächsteilnehmer gleiche Chancen, zu Wort zu kommen: derjenige, der zuerst beginnt (*first starter*), bekommt den *turn*. Nimmt keiner der anderen Gesprächsteilnehmer diese Möglichkeit in Anspruch, fällt das Rederecht an den ersten Sprecher zurück.

An einem möglichen Übergabepunkt gelten also die folgenden Regeln:

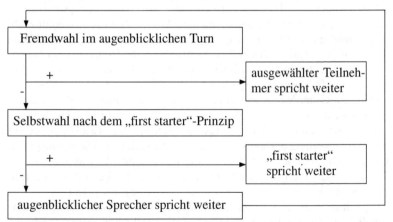

Zusammenfassend läßt sich feststellen, daß Sacks und die späteren Konversationsanalytiker(innen) im Mikrobereich der Interaktion ein hohes Maß an strukturelle Regelmäßigkeit nachgewiesen haben. Sie haben damit nicht nur

---

[15] Vgl. zum Redewechsel u.a. Sacks, Schegloff & Jefferson (1974/1978), Kotthoff (1993); zu linguistischen Aspekten Local & Kelly (1986), Ford & Thompson (1996).

manche (Makro-)Soziologen überrascht, sondern auch den Linguisten vorgeführt, daß – ganz entgegen der Meinung Saussures und vor allem Chomskys – die *parole* oder *performance* keineswegs chaotisch und unstrukturiert ist. Die Methoden der Interaktionsanalyse haben sich durch die Konversationsanalyse grundlegend verändert. Weder erfundene Beispiele noch statistische Regularitäten sind die empirische Grundlage, sondern tatsächliche, möglichst genau dokumentierte Interaktionsabläufe. Erst durch den Impuls der Konversationsanalyse hat die linguistische und soziologische Interaktionsanalyse die Möglichkeiten der technischen Dokumentation von Kommunikationsereignissen (Tonband, Film, Video) erkannt und systematisch genutzt.[16] Zugleich ergibt sich aus der Detailversessenheit der Konversationsanalyse eine fruchtbare Spannung zwischen Typisierungen sprachlicher Handlungen oder Handlungssequenzen (indem allgemeine „Formate" oder „Präferenzen" formuliert und im Material nachgewiesen werden) und deren kontextuellen Einbettung/Bearbeitung. Es ist vielleicht diese Spannung, die Sacks' Arbeiten von allen anderen Autoren, die in diesem Buch besprochen werden, unterscheidet.

---

[16] Vgl. Auer (1993).

Kap. 14

Ordnung der Interaktion („interaction order")

Erving Goffman

E. Goffman (1922–1982) wurde an der Universität Chicago ausgebildet und war als Professor für Soziologie an der University of California at Berkeley sowie später an der University of Pennsylvania tätig. Innerhalb der Soziologie ist er schwer einzuordnen. Er hat keine Schule begründet, obwohl sein Einfluß auf die Konversationsanalyse (trotz gegenseitiger Animositäten) beträchtlich war. Aber auch seine eigenen wissenschaftlichen Wurzeln sind nur indirekt aus seinen Arbeiten zu rekonstruieren, denn direkte Bezüge auf Forschungstraditionen findet man in ihnen kaum. Zweifelsfrei richtig ist aber, daß erst Goffman mit seinen zahlreichen Büchern die Mikrostruktur der Interaktion (die er *interaction order* nennt) in der Soziologie als eigenständigen, einer wissenschaftlichen Analyse würdigen Untersuchungsbereich etabliert hat.

In den zahlreichen Annäherungen Goffmans an die „Ordnung der Interaktion" (die übrigens von einer üppig wuchernden, nicht immer widerspruchsfreien Terminologie begleitet sind) lassen sich zwei Linien erkennen: eine, die mehr auf „rituelle" Aspekte der Interaktion abzielt und mit dem Begriff des *face* verbunden ist, und eine mehr strukturelle; dabei entwickelt Goffman einen Apparat zur Beschreibung der „sozialen Situation" in ihren wesentlichen Komponenten. Für die verbale Interaktionsanalyse sind beide Dimensionen von größter Wichtigkeit.

Für Goffmans *face*-Begriff ist der Aufsatz „On face-work: An analysis of ritual elements in social interaction", *Psychiatry* 18, 1955, S. 213–231, unmittelbar relevant; thematisch eng verwandt sind „Embarrassment and social organization" (*American Journal of Sociology* 62, 264–274, 1956) und „The nature of deference and demeanour", (*American Anthropologist* 58 (3), S. 473–502, 1956). Alle drei sind wieder erschienen in *Interaction Ritual* (1967, New York) [dt. als: *Interaktionsrituale*, Frankfurt/Main: Suhrkamp, 1971]. Goffman hat diese Artikel auf der Grundlage seiner ethnographischen Arbeit in einer psychiatrischen Anstalt geschrieben; dieser Gegenstand taucht aber nur in „Deference and demeanour" direkt auf. Trotzdem kann man seine Schriften zum *face* auch als Versuch einer Darstellung gerade desjenigen Aspekts von Verhalten in sozialen Begegnungen lesen, der psychisch Kranke von Gesunden trennt; d.h. die Unfähigkeit, das eigene Gesicht und das anderer zu schützen, kann von den Alltagshandelnden als psychische Devianz gedeutet werden und zu entsprechenden Sanktionen führen. Neben *Interaction Ritual* sind auch *The Presentation of Self in Everyday Life* (1959) sowie – im Sinne einer ausgearbeiteten Detailstudie zu einem Einzelaspekt von *face-work* – der Aufsatz „Response Cries" (*Language* 54, 4 (1978), S. 787–815) zu diesem Thema einschlägig. Ein wichtiger Bezugspunkt war für Goffman dabei Emile Durkheims Religionssoziologie (Durkheim 1912 [1981]); ihr entnimmt er seine Begriffe des negativen und positiven Rituals.[1]

Die sprachwissenschaftliche Relevanz der Arbeiten Goffmans zum *face* kann man einerseits aus gesprächsanalytischen Folgearbeiten erkennen (besonders Holly 1979), andererseits sind sie – vermittelt über Brown & Levinson (1978) – für die linguistische Untersuchung von Höflichkeit und von dort auch für kulturvergleichende und interkulturelle Studien von größter Bedeutung geworden.

Goffmans Überlegungen zur sozialen Situation sind auf viele seiner Werke verstreut. *In nuce* sind sie schon in dem Aufsatz „The neglected situation" (*American Anthropologist* 66, S. 133–136) von 1964 enthalten, in ausgearbeiteter Form vor allem in „Footing" (*Semiotica* 25, S. 1–29, 1979, wieder in *Forms of Talk*).

Wichtige Bücher Goffmans sind *The Presentation of Self in Everyday Life* (1959, Garden City/N.Y.: Doubleday), *Behavior in Public Places* (1963, New York: Free Press), *Interaction Ritual* (1967, Garden City/New York: Doubleday), *Strategic Interaction* (1969, Philadelphia: University of Pennsylvania Press), *Relations in Public* (1971, New York: Basic Books) und *Frame Analysis* (1974, New York: Harper & Row); jüngere Aufsätze zur sprachlichen Interaktion sind in dem Band *Forms of Talk* (1981, Oxford: Blackwell) zusammengestellt. Als Einführung gut geeignet ist Goffmans letzter publizierter Aufsatz, „The interaction order" (*American Sociological Rev*iew 48, S. 1–17, 1983).

Würdigungen und Kommentare zu Goffmans Werk (die aber die linguistische Komponente und Relevanz seiner Schriften nur teilweise erfassen) findet man u.a. bei Hettlage & Lenz (Hrsg., 1991) und Drew & Wootton (Hrsg.,1988).

* * *

---

[1] Der Zusammenhang zwischen Durkheim und Goffman wird von Collins (1988) genauer diskutiert, der sogar Goffmans Gesamtwerk als „a continuation of the Durkheimian tradition" (1988:43) ansieht.

Goffman verwendet das Wort *face* im Sinne der englischen Umgangssprache.[2] Im Deutschen kennen wir den Begriff *Gesicht* in einer dem Englischen entsprechenden Weise aus Ausdrücken wie *sein Gesicht verlieren* und *das Gesicht wahren*. (In beiden Fällen handelt es sich vermutlich um Entlehnungen aus dem Chinesischen.[3]) Als Nomen ist das Wort im Deutschen aber anders als im Englischen nicht frei verwendbar; oft wird deshalb die ‚deutsche' Übersetzung *Image* gewählt. *Face-work* wird dann etwas holperig mit *Image-Arbeit* oder *Image-Pflege* wiedergegeben. Diese Übersetzung ist freilich problematisch. Das eingedeutschte Wort *Image* hat nichts mit Höflichkeit und Ehrerbietung zu tun; jemandes *Image* ist kein moralischer Wert wie *face* bei Goffman. Vielmehr verwenden wir den Begriff im Sinne von ‚Selbstdarstellung' oder ‚Selbstbild'. Wegen der eingeschränkten Verwendungsmöglichkeiten von dt. *Gesicht* wird deshalb im folgenden oft der englische Ausdruck beibehalten.

Goffmans *face* ist eng an seine Begriffe des *Rituals* oder der „rituellen Ordnung" (den er wiederum austauschbar mit *Zeremonie* verwendet) und des *self*[4] (Selbst) gebunden. Diese drei Konzepte müssen nun in ihrer Beziehung zueinander genauer erläutert werden.

Für Goffman ist *face* ein positiver sozialer *Wert* („positive social value", 1955:213), den eine Person durch ein konsistentes Verhalten für sich beansprucht bzw. der ihr aufgrund dieses Verhaltens zugeschrieben wird. Umgangssprachlich würden wir dieses gesichtswahrende Verhalten mit *Höflichkeit, Takt, Etikette, Anstand, Achtung, Ehrerbietung, Respekt, Benehmen* in Verbindung bringen, wenn es um das Gesicht des anderen geht, aber auch mit *Würde, Stolz, Auftreten, contenance*, wenn es um das eigene Gesicht geht. Gesichtswahrendes Verhalten spielt nach Goffman auf die eine oder andere Weise in jeder sozialen Beziehung und daher in jedem sozialen Handeln eine zentrale Rolle. Jede Interaktion bietet den Handelnden die

---

[2] Auf den indianischen und chinesischen *face*-Begriff verweist er zwar, die faktischen Ähnlichkeiten damit darf man aber wohl nicht überschätzen.

[3] Ein Oberst v. Lauenstein schreibt in der *Zeitschrift des allgemeinen deutschen Sprachvereins* von 1909 (24, 277), der Ausdruck *Gesicht* stamme seines „Wissens ⟨...⟩ aus der Zeit der chinesischen Wirren 1900/01. Damals trat den Angehörigen der deutschen Truppen die von den Chinesen selbst mit dem Ausdruck ‚das Gesicht wahren' bezeichnete Neigung dieses Volks als ein hervorstechender Zug in seinem Wesen entgegen." Vgl. auch in derselben Zeitschrift die Notizen von E. Wülfing, S. 223, 277 (mit Verweis auf chines. *schï mién/ diú mién* ‚das Gesicht, das Ansehen, die Ehre verlieren'); zur These einer Entlehnung ins Englische etwa zur selben Zeit vgl. Collin (1930). Möglicherweise war der chinesische *face*-Begriff in Europa aber schon wesentlich früher aufgrund von Missionarsberichten bekannt, ohne aber wohl in die Alltagssprache Eingang gefunden zu haben.

[4] Vgl. Mead (1967).

Ordnung der Interaktion 151

Möglichkeit und legt ihnen die Verpflichtung auf, ihr eigenes *face* zu wahren und sich zugleich so zu verhalten, daß dies auch dem Interaktionspartner möglich ist. Damit ist schon das wesentliche Interesse Goffmans skizziert: zu untersuchen, wie sich Menschen in der Interaktion Achtung erweisen und sich selbst als achtbare Gesellschaftsmitglieder darstellen. In einem ganz bestimmten Sinn wird hier also nicht die strukturelle, sondern die „moralische" Ordnung der Interaktion beschrieben.

Goffman unterscheidet zwei Grunddimensionen von *face-work*: Ehrerbietung (*deference*) und (gutes) Benehmen (*demeanour*). Ein Beispiel ist die Behandlung von Gästen bei Tisch. Es ist z.b. eine Form von Ehrerbietung, dem Gast nicht nur Speisen und Getränke anzubieten, sondern sie ihm zuerst, vor allen anderen Tischgenossen, zu reichen. Der Gast kann umgekehrt den Gastgebern seine Ehrerbietung erweisen, indem er von den Speisen ißt und sie lobt. Er muß aber dem Gastgeber überhaupt erst die Möglichkeit für Deferenz-Gesten geben, indem er z.b. nicht selber zugreift, sondern wartet, bis ihm angeboten wird. Dies ist nach Goffman keine Ehrerbietung, sondern Teil des guten Benehmens. Ehrerbietung (die man anderen erweist) und gutes Benehmen (durch das man sein eigenes Gesicht wahrt) sind komplementär: nur durch gutes Benehmen verdient man sich Ehrerbietung, Ehrerbietung wiederum macht es einem leicht, sich gut zu benehmen.

Sowohl Ehrerbietung als auch gutes Benehmen können nun in einer positiven und in einer negativen Form auftreten. Als negative Ehrerbietung (*avoidance rituals*) bezeichnet Goffman alle Formen, die dem Anderen sein individuelles Territorium lassen; entweder ganz wörtlich (etwa wenn Goffman auf den Shetland Islands beobachtet, daß die Menschen bei Tisch immer dichter zusammensitzen, je weiter man aufs Land kommt, und sich dadurch weniger negative Ehrerbietung erweisen als die Städter), oder in einem übertragenen Sinn, nämlich, daß jedem bei seinen Handlungsentscheidungen soviel Spielraum wie möglich eingeräumt wird. Es wird also alles vermieden, was den anderen unter Druck setzen oder ihm bestimmte Verpflichtungen auferlegen könnte; einem Gast ein weiteres Glas Schnaps aufzudrängen, wäre z.b. in diesem Sinn ‚unhöflich'. Dagegen stehen positive Formen der Ehrerbietung, die *presentational rituals* (Rituale der Zuvorkommenheit). Sie umfassen alle Handlungen, durch die dem Rezipienten Lob oder Wertschätzung übermittelt werden, z.b. Grüße, Einladungen, Komplimente, kleine Hilfsdienste. Unter diesem Aspekt ist auch das Anbieten von Essen oder Trinken ein positives Ehrerbietungsritual.

Wieviel *face-work* in einer bestimmten Situation angebracht und notwendig ist, ist gesellschaftlich und kulturell bedingt; die ‚guten Sitten' sind also weder situativ, noch sozial, noch kulturell neutral. Zwei Ehepartner, die sich in der Öffentlichkeit eines Restaurants mit ausgesuchter Zuvorkommenheit behandeln, mögen sich in ihren vier Wänden bis aufs Messer bekämpfen (situative Bedingtheit von *face-work*). In Europa gilt einerseits die eher kleinbürgerliche Etikette, daß der Gast möglichst viel zu essen und trinken vorgesetzt bekommen soll und daß er umgekehrt nur dann das Gesicht der Hausfrau wahrt, wenn er auch ‚kräftig zulangt'; es gehört nach den Regeln dieses sozialen Milieus also zur guten Sitte, ihm Speisen und Getränke aufzudrängen. Andererseits gibt es eine eher großbürgerliche Etikette, die es dem Gast gerade umgekehrt verbietet, viel zu essen oder zu trinken, und die zwar das Anbieten von Speisen und Getränken zum guten Ton erklärt, aber das Konsumieren selbst nur in der Reduktion auf ein Ankosten der Speisen erlaubt, das ungehemmte Stillen des Hungers aber als barbarische Unkultur versteht (soziale Bedingtheit von *face-work*). Schließlich zeigt sich auch im Kulturvergleich, daß der Aufwand an *face-work*, zum Beispiel dem Gast gegenüber, sehr unterschiedlich ist und daß sich die einschlägigen semiotischen Regeln deutlich unterscheiden (vgl. die unterschiedliche Bedeutung des leeren Glases/Tellers und des Nachschenkens/ Nachlegens in Georgien und Deutschland (Kotthoff 1991, 1995) bzw. in China und Deutschland[5]).

Während also die Beantwortung der Frage, wieviel *face-work* in einer bestimmten Situation geleistet werden muß, von der Situation sowie der gesellschaftlichen und kulturellen Zugehörigkeit der Teilnehmer geprägt ist, ist sie andererseits nicht prinzipiell davon abhängig, wie gut sich die Beteiligten verstehen. Oft bestehen zum Beispiel gerade für den Umgang zwischen Feinden ausgeprägte Ehrerbietungs- und Deferenz-Regeln, vom Fehdehandschuh im Mittelalter bis zum Duell in der Neuzeit (beides Arten von *face-work*, die trotzdem letalen Ausgang haben können). In einem gewissen Sinn scheinen ‚Höflichkeit', ‚Haltung', ‚Takt', etc. gerade dem Zweck zu dienen, auch antagonistische Interaktionen – von der einfachen Meinungsverschiedenheit im Alltag bis zum Zweikampf auf Leben und Tod – bestimmten Regeln zu unterwerfen, die dem Gesicht der Beteiligten dienlich sind.

Über das Maß von *face-work*, das wir in einer bestimmten sozialen Beziehung und in einer bestimmten sozialen Situation für angemessen erachten, müssen wir außerdem mit unseren Interaktionspartnern einig sein. Es gilt dabei symmetrische und asymmetrische Fälle zu unterscheiden. Im ersten Fall hat jeder der Teilnehmer dasselbe Recht auf Wertschätzung und Würdigung. Wer in dieser Situation auf mehr *face-work* besteht als die anderen, wird vielleicht als ‚überempfindlich', ‚eingebildet' oder ‚etepetete' kritisiert werden, wer weniger *face-work* leistet als die anderen, vielleicht

---

[5] Sowohl in Georgien als auch in China darf das Glas/der Teller des Gastes nie leer sein.

als ‚respektlos', ‚ungehobelt' oder auch ‚aufdringlich'. In asymmetrischen Situationen hat hingegen eine Partei *qua* Status das Anrecht auf besondere Ehrerbietung durch die anderen, aber nicht umgekehrt. Die Ehrerbietung einem älteren Gast gegenüber wird zum Beispiel in unserer (und noch viel mehr in vielen anderen) Gesellschaft(en) größer sein als die gegenüber einem jüngeren, die einer fremden Person gegenüber größer als die unter guten Bekannten und die einem Statushöheren gegenüber größer als die gegenüber Statusgleichen oder Statusniederen. Manchmal kann der Höhergestellte zwar Ehrerbietung und Benehmen von seiten des Untergebenen erwarten, er selbst hat aber die Macht, sein eigenes Benehmen nach Belieben von allen *face*-Gesichtspunkten zu befreien, sich also ‚danebenzubenehmen'. Prototypische, von Goffman oft zitierte Beispiele sind Diener und Herr oder (einfacher) Soldat und Offizier.

Solange unser Gesicht gewahrt bleibt, fühlen wir uns in Gesellschaft sicher und wohl. In zahlreichen Fällen ist das *face* jedoch gefährdet und geht im Extremfall sogar verloren. Die Handelnden können ihr Gesicht z.b. bedroht sehen, wenn die Art und Weise, in der sie sich selbst darstellen, nicht zu den Fakten paßt. Das trifft auf Kleinigkeiten zu – etwa, wenn man ein Glas umkippt oder einem der Hut vom Kopf geweht wird; aber auch auf ‚dramatische' Ereignisse, wie etwa, wenn sich ein distinguierter Gentleman als Hochstapler, ein SPD-Politiker als Stasi-Spion entpuppt, etc. In solchen Fällen resultiert aus dem drohenden Gesichtsverlust *Peinlichkeit*. Peinlich kann eine Situation auch werden, wenn jemand gerade nicht auf sein Gesicht geachtet hat, also – in Goffmans Sprechweise – ‚ohne *face*' dasteht, z.b. weil er sich unbeobachtet geglaubt und nicht so verhalten hat, wie man es als ‚ordentliches Gesellschaftsmitglied' zu tun hat, und sich nun ‚ertappt' sieht. Schließlich kann einer Person ihr *face* interaktiv entzogen werden. Auch hier gibt es triviale, nicht-intendierte Fälle, etwa den Fauxpas. Daneben stehen schwerwiegendere, absichtlich herbeigeführte Fälle von Gesichtsverlust, die Goffman als Demütigungen bezeichnet. (Er beschreibt in seinen Notizen zahlreiche Beispiele aus der Psychiatrie.)

Wie kann man nun mit solchen Bedrohungen des eigenen und fremden Gesichts umgehen? Einerseits, indem man sich möglichst vorsichtig verhält (*avoidance process*[6]); z.B. keine problematischen Gesprächsthemen anspricht, keine eigenen Meinungen vorträgt, sondern sich denen der anderen anschließt, Behauptungen abschwächt, Umschreibungen und vage oder

---

[6] Es ist typisch für Goffmans inflationäre und wenig systematische Verwendung von Begriffen, daß in „Deference and demeanour" (1956) der Begriff *avoidance rituals* ohne Bezug auf den 1955 eingeführten Begriff *avoidance process* vorkommt. Ich unterstelle hier, daß es sich um zwei zwar verwandte, aber begrifflich zu scheidende Phänomengruppen handelt.

ambige Ausdrücke wählt. Potentiell gesichtsbedrohende Akte können (z.b. durch „disclaimers", Hewitt & Stokes 1975) außerdem so vorbereitet werden, daß die Wahrscheinlichkeit, sie falsch zu verstehen, möglichst gering ist.[7] Tatsächlich passierte Ungeschicklichkeiten des anderen werden übersehen, z.B. indem man sich wegdreht. Andererseits gibt es auch aktive Strategien, um eine schon erfolgte Störung des „rituellen Gleichgewichts" zu korrigieren (*corrective processes*);[8] typischerweise durch eine Entschuldigung, die erst, wenn der Andere sie angenommen hat, das Gleichgewicht wieder herstellt. Die Länge der Korrektursequenz richtet sich nach der Schwere der Gesichtsbedrohung.

Goffmans *Ritual*- (oder *Zeremonie*-) Begriff[9] haben wir schon unter der Hand bei den *avoidance* und *presentational rituals* verwendet. Die rituellen Aspekte der Interaktion sind diejenigen, in denen sich *face-work* vollzieht. Die Interaktion muß mit „ritueller Umsicht" (*ritual care*) ablaufen, damit das rituelle Gleichgewicht nicht gestört wird. Dabei geht es also nicht um symbolisch ausdifferenzierte, strukturell verfestigte, meist religiöse Zeremonien, sonden ganz allgemein um Ausdrucksformen, die nicht intrinsisch funktional sind, d.h. die nur dann erkennbaren Sinn annehmen, wenn man bestimmte scheinbar irrationale Voraussetzungen akzeptiert (so eine bekannte Definition von Goody 1961). Dieser Definition entspricht Goffmans Ritualbegriff durchaus, auch wenn in seiner Ethnographie des Alltagslebens Rituale nicht als formale und offizielle Ereignisse, als Höhepunkte im Leben einer Gemeinschaft gestaltet werden, sondern sich vielmehr in den alltäglichen Verrichtungen des sozialen Lebens verstecken. Warum diese Rituale des Alltags nur dann einen erkennbaren Sinn annehmen, wenn man bestimmte irrationale oder nicht-rationale Voraussetzungen akzeptiert, ist damit allerdings noch nicht geklärt. Es bleibt zunächst irritierend, daß Goffman Durkheims religionssoziologischen Ritualbegriff, wenn auch in einer profanierten Weise, auf Alltagsinteraktion anwendet.

Die Irritation löst sich dann auf, wenn man weiß, daß für Goffman Rituale des Alltags religiöse Zeremonien *sind*. Aber anstelle der Götter oder heiligen Objekte, die in einem Gottes-Dienst verehrt werden, ist es das Selbst des Menschen, das in den Alltagsinteraktionen zum geheiligten Objekt wird. Hier wird nun auch vollends deutlich, warum *face-work* eine „moralische" Angelegenheit ist. Am Ende von „Deference and demeanour", wo dieser Zusammenhang explizit gemacht wird, erläutert Goffman,

---

[7] Vgl. Schegloff (1980) und (1988) über *pre-sequences*.
[8] Goffman hat diesen *corrective process* später auch unter der Bezeichnung *remedial exchange* behandelt.
[9] Statt von Ritual oder *ritual order* spricht Goffman in anderen Schriften auch von *expressive order*.

daß in einem gewissen Sinn diese säkularisierte Welt nicht so areligiös ist, wie wir denken. Viele Götter sind abgeschafft worden, aber der Mensch selbst bleibt hartnäckig als eine wichtige Gottheit bestehen. Er schreitet mit Würde einher und ist Empfänger vieler kleiner Opfer. Er achtet eifersüchtig auf die Anbetung, die ihm gebührt; wird er aber im richtigen Glauben angesprochen, dann ist er bereit, denen zu vergeben, die ihn beleidigt haben ⟨...⟩. In Kontakten zwischen solchen Gottheiten bedarf es keiner Vermittler. Jeder dieser Götter ist in der Lage, als sein eigener Priester zu fungieren (1971:104f.).

Das Objekt ritueller Ehrerbietung ist also das *Selbst*. Und wie bei Durkheim die Götter nicht wirklich existieren, sondern nur gesellschaftliche Strukturen abbilden, so sind auch für Goffman die Individuen nur moderne Mythen; die Realität der Interaktion läßt uns keine andere Wahl, als uns ständig qua *face-work* als Individuen darzustellen. Wir entwerfen ein Bild von uns selbst, das wir konsistent verfolgen, das wir hochhalten und für das wir von unseren Mitmenschen Bestätigung erwarten. *Interaktion* ist in diesem Sinn ein Austausch zwischen dem durch solche Rituale konstituierten Selbst des einen und dem des anderen Interaktionspartners.

Zwischen der Konversationsanalyse und Goffman hat sich gerade an diesem Punkt eine scharfe Kontroverse entzündet; während Goffman den Konversationsanalytikern unterstellte, sich nur mit den „system requirements" der Interaktion auseinanderzusetzen, aber als „communication system engineers" nicht zu deren Kern vorzustoßen, warf Schegloff umgekehrt Goffman vor, durch sein kontinuierliches Interesse an *face-work*, Ritualen, „impression management", etc., vom Soziologen zum Psychologen geworden zu sein, der sich in der Beschreibung der Bedürfnisse des Individuums verstrickt (Schegloff 1988; vgl. zu dieser Diskussion auch Auer 1991). Aber hier irrt Schegloff. Goffman betont an vielen Stellen in seinem Werk, nicht nur im Vorwort zu *Interaction Rituals*, daß es ihm nicht um Individuen geht, sondern um die *gesellschaftliche* Konstruktion des Selbst und um ihre Bedingungen. Es geht nicht um den Menschen, sondern um den Spieler (eine Metapher Goffmanns von 1955). Oder, mit einer anderen Metapher aus der Einleitung zu *The Presentation of Self*: das Individuum ist nur der Haken, an dem das Selbst hängt, und der Haken ist für die soziale Konstruktion des Selbst ganz unwichtig.

Während Goffmans *face* durchaus als soziologische Präzisierung des Benvenisteschen „L'homme dans la langue" (Kap. 5) verstanden werden kann, sind seine mehr technischen Ausführungen zur *sozialen Situation* als Kritik am Kommunikationsmodell von Shannon/Weaver (Kap. 1) lesbar. Dort erscheint sprachliches Handeln als Verschieben von Dingen („Botschaften") zwischen zwei Kästchen, von denen das eine Sprecher (Sender) und das andere Hörer (Empfänger) heißt. Dieses Modell impliziert z.B., daß in der typischen Sprechsituation eine(r) spricht, während der oder die andere(n) zuhört/zuhören, daß Botschaften Elemente aus einem Gefäß namens Sprecher sind, die in ein anderes Gefäß namens Hörer transferiert werden, daß bei diesem Prozeß der Sprecher aktiv, der Hörer aber passiv ist, etc. Beeinträchtigungen der Kommunikation sind nur dann modelliert, wenn sie durch nicht-optimale Übertragungskanäle bedingt sind („Rauschen"). Goffmans Arbeiten zur sozialen Situation befassen sich v.a. mit der ersten Präsupposition des kybernetischen Kommunikationsmodells, also der Annahme *eines* Sprechers und *eines* Hörers.

Nehmen wir die folgende Situation: wir sitzen in einem ICE-Großraumwagen, der Zug ist halb voll; am einem nahen Tisch sitzen vier Ärzte und unterhalten sich hörbar über die Tagung der Krankenkassen, die sie gerade besucht haben. Die Unterhaltung wird meist im Viererkreis geführt, manchmal aber auch zwischen je zwei Teilnehmern, die sich dann eigenen Themen widmen. Manchmal versandet das Gespräch, und es beginnt erst wieder nach einigen Minuten, während derer alle aus dem Fenster schauen oder in irgendwelchen Papieren blättern, aus denen manchmal einer einen markanten Satz vorliest. Wie läßt sich diese Kommunikationssituation beschreiben? Sicherlich nicht in einem einfachen Kommunikationsmodell. Nicht nur, daß hier mehr Teilnehmer als lediglich ein Sprecher und ein Hörer beteiligt sind. Es ist überdies auch in verschiedener Hinsicht schwierig, die Rollen des Sprechers und des Hörers festzulegen. So sind wir (als unfreiwillige, vielleicht interessierte, vielleicht belästigte Lauscher am Nebentisch) selber sicherlich ein anderer Typ von Hörer als derjenige aus der Vierergruppe, der vom Sprecher – durch Blickkontakt und andere Indikatoren – direkt angesprochen wird. Aber auch der Sprecher zerfällt bei genauerem Hinsehen in eine Reihe von Sprecher*rollen*: der vorlesende Gesprächsteilnehmer ist in einem anderen Sinn Sprecher als der, der spontan spricht. Angesichts dieser Probleme hat Goffman in seinen Schriften eine genauere Modellierung der interaktiven Konstellation entwickelt. Die von ihm vorgeschlagenen Begriffe ermöglichen es, einen bestimmten Augenblick in einer Interaktion in Bezug auf sein *footing* (seine „Gangart") zu charakterisieren, also vor allem den „Teilnehmerstatus" der Beteiligten zu bestimmen. Dazu ist es nötig, die Rolle des Sprechers ebenso wie die des Hörers genauer aufzuschlüsseln.

Eine erste hilfreiche Unterscheidung Goffmans, die uns einer solchen reicheren Begrifflichkeit näher bringt, ist die zwischen *encounter* („Begegnung", auch „fokussierte Interaktion" genannt) und *social situation* (oder *gathering* – „Ansammlung"). Die Notwendigkeit einer solchen Unterscheidung läßt sich leicht einsehen, wenn man sich fragt, was in unserem ICE-Beispiel eigentlich in denjenigen Phasen geschieht, in denen das Gespräch abflaut und alle (vormaligen?) Teilnehmer aus dem Fenster schauen. Handelt es sich dabei jeweils um das Ende der Kommunikation und bei einer folgenden Äußerung um einen Neuanfang? Oder vielmehr lediglich um Pausen innerhalb der Interaktion?

Zu einer „Begegnung" kommt es nach Goffman dadurch, daß mehrere Personen sich gegenseitig als *ratifizierte* Teilnehmer an der Bearbeitung eines gemeinsamen Aufmerksamkeitsfokus sehen und anerkennen.[10] Dieser gemeinsame Aufmerksamkeitsfokus[11] kann dadurch hergestellt werden, daß diese Personen miteinander sprechen (wobei ‚miteinander' impliziert, daß bestimmte thematische und sequentielle Kohärenzen hergestellt werden), aber auch dadurch, daß sie gemeinsam ein Fahrrad reparieren oder der eine dem anderen die Tür aufhält. (Goffman hat mehrfach unterstrichen, daß er das Gespräch weder in einem ontogenetischen noch in einem phylogenetischen Sinn als die primäre Form des Sprechens ansieht. Prototypische Beispiele für fokussierte Interaktion sind für ihn vielmehr gerade solche, in denen sich Sprachliches um Nicht-Sprachliches rankt. Er steht damit in explizitem Gegensatz zur Konversationsanalyse, die dem Alltagsgespräch prototypischen Status einräumt.) Oft sind fokussierte Interaktionen schon oberflächlich daran erkennbar, daß sie durch rituelle Klammern eingeleitet und beendet werden (z.b. Grußsequenzen).

Die *soziale Situation* ist hingegen viel loser definiert: sie umfaßt das gesamte kommunikative Feld eines Individuums, also alles, was in seiner „Reichweite" (Schütz) liegt und somit seinen Sinnen zugänglich ist. Innerhalb einer sozialen Situation können sich fokussierte Interaktionen entwikkeln, aber eine fokussierte Interaktion kann sich auch über mehrere soziale Situationen erstrecken; dies wäre z.b. der Fall, wenn zwei ins Gespräch vertiefte Menschen zusammen spazieren gehen. Die Begegnung findet dann über wechselnde Konstellationen kopräsenter Individuen hinweg statt, die jeweils zu unterschiedlichen Zeitpunkten und auf verschiedene Weise die beiden Spaziergänger (visuell, auditiv und motorisch, z.b. wenn sie von ihnen angerempelt werden) wahrnehmen (können) bzw. von ihnen wahrgenommen werden (können). Natürlich gibt es auch soziale Situationen ohne fokussierte Interaktion; wenn z.b. einzelne Personen auf der Straße aneinander vorbeigehen, betreten sie zwar ihren wechselseitigen Wahrnehmungsbereich, aber sie haben keinen gemeinsamen Aufmerksamkeits- oder gar Handlungsfokus. (Dieser würde erst durch eine Grußsequenz oder ein ähnliches Anfangsritual hergestellt.) Trotzdem findet zwischen den Passanten Kommunikation statt, und deshalb stehen sie in einer sozialen Beziehung zueinander. Sie gehen z.b. ‚ordnungsgemäß' aneinander vorbei, was unter

---

[10] Vgl. Goffman (1964:135), wo ‚Begegnung' definiert wird als „two or more persons in a social situation [who] jointly ratify one another as authorized co-sustainers of a single, albeit moving, focus of visual and cognitive attention".
[11] Vgl. die „Wir-Beziehung" bei Schütz, Kap. 11.

anderem heißt, daß sie geziemenden Abstand halten, daß sie sich nicht anstarren, usw.

Goffman untersucht in dem Aufsatz „Response cries" (1978) die kleinen, scheinbar spontanen Aufschreie, Verwünschungen oder sonstigen Kommentare, die wir von uns geben, wenn uns im Alltag – ohne in fokussierter Interaktion mit anderen zu sein, aber durchaus in der Öffentlichkeit, also in einer sozialen Situation – ein kleines Mißgeschick passiert (wir z.B. ausgleiten oder etwas umstoßen). Er argumentiert, daß diese *aua, mist!, oh Gott!* (oder auch entsprechende Gesten wie Einhalten, Sich-an-den-Kopffassen und Umkehren) nur scheinbar spontan und ununterdrückbar aus dem ‚Inneren unseres Herzens' kommen und interaktiv ohne Sinn, weil ohne Adressat sind; tatsächlich nehmen sie auf die anderen potentiellen oder tatsächlichen Zuschauer in einer sozialen Situation *ohne* fokussierte Interaktion Bezug. Sie zeigen ihnen, daß wir als Individuum durchaus handlungskompetent sind und uns das augenblickliche Mißgeschick eben nur als solches widerfährt, nicht aber als Teil allgemeiner Inkompetenz bei der körperlichen oder geistigen Bewältigung des Alltags zu deuten ist. Auch *response cries* sind ein Indiz dafür, daß das Fehlen einer fokussierten Interaktion nicht mit dem Fehlen von Kommunikation überhaupt gleichgesetzt werden darf: wir agieren selbst dann auf einer öffentlichen Bühne, wenn wir nicht einmal sicher sein können, daß uns jemand beobachtet. (Und manchmal sogar, wenn wir wissen, daß uns niemand sonst beobachtet als wir selber.)

Diesem Extremfall einer sozialen Situation ohne fokussierte Interaktion steht der andere gegenüber, in dem (fast) alle Beteiligten an einem *gathering* auch in *encounters* verwickelt sind. Dabei unterscheidet Goffman zwischen vielfach fokussierten Begegnungen (typisches Beispiel ist eine Party) und einfach fokussierten Begegnungen (typisches Beispiel ist ein Konzert oder Vortrag).

Es gibt wahrscheinlich einige Fälle, bei denen schwer zu entscheiden ist, ob eine fokussierte Interaktion vorliegt oder nicht; ein Beispiel dafür – das Schlangestehen – gibt Kendon (1988:26). Aber in unserem Zugbeispiel ist es klar, daß das gesamte Zugabteil die soziale Situation im Sinne Goffmans darstellt, daß aber die vier Ärzte am Nebentisch (und natürlich auch andere Gruppen von Bahnfahrern) in fokussierte Interaktionen vertieft sind, die gelegentlich unterbrochen werden. Sie orientieren sich proxemisch, durch ihre Körperhaltung, die koordinierten Körperbewegungen und Gesten, durch ihre Blicke und natürlich auch durch ihr sprachliches Verhalten aneinander. Auf Zugfahrten (aber auch bei vielen anderen Gelegenheiten, bei denen das Sprechen quasi nur die Zutat zum eigentlichen Handlungsziel ist – hier der Fortbewegung) ist es möglich, daß die fokussierte Interaktion auch dann noch nicht aufgelöst wird, wenn alle Beteiligten zeitweise schweigen. Sie sind dann trotzdem noch füreinander deutlich stärker (und in anderer Wei-

Ordnung der Interaktion 159

se) verfügbar als andere Passagiere in diesem Zugabteil; d.h. sie sind mehr als rein körperlich kopräsente Individuen. Goffman spricht in solchen Fällen von einem *open state of talk* („offener Gesprächszustand"), in dem die Teilnehmer zwar jederzeit in die fokussierte sprachliche Interaktion zurückkehren können, dies aber zu keinem Zeitpunkt tun müssen. Anders als Beginn und Ende einer interaktiven Episode erfolgt der Übergang in den offenen Gesprächszustand ebenso wie die Rückkehr ins Gespräch typischerweise ohne rituelle Klammern. Die übrigen Anwesenden sind und bleiben hingegen bloße *bystanders*, die nach den Regeln der (deutschen) Etikette gehalten sind, die ablaufende fokussierte Interaktion nicht zu stören und sich ihr auch nicht ostentativ zuzuwenden.

Betrachten wir nun die Rolle des *Hörers* genauer. Zunächst ist – wie schon erwähnt – zu unterscheiden, ob der Hörer ein ratifizierter Teilnehmer an der fokussierten Interaktion ist oder aber außerhalb von ihr steht (*bystander*). Die Unterscheidung ist ganz offensichtlich nicht mit der des auditiven Wahrnehmens und/oder Verstehens von Sprache identisch: es gibt einerseits ratifizierte Teilnehmer, die sich z.b. durch Blickzuwendung und Rezipientensignale (*backchanneling*) als solche darstellen, tatsächlich aber in Gedanken ganz woanders sind; andererseits natürlich auch Anwesende in der sozialen Situation, die, ohne ratifizierte Teilnehmer eines Gesprächs zu sein, trotzdem unabsichtlich oder absichtlich (mit-)hören und verstehen, was gesagt wird. (Im Gegensatz zu unseren Augen können wir unsere Ohren nicht ohne Zuhilfenahme von Hilfsmitteln verschließen und deshalb auch längst nicht so leicht ‚weghören' wie ‚wegschauen'.) Dies ist die Rolle, in der sich im Zugbeispiel die übrigen Passagiere als unfreiwillige Zuhörer eines Gesprächs finden, das in ihrer Nähe abläuft. Es ist auch möglich, daß jemand eine Äußerung, die nicht an ihn adressiert ist, belauscht (ihr also aktiv seine Aufmerksamkeit zuwendet) und dann ebenfalls die Rolle eines nicht-ratifizierten Hörers übernimmt. Goffman nennt Hörer des ersten Typs *overhearers*, die des zweiten *eavesdroppers*. Gegen zufällige und/ oder ungewollte Zuhörer schützen sich interaktive Episoden in systematischer Weise, z.B. indem die Teilnehmer bei kritischen Äußerungen in Flüstern oder (in Gegenwart von Kindern) in eine Fremdsprache überwechseln, indem sie (wenn möglich) räumliche Distanz zu anderen Menschen halten, indem sie sich einander zuwenden und so den akustischen (wie auch visuellen) Kommunikationskanal für die Adressaten leichter zugänglich machen als für *bystanders*, etc.

Aber auch innerhalb der fokussierten Interaktion sind mehrere Hörerrollen möglich. Der Sprecher richtet sich oft in einer Gesprächssituation mit mehr als zwei Teilnehmern nicht an alle anderen gleichzeitig; vielmehr werden einzelne Äußerungen primär an einen bestimmten anderen oder eine Untergruppe der möglichen Teilnehmer adressiert. Neben diesen *adressier-*

ten Zuhörern gibt es in der fokussierten Interaktion also auch nicht-adressierte.

Verschiedene Details der Adressatenselektion sind in der Konversationsanalyse sehr genau untersucht worden; insbesondere das Blickverhalten sowie verbale Fremdselektionsmechanismen.[12] Zu den letzteren gehört auch die inhaltliche Adressatenselektion, die der Sprecher z.B. dadurch vornehmen kann, daß er systematisch mit dem ungleichen (Hintergrund-)Wissen der anderen Gesprächsteilnehmer operiert. So mag es sein, daß der Sprecher bestimmte inhaltliche Präsuppositionen macht, die nur einem oder einer Untergruppe der anderen Gesprächsteilnehmer verständlich sind. Ein besonders interessanter Fall ergibt sich dann, wenn der Sprecher die verschiedenen verfügbaren Verfahren der Adressatenwahl gegeneinander ausspielt, diese also nicht miteinander kongruieren, sondern einander widersprechen läßt. Er kann zum Beispiel durch Blickkontakt einen ersten Adressaten auswählen, durch inhaltliche Präsuppositionen aber noch einen zweiten quasi versteckten (weil nur von diesem selbst erkennbaren). Bei dieser besonderen Form von Anspielung (*innuendo*) ist es wie bei manchen Kartenspielen: man kann nur erraten, wer gerade mit wem spielt, es sei denn, man ist selbst der indirekt Adressierte.

Wird in einer größeren Gruppe von Personen in fokussierter Interaktion von einem Sprecher ein einzelner anderer Teilnehmer angesprochen, so ergibt sich sequentiell gesehen eine erhöhte Wahrscheinlichkeit, daß dieser in seinem nächsten Zug gerade den ersten Sprecher als Adressat auswählt, und so weiter. (Auf eine Einladung von A an B – und nur diesen – wird B reagieren, indem er sich wieder an A wendet, und A wird vielleicht im dritten Zug B gegenüber sein Bedauern darüber ausdrücken, daß er der Einladung nicht nachkommen kann, etc.) So bilden sich in einer größeren Gruppe leicht Unterkonstellationen. Wenn sich diese Unterkonstellationen verfestigen, z.B. weil A und B ein nur sie betreffendes Thema gefunden haben, während der Rest der Gruppe sich einem anderen Gesprächsthema zuwendet, so ist der ursprüngliche gemeinsame Aufmerksamkeitsfokus von zwei Foki abgelöst worden. *Encounters* tendieren mit zunehmender Größe dazu, auf diese Weise zu zerfallen (*conversational schism*, vgl. Sacks, Schegloff & Jefferson 1974:713, Goodwin 1977:307ff.). Allerdings bleiben die Unterkonstellationen immer noch auf die Gesamtkonstellation bezogen; z.B. warten die Teilnehmer der Unterkonstellationen oft koordinierte Phasen eines *open state of talk* ab, um die Gesamtkonstellation wieder herzustellen. Man kann auch beobachten, daß die Teilnehmer einer Unterkonstellation ‚mit einem Ohr' in die nebenan ablaufende Unterkonstellation

---

[12] Vgl. Ch. Goodwin (1984) und (1995), Sacks, Schegloff & Jefferson (1974/1978).

‚hineinhören', um bei interessanten Themen die Konstellation wechseln zu können.

Der Beginn eines solchen Zerfalls einer größeren Konstellation ist oft ein *byplay*, eine untergeordnete Seitenkommunikation zwischen ratifizierten Teilnehmern (vgl. M. Goodwin 1990). Möglicherweise kommunizieren einzelne Mitglieder der Konstellation auch mit Danebenstehenden, nichtratifizierten Individuen (*bystanders*), d.h. sie überschreiten die Grenzen des *encounter* (*crossplay*). Ein typisches Beispiel sind Mütter oder Väter, die die bestehende fokussierte Interaktion mit anderen Erwachsenen mehr oder weniger häufig verlassen (müssen), um sich in das interaktive Treiben ihrer Kinder einzumischen.

Betrachtet man nicht nur Gespräche, sondern auch andere Formen von sozialen Episoden, so werden noch kompliziertere Unterscheidungen notwendig. Wenn der Sprecher (im wörtlichen oder metaphorischen Sinn) auf einer Bühne oder einem Podium steht, verwandelt sich die Zuhörerschaft in ein Publikum (*audience*). Ein Publikum verhält sich anders als Gesprächsteilnehmer in der Hörerrolle. Einerseits sind seine Partizipationsmöglichkeiten (in Bezug auf das *turn-taking*) wesentlich eingeschränkt – es ist keine unmittelbare Erwiderung möglich, wenn man von einigen rudimentären Formen wie Zwischenrufen, Klatschen oder Trampeln absieht. Andererseits darf das Publikum den Sprecher direkt und ohne Unterbrechung anschauen (was in unserer wie auch in vielen anderen Kulturen in einfachen Gesprächssituationen sanktioniert wird). Die Trennung zwischen Sprecher und Publikum verstärkt sich noch, wenn auf der Bühne selbst eine inszenierte fokussierte Interaktion abläuft, der das Publikum als *bystanders* einer spezifischen (weil in der fokussierten Interaktion indirekt berücksichtigten) Art zuschaut. Ein wichtiger Fall mit ganz besonders geringen Partizipationsmöglichkeiten des Publikums ist die mediale Kommunikation, die sich in den heutigen Medien (etwa in Talkshows) meist wie ein Gespräch unter den Personen auf der Bühne (hier: im Studio oder sonstigen Aufnahmeort) geriert, tatsächlich aber immer auch an das Publikum ‚zuhause an den Bildschirmen' adressiert ist. So ergibt sich die typische doppelte Adressiertheit medialer Kommunikation.[13]

Bisher wurde noch nicht viel über die Rolle des *Sprechers* gesagt. Auch hier ist laut Goffman eine ‚Dekonstruktion' der einfachen Vorstellung des kybernetischen Modells notwendig. Goffman unterscheidet drei Sprecherrollen („Produktionsformate"). Zunächst kann der Sprecher der *Animator* des Gesprochenen sein, die *talking machine*. Ein typischer Fall ist der Nachrichtensprecher im Fernsehen; wir nennen ihn Sprecher, weil er einen von anderen verfaßten Text möglichst neutral artikuliert, nicht etwa, weil er für

---

[13] Vgl. dazu Scannell (Hrsg., 1991), besonders die Einleitung der Herausgeberin.

den Text oder gar den Inhalt seiner Sprache verantwortlich wäre. Allerdings ist die neutrale Wiedergabe von Texten, die andere verfaßt haben, eher ein Randfall. Schon in der Alltagssprache (z.b. in Erzählungen) sind wir meist bei der Wiedergabe ‚fremder Rede' (in Form von Zitaten) nicht völlig neutral, sondern fügen durch Intonation, leichte Veränderungen der Wortwahl, u.s.f., dem Gesagten eine Art von Kommentar hinzu.[14] Hier ist der Sprecher nicht nur Artikulierer; er ist teilweise (wenn auch nur ‚versteckt') auch schon *Autor* der geäußerten Worte. Im Fall eines Animators, der auch vollverantwortlicher Autor ist, vermuten wir, daß der Sprecher sich die Worte, die er verwendet, selbst ausgesucht hat (und dafür verantwortlich ist), daß er die Gefühle, die er durch die Subjektivierung seiner Sprache ausdrückt, auch tatsächlich hat(te), etc. Es gibt aber noch eine andere Verantwortlichkeit für das Gesagte, die über die artikulatorische (wie beim Animator) und linguistische für die Wahl der Worte oder grammatischen Konstruktionen (wie beim Autor) hinausgeht, nämlich die soziale Verantwortung für die sprachliche Handlung. Wer in den gewählten Worten sozial handelt, muß nicht mit dem Autor identisch sein; z.B. ist die Rolle des (Presse-)Sprechers (*porte-parole*) gerade dadurch gekennzeichnet, daß er zwar seine Worte selbst aussuchen darf, aber nicht seine eigene Meinung, sondern die einer bestimmten Organisation, etwa der Regierung, ausdrücken soll. Die Sprecherrolle, die die soziale Verantwortung für das Gesagte trägt, nennt Goffman *principal* („Auftraggeber"). Komplizierte Verschachtelungen von Animator, Autor und Auftraggeber können vor allem bei der Redewiedergabe auftreten.

Die linguistische Bedeutung der Goffmanschen Analyse der Sprecher- und Hörerrollen geht über die Beschreibung sprachlicher Kommunikation hinaus. Durch das System der Personalpronomina nimmt auch die Grammatik unmittelbar Bezug auf die Hörer- und Sprecherrolle(n). Benveniste argumentiert zum Beispiel, daß sich der Mensch durch die situationsangemessene Verwendung situationsabhängiger Sprachmittel die Sprache zu eigen macht und sich in ihr als ‚Subjekt' ausdrückt. Es ist also schon aus grammatischen Gründen notwendig, für die Analyse der deiktischen Verwendung der Personalpronomina eine genaue Bestimmung der kommunikativen Rollen in der Sprechsituation vorzunehmen. Manche Sprachen kodieren hier wesentlich präzisere Unterscheidungen als das Deutsche, z.B. indem sie zwischen inklusivem – den Angesprochenen mit einschließenden – und exklusivem – ihn ausschließenden – ‚wir' oder verschiedenen ‚ihr'-Formen je nach Anzahl der angesprochenen Personen oder ihrer An-/Abwesenheit vom Sprechort unterscheiden.[15] Für Goffman spielen diese lin-

---

[14] Vgl. Kap. 19, 20; Günthner (1998).
[15] Vgl. Levinson (1988).

guistischen Forschungsinteressen allerdings keine Rolle; ihm geht es ausschließlich um die Grundlagen der Ordnung der Interaktion selbst.

Die von Goffman verfolgte Dekonstruktion des einfachen Modells der Kommunikation ist ein äußerst hilfreiches Instrumentarium zur Beschreibung komplexer Situationen. Man muß bei seiner Anwendung allerdings darauf achten, daß sich (sprecherseitige) Produktionsformate und (hörerseitige) Teilnehmerkonstellationen ständig ändern können, daß sie also keineswegs über eine ganze Begegnung hinweg Gültigkeit haben. Ein solcher Wechsel ist oftmals mit einer Veränderung der gesamten Situation verbunden. In einem gewissen, minimalen Sinn ist das schon der Fall, wenn wir von normaler konversationeller Rede in die Redewiedergabe wechseln, wenn wir als Sprecher von einem Adressaten zum anderen übergehen, oder wenn ein ratifizierter Konversationsteilnehmer sich in *side-play* mit einem *bystander* verwickelt. All diese Fälle sind für Goffman Veränderungen des *footing*, der ‚Gangart' der Interaktion; sie haben mit einer Veränderung der Teilnehmerkonstellation zu tun, gehen aber über diese rein partizipationstechnische Dimension hinaus. Oft wird ein solcher Wechsel auch sprachlich markiert, z.B. durch gestische und andere nonverbale Mittel, durch prosodische Veränderungen und in mehrsprachigen Gesellschaften durch *code-switching*. „Kontextualisierungsverfahren" dieser Art werden in folgenden Kapitel weiter behandelt.

Kap. 15

Kontextualisierung

John J. Gumperz

J. J. Gumperz (geb. 1922) wurde in Hattingen im Ruhrgebiet geboren, mußte aber während der Nazi-Zeit erst nach Italien, dann nach Amerika emigrieren, wo er nach einigen Zwischenstationen von 1965 bis zu seiner Emeritierung als Professor of Linguistic Anthropology an der University of California at Berkeley tätig war. Er gilt mit Dell Hymes als Begründer der „Ethnographie der Kommunikation". Seine anthropologischen Arbeiten in Indien, den USA, in Norwegen und anderen Orten Europas sind für die Soziolinguistik bahnbrechend gewesen, deren „interaktionale" Komponente er immer betont hat. Nicht zuletzt hat Gumperz der Erforschung interkultureller Kommunikation wesentliche Impulse verliehen. Die Interaktionsabläufe in den zentralen Institutionen westlicher Gesellschaften (etwa in Vorstellungsgesprächen, bei Sozialbehörden, in Schulen und anderen *gatekeeping situations*, also Gesprächssituationen, in denen die Weichen für Macht, Erfolg und Anerkennung in einer Gesellschaft gestellt werden) und die Art und Weise, wie diese Institutionen mit Mitgliedern sog. ethnischer Minderheiten umgehen und dabei deren Status reproduzieren, ist ein zentrales Thema seiner Soziolinguistik.

Im Rahmen dieses Buchs stehen nicht Gumperz' im engeren Sinne soziolinguistische, sondern seine Beiträge zur Theorie sprachlichen Handelns im Vordergrund. Sie kreisen um den Begriff der Kontextualisierung, der sich aus der Beschäftigung mit Fehlschlägen in der interkulturellen Kommunikation entwickelt hat.

Für Gumperz' Begriff der „Kontextualisierung" ist v.a. die Monographie *Discourse Strategies* (Cambridge: Cambridge University Press, 1982) wichtig.[1] Eine zusammenfassende Darstellung des Kontextualisierungsansatzes findet sich in Auer (1986) sowie, mit Anwendung auf verschiedene Phänomenbereiche (v.a. Prosodie und Gestik als Kontextualisierungsressourcen), in verschiedenen Beiträgen in Auer & di Luzio (Hrsg., 1992). Aus sprachphilosophischer Richtung begründet H. Feilke (1994; bes. S. 213ff.) den Kontextualisierungsgedanken. Über J. Gumperz' Ansatz zur Analyse sprach-

---

[1] Vgl. außerdem Gumperz (1992) und (1992a). Erstmals wurde der Begriff in Cook-Gumperz & Gumperz (1976) verwendet.

licher Kommunikation vgl. auch Eerdmans, Prevignano, Thibault (Hrsg., 1997).

* * *

S-Bahn irgendwo in Hamburg, soeben haben sich die Türen geschlossen, und der Zug verläßt den Bahnhof. Plötzlich ruft einer der Eingestiegenen: *Die Fahrausweise bitte!* Alle schauen auf: aber die Stimme kommt von einem jungen Mann, der sich mit seinen beiden Freunden lachend auf die rückwärtige Sitzbank setzt und keinerlei Anstalten zu einer Fahrausweiskontrolle macht.[2]

Offenbar ein Scherz, und vielleicht kein besonders phantasievoller oder intelligenter. Aber wie funktioniert er linguistisch? Ganz offensichtlich wird hier damit gespielt, daß die Art und Weise, wie Fahrscheinkontrolleure (und übrigens auch Bahnschaffner) ihre Kontrollen ankündigen, nicht dem individuellen Geschmack entsprechend von Fall zu Fall verschieden ist, sondern einem zumindest stadttypischen Standard-Format folgt. Dieses zeichnet sich vor allem durch eine bestimmte Wortwahl aus: es wäre z.b. ganz undenkbar, daß der Kontrolleur sagte: *Liebe Fahrgäste, ich muß hier eine Kontrolle durchführen. Wären Sie wohl so freundlich, mir Ihre Fahrausweise rauszusuchen?* Die Wendungen, die mehr oder weniger invariabel zum Einsatz kommen, sind vielmehr routinisiert, und diese Routinisierung hat einen semiotischen Gehalt, der zum Inhalt des Gesagten hinzutritt. Er indiziert selbst schon die sprachliche Handlung, die ihrerseits wiederum nur einer bestimmten Person – Individuen, die Träger bestimmter autorisierter sozialer Rollen sind – zukommt. So kann die Äußerung *Die Fahrausweise bitte!* auf der inhaltlich-referentiellen Ebene relativ unbestimmt bleiben: von Kontrolle ist explizit keine Rede.

Die Routinisierung der Aufforderung des Kontrolleurs betrifft nicht nur Wortwahl und Idiomatik. Vielmehr gehört zur erkennbaren ‚Kontrolleursrolle' auch eine bestimmte Prosodie, also Intonation, Rhythmus, Sprechgeschwindigkeit und Lautstärke. Etwa läßt sich (im Vergleich zur Alltagssprache) bei Hamburger Kontrolleuren oft eine erhöhte Lautstärke, eine markierte Akzentuierung auf der ersten Silbe und eine hoch ansetzende und stark fallende, erst auf dem letzten *bitte* wieder leicht ansteigende Intonationsbewegung beobachten:

---

[2] Dies ist die Abwandlung eines Beispiels aus Gumperz (1982:161).

die: Fahr - aus - wei - se bit-te

In unserem Beispiel kommt es nun für die Passagiere zu einer interpretativen Inkongruenz: die idiomatische und prosodische Verpackung der Äußerung paßt nicht zum sonstigen Verhalten des Sprechers, insbesondere nicht zu seinem nicht-sprachlichen Handeln. Diese Inkongruenz legt den Schluß nahe, daß es sich bei der Äußerung um einen Scherz gehandelt hat. Bei genauem Hinhören hätte man vielleicht auch schon aus Kleinigkeiten der Prosodie Verdacht schöpfen können und nicht erst auf die unpassende Folgehandlung des Sprechers warten müssen, um den mangelnden Ernst der Lage zu erkennen: vielleicht war die Lautstärke ein bißchen zu übertrieben, die fallende Intonationskurve ein bißchen zu aggressiv und die ganze Äußerung durch ein unterdrücktes Lachen von Anfang an in ein anderes *footing*[3] gehoben. Auch die ironische Verwendung von Kontextualisierungsmitteln (hier die ‚Usurpation' eines Kontexts, auf den der Sprecher kein ‚Anrecht' hat) kann also kontextualisiert werden: durch die übertriebene Stilisierung typischer Kontrolleurssprache wird die Kopie der Kontrolleurssprache selbst als solche indiziert. Konstitutiv für das Funktionieren dieses Scherzes ist aber zunächst einmal die Wahl bestimmter „Kontextualisierungshinweise", mit denen der Sprecher (berechtigt oder nicht) auf eine bestimmte Situation (bzw. das *frame*- oder *script*-artige[4] Wissen über diese Situation) verweist, die bestimmte Handlungen (Fahrschein vorzeigen, Fahrschein kontrollieren, Sich-Bedanken u.ä.) einschließt. Sowohl die primäre Kontextualisierung dieser Situation durch Prosodie und Idiomatik wie auch ihre ironischen, sekundären *Re*kontextualisierungen[5] als ‚Spaß' können mit dem Gumperzschen Begriff der Kontextualisierung erklärt werden.

Wie verhält sich dieser Begriff zu dem des ‚Kontexts'? Seit es eine wissenschaftliche Beschäftigung mit Sprache gibt, ist bekannt, daß bestimmte sprachliche Ausdrücke in ihrer Bedeutung nicht ein für allemal festgelegt werden können, sondern von Kontext zu Kontext veränderlich sind. Solche sprachlichen Ausdrücke werden traditionell unter dem Begriff der ‚Deixis' zusammengefaßt.[6] In vielen traditionellen und modernen Deixistheorien

---

[3] Vgl. Kap. 14, S. 163.
[4] Vgl. Tannen (1979).
[5] Vgl. Kap. 17, S. 193.
[6] Vgl. dazu Kap. 2, S. 21–22.

wird die Beziehung zwischen dem Kontext und dem deiktischen Ausdruck bzw. seiner Bedeutung (Interpretation) unidirektional und deterministisch gesehen: der Kontext bestimmt die Interpretation des sprachlichen Ausdrucks. Es gibt aber gute Gründe, die dafür sprechen, den deiktischen Sprachmitteln eine aktive, kontext*aufbauende* Rolle zuzumessen. So ist die Verwendung von *ich* und *du* in der Sprechsituation ja nicht nur ein Reflex der augenblicklichen Sprecher- und Adressatenrollen, vielmehr stellt sich durch die Verwendung dieser Pronomina die Teilnehmerkonstellation auch her: wer Adressat einer Äußerung ist, wird unter anderem durch Adressierungsmittel wie die Verwendung des Personalpronomens (zusammen mit bestimmten außersprachlichen semiotischen Verfahren wie etwa Blickkontakt) bestimmt. Diese aktiv kontextualisierende Kraft der Personalpronomina gilt auch für lokale und temporale Ausdrücke: durch *hier* und *dort* gliedern wir den Raum, durch *gestern* und *heute* die Zeit und bauen so eine referentielle Verweisstruktur auf, der nicht unabhängig von uns existiert, sondern dem wir durch sprachliches Handeln unseren individuellen Stempel aufdrücken. Der Gedanke, daß Sprache nicht (nur) vom Kontext ihrer Verwendung determiniert wird, sondern auch umgekehrt Kontexte schafft, ist für den Kontextualisierungsansatz von zentraler Bedeutung[7]: er spiegelt sich in der Verwendung des agentivischen Worts ‚Kontextualisierung' im Vergleich zum statischen ‚Kontext' wider.

Es gibt aber auch noch andere Gründe, warum die traditionelle, auf die Deixis eingeschränkte Kontexttheorie nicht ausreichend ist, um die Art und Weise, wie sprachliches Handeln und sein Kontext miteinander verknüpft sind, vollständig zu erfassen. Deiktische Sprachmittel stellen zwar einen besonders wichtigen Fall der Kontextbezogenheit von Sprache dar (nämlich den Fall, in dem *referentielle* Bedeutung kontextgesteuert ist), aber sicherlich nicht den einzigen. Kontextbezogenheit gilt zum Beispiel auch für Anredeformen (Titel, Namen, etc.) und Systeme von Anredepronomina (TU-VOS-Systeme, etwa im Deutschen die Wahl zwischen Siezen und Duzen); die letzteren stehen sogar, wie die übrigen Personalpronomina, im grammatischen System in Opposition und bilden damit ein (wenn auch minimales) grammatikalisiertes Höflichkeitssystem, wie wir es in den ausgebauten Honorifikationssystemen z.b. des Javanischen oder Japanischen finden.

Anders als bei der herkömmlichen Deixis ist es im Fall der Anredeformen von vornherein klar, daß sie nicht auf ‚die Welt der Dinge' verweisen, sondern auf soziale Beziehungen zwischen den Mitgliedern einer Gesellschaft. Mit der Wahl von Anredeformen identifizieren wir nicht bestimmte Individuen relativ zur Origo der Sprechsituation, sondern verweisen auf ihre so-

---

[7] Vgl. dazu auch Kap. 12.

zialen Rollen oder auf die sozialen Beziehungen zwischen ihnen und zum Sprecher. (Manchmal wird deshalb für sie auch der Begriff der ‚sozialen Deixis' verwendet; dabei wird allerdings der nicht-referentielle Charakter dieser kontextbezogenen grammatischen Formen nicht mehr deutlich, der sie deutlich von den klassischen Deiktika trennt.) Mehr noch als im Fall der (referentiellen) Deixis ist hier offensichtlich, daß die Beziehung zwischen sprachlicher Form und deren Bedeutung von beträchtlichen Verwerfungen und Verschiebungen gekennzeichnet ist, die unter Umständen komplexe Interpretationsarbeit erfordern. Etwa verbieten bekanntlich die Regeln für den Gebrauch der deutschen Personalpronomina die Rücknahme des *Du*: während der Akt des Übergangs vom Siezen zum Duzen in gewisser Weise im Belieben der Mitglieder der Gesellschaft steht (und teils durch eigene Rituale bekräftigt wird), ist der umgekehrte Übergang vom Duzen zum Siezen nicht vorgesehen. Wenn es nun richtig sein mag, daß das Duzen in der heutigen Gesellschaft in erster Linie als Ausdruck einer ‚solidarischen' Beziehung zu verstehen ist,[8] so ist es doch klar, daß dies nicht ein für allemal gilt. Zwei geschiedene Ehepartner, die sich auf den Tod nicht ausstehen können und sich in keiner Weise ‚solidarisch' miteinander fühlen, werden sich vermutlich weiter duzen; weil eine Rückkehr zum *Sie* nicht vorgesehen ist, bleibt ihnen keine andere Wahl. In einem solchen Fall hat die Verwendung des *Du* nichts mit faktischer Solidarität zu tun.

Die genauere Bestimmung dessen, was mit der Solidarität der Duzgemeinschaften gemeint ist, ist äußerst schwierig und selbst von zahlreichen Kontextfaktoren abhängig, zumal die Duzfreudigkeit schnellebigen Moden unterworfen ist; ein Beispiel sind die universitären Duz-Gepflogenheiten, die vom allgemeinen Siezen (auch unter Studierenden) bis in die 60er Jahre hinein über die Zeit der allgemeinen Tendenz zum *Du* selbst in der Interaktion zwischen Dozenten und Studenten in den 70er und frühen 80er Jahren bis zur heutigen Tendenz zur Trennung zwischen der Duz-Gemeinschaft der Studenten und Siez-Gemeinschaft der Dozenten reichen (mit selbstverständlichem Siezen in der Interaktion zwischen den beiden Gruppen). Im Einzelfall erfordert die Wahl des Anredepronomens im ersten kommunikativen Kontakt nicht wenig Fingerspitzengefühl – d.h. eine genaue Kenntnis nicht nur der Globalregel (Duzen als Ausdruck der Solidarität), sondern auch situativer und gruppenspezifischer Bedingungen für ihre Anwendung. Gerade wegen der unauflöslichen Kontextgebundenheit der Globalregel bleibt dem Individuum die Möglichkeit, seine alltagsweltlichen sozialen Beziehungen durch die Wahl der Anredeform zu gestalten.

---

[8] Vgl. Brown & Gilman (1960); zu Anredeformen im Deutschen u.a. Kohz (1982), Ljungerud (1979) und Besch (1996).

Auch mit der Berücksichtigung von Anredeformen oder Honorifika, die die soziale Beziehung zwischen den Gesprächsteilnehmern oder zwischen dem Sprecher und dem Gesprächsgegenstand indizieren, ist der Bereich der kontextbezogenen sprachlichen Formen natürlich längst noch nicht vollständig erfaßt. Zu den sprachlichen Mitteln, die nicht einfach nur Reflex bestimmter Kontexte sind, in denen sie verwendet werden, sondern diese aktiv bestimmen oder verändern, gehört jede aktive Auswahl eines Sprechers aus mehreren alternativen verfügbaren grammatischen oder lexikalischen Ausdrucksmitteln – vom ‚Stil' (vgl. das Eingangsbeispiel) bis zur Wahl einer Sprache, eines Dialekts oder eines Registers. Viele der in der Soziolinguistik untersuchten sprachlichen Merkmale von Nicht-Standard-Sprache können deshalb auch als Kontextualisierungsverfahren verstanden werden, in denen die Sprecher „acts of identity"[9] vollziehen, also ihre Zugehörigkeit zu bestimmten sozialen Gruppen signalisieren.

Ein Bereich der Sprache, dem seit langem zugestanden wird, daß er Indizes für kontextuelle Wissensbestände liefern kann (auch wenn diesem Zugeständnis kaum eine Analyse folgte), ist die Prosodie. Da sie in Sprachen wie dem Deutschen keine referentiell-distinktiven Funktionen übernimmt, ist ihre Bedeutung oft darin gesehen worden, Gefühle des Sprechers zum Gesagten auszudrücken (‚expressive Intonation'). Wenn man sie als Kontextualisierungsressource auffaßt, ist es jedoch möglich, diese vage Beschreibung in konkrete Analysen der ‚Bedeutung' prosodischer Strukturen umzusetzen. Das folgende Beispiel mag dies verdeutlichen:

Selting (1995:232ff.) zeigt, daß „offene" Fragen, die dem Antwortenden wenig Einschränkungen auferlegen („Neufokussierung"), i.d.r. steigende finale Tonhöhenbewegungen haben, während Fragen, die verständigungsbearbeitend oder reparatureinleitend sind, nur kürzere, eingeschränkte Problembearbeitungen erfordern und damit dem Antwortenden weitgehende Vorgaben machen („Refokussierung"), durch fallende finale Intonation markiert sind.

Beispiel für neufokussierende Frage (aus Selting 1995:244)[10]

((neues Thema))
→ N: wie SIEHTS jetzt eigntlich AUS mit dem fach muSIK
        F(\   \   /)
        also da HÖRT man ja auch gar nichts mehr ne
   R: im moMENT (.) äh: weiß ich AUCH nichts neues (–)
        das das: äh scheint auf EIS zu liegen oder
        ((weiter im Thema))

---

[9] Der Ausdruck stammt von Le Page & Tabouret-Keller (1985).
[10] In der Textzeile sind die Akzentsilben durch Großschreibung markiert. In der darunter-

170 John J. Gumperz

Beispiel für refokussierende Frage (aus: Selting 1995:260f.)

```
L:  m: und (-) also es GIBT da auch GUte arbeitn=
    =aber die benÜTzn: MEIstens ohne es zu sagen
    auch diese ANdern methodn ne
C:    ⌈ hn:
→ E:  ⌊ ja WIE siehtn das konkret AUS
         F(/          \)
L:  es is EIgnlich
    also ICH empf:inde das als eine ähm: (-)
    äh NACHerzählung mit PSYchoanalytischem vokabuLAR
```

Im ersten Beispiel indiziert die prosodische Verpackung der Frage (fallende Tonhöhenbewegung in der Kontur, aber steigende Bewegung auf der letzten Akzentsilbe -*SIK*) also, daß eine längere, ausführliche Antwort gewünscht wird, die das Gesprächsthema weiterentwickeln kann. Entsprechend holt R zu einer längeren Antwort aus. Hingegen wird die im Wortlaut fast identische Frage im zweiten Beispiel (*wie siehts aus mit* ...) durch eine fallende Tonhöhenbewegung auf der letzten Akzentsilbe (AUS) markiert. Dadurch ist sie als kurze Rückfrage gekennzeichnet; entsprechend folgt eine Bearbeitung, die das schon Gesagte paraphrasiert oder elaboriert, aber nicht thematisch weiterentwickelt. In Fall der neu- vs. refokussierenden Fragen geht es eindeutig nicht um ‚expressive Intonation', sondern um die Kontextualisierung sprachlicher Handlungstypen.

Der Bereich der kontextbezogenen sprachlichen Zeichen ist also sehr groß. Nach Gumperz kann sogar *jede* interpretierbare sprachliche Struktur ein indexikalisches Element in sich tragen, d.h. in einer genauer zu bestimmenden Weise auf einen Kontext verweisen. Die Pointe seines Ansatzes ist, daß wir beim sprachlichen Handeln immer auf dieses indexikalische Potential der Sprache angewiesen sind, weil wir zugleich zu dem, was wir an Inhalten vermitteln, immer auch signalisieren müssen, *wie* das Gesagte gemeint ist. Wir liefern also zugleich zum propositionalen Gehalt einer Äußerung den Rahmen – Kontext – mit, in den sie sich einbettet. Dies erscheint im Rahmen eines Kommunikationsmodells à la Shannon & Weaver (vgl. Kap. 1) paradox; denn in diesem Modell ist der Kontext ja vorgängig gegeben – als fester Rahmen, innerhalb dessen Kommunikation stattfindet. Gumperz' Auffassung von Kontext ist jedoch wesentlich ‚linguistischer' als

---

stehenden Intonationszeile ist die globale Tonhöhenbewegung der durch ( ) markierten Intonationskontur durch die Buchstaben M = mittel bzw. F = fallend gekennzeichnet, lokale Akzentbewegungen innerhalb der Kontur durch / und \. Nur die Frageäußerung ist prosodisch transkribiert.

die Shannons: wer spricht, schafft (auch) Kontexte, er handelt nicht (nur) in Abhängigkeit von ihnen.[11] Diese kontextschaffende Rahmung[12] betrifft u.a. die Teilnehmerkonstellation und die Sprecherrollen (vgl. Kap. 4), geht aber weit darüber hinaus. Sie hilft uns unter anderem, die folgenden Fragen zu beantworten: (1) Reden wir überhaupt gerade miteinander (d.h. sind wir in einer fokussierten Interaktion)? Kontextualisierungsverfahren sind hier u.a. Körperhaltung, Proxemik, auf der verbalen Ebene *turn-taking* und Rhythmus. (2) Wer spricht gerade in welcher Rolle mit wem (Teilnehmerkonstellation)? Hier spielen u.a. Blickzuwendung, Wahl einer Sprache aus einem bilingualen Repertoire oder rezipientenspezifische Präsuppositionen eine Rolle. (3) Worüber sprechen wir gerade (thematische Entwicklung)? Z.B. kann der Beginn eines neuen Themas durch intonatorische Rekalibrierung[13] indiziert werden. (4) Was tun wir gerade miteinander (d.h. in welchem Aktivitätstyp bzw. welcher Gattung agieren wir)? Etwa läßt sich zeigen, daß bestimmte mündliche Gattungen[14] durch konventionalisierte Floskeln (Märcheneinleitung durch *es war einmal* ...) indiziert werden. (5) Wie stehen wir (gerade) zueinander (welche sozialen Rollen nehmen wir ein, betonen wir Hierarchien oder spielen wir sie herunter, sind wir ernst oder ironisch, etc.)? Gumperz interessiert als Linguist und Anthropologe allerdings nicht nur die Art von Kontext, die durch Kontextualisierungsaktivitäten indiziert wird (sei dieser nun selbst sprachlich, wie im Fall von Gattungen/Aktivitätstypen, oder nichtsprachlich), sondern auch, mit welchen semiotischen Ressourcen solche kontextuellen Rahmungen (sprachlich oder nicht-sprachlich) geleistet werden.

Wenn Gumperz behauptet, daß *jede* sprachliche Äußerung als Handlung ein indexikalisches Element enthält, dann schließt dies natürlich nicht aus, daß das kontextaufbauende Potential mancher sprachlicher Mittel größer ist als das anderer. So sind die Möglichkeiten relativ beschränkt, mit einem Demonstrativpronomen (*das da!*) auf etwas zu verweisen, was nicht tatsächlich existent und mit den Sinnen erfaßbar ist, d.h. die aktive Kontextualisierungsleistung referentieller (deiktischer) Zeichen ist vergleichswei-

---

[11] Im Rahmen des vorliegenden Buches ist das natürlich nichts Neues; auch Grice (Kap. 9), Benveniste (Kap. 5) oder Garfinkel (Kap. 12) argumentieren so.
[12] Gumperz' Theorie zeigt deutliche Ähnlichkeiten zu Goffmans Begriff der Rahmung (Goffman 1974) sowie zu Batesons Arbeiten zur Indizierung von Modalitäten wie Spaß oder Ernst (vgl. Bateson [*et al.*] 1956 sowie verschiedene Kapitel in Bateson 1972). Beiden fehlt jedoch die materialorientierte Umsetzung in linguistische und sonstige Kontextualisierungsverfahren, besonders im Bereich der Prosodie und Gestik.
[13] Vgl. Couper-Kuhlen (1983) und (1998).
[14] Vgl. Kap. 16.

se gering.¹⁵ Hingegen ist es relativ problemlos möglich, für sich die ‚Rolle' des Fahrkartenkontrolleurs zu reklamieren, ohne Fahrkartenkontrolleur zu sein. Silverstein (1976) unterscheidet entsprechend zwischen mehr kreativen und mehr präsupponierenden Kontextualisierungsmitteln. Kontextualisierung kann explizit erfolgen. Etwa mag ein Erzähler ankündigen, daß er nun einen Witz erzählen will.¹⁶ Solche „Formulierungen" (Heritage & Watson 1980) dessen, was gerade geschieht, gleich geschehen soll oder gerade geschehen ist, sind – wie alle referentiellen sprachlichen Äußerungen – einklagbar: einen Erzähler, der einen Witz ankündigt, aber eine traurige Geschichte aus seinem Leben erzählt, kann man dafür ‚zur Rechenschaft ziehen'. Die Kontextualisierungsverfahren, die Gumperz vor allem untersucht hat, sind jedoch anderer Art. Sie bedienen sich der gestischen oder prosodischen Mittel einer Sprache oder greifen auf die Vielfalt der Varietäten und Sprachen im Repertoire der Teilnehmer zurück. Solche Kontextualisierungshinweise sind im Gegensatz zu expliziten Kontextualisierungen nicht einklagbar – niemand könnte einem Sprecher vorhalten, er habe sich zurückgelehnt und trotzdem das Rederecht nicht abgegeben oder die falsche Intonation für das erzählte Märchen gewählt.¹⁷

Kontextualisierungshinweise sind also – in den Begriffen von Ch. S. Peirce (1960–1966) – ihrer semiotischen Natur nach „Indizes", nicht „Symbole". (Dadurch unterscheiden sie sich von „Formulierungen" des Kontextes.) Allerdings gibt es Grade von Konventionalisierung. Ein Vergleich der idiomatischen und der prosodischen Mittel, die in unserem Eingangsbeispiel verwendet werden, macht dies deutlich. Idiomatische Kontextualisierungsverfahren können darauf aufbauen, daß ihre indexikalische Bedeutung abrufbereit in unserem sprachlichen Wissen kodiert liegt. Wann immer

---

[15] Natürlich können deiktische Mittel wie Demonstrativpronomina oder Lokaladverbien auch verwendet werden, um „am Phantasma" (vgl. Bühler 1934:121ff.) auf abwesende Dinge zu verweisen.
[16] Vgl. zu diesen expliziten Kontextualisierungen auch Kallmeyer (1978).
[17] Davon gibt es freilich Ausnahmen, vor allem im professionellen Bereich. Die Moderatoren und Moderatorinnen privater Radiosender werden z.b. angehalten, eine fröhliche Prosodie zu verwenden. In Couper-Kuhlen 1996:395ff. werden Beispiele diskutiert, in denen ein Radiomoderator seine Anruferinnen in einer *phone-in show* dafür kritisiert, daß sie eine zu monotone (oder auch zu wenig weibliche) Prosodie verwenden. Auch hier bleibt aber als grundsätzlicher Unterschied zu referentiellen Kontextualisierungen bestehen, daß die Bedeutung der jeweils verwendeten und der gewünschten Prosodie nur recht vage beschrieben werden kann. Z.B. wäre es legitim, daß eine vermeintlich zu wenig ‚fröhliche' Anruferin dem Moderator auf seine Kritik entgegnete, sie sei doch gut gelaunt. Damit verglichen hat der Erzähler einer persönlichen Geschichte wenig Chancen mit der Ausrede, er habe mit *ich erzähl Euch jetzt einen Witz* ja gar nicht gemeint, daß er einen Witz erzählen wolle, sondern eine persönliche Erzählung angekündigt.

z.B. die obige Formel *Die Fahrscheine bitte!* (die ja *keine* „Formulierung" ist) verwendet wird, kontextualisiert sie ‚Fahrkartenkontrolle'. Prosodische Kontextualisierungsmittel wie etwa Lautstärke und fallende Intonationsbewegung sind hingegen weit weniger konventionalisiert. Obwohl es Einschränkungen gibt – man kann mit erhöhter Lautstärke nicht *alles* meinen – ist die konkrete Kontextualisierungsfunktion wesentlich stärker auf den spezifischen Verwendungszusammenhang angewiesen.

Die Bedeutung der Kontextualisierung (und der Geteiltheit von Kontextualisierungskonventionen) für glatt und unproblematisch ablaufende Interaktion zeigt sich nicht zuletzt an kommunikativen Fehlschlägen. Hier ein von Gumperz zitiertes Beispiel (1982:133):

> Ein schwarzer Student will eine schwarze Hausfrau in einem schwarzen, innerstädtischen Arbeiterviertel interviewen. Er kennt die Familie nicht, ist aber telefonisch angekündigt worden. An der Tür macht ihm der Ehemann auf, der lächelnd auf ihn zugeht:

Husband: So y're gonna check out ma ol lady, hah?
Interviewer: Ah, no I only came to get some information. They called from the office.

Gumperz kommentiert, der Ehemann sei ohne ein weiteres Wort verschwunden, um seine Frau zu holen (und offensichtlich auch über den Gast zu informieren). Das Interview sei ausgesprochen steif und unbefriedigend verlaufen.

Das Kontextualisierungsverfahren, das der Mann der zu Interviewenden hier einsetzt, beruht auf der Wahl einer bestimmten, relativ basilektalen Varietät des *African American English,* aus der ein formulaischer Ausdruck mit zahlreichen phonologischen Markierungen verwendet wird. Ziel dieser Kontextualisierung ist es, so Gumperz, eine informelle Atmosphäre unter Gleichen herzustellen und die gemeinsame schwarze Identität von Student und interviewter Familie zu betonen. Obwohl der (schwarze) Student diese Kontextualisierung vermutlich verstanden hat und sie hätte erwidern können (z.B. durch die Antwort *Yea, I'ma git some info*), kontextualisiert er seine Erwiderung (sei es absichtlich oder versehentlich in der Aufregung der Datenerhebungssituation) ganz anders: frei von irgendwelchen ‚schwarz' konnotierten Merkmalen, stellt sie den Sprecher als Mitglied der universitären Forschergruppe dar. Aus dem Kontrast der Bedeutungen der beiden gewählten Kontextualisierungsverfahren ist der Mißverfolg des Interviews leicht zu erklären.

Im genannten Beispiel teilen die beide Interaktionsteilnehmer möglicherweise einen gemeinsamen Fundus von Kontextualisierungshinweisen. Kontextualisierungshinweise sind allerdings hochgradig gruppen- und kulturspezifisch: soziale und kulturelle Gruppen (die im Regelfall nicht mit den traditionellen Sprachgemeinschaften identisch sind) unterscheiden sich oft in dem Wissen darüber, wie bestimmte Signale zu Rahmungszwecken eingesetzt werden. Im Gegensatz zu grammatischen oder lexikalischen, ja selbst phonologischen Unterschieden sind solche Differenzen meist nicht bewußt. Daraus folgt fast schon von selbst, daß in interkulturellen Kommunikationssituationen auch dann, wenn die Teilnehmer dieselbe Sprache sprechen, Mißverständnisse entstehen können. Gumperz hat dies vor allem an Beispielen mit Immigranten aus Pakistan und Indien in England gezeigt. Ein vielzitiertes Beispiel (1982:173) ist das folgende:

> In einem englischen Flughafen gab es in der Kantine Schwierigkeiten zwischen den neu eingestellten Bedienungen aus Indien und Pakistan und den englischen Frachtangestellten, die diese Cafeteria besuchten. Die Bedienungen waren den britischen Kunden und auch ihren Vorgesetzten zu harsch und unkooperativ. Genauere Untersuchungen ergaben, daß diese (vom Personal keineswegs intendierte) Einschätzung wesentlich auf die prosodischen Merkmale der wenigen Äußerungen zurückzuführen war, die die indischen/pakistanischen Frauen mit den Kunden wechseln mußten. Zum Beispiel intonierten sie die Frage *gravy?* (,[wollen Sie] Soße?') nicht, wie nach britischen Kontextualisierungskonventionen zu erwarten, mit steigender Intonation, sondern mit fallender. Für britische Ohren klang das wie eine Aussage – im Kontext der Essensausgabe ein unsinniger Handlungstyp, der von den Briten als überflüssig und daher unhöflich interpretiert wurde.

Zusammenfassend kann man ‚Kontextualisierung' also als eine dreistellige Relation definieren zwischen Ausdrucksmitteln (Idiomatik, Gestik, Prosodie, etc.), der Bedeutung (Interpretation) bestimmter Handlungen und Wissensbeständen (*frames*), die diese Interpretation ermöglichen, indem sie als ihr Kontext relevant gemacht werden. Die Bedeutung des Ansatzes von J. Gumperz liegt zum einen darin, daß er es ermöglicht, Strukturanalysen besonders im Bereich der sprachlichen Variation und der Prosodie an interaktionale Analysen anzubinden; zum anderen darin, daß er kulturspezifische Konventionen, die die Grenzen von Sprachgemeinschaften überschreiten (bzw. unterschreiten) in das Zentrum der Aufmerksamkeit rückt.

Kap. 16
Kommunikative Gattungen

Thomas Luckmann

Th. Luckmann (geb. 1927) wurde in Slowenien geboren und in Österreich und den USA wissenschaftlich ausgebildet. Er lehrte als Professor an der New School of Social Research in New York, an der Johann-Wolfgang-Goethe-Universität Frankfurt und von 1970 bis zu seiner Emeritierung an der Universität Konstanz Soziologie. Luckmann gilt als wichtigster Schüler von Alfred Schütz, dessen *Strukturen der Lebenswelt* er posthum vervollständigt und veröffentlicht hat. Er ist einer der profiliertesten Sprach-, Wissens- und Religionssoziologen. Wissenschaftsgeschichtlicher Hintergrund seiner Schriften ist die Phänomenologie.

Wichtige Publikationen sind neben den *Strukturen der Lebenswelt* (vgl. Kap. 11) die Monographie *Das Problem der Religion in der modernen Gesellschaft* (Freiburg: Rombach, 1963) und die in *Lebenswelt und Gesellschaft* (Paderborn: Schoeningh/UTB, 1980) zusammengefaßten Schriften. Weithin bekannt wurde die zusammen mit Peter Berger verfaßte Einführung in die Wissenssoziologie *The Social Construction of Reality* (New York: Doubleday, 1966).

Die Arbeiten Luckmanns zum Begriff der kommunikativen Gattungen kommen aus jüngerer Zeit; sie lassen sich den Aufsätzen „Das Gespräch" (in: *Poetik und Hermeneutik* XI, München: Fink, 1984, S. 49–63), „Grundformen der gesellschaftlichen Vermittlung des Wissens: Kommunikative Gattungen" (*Kölner Zeitschrift für Soziologie und Sozialpsychologie,* Sonderheft 27, 1986, S. 191–211), „Kommunikative Gattungen im kommunikativen ‚Haushalt' einer Gesellschaft" (in: G. Smolka-Koerdt *et al.*, Hrsg., *Der Ursprung der Literatur*; München: Fink, 1988, S. 279–288), „Reconstructive genres of everyday communication" (mit J. Bergmann, in: U. Quasthoff, Hrsg., *Aspects of Oral Communication,* Berlin: de Gruyter, 1995, S. 289–304) und besonders „Der kommunikative Aufbau der sozialen Welt und die Sozialwissenschaften" (*Annali di Sociologia/ Soziologisches Jahrbuch* 11, I–II, 1995, S. 45–71) entnehmen. Eine zusammenfassende Darstellung geben Günthner & Knoblauch (1994).

Beispiele für Gattungsanalysen im Luckmannschen Sinn sind Keppler & Luckmann (1991) und (1992), Bergmann (1987) oder Ulmer (1988).

* * *

Gattungen spielen in der Literaturwissenschaft seit jeher eine wichtige Rolle und bezeichnen dort Typen literarischer Texte wie ‚Novelle', ‚Briefroman', ‚Ballade', etc. Allerdings haben sich auch Literaturwissenschaftler schon früh mit Gattungen beschäftigt, die nicht ohne weiteres (im modernen, autorenbezogenen Sinn) als literarisch, teils nicht einmal als fiktiv eingestuft werden können. So behandelt André Jolles in seinem klassischen Werk *Einfache Formen* schriftliche und/oder mündliche „Formen" – nämlich Legende, Sage, Mythe, Rätsel, Spruch [Sprichwort], Kasus [Beispielerzählung], Memorabile, Märchen und Witz –, „die weder von der Stilistik, noch von der Rhetorik, noch von der Poetik, ja, vielleicht nicht einmal von der ‚Schrift' erfaßt werden, die, obwohl sie zur Kunst gehören, nicht eigentlich zum Kunstwerk werden, die, wenn auch Dichtung, so doch keine Gedichte darstellen" (Jolles 1930:10). Jolles hat versucht, diese „einfachen Formen" bestimmten „Geistestätigkeiten" zuzuordnen, nämlich die Legende dem Heiligen, die Sage der Familie, die Mythe der Schöpfung, das Rätsel der Inquisition, den Spruch der Erfahrung, den Kasus der Moral, die Memorabile der Tatsache, das Märchen der naiven Moral und den Witz dem Komischen. Ein anderer großer Literaturtheoretiker, der Russe Valentin Propp, hat 1928 in seiner *Morphologie des Märchens* eine Strukturanalyse dieser narrativen Gattung vorgelegt, die später von William Labov auf persönliche Erzählungen schwarzer Jugendlicher, also mündliche Alltagssprache, übertragen wurde (Labov & Waletzky 1967).

Neben Literaturwissenschaftlern haben auch Volkskundler mündliche und schriftliche Texte gesammelt und analysiert, die nicht im autorengebundenen Sinn literarisch sind; von Abzählreimen bis zu modernen Schauergeschichten (*urban legends*), wie sie z.B. in dem Band *Die Spinne in der Yucca-Palme* (Brednich 1995) veröffentlicht worden sind. Schließlich gehört die Untersuchung vor allem stark ritualisierter Gattungen in mehr oder weniger weit von den europäischen entfernten Kulturen und Subkulturen zu den zentralen Forschungsanliegen der linguistischen Anthropologie; das Spektrum der Untersuchungen reicht hier von den verbalen Zweikämpfen schwarzer amerikanischer (*playing the dozen*, Labov 1972) und türkischer Jungen (Dundes, Leach & Özkök 1972) bis zu georgischen Toten-Lamentos (Kotthoff 1992).

Mit dem Terminus ‚kommunikative Gattung' konkurriert in der Textlinguistik – soweit sie sich nicht auf die Untersuchung schriftlicher Texte beschränkt – der Begriff der ‚Textsorte'. In den 70er und 80er Jahren haben verschiedene Autoren versucht, den traditionellen literaturwissenschaftlichen Gattungsbegriff textlinguistisch zu reformulieren: literarische Gattungen (im weitesten Sinn) galten als spezifische Textsorten. Raible bestimmt z.b. Textsorten nach den sechs Dimensionen „Kommunikationssituation", „Objektbereich", „übergeordnete Ordnungsstruktur" (z.B. Witz = Erwartung des Unerwarteten; vgl. Preisendanz 1970), „Verhältnis zwischen Text und Wirklichkeit" (*res gesta, res ficta, res ficta quae temen fieri potuit, res futura*), „Medium" und „sprachliche Darstellungsweise" (1980:342ff.). Gegenüber diesen Forschungstraditionen in Literaturwissenschaft, Anthropologie, Volkskunde und Textlinguistik läßt sich mit Luckmanns ‚kommunikativen Gattungen' ein dreifacher Fortschritt für die Untersuchung sprachlicher Interaktion verzeichnen. Erstens begründet Luckmann das Existieren von Gattungen aus soziologischer Perspektive, indem er ihre gesellschaftliche Funktion in der Tradierung und Vermittlung bestimmter gesellschaftlich relevanter Wissensbestände lokalisiert. Zweitens ist sein Gattungsbegriff – anders als der klassischer Volkskundler, Literaturwissenschaftler und Anthropologen – nie in Gefahr, Gattungen zu festgeformten Texten zu reifizieren. Zwar bedienen sich die sprachlich Handelnden mit dem Rückgriff auf Gattungen *per definitionem* einer verfestigten, nicht erst im Augenblick des Sprechens hervorgebrachten Form; sie schließen sich also einer „Tradition des Sprechens" an. Aber sie tun dies immer in einer Art und Weise, die nur aus dem jeweiligen situativen Kontext verständlich ist, ja, die diesen Kontext mit konstituieren kann. Das übliche Verfahren des Sammelns von Gattungsexemplaren (von *Des Knaben Wunderhorn* bis zur *Spinne in der Yucca-Palme*) impliziert ihre Dekontextualisierung, ihre Loslösung aus dem interaktiven Zusammenhang, aus dem sie ihren kommunikativen Sinn beziehen – eine Form von Reduktionismus, die Luckmann von vornherein vermeidet. Drittens ist Luckmanns Gattungsbegriff zwar nicht so weit, daß er sinnlos würde: nicht alles Sprechen findet in Gattungen statt.[1] Andererseits ist er aber auch nicht auf hochgradig routinehafte, also in ihrer Form fast vollständig vorgegebene, und schon gar nicht auf ritualisierte Sprechweisen beschränkt.[2] Die Bedeutung dieser sehr stark routinehaften oder sogar ritualisierten Gattungen nimmt im „kommunikativen Haushalt"[3] der modernen westlichen Kulturen vermutlich ab. Indem er eine ‚konservative' Definition vermeidet, macht Luckmann seinen Gattungsbegriff hingegen gerade für die Analyse des sprachlichen Handelns in solchen Kulturen attraktiv.

Luckmann definiert kommunikative Gattungen als gesellschaftlich vorgeprägte komplexe Abläufe („Muster"), die ein gewisses Maß an Verbindlichkeit erreicht haben und die sich als historisch und kulturell spezifische

---

[1] Hier liegt ein Unterschiede zu Bachtins Gattungsbegriff; s. Kap. 20.
[2] Vgl. als Zusammenfassung Kap. 18 in Foley (1997).
[3] Luckmann versteht unter „kommunikativem Haushalt" den „Gesamtbestand bzw. -‚Umsatz' an kommunikativen Formen in gesellschaftlichem Gebrauch" (1995 [Komm. Aufbau]:57), also die Gesamtheit der spontanen wie auch gattungsspezifisch verfestigten Kommunikationsweisen in einer Gesellschaft.

Sedimentierungen gesellschaftlicher Problemlösungen verstehen lassen. Die beiden Komponenten dieses Gattungsbegriffs – formale Verfestigung komplexer Abläufe und verbindliche Lösungsmuster für relevante gesellschaftliche Probleme – werden im folgenden erläutert.

Wenn ein Handlungsablauf *verfestigt* ist, d.h. wenn sich eine bestimmte Routine herausgebildet hat, können bzw. müssen die Handelnden nicht mehr (in jeder Hinsicht) spontan formulieren, sondern lehnen sich an überkommene, mehr oder weniger verbindliche Gestaltungsverfahren an. Sobald die Gattung im Gesprächsverlauf erst einmal identifiziert ist, sind bestimmte Strukturen gültig und verpflichtend. Routine entindividualisiert das sprachliche Handeln, sie entlastet den Sprecher aber auch: er muß seine ‚Energie' nicht mehr in die sprachliche Formulierungsarbeit stecken, und er ist nicht mehr für alle Aspekte seines Handelns selbst voll verantwortlich. Dasselbe gilt für den Hörer: da die Gattung Handlungen und ihre Gestaltung teilweise erwartbar macht, ist die Belastung durch die Dekodierung der sprachlichen Form gering. Die eigene Rezipientenrolle ist in der Regel ebenfalls vorgegeben, das Rederecht unter Umständen nicht mehr frei verhandelbar, etc.

In der Beurteilung sprecher- und hörerentlastender Routinen und ihrer potentiellen Korrelate (Entindividualisierung, Verlust des Subjektiven und Spontanen) unterscheiden sich Epochen und Kulturen erheblich. Entsprechend sind die gesellschaftlichen Auffassungen darüber verschieden, wieviel Routine bei der Bewältigung einer bestimmten kommunikativen Aufgabe erforderlich bzw. gestattet ist. Etwa wird es in unserer Kultur seit dem 18. Jahrhundert kaum mehr akzeptiert, ein Liebesgeständnis in hochgradig festgelegter Form – etwa in der Formel *Ich liebe Dich* – zu geben, wenn es ernst gemeint sein soll. (Abschlußfloskeln am Telefon, wie sie uns aus amerikanischen Filmen bekannt sind und auch hierzulande manchmal verwendet werden, sind zwar extrem routinisiert, zählen aber eher zu den Großformeln als zu den Liebesgeständnissen.[4]) Im Europa des 17. Jahrhunderts war es hingegen selbstverständlich, daß eine Liebeserklärung, wenn sie erfolgreich sein sollte, genau festgelegten rhetorischen Regeln zu folgen hatte (vgl. Auer 1988a). Und in vielen Kulturen werden Liebeserklärungen überhaupt nicht direkt (also von den Beteiligten) gemacht, sondern von Mittlern überbracht, die sie in sehr konventionellen Formen vortragen.[5]

Das Beispiel belegt einerseits die entlastende Funktion von Gattungen: eine formalisierte und routinehafte Sprechhandlung läßt sich leichter ausführen als eine ‚spontane', v.a., wenn die sprachliche Aktivität selbst potentiell gesichtsbedrohend ist; dies ist bei Liebesgeständnissen sicherlich der

---

[4] Sie können deshalb z.B. auch zwischen Eltern und Kindern verwendet werden.
[5] Vgl. zum Beispiel Keenan (1974/1991:87–92) oder Egner (1995:152ff.).

Fall. Andererseits zeigt das Beispiel aber auch, daß der Rückgriff auf bestehende Formen den Sprecher nur bis zu einem bestimmten Grad von seiner Formulierungsarbeit befreit. Je mehr nämlich die erfolgreiche Bewältigung der Gattung entweder die wortwörtliche Befolgung präziser Vorschriften erfordert (so daß etwa durch einen Versprecher schon der Erfolg der Performanz bedroht wird), oder eben nicht die übliche, sondern nur die *virtuose* Handhabung des verfügbaren Formeninventars zum Erfolg führt (wie im vorromantischen Liebesgeständnis), um so mehr wird auch innerhalb der Routine die Form zum Problem. Kognitiv entlastend scheint also nur ein mittleres Niveau von Konventionalisierung zu sein; während das Fehlen jeder überkommenen Form zur spontanen, eigenständigen Formgebung zwingt, belastet ein hohes Maß an formaler Verfestigung und Verbindlichkeit durch die übermäßige Detailliertheit der vorgeschriebenen Formelemente und die geringe Toleranz für Abweichungen.

Hohe formale Verfestigung und Verbindlichkeit sind ein Verfahren der Diskurskontrolle (vgl. Kap. 21). Luckmann verwendet den Begriff des Kanons bzw. der Kanonisierung (vgl. Assmann & Assmann, Hrsg., 1987), um auf das Ergebnis gesellschaftlicher Normierungsvorgänge zu verweisen, die mit „Eingrenzung des Gebotenen (und Verbotenen: Zensur!)" (Luckmann 1995:55 [Komm. Aufbau]) operieren. Hinter dem Kanon stehen in der Regel gesellschaftliche Institutionen, die ihn bestimmen und durchsetzen; Kanonisierung ist also meist mit Machtausübung, d.h. zwangsweiser Reglementierung der kommunikativen Formen verbunden.

Die verfestigte und konventionalisierte Struktur der kommunikativen Gattung äußert sich nicht nur in ihren textuellen Merkmalen; vielmehr hat die Gattung eine Binnen- *und* eine Außenstruktur. Unter der ersteren versteht Luckmann die materiale Grundlage des gattungstypischen Handelns in Gestalt der verwendbaren Ausdruckssysteme – von der passenden sprachlichen Varietät über die prosodische Gestaltung bis zur Wahl bestimmter syntaktischer Muster, Topoi und Figuren, Themen und poetischer Mittel; kurz das, was man in der Regel als sprachlichen Stil bezeichnet. Neben verbalen gehören auch nicht-verbale (z.B. gestische oder mimische) Zeichensysteme zur Binnenstruktur. Die Binnenstruktur einer Gattung muß, um der Definition zu genügen, einigermaßen komplex sein. Zumindest einige von Jolles' „einfachen Formen" (z.B. Sprichwörter) genügen diesem Kriterium nicht; sie können aber durchaus *für* bestimmte Gattungen typisch und Teil ihrer Binnenstruktur sein. Allerdings ist das Komplexitätskriterium absichtlich vage formuliert; es ist also mit Zwischenformen zu rechnen. Luckmann spricht bei solchen halb-komplexen Mustern von „gattungsähnlich strukturierten sprachlichen Formen" (1995:58 [Komm. Aufbau]). Manchmal findet man auch rekurrente Ablaufmuster, die ausschließlich aus den kommunikativen Notwendigkeiten resultieren, also auf keinerlei Konventionalisierung basieren. Auch dann kann man selbstverständlich nicht von kommunikativen Gattungen sprechen. (In diesem Sinn analysiert zum Beispiel Bergmann (1993) Notrufe bei der Feuerwehr.) Die *Außenstruktur* kommunikativer Gattungen legt fest, in welchen „kommunikativen Milieus, kommunikativen Situationen" und mit welchen sozialen Rollen die Gattung verbunden ist (Luckmann 1986:204). „Milieus" sind dabei „räumlich umgrenzbare soziale Einheiten", die durch „verhältnismäßig feste Sozialbeziehungen" (mit einer hohen Wahrscheinlichkeit der regelhaften Wiederkehr typischer kommunikativer Interaktionen), durch „gewohnheitsmäßige Orte der Kommunikation, gemeinsame Zeitbudgets und eine gemeinsame Geschichte" (Luckmann 1995:62 [Komm. Aufbau]) gekennzeichnet sind. In bestimmten Nachbarschaftsmilieus mag z.B. Klatsch als Gattung eine ausgezeichnete Rolle spielen, in der Universität ist die Gattung der Vorlesung milieutypisch, und die Außenstruktur des Plädoyers ist an das juristische Milieu gebunden. (Die Beispiele machen bereits klar, daß der Zusammenhang nicht determinierend gedacht werden darf: auch an der Universität wird geklatscht, in einer Prüfungsbesprechung kann jemand ein Plädoyer für den Kandidaten abhalten, und manchmal hält ein Priester statt einer Predigt eine Vorlesung.) Zur Außenstruktur einer Gattung gehört auch ihre mediale Einbindung (z.B. bei *e-mail*-Botschaften oder Nachrichten auf dem Anrufbeantworter).

Zwischen Binnenstruktur und Außenstruktur steht nach Günthner & Knoblauch (1994) sowie Luckmann (1995 [Komm. Aufbau]) eine „strukturelle Zwischenebene", die die Verbindung zwischen beiden herstellt. Sie umfaßt die sequentiellen Ablaufschemata, die in komplexen, z.B. dialogischen Gattungen vorgeschrieben sind, Teilnehmerkonstellation („participant constellation", vgl. Kap. 14, S. 159–162), also die kommunikativen Rollen der Gesprächsteilnehmer, thematische Strukturregularitäten, Regelmäßigkeiten der Zuteilung des Rederechts, etc.

Sowohl die Merkmale der Binnenstruktur als auch die des sequentiellen Ablaufmusters der strukturellen Zwischenebene sind als „Kontextualisierungshinweise" im Sinne des letzten Kapitels geeignet, die Gattung zu indizieren und so für die Teilnehmer an der Interaktion die immer relevante Frage ‚Was tun wir gerade miteinander?' zu beantworten. Dabei muß die Gattung nicht explizit benannt werden. Betrachten wir als Beispiel den folgenden Gesprächsanfang:

```
I1:  (2) <f> GU:T herr: (.) doktor kensch; (.) guten TAG (.) nehmen sie doch dort
     ⌈bitte PLA⌉TZ; (–) wir MUESsen sind
B:   ⌊guten tag⌋
I1:  etwas in ZEITverzug; ich bitte um entSCHULdigung;
B:   =mhm
I1:  eh: nehmen sie bitte PLATZ; eh DAS is frau KORschi; personalratsvorsitzende;
```

Kommunikative Gattungen 181

 herr SCHMIDT; .h der LEIter unseres f' eh: kulTURamtes; (.) eh frau MANdel
 ist die: (.) eh LEIterin unseres amtes für (.) eh persoNAL~ ich bin der Oberbür-
 germeister; meine name ist MEYer. .h sie haben sich hier freundlicherweise (.)
 beWORben, (.) um diese STELle, (.) eh beim eh arCHIV hier; in (.) in IXberg,
 (.) eh jEtzt gAnz gerne mal die FRAge an SIE,(.) was glAUben SIE (–) eh was
 sie aufGRUND ihrer bisherigen tätigkeit (.) für diese ARbeit (.) mit EINbringen?
 (–) das is die EIne frage, und das ANdere was be' (.) beWEGT sie (–) sich
 gerade HIER zu beWERben, sie SIND ja (.) eh im AUgenblick (.) wenn ich das
 RICHtig sehe (.) in (.) AHburg zuhaus;=is das RICHtig,
B: mhm, (.)
I1: BITte=schön.
B: ja. (–) also was ich EINbringe, (.) is FOLgendes, ich hab also=NACH (–) einem
 geSCHICHTSstudium (.) die (.) archivArsFACHausbildung des höheren
 DIENstes an der arCHIVschule in BEburg, (–) eh absolviert, und BIN (–) seit
 (–) DREI jahren jetzt an der hochschule ( ) AHburg als archivar; (.) TAEtig.
 ((etc.))

Die mündliche Gattung, um die es sich hier handelt, ist schon an den ersten
Äußerungen problemlos zu erkennen; es handelt sich natürlich um ein
Vorstellungs- oder Bewerbungsgespräch. Sowohl die Binnenstruktur als auch
die interaktive Zwischenstruktur liefern eindeutige Kontextualisierungs-
hinweise. So enthält die Binnenstruktur zum Beispiel stereotype Formulie-
rungen wie *was be'(.) beWEGTt sie (–) sich gerade HIER zu beWERben.*
Auf der sequentiellen Zwischenebene ist die Situation durch die spezifische
Teilnehmerkonstellation (ein Befragter, viele Frager) wie auch durch das
Recht (vor allem) des 1. Interviewers, Thema und sequentiellen Ablauf zu
steuern, geprägt. Die Außenstruktur gliedert das Gespräch in das Milieu der
Arbeitswelt ein; die Rollen der Teilnehmer sind entsprechend als Interview-
er/Personalchef/Vorgesetzter vs. Bewerber festgelegt.

Die entlastende Funktion der Konventionen, die die Gattung ausmachen,
führt dazu, daß der Bewerber keinerlei Schwierigkeiten hat, die Intention
der Eingangsfragen des Interviewers zu erkennen; er beginnt eine elaborierte
Antwort auf die initiale Doppelfrage. Dabei entwickelt er, der ‚Normal-
form' der Gattung entsprechend, eine biographische Erzählung, auch wenn
die Frage(n), so wie sie gestellt wurde(n), eine solche Erzählung nicht explizit fordert(/n). Es ist vielmehr das Wissen um die (sequentielle Struktur
der) Gattung, die zu dieser spezifischen Form der Beantwortung führt.

Daß Gattungen typisierte Handlungsformen sind, zeigt sich neben ihrer
Routinisierung oft auch darin, daß eine ausdifferenzierte Ethno-Terminologie zu ihrer Bezeichnung existiert. Der wissenschaftliche Begriff für eine
kommunikative Gattung ist also im Sinn von Schütz einer der „zweiten Ordnung", der sich auf alltagssprachliche Begriffe „erster Ordnung" bezieht
(etwa: Bewerbungsgespräch, *job interview*, Vorstellungsgespräch). Da allerdings Gattungen mit den kommunikativen Zwecken, denen sie dienen,

entstehen und untergehen und daher auch vielfache Zwischenformen der Noch-Nicht-Gattungen oder Nicht-Mehr-Gattungen möglich sind, mag es durchaus gesellschaftlich relevante und schon strukturell verfestigte Gattungen geben, für die noch kein Ethno-Begriff existiert, während umgekehrt manche Ethno-Begriffe für Gattungen überleben, für die es schon kein Handlungswissen mehr gibt. Zum Beispiel gibt es für zahlreiche neue elektronische Kommunikationsformen noch keine – deutschen – Gattungsbezeichnungen, von der *outgoing message* auf dem Anrufbeantworter bis zu den *chat groups* im Internet. Umgekehrt schwindet das Handlungswissen für die aussterbende Gattung des Telegramms, obwohl der Begriff selbst weiterexistiert.

Im Falle des Bewerbungsgesprächs zeigt sich der gesellschaftliche Charakter des Gattungswissens nicht zuletzt in der umfangreichen Ratgeberliteratur zum Thema und in der Möglichkeit, ‚richtiges' Verhalten im Vorstellungsgespräch durch Trainingskurse zu erlernen. Das Bewerbungsgespräch ist in diesem Sinne durchaus eine typische, wenn auch relativ junge mündliche Gattung der westlichen Industriegesellschaften. Mit literarischen Gattungen hat sie gleichwohl recht wenig zu tun. Während andere mündliche Gattungen deutlich poetische Strukturen aufweisen mögen (vgl. das folgende Kapitel) – man denke etwa an Witze oder Alltagserzählungen –, trifft dies für Bewerbungsgespräche kaum zu. Bewerbungsgespräche zeigen überdies, daß gattungsmäßige Verbindlichkeit keineswegs mit formaler Struktur, geschweige denn mit Formalität gleichgesetzt werden darf. Bewerbungsgespräche werden in der Regel relativ ‚informell' geführt, d.h. die tatsächlich sehr ungleichen Machtverhältnisse werden durch eine ‚ungezwungene' Atmosphäre verschleiert, die dem besseren Kennenlernen dienen soll. Überdies sind sie nicht so sehr durch ‚formale' Vorschriften für die Binnenstruktur reglementiert (auch wenn durchaus typische Floskeln verwendet werden); typisch (und Gegenstand der einschlägigen Ratgeberliteratur wie auch Trainingskursen) ist vielmehr die Doppelbödigkeit der Interaktion in dieser Gattung, derzufolge Fragen oft zusätzlich zu ihrem eigentlichen Inhalt auf eine *hidden agenda* (versteckte Tagesordnung)[6] verweisen, die sich erst auf der Basis eines soliden Gattungswissens – und selbst dann nicht immer eindeutig – erschließt. (Im zitierten Fall deutet zum Beispiel die vom Interviewer aufgebaute Kontrastierung zwischen ‚Bewerbung hier in Ixleben (Pseudonym für eine ostdeutschen Provinzstadt)' und ‚in Ahburg (Pseudonym für eine deutsche Großstadt) zuhause' bereits auf den zentralen Punkt des Bewerbungsgesprächs hin, nämlich: daß für den

---

[6] Vgl. zum Bewerbungsgespräch und seiner „hidden agenda" Adelswärd (1988), Auer (1998), Birkner & Kern (in Vorb.).

Interviewer die bisherige Stelle des Bewerbers weitaus prestigeträchtiger als die in Ixleben ist und die Bewerbung deshalb nicht ernsthaft erscheint.)
Kommen wir zur *gesellschaftlichen Funktion* von kommunikativen Gattungen. Luckmann vergleicht sie mit Institutionen: so wie letztere Lösungen für Probleme des gesellschaftlichen Lebens sind, die auf diese Weise nicht immer wieder neu ausgehandelt werden müssen (z.b. wird das Problem der Schlichtung durch die Institution der Justiz gelöst, das der Wissensvermittlung durch die Schulen, etc.), so sind Gattungen Lösungen für rekurrente kommunikative Probleme. Sie können sich herausbilden, weil individuelle Formen des Handelns und der Erfahrung mit bestimmten Handlungsweisen von den Mitgliedern der Gemeinschaft untereinander ausgetauscht und in einem „sekundären Bearbeitungsprozeß" zu kollektiven Erfahrungen gemacht werden. Damit ergibt sich ein gesellschaftlicher Wissensvorrat von Rezepten (Vorbildern) individuellen Handelns.

Gattungen sind für die modernen, technisierten und säkularisierten Gesellschaften nicht weniger wichtig als für traditionelle: je mehr nämlich traditionelle Verbindlichkeiten zerbrechen, um so notwendiger wird Kommunikation zur Orientierung über die Grundlagen gesellschaftlichen Handelns. Um die zweifachen Belastung der Teilnehmer durch formal-kommunikationsstrukturelle und substantielle zu reduzieren, tendieren nach Luckmann gerade moderne Gesellschaften dazu, kommunikative Formen zu routinisieren und zu Gattungen zu verfestigen. Solche modernen Gattungen dienen z.b. der Vermittlung von Wissen (Workshop, Seminar, Vorlesung), der Vermittlung von Moral (Therapiegespräch, Psychoberatung, ‚Wort zum Sonntag', Beichte, Konversionsgeschichte), dem *gatekeeping* (Bewerbungsgespräch, Quartalsgespräch) oder dem Verkauf (Verkaufsgespräche, vom *telephone marketing* bis zur Kaffeefahrt).

Entsprechend den sich schnell ändernden gesellschaftlichen Problemstellungen und entsprechend der definitorischen Skepsis moderner Gesellschaften traditionellen Verbindlichkeiten gegenüber bleiben die kommunikativen Gattungen allerdings anders als in traditionellen Gesellschaften nicht voneinander isoliert. Es entstehen Gattungshybride, etwa wenn im Fernsehen ‚Nachrichten' mit der ‚Talkshow' verschmelzen oder ‚Talkshows' ihrerseits mit der ‚Beichte', oder wenn eine politische Gattung, das Wahlplakat, eine verwandte Gattung aus derselben Gattungsfamilie, nämlich die kommerzielle Werbung zitiert. (So lautete der Wahlkampfslogan der F.D.P. im Landtagswahlkampf 1996 in Schleswig-Holstein in Abwandlung einer Bonbon-Werbung *Nimm zwei* – mit einer Abbildung der beiden Führungsspitzen der Partei.)[7]

---

[7] Zur Durchdringung verschiedener Gattungen in Phasen des Kulturkontakts (Maya/ Spanisch) vgl. Hanks (1987) sowie Kap. 20 über Intertextualität.

Es ist deshalb zwar möglich, Gattungen innerhalb des kommunikativen Haushalts einer Gesellschaft weiter zu gruppieren und zum Beispiel nach ihrer Funktion (etwa als „rekonstruktive" Gattungen, wenn in ihnen vergangene Ereignisse dargestellt werden) oder ihrer Kookkurrenz in bestimmten Situationen („Gattungsaggregationen") zu bündeln. Gerade in einer modernen Gesellschaft sind aber keine taxonomisch klaren Gliederungen zu erwarten, sondern eher zahlreiche Übergänge und Transformationen. Daß schriftliche Texte wohl mehr als mündliche zur strukturellen Verfestigung neigen, dürfte zur Gattungsvielfalt, aber auch Gattungsdurchlässigkeit beitragen.

Zu Luckmanns „kommunikativen Gattungen" gibt es einige konkurrierende Begrifflichkeiten, die am Ende dieses Kapitels erwähnt werden sollen: *speech events* bei Hymes, *activity types* bei Levinson und „(Handlungs-) Muster" bei Ehlich/Rehbein.

Für Hymes (1972:51ff.) und die Ethnographie der Kommunikation ist das Sprechereignis (*speech event*) als Analyseebene in der Hierarchie zwischen Sprechsituation und Sprechakt angesiedelt. Nach diesem Modell wird sprachliches und/oder nichtsprachliches Handeln auf der höchsten Analysestufe einer Sprechsituation zugeordnet (‚Gottesdienst', ‚Party', etc.), in der – auf einer mittleren Ebene – Sprechereignisse stattfinden (‚Gespräch auf der Party', ‚Gebet im Gottesdienst', etc.). Diese lassen sich wiederum in Sprechakte (‚Frage', ‚Witz', etc.) untergliedern. Im Gegensatz zu den Sprechsituationen sind Sprechereignisse (und Sprechakte) oft durch formale ‚Regeln' bestimmt. Sie sind meist, aber nicht notwendigerweise komplex. Die hierarchischen Ebenen des Modells erinnern an strukturalistische Satzanalysen; eine eigentliche Definition von *speech event* gibt Hymes jedoch nicht. Er sieht sie in enger Beziehung zu „genres" (1972:61f.), die allerdings im engen, volkskundlichen Sinn gefaßt werden. (Seine Beispiele sind Gedicht, Mythe, Märchen, Sprichwort, Rätsel, Fluch, Gebet, etc.) Da Gattungen bei Hymes hoch formalisiert sind, können sie als/in unterschiedliche(n) Sprechereignisse(n) (die ja selbst keineswegs routinehaft ablaufen müssen) vorkommen; er erwähnt die Sprechgesänge indischer Frauen im Staat Bihar, die sowohl bei Hochzeiten als auch bei Familienbesuchen und Beschwerden beim Ehemann der Sprecherin Verwendung finden. Insgesamt bleibt die Bestimmung des Sprechereignisses bei Hymes allerdings eher vage.

Levinson (1992) knüpft mit seinen *activity types* explizit an Hymes an, sieht sie aber auch als Erläuterung von Wittgensteins Sprachspiel (vgl. Kap. 6). Aktivitätstyp ist für ihn eine bewußt „unscharfe Kategorie", die aber, anders als bei Hymes, einen Prototypen hat: nämlich „zielorientierte, sozial konstituierte, begrenzte Ereignisse, die Beschränkungen über Teilnehmer, situative Kontexte, etc., aber vor allem über mögliche Beiträge mit sich bringen" (1992:69). Paradigmatische Beispiele sind für ihn „Unterrichten, Vorstellungsgespräch, Befragung vor Gericht, ein Fußballspiel, ein Auftrag in einer Werkstatt, ein Abendessen mit Gästen" (1992:69, Übersetzung jeweils P. A.). Sie können auf dem einen Extrem völlig vorstrukturiert, auf dem anderen Extrem weitgehend frei von strukturellen Vorgaben sein. (Levinson nennt als Beispiel ein zufälliges Treffen auf der Straße.) Ebenso umfassen sie sowohl extrem formelle wie auch extrem informelle Ereignisse. Aktivitätstypen werden nach ihrer Struktur (Binnengliederung, Sprecherkonstellation, soziale Rollen, etc.) und nach ihrem Stil beschrieben.

Trotz starker Ähnlichkeiten unterscheiden sich Aktivitätstypen in einigen wichtigen Punkten von kommunikativen Gattungen im Sinne Luckmanns. Einer ist, daß Gattungen immer dominant sprachlich sind (obwohl durch sie auch nicht-sprachliche Strukturen festgelegt sein können), Aktivitätstypen aber nicht. (Ein Fußballspiel ist z.b. keine Gattung, aber ein Aktivitätstyp.) Ein zweiter ist, daß auch weitgehend unstrukturierte sprachliche Handlungssequenzen Aktivitätstypen zugeordnet werden können, nicht aber Gattungen (vgl. das Gespräch auf der Straße). Es scheint überdies, daß Aktivitätstypen – wie auch Hymes' *speech events* – ein exhaustives Klassifikationsinstrument für alle vorkommenden Äußerungen liefern sollen; da ihnen zudem der für Gattungen charakteristische Aspekt der Bewertbarkeit der Performanz fehlt (vgl. das folgende Kapitel), decken sie einen wesentlich weiteren Gegenstandsbereich ab. Wichtigster Unterschied ist jedoch die Tatsache, daß Levinson Aktivitätstypen „rational um ein dominantes Ziel" organisiert sieht (1992:71), das die Sprecher verfolgen; der Begriff ist also weitgehend einem funktionalen Ansatz verpflichtet, in dem die (sprachlich) Handelnden als zielorientierte Agenten ihrer eigenen Interessen auftreten.[8] Damit verlagert sich der Fokus von der gesellschaftlichen Bedingtheit von Gattungen auf das handelnde Individuum.

Diese rationale, funktionalistische Herangehensweise gilt auch für den Begriff der „sprachlichen Handlungsmuster", der in der deutschen Pragmatik teilweise austauschbar mit „Aktivitätstyp" bzw. „Gattung" verwendet wird. Ehlich & Rehbein (1979) führen den Begriff auf dem Hintergrund der marxistischen Tätigkeitstheorie ein und definieren Muster als „standardisierte Handlungsmöglichkeiten, die im konkreten Handeln aktualisiert und realisiert werden" (1979:250). Die Funktionalität der Muster liegt aber nicht darin, daß sie die Handelnden zu ihren eigenen Zwecken einsetzen (wie bei Levinson); vielmehr sind die Muster selbst schon auf bestimmte Ziele hin orientiert, die die Handelnden „jeweils zu ihrem eigenen Zweck machen" (ebd.), indem sie auf die Muster zurückgreifen. Im Vergleich zu Luckmanns

---

[8] Dieser Ansatz wird in Brown & Levinson (1987) weiter erläutert.

Gattungsbegriff wie auch zu Levinsons Begriff des Aktivitätstyps fallen die folgenden Unterschiede auf: (a) zumindest in dem zentralen theoretischen Aufsatz von Ehlich & Rehbein (1979) stellen „Muster" zwar systematische Abfolgebeziehungen zwischen (Teil-)Handlungen her; da aber der Handlungsbegriff sehr weit ausgelegt wird und neben sozialen („interaktionalen") auch „aktionale" und „mentale" Tätigkeiten umfaßt, sind die Muster selbst ausgesprochen kleinräumig und beziehen sich mehr auf „Sprechakte" (im Sinne Searles) als auf größere Handlungssequenzen. Beispiele für sprachliche Handlungsmuster aus dem genannten Aufsatz sind denn auch „Warnen", „Vorwerfen", „Assertieren" (gemeint ist: Mitteilen) und „Fragen".[9] (b) Obwohl alle drei Begriffe auf gesellschaftlich gegebene und in diesem Sinn „objektive" (1979:251) Strukturzusammenhänge abzielen, sind Ehlich & Rehbein deutlich mehr an der kognitiven Repräsentation des „Musterwissens" und den für die Realisierung von Mustern notwendigen mentalen Operationen interessiert als Luckmann oder Levinson. Die Analyse des Beispiels „Assertieren" erfolgt zum Beispiel – in der Tradition der Sprechaktanalyse – rein deduktiv und ohne Bezug auf Transkripte tatsächlicher „Assertierungen".[10] (c) Der Musterbegriff ist deutlich determinativer, Muster sind also wesentlich strenger strukturiert als Gattungen oder gar Aktivitätstypen; den einzelnen Schritten wird „Verbindlichkeit" unterstellt, so daß das Muster Vorhersagen „mit relativer Sicherheit" darüber erlaubt, welche „Position" auf die augenblicklich realisierte folgen wird (1979:263).[11]

Es empfiehlt sich also, die mehr rationalistisch-mentalistisch orientierten Ansätze Ehlich & Rehbeins oder Levinsons von der mehr soziologisch-empirischen Theorie Luckmanns deutlich getrennt zu halten.

---

[9] Vgl.: „⟨Das Muster der Frage⟩ steht also in einem systematischen Zusammenhang mit dem Muster *Assertieren*, und zwar so daß daß [sic] Muster der *Frage* mit dem Muster des Assertierens zusammenhängt" (1979:266f.; Herv. im Original). In anderen Arbeiten, die den Musterbegriff verwenden, werden allerdings auch wesentlich größere Einheiten (wie etwa Beratungen, Arzt/Patient-Interaktion) mit eingeschlossen.

[10] Zu dieser Position sind in späteren Arbeiten Unterschiede festzustellen, wobei jedoch die grundsätzliche Skepsis, aus der „Oberfläche" sprachlichen Handelns systematische Einsichten in dessen zugrundeliegende Muster zu gewinnen, bestehen bleibt.

[11] In bezug auf diese Verbindlichkeit ähnelt der Musterbegriff am ehesten dem des *adjacency pairs* in der Konversationsanalyse (vgl. Kap. 13).

Kap. 17
Performanz
Dell Hymes

D. Hymes (geb. 1927), amerikanischer Anthropologe und Linguist, war nach seiner Promotion an der Indiana University (1955) als Professor an den Universitäten von Harvard, Berkeley und v.a. (seit 1965) an der University of Pennsylvania tätig. Seit 1987 lehrt er an der University of Virginia. Dell Hymes ist neben William Labov und John J. Gumperz einer der Gründungsväter der Soziolinguistik. Vor allem in den 60er Jahren hat er wesentlich dazu beigetragen, den Gegenstand der Linguistik von der Grammatik auf das kommunikative Handeln in seinem sozialen Umfeld zu erweitern. Er gilt mit John Gumperz als Begründer der ‚Ethnographie der Kommunikation'. Während aber Gumperz zunehmend die modernen westlichen Industriegesellschaften zum Gegenstand seiner Forschungen machte, hat sich Hymes dem Übergangsgebiet zwischen *folklore studies,* Anthropologie und Linguistik gewidmet und sich dabei vor allem mit Formen der mündlichen Tradition bei nordamerikanischen Indianern beschäftigt. Schwerpunkt der Performanzanalyse im Sinne von Hymes ist die genaue, ja philologisch-akribische Analyse der formalen Strukturen, die die Ästhetik einer Performanz begründen. Dazu gehören vor allem Parallelismen und Äquivalenzen in der Syntax, aber auch spezielle Formeln (*es war einmal ...*) und prosodische Muster (Rhythmus, Intonation). (Letztere sind aber vor allem von Denis Tedlock – z.b. Tedlock (1989) oder (1980) – untersucht worden.)

Für die ethnographisch ausgerichtete Soziolinguistik wegweisend waren Hymes' Aufsätze „The ethnography of speaking" (in: T. Gladwin & W. C. Sturtevant, Hrsg., *Anthropology and Human Behavior,* Washington, S. 13–53, 1962) und „Models for the interaction of language and social life" (in: J. Gumperz & D. Hymes, Hrsg., *Directions in Sociolinguistics,* 1972, New York: Academic Press, S. 35–71). Für den Performanzbegriff sind vor allem relevant: „Competence and performance in linguistic theory" (in: R. Huxley & E. Ingram, Hrsg., *Language Acquisition: Models and Methods,* London: Academic Press, 1971, S. 3–28) und „Breakthrough into performance" (in: D. Ben-Amos & K. S. Goldstein, Hrsg., *Folklore, Performance and Communication,* The Hague, Mouton, 1975, S. 11–74; wieder abgedruckt in *In Vain I Tried to Tell You,* einem Sammelband mit Hymes' Schriften; Philadelphia: University of Pennsylvania Press, 1981, S. 79–141). Eine

Reihe von Aufsätzen, in denen sich Hymes mit der ethnopoetischen Analyse der Erzählungen von afro-amerikanischen Kindern beschäftigt, in denen er ebenfalls ein hohes Maß an poetischer Strukturierung zu finden glaubt, sind in dem Sammelband *Ethnography, Linguistics, Narrative Inequality. Toward an Understanding of Voice* (London: Taylor & Francis, 1996) wieder abgedruckt.

In der Tradition von Hymes, aber durchaus kritisch zu manchen seiner Positionen, steht die jüngere Performanzforschung; etwa Briggs (1988, v.a. Kap. 1). Ein Überblick über die Arbeiten zur Performanz geben Bauman & Briggs (1990) sowie Kap. 18 in Foley (1997).[1]

* * *

Zum Begriff der mündlichen Gattung, der im letzten Kapitel anhand der Schriften von Thomas Luckmann behandelt wurde, gehört der Begriff der Performanz. Bei der Realisierung von mündlichen Gattungen achten die Teilnehmer nämlich nicht nur auf den Inhalt sprachlicher Handlungen, sie sind auch in der Lage (und daran interessiert), ihre Form zu bewerten. Dies trifft auch auf das Bewerbungsgespräch zu, das im letzten Kapitel als typisches Beispiel einer mündlichen Gattung in modernen westlichen Industriegesellschaften vorgestellt wurde – jedenfalls für das Verhalten des Bewerbers in dieser Situation. Unabhängig davon, ob Bewerber und Unternehmen tatsächlich zueinander ‚passen', und unabhängig vom faktischen Erfolg der Bewerbung (der natürlich wesentlich von einer solchen Passung beeinflußt wird), kommentieren die Vertreter des einstellenden Unternehmens im Nachgespräch oft das ‚Auftreten' des Bewerbers: er (oder sie) habe sich ‚gut verkauft', ‚äußerst geschickt argumentiert' oder umgekehrt ‚wenig souverän gewirkt', etc. Die formale Seite des Auftretens des Bewerbers – seine Performanz – wird, vor allem nach (alltags-)rhetorischen Kategorien, bewertet. (In anderen Fällen kommen ästhetische Kategorien hinzu.)

In vielen Kulturen sind für die Realisierung bestimmter Gattungen Spezialisten vorgesehen, die durch langes Training – in der Regel aufgrund mündlicher Vermittlung – die besonderen Fertigkeiten erwerben, die zu ei-

---

[1] Einige weitere, selektive Literaturhinweise: Abrahams (1976); Basso (1976); Bauman (1978); Bauman (1986); Finegan (1992); Ben-Amos (1976); Dundes (1980); Sherzer (1987); Gumperz (1980); Kotthoff (1995). Die Begriffe „performance" (Darbietung) und „audience" (Publikum) wurden auch von Goffman verwendet, allerdings in einem weiteren, metaphorischeren Sinn als bei Hymes, nämlich als „all the activity of a given participant on a given occasion which serves to influence in any way any of the other participants" (Goffman 1959:26).

ner hoch bewerteten Performanz benötigt werden, zum Beispiel indem sie bei den ‚Meistern' in die Lehre gehen. Auch wenn eine solche Professionalisierung nicht stattgefunden hat, sind es oft nur bestimmte Personen in einer Gesellschaft – etwa die ‚Alten' –, die berechtigt sind, die Gattung ‚angemessen' und ‚gültig' zu realisieren.

Um zu illustrieren, was mit der Performanz von Gattungen gemeint ist, beginnen wir mit einem ‚exotischen' Beispiel aus Charles Briggs' Arbeit über die Mexicanos, eine (weitgehend) spanischsprachige indianische Gemeinschaft in New Mexico:

> Stellen Sie sich mehrere Menschen vor, die in der Küche sitzen, über einen Acker laufen oder in die Stadt fahren. Sie sprechen unfokussiert, mal über ein kürzliches Ereignis, mal über etwas, was erledigt werden muß. Dann fängt eine der Teilnehmerinnen, eine ältere Frau, zu sprechen an, und der Ton verändert sich. Ihre Stimme steigt plötzlich, um dann wieder abzufallen. Ihre Augen ruhen auf einem Jüngeren, ihrem Enkel, der gerade etwas gesagt hat, und er erwidert ihren Blick. Ihre Worte verlassen jetzt den Einflußbereich des Hier und Jetzt, sie ziehen die Gruppe wie durch ein Fenster in die Vergangenheit der Gemeinschaft. Die Worte sind jetzt nicht mehr nur ihre, denn sie haben die Form eines Zitats. Die Ausdrucksweise ist in Form und Inhalt bekannt. Alle schauen und hören genau zu, während die Geschwindigkeit und die Sprechmelodie der Frau einen Höhepunkt erreichen und dann plötzlich abfallen. Sie spricht jetzt langsamer weiter, mit einem entspannten und gleichmäßigen Tonfall. Die Familienmitglieder lachen oder lächeln, ihre Blicke sind wieder unfokussiert. Nachdem sie zu sprechen aufgehört hat, murmeln die meisten ein paar Worte der Zustimmung. Der Enkel antwortet als letzter, nickt und sagt: *sí, es cierto* ‚ja, das ist wahr'.
>
> Das Gespräch kehrt in die Gegenwart zurück, aber sie ist nicht mehr so wie vorher. Das ist die Macht der Worte der Großmutter. Sie hat die Vergangenheit nicht beschrieben, sie hat vielmehr die Worte der Menschen, die sie erlebt haben, *zitiert*. Sie hat von diesem Augenblick an nicht mehr für sich selbst gesprochen, sondern vielmehr einen Chor aus unzählbaren Stimmen zum Klingen gebracht. Die ältere Frau hat ihre Meinung zum Gesprächsthema vorgebracht, indem sie die moralische Seite des Problems angesprochen hat. Infolgedessen kann die Gegenwart nicht mehr allein dastehen, denn sie würde dann in einer falschen Selbstgenügsamkeit die Vorstellung auf das reduzieren, was die Sinne wahrnehmen können. Jetzt aber stehen die Geister der *viejitos de antes*, ‚der Vorfahren aus vergangenen Tagen', im Raum und interpretieren das, was sie sehen, in den Wertbegriffen, für die sie selbst stehen. Die Landschaft erinnert jetzt mehr an die historischen Ereignisse, die sie einmal aufnahm, als an die Häuser, Autos und Zäune, die man heute sieht. Diese Stimmen setzen ihre historische Kraft ein, um die Gegenwart mit einer von Werten durchdrungenen Interpretation ihrer selbst zu konfrontieren." (Briggs 1988:1, Übersetzung P. A.)

Dell Hymes weist darauf hin, daß zu dem, was man als kompetentes Mitglied einer bestimmten Kultur wissen muß, recht unterschiedliche Typen von pragmatischem Wissen gehören. Auf einer untersten Stufe geht es darum, verstehen zu können, zu welchem Handlungstyp eine bestimmte sprachliche Äußerung gehört. Dazu muß man nicht unbedingt selbst in der Lage sein, diese Aktivität auszuführen. Auf der nächsthöheren Stufe der kommunikativen Kompetenz ist die Fähigkeit angesiedelt, eine bestimmte Aktivitität nicht nur zu erkennen, sondern auch zu produzieren. Aus dieser Kompetenz folgt aber noch nicht automatisch, daß die Aktivität auch in einer kulturell *angemessenen* Weise ausgeführt werden kann. Dies ist die höchste Stufe kommunikativer Kompetenz, die der Performanz: die (im jeweiligen kulturellen und situativen Zusammenhang) gültige Durchführung einer bestimmten Handlung.

Der entscheidende Übergang liegt nicht zwischen ‚Erkennen/Verstehen' und ‚Tun' (also der zwischen der ersten und zweiten Stufe), sondern zwischen ‚Tun' und ‚Geben' (wie man *perform* hier vielleicht sinngemäß übersetzen könnte: wie in ‚das Thalia-Theater gibt heute Schnitzler'), also zwischen der zweiten und dritten Stufe. Selbstverständlich ist die Unterscheidung zwischen der 2. und 3. Stufe kommunikativer Kompetenz nicht für alle sprachlichen Aktivitäten relevant; so kann man bei einem ‚Vorwurf' zumindest in unserer Kultur zwar davon sprechen, daß er jemandem von jemand anders ‚gemacht' worden ist, es läßt sich aber kaum vorstellen, daß jemand einen Vorwurf ‚gibt'. In anderen Fällen ist der Unterschied hingegen äußerst wichtig, ja entscheidend für den pragmatischen Erfolg der Handlung. So wird jeder Deutsche die Nationalhymne erkennen, wenn sie gesungen wird (1. Stufe). Nur relativ wenige Deutsche sind in der Lage, den Text der Nationalhymne vollständig aufzusagen bzw. zu singen (2. Stufe). Aber selbst wer dies prinzipiell könnte, ist nicht unbedingt auch willens oder fähig, die Nationalhymne so vorzutragen, ‚wie es ihr gebührt' (3. Stufe = Performanz). Das ‚Aufsagen'/‚Absingen' unterhalb der Schwelle der authentischen Performanz zählt noch nicht als ‚gültige' Durchführung der Handlung ‚Singen der Nationalhymne', eher ist es eine Beschreibung dieser Aktivität. In einem solchen Fall ist es auch nicht ausgeschlossen, daß die pragmatische Funktion dieser Handlung (wie zum Beispiel bei Staatsritualen die Identifikation mit Staat oder Volk zu signalisieren) völlig scheitert und sich sogar in ihr Gegenteil verkehrt (z.b. als Mißachtung aufgefaßt wird), etwa, wenn die Performanz als Parodie verstanden wird.

Authentische Performanz stellt nach Hymes solches verbale Handeln dar, das die Standards, die für die jeweilige sprachliche Handlung in der Gesellschaft tradiert sind, als Orientierungsrahmen akzeptiert und so gut wie möglich zu erreichen sucht. Man kann eine solche Performanz danach beurteilen, ob derjenige, der sie ‚gibt', seine Aufgabe gut oder schlecht erfüllt hat; man kann im Geiste applaudieren oder buhrufen (manchmal auch tatsächlich). Diese Art der Beurteilung ist bei sprachlichen Handlungen, für die zwischen ‚Tun' und ‚Geben' kein Unterschied besteht, hinfällig. Performanz bezieht sich also auf die Art und Weise, wie bestimmte sprachliche

Handlungen aus-(auf-)geführt werden. Für solche Handlungen gelten bestimmte kulturelle Vorschriften der Angemessenheit, die ihren pragmatischen Erfolg bestimmen. In der Regel beinhalten sie – im weitesten Sinne – ästhetisch-rhetorische Normen, nicht z.b. solche der referentiellen Richtigkeit (Wahrheit). Für die korrekte und angemessene Performanz übernimmt ein Sprecher die Verantwortung einem Publikum gegenüber. Performanz zieht deshalb die Aufmerksamkeit des Sprechers, aber auch die des Publikums, auf die formalen Merkmale der Rede; die „poetische Funktion" der Sprache (Jakobson; vgl. Kap. 3) tritt hervor.

An dieser Stelle wird deutlich, warum zwischen mündlichen Gattungen und Performanz eine enge Verbindung besteht: Performanz setzt immer eine gewisse formale Verfestigung voraus, die als ‚Tradition' die Praxis bestimmt. Andererseits legt der Gattungsbegriffs Luckmanns nahe, daß das Sprechen in Gattungen oft (aber nicht immer) nach seiner Performanz beurteilt wird. Eine etwas unterschiedliche Akzentuierung läßt sich allerdings darin erkennen, daß bei Luckmann Gattungen ja gerade als formale Entlastung für die Mitglieder einer Gesellschaft gesehen werden, die für routinemäßig anfallende Abläufe Rezeptlösungen entwickeln. Dies impliziert eine Abkehr von der Form, die quasi trivial, weil redundant ist. Bei Hymes hingegen werden Gattungen untersucht, deren formale Seite im Mittelpunkt des Interesses steht, weil die Botschaft in der Ästhetisierung der Oberflächenform selbst steckt; die Gattung transportiert unter Umständen kaum einen Inhalt (vgl. das Singen der Nationalhymne), sie ist (fast) reine Form; ihre Funktion als staatliches Emblem kann sie trotzdem erfüllen.

Ein weiterer Unterschied ist weniger theoretischer als praktischer Art: faktisch haben sich Performanzforscher wie Hymes oder Briggs meist mit Gattungen beschäftigt, die einen deutlichen Bruch zur umgebenden Alltagsinteraktion implizieren, während dies bei Gattungen im Sinne Luckmanns nicht immer der Fall ist. Wegen der Distanz zwischen Alltagsinteraktion und Gattungsperformanz spricht Hymes von einem „Durchbruch in die Performanz" (*breakthrough into performance*), sobald die Gattungsperformanz aus dem Alltagsgespräch heraustritt (Hymes 1975). In dem von Briggs übernommenen Eingangsbeispiel dieses Kapitels handelt es sich ganz offensichtlich um einen solchen Durchbruch aus der trivialen Alltagsinteraktion in die Performanz einer Handlung, die diese transzendiert. Der ‚Durchbruch' der alten Frau in die ‚Aufführung' der Gattung ist durch prosodische Mittel deutlich markiert. Die Sprecherin indiziert damit, daß sie die Alltagskonversation verläßt, um die Pläne ihres Enkels in einer Weise zu kommentieren, die nicht (nur) ihrer persönlichen Meinung entspricht, sondern eine Stellungnahme aus der Tradition der Mexicanos heraus darstellt. Auch hier ist also die kommunikative Gattung (im Sinne Luckmanns) ein wichtiges Mittel, um das Problem der Wissenstradierung zu lösen, indem sie dafür standardisierte Mittel bereitstellt. (In der Mexicano-Kultur genießen Mitglieder, die das Spanische in einer ästhetisch ansprechenden und überzeugenden Weise verwenden, um Gattungen wie Legenden, Witze, Hymnen, etc. zu ‚geben', besonderen Respekt. Besonders die Alten werden wegen ihrer Fähigkeit zur guten Performanz dieser Gattungen geschätzt. Die Mitglieder der Kultur gehen davon aus, daß in der Art und Weise, wie die Alten sie auf Ereignisse des modernen Lebens beziehen, die Weisheit vergangener Generationen zum Ausdruck kommt.) Das Beispiel zeigt aber nicht nur, daß Performanz auf bestimmte formale Gestaltungsprinzipien rekurrieren muß, um erfolgreich zu sein (nämlich die genannten, hier prosodischen Kontextualisierungshinweise), sondern auch, daß dafür das entsprechende Publikum notwendig ist, das die Traditionen kennt und also kulturell kompetent ist. Die übrigen Teilnehmer sind ja nicht unbeteiligt; sie reagieren auf die Performanz der alten Frau mit Zustimmung. (Sowohl Schweigen als auch Widerspruch wären unangebracht.) Es ist ein wichtiges Verdienst der neueren, von Hymes beeinflußten Performanzforschung, darauf hingewiesen zu haben, daß die Performanz bestimmter sprachlicher Aktivitäten, auch wenn sie zunächst einem einzelnen Sprecher die Last der sozial bewerteten ‚Aufführung' aufbürdet, oft dialogisch eingebunden bzw. organisiert ist.[2] Selbst wo der kunstfertige, virtuose Part nur von einem Teilnehmer übernommen wird, müssen doch die anderen Teilnehmer mehr oder weniger präzise vorgegebene und nicht unbedingt dem Alltagsgespräch entsprechende Rezipientenrollen einnehmen, damit jenem die ‚Bühne' geschaffen wird, auf der er eine (komplexe) Handlung der jeweiligen Gattung ‚gibt'.

Dieser dialogische Charakter der Gattungsperformanz ist in der älteren Literatur oft verkannt worden. Entsprechend wurden die methodischen Probleme unterschätzt, die sich bei ihrer Erforschung ergeben. Es ist sehr schwierig, durch ethnographische Interviews, also die Befragung von Informanten, irgendetwas über die Performanz von Gattungen herauszufinden, wenn der befragende Anthropologe (wie in der Regel) nicht fähig ist, die passende Rezipientenrolle zu übernehmen, die den Gesprächspartner dazu bringen könnte, vom Interviewten zum *performer* zu werden. Viele Gattungen lassen sich nicht „dekontextualisiert" aufführen. So berichtet Briggs, daß einer seiner Informanten sich konsistent weigerte, ihm, dem Anthropologen, irgendwelche Mexicano-Sprichwörter zu nennen; da in der Interaktion

---

[2] Wichtige Studien dazu kommen von Parry (1971), der schon in den 30er Jahren die Homerschen Epen als schlußendlich schriftlich festgehaltene Produkte einer mündlichen, dialogischen Erzähltradition beschrieb. Lord (1960) hat anhand der damals noch praktizierten Performanz jugoslawischer ‚Sänger' diese Kollaboration zwischen Publikum und Erzähler *in situ* beschrieben.

mit dem Anthropologen die passende soziale Situation für die Performanz der Gattung nicht gegeben war, wären diese Sprichwörter „just words" für ihn gewesen.

Bei der Erforschung der nordamerikanischen Indianerkulturen potenzieren sich diese Probleme, denn viele von ihnen sind praktisch verschwunden; die letzten Sprecher (z.b. der von Hymes untersuchten Wasco – eine Untergruppe der Chinook, die Wishram sprechen) finden systematisch nicht mehr die Kontextbedingungen vor, die die Performanz ihrer mündlichen Gattungen eigentlich erst ermöglichen würden. So enthält Hymes' Begriff des „Durchbruchs in die Performanz" noch eine zusätzliche und etwas andere Bedeutung als die eines Wechsels aus der Alltagsinteraktion in die Performanz: er bezieht sich auch auf den seltenen, dem Anthropolgen aber hochwillkommenen Fall, daß ein (indianischer) Informant trotz der dafür unpassenden Situation (nämlich dem Gespräch mit dem Anthropologen) in kurzen Momenten die Gattung, die er beschreibt, *inszeniert* und dabei von der Rolle des Experten, der sein Wissen mitteilt, in die des *performers* wechselt. (In Hymes' Beispiel – es ging hier um die Gattung des Gebets bei den Chinook – wurde der Wechsel unter anderem durch Code-switching ins Wishram deutlich gemacht.)

In anderen Fällen kommt es unter dem Druck der unpassenden neuen Situation zu einer „Metaphrase" (Rekontextualisierung) der Gattung: statt die Fabel vom Kojoten mit den für Mythen typischen formalen Mitteln (z.b. bestimmten *initial verbs* und Tempora) zu erzählen und dabei die für den Mythos wichtigen moralischen Komponenten zu betonen, verwendete einer von Hymes' Informanten der formalen Mittel des Märchens, das an sich nicht der moralischen Erbauung, sondern der Unterhaltung dient. Dies verweist auf die Flexibilität von Gattungen; manche von ihnen können aus ihrem ursprünglichen Kontext isoliert („dekontextualisiert") und in einen anderen, neuen (‚unpassenden') Kontext gestellt („rekontextualisiert") werden – freilich nicht bedeutungsneutral. Vielmehr verändert die Rekontualisierung den Sinn der ‚gegebenen' Aktivität. Dieses Verfahren läßt sich natürlich auch bewußt einsetzen. Wenn etwa auf einem Plakat der Zigarettenwerbung[3] eine Packung abgebildet ist, über der steht: *Hol mich hier raus!*, dann wird eine Äußerung aus der Gattung der *prison escape*-Romane/-Filme in den Kontext der Gattung ‚Plakatwerbung' eingefügt und erhält durch diese Rekontextualisierung eine neue – ironische – Bedeutung.[4]

In den indianischen Kulturen war bzw. ist Performanz ein wichtiger Faktor des gesellschaftlichen Lebens, der nicht zuletzt das Prestige eines

---

[3] ‚Nil'-Werbung von 1997.
[4] Vgl. zur Rekontextualisierung von Sprache allgemeiner auch Silverstein/Urban (Hg.) (1996).

Gesellschaftsmitglieds beeinflußt.[5] In unserer modernen westlichen Gesellschaft scheint die Bedeutung der Performanz zunächst weit geringer. Man darf sich allerdings durch das eingangs zitierte Beispiel nicht dazu verleiten lassen, Performanz mit pathetischer Überhöhung von Alltagssprache gleichzusetzen. In den säkularisierten und weniger traditionsverbundenen westlichen Gesellschaften finden wir andere Gattungen und andere Formen der Performanz als in den traditionellen. Die performanztypische Betonung formaler Merkmale bleibt freilich auch dann noch bestehen, wenn die Gattung nicht traditionsbezogenen oder sogar religiösen Zwecken dient, sondern zum Beispiel nur der Unterhaltung. So verfügen wir über ein ganzes Inventar von humoristischen Gattungen und Untergattungen, die allesamt äußerst performanzorientiert sind (vom Witz bis zur Frotzelei, von der Anekdote bis zum verbalen Scheinduell; vgl. Streeck 1994, Kotthoff, 1998). In all diesen Fällen sind die formalen Anforderungen an den Sprecher groß, und es stehen ästhetische Beurteilungsraster für seine Performanz zur Verfügung, die teils in Beifall oder Kritik durch die Zuhörer in der Situation selbst resultieren. Typischerweise haben die formalen Strukturen, die die Gattungsperformanz auszeichnen, jedoch einen grundlegend anderen Status als in traditionelleren Gemeinschaften: sie werden weniger als gegebene und unveränderliche Kriterien gesehen, die der Sprecher möglichst genau befolgen muß, um eine ‚gültige' und hoch bewertete Performanz zu inszenieren, denn als Material, das dem Sprecher zur Verfügung steht, um durch vielfältige Rekontextualisierungen neue Strukturen (und Effekte) zu schaffen.

Ein Beispiel für eine solche Gattungsperformanz humoristischer Art ist die folgende, gespielt formelle und dadurch ironisch gebrochene Dankesrede vor dem Beginn des Abendessens in einem Vereinslokal, in dem sich eine Gruppe von Judoka regelmäßig nach dem Training trifft.

Dankesrede im geselligen Kreis der Vereinsmitglieder

(aus: Kotthoff, 1998; O = Oskar; a = alle, m = mehrere)
01 F: *kurzum, (–) eh es ist also ANgebracht,*
02   *dem lie:ben Oskar)(–) heute abend* ⌈( )⌉=
03 O: ⌊(o::h)⌋
04 F: *=AUSsergewöhnlichen und AUSserordentlichen dank*
05   *auszusprechen DAfür, (–) daß er uns A: (–)*
06   *zu dem wunderbaren BIER, eh*
07   *<<p>das ist erFRISchend, ich habs ja heut abend*

---

[5] Vgl. zum Beispiel die Analyse des *kabary*-Sprechweise in einer madegassischen Gemeinschaft Keenan (1974/1991).

```
08             schon mal proBIERT so ganz ⌈im stillen.> gell.
09    m:                                  ⌊<f> he he he he he
10    G:                                   haha
11    F:      ⌈(     ) (        ) gell                      ⌉
12    G:      ⌊du kannsch bier trinke      ⌋ während dem
13              ⌈(training). und mir mond⁶ schwitze.        ⌉
14    F:        ⌊(      ) halt amal jetzt. (–) ich (hab ja mal)⌋
15              die chance des vorsitzenden. verstehsch du,
16              ⌈wenn du alt⌉ bisch und unfähig zum denke,
17    G:        ⌊ja ja      ⌋
18    F:        dann kannsch au (so) viel bier trinke beim
19              training. gell ⌈<f> he he
20    ?                        ⌊mhm.
21    F:      ah kurzum, eh es isch ⌈also (    ) darf (ich)⌉
22    ?:                            ⌊(                   ) ⌋
23    F:      dem LIEben oskar (–) erstmal A: für des BIER zu
24              danken, (–) BE: (–) für die wunderbaren BREzele,
25              und=eh mit bUtter,
26    a:      <f> he⌈hehehehehehehehehehehehehehehe
27    F:            ⌊die er (–) INdirekt also (–) eh finanZIERT
28              hat, A::ber (–) letztendlich müssen wir auch den
29              beiden hübschen DAmen ⌈unsern dank aussprechen⌉ =
30    W:                              ⌊(     ) preis mache. he  
31    ?:                              ⌊<f>heheheheheheh       ⌋
32    F:      die mit ihrer LIEbenswürdigen HAND des so so
33              LOCker vom HOCker so <f> he⌈hehehehehehe⌉
34    ?                                    ⌊<f>hehehehehe⌋
35    F:      GSCHMIERT hond⁷ (–) und sogar nochn BUTterklacks
36              ⌈drufgebe hond =
37    W:        ⌊(drufgebe hond)
38    F:      =verSTEHSCH, heut wared se IT giezig⁸ und
39              ⌈hond au IT ge:zelet⁹ ⌈nei=
40    a:        ⌊<f>hahahahaha
41    ?                              ⌊<f>hehehe
42    F:      =sie hond nomol en schlag DRUFF gä¹⁰ gell? (–) und
43              des isch NETT, und ich fInde man kann (–) des hIer
44              in unserer rUnd anunfÜrsich nur (–) mit unserem
45              raKEtengruß danken.
46    H:      darf i ⌈darf i da
47    F:             ⌊(     ) DES wo ALles in uns birgt, wo
48              ALles sagt, wo ALles zum U:Sdruck bringt
((...))
93    F:      (e raKEte)
94    a:      ((anschwellendes Trommeln auf dem Tisch))
```

---

⁶ dial. ‚müssen' (alem.).
⁷ dial. ‚haben' (alem.).
⁸ dial. ‚waren sie nicht geizig' (alem.).
⁹ > dial. *giizelen* ‚geizen' (alem.).
¹⁰ dial. ‚gegeben' (alem.)

```
95  a:    ((Pfeifen))
96  a:    AAAAAAA.
97        ((Klatschen))
98  ?:    (        ) rakete mit ner FEHLzündung
99  a:    ((Lachen))
```

Ohne daß diese Performanz hier im Detail analysiert werden könnte, läßt sich doch unschwer erkennen, wie der Sprecher gerade durch Anleihen bei der Gattung ‚Rede' (vgl. die kursiv gesetzten Passagen) und durch deren Brechung (die oft durch den Wechsel in den Dialekt indiziert wird) einen komischen Effekt erzielt: nicht das möglichst perfekte Befolgen der Strukturmerkmale einer Gattung ‚komische Rede' macht den Unterhaltungswert der Performanz aus, sondern die *bricolage* von Elementen aus verschiedenen Gattungen, die ‚an sich' nicht zusammenpassen. So kongruiert die aus formellen Reden entlehnte gehobene Wortwahl in manchen Passagen (*es ist also ANgebracht, dem lie:ben Oskar(–) heute abend (   ) AUSsergewöhnlichen und AUSserordentlichen dank auszusprechen...; letztendlich müssen wir auch den beiden hübschen DAmen unsern dank aussprechen...*) nicht mit der salopp-umgangssprachlichen in anderen (*LOCker vom HOCker so GSCHMIERT hond (–) und sogar nochn BUTterklacks drufgebe hond=verSTEHSCH, heut wared se IT giezig ...*), die sich wie Seitenbemerkungen und Metakommentare über sie legen und sie zu überdecken drohen; die monologisch angelegte Rede kongruiert nicht mit den zahlreichen (vom Sprecher selbst provozierten) dialogischen Interaktionen mit dem Publikum; der getragene, panegyrische Stil nicht mit dem ‚frotzelnden'[11] der kleinen Seitengeplänkel mit den anderen Anwesenden, etc.[12]

Wir können den Begriff der Performanz bei Hymes nicht verlassen, ohne ihn mit dem der generativen Grammatik zu kontrastieren.[13] Sowohl Hymes als auch Chomsky betrachten Performanz als situiertes Sprechen in Kontext, also als die Sprache der sich konkret entwickelnden Interaktion. Aber

---

[11] Vgl. Günthner (1994), Kotthoff (1998).
[12] Der Abschluß der Gattungsperformanz von F. wird durch einen zweiten Redner H. gestört, der sich zu Wort meldet und im Anschluß eine eigene kleine Rede produziert (die hier nicht wiedergegeben ist). Erst dann mündet die Gattung in die angekündigte ‚Rakete' – selbst eine rituelle Gattung, allerdings mit veränderter Teilnehmerkonstellation. Es handelt sich dabei um ein v.a. in Vereinen beliebtes Trinkritual, bei dem kleine Schnapsflaschen in einem immer lauter und rhythmischer werdenden *crescendo* auf den Tisch geklopft und anschließend ‚auf ex' gemeinsam geleert werden. Auch solche kleinen Rituale beweisen, daß Performanzaspekte – hier freilich nonverbaler Art – in unseren säkularisierten westlichen Kulturen weiterhin eine bedeutende Rolle spielen.
[13] Vgl. etwa Chomsky (1965 [1970:14]).

in der Chomskianischen Linguistik ist Performanz die Oberkategorie für all jenes, was für die linguistische Theoriebildung unbrauchbar ist und deshalb in den Mülleimer der irrelevanten Daten geworfen wird, ja, was die ‚reine' Entfaltung der grammatischen Kompetenz (z.B. aufgrund von Beschränkungen der Gedächtniskapazität) sogar stört. Für die Performanzforscher trifft das Umgekehrte zu, denn sie setzen ja gerade bei der genauesten Analyse dieser Oberflächenphänomene an. Im Sinne Chomskys ist jedes Sprechen Performanz. Hingegen ist Performanz für Hymes eine eigene Dimension sprachlichen Handelns, die keineswegs immer relevant wird, sondern an die situierte Aufführung bestimmter sprachlicher Handlungen bzw. Gattungen gebunden ist.

Trotz ihres Interesses für die Oberfläche des sprachlichen Handelns wollen natürlich weder Hymes noch die späteren Performanzforscher wie Bauman oder Briggs suggerieren, Performanz sei aus der Laune des Augenblicks heraus möglich, ohne auf irgendwelche mental gespeicherten Fähigkeiten zurückzugreifen, die über längere Zeit hinweg erworben worden sind. Während jedoch die Chomskianische Linguistik diese Kompetenz zum alleinigen Untersuchungsthema macht, kommt es in den Performanzstudien gerade auf die Interaktion zwischen Kompetenz und Performanz an; es geht, in Briggs' griffiger Formulierung (1988), weder um oberflächliche Verhaltensbeschreibung noch um rein introspektive Erkundung mentaler Dispositionen, sondern um die „Kompetenz in der Performanz" (*competence in performance*). Diese Kompetenz wird freilich, weil sie sich immer erst in der Situation entfalten kann, nur aus der Analyse der Performanz heraus beschreibbar.[14]

---

[14] Hymes' Begriff der „kommunikativen Kompetenz" ist allerdings ein Versuch, die grammatische Kompetenz im Sinne Chomskys auf andere Bereiche auszudehnen, ohne das Konzept selbst anzutasten und die Dichotomie Kompetenz/Performanz aufzulösen. Briggs (1993) hat Hymes dafür zu recht kritisiert.

Kap. 18
Kultur

Clifford Geertz

C. Geertz (geb. 1926) war u.a. Professor für Anthropologie an der Universität Chicago und seit 1970 am Institute for Advanced Studies in Princeton. Seine empirischen Untersuchungen hat er auf Java und Bali bzw. in Marokko durchgeführt. Er gilt als wichtigster Vertreter einer handlungsorientierten Anthropologie, die er in Auseinandersetzung mit dem kognitivistischen Ansatz der sog. *new ethnography* Ward Goodenoughs und Charles Frakes entwickelt hat. Dabei stützt er sich sowohl auf die Soziologie Webers (Kap. 10) und Schütz' (Kap. 11) als auch auf die späte Sprachphilosophie Wittgensteins (Kap. 6).

Geertz' mehr theoretisch orientierte Schriften sind in *The Interpretation of Cultures* (New York: Basic Books, 1973; dt. als *Dichte Beschreibung*, Frankfurt/M.: Suhrkamp, 1983) zusammengefaßt; jüngere Monographien zur Theorie und Praxis der Anthropologen sind *Works and Lives* (Stanford University Press, 1988; dt. als *Die künstlichen Wilden*, München: Carl Hanser-Verlag, 1990) und *After the Fact* (Cambridge, Mass.: Harvard University Press, 1995; dt. als *Spurenlesen*, München: Beck, 1997).

* * *

Der Kontextbegriff in der Linguistik und die Idee der Kontextualisierung (Kap. 15) haben einen doppelten Bezug zum Thema Kultur. Zum einen ist es klar, daß auch ‚Kultur' Kontext für sprachliches Handeln werden kann (vgl. Geertz 1983:21: „Kultur ⟨...⟩ ist ein Kontext"), vielleicht sogar derjenige, der alle anderen Kontextfaktoren (wie Gattungen, Teilnehmerkonstellationen, Ort und Zeit) einschließt und durchdringt. Wie man spricht und wie man zu sprechen hat, welche Gattungen für das Sprechen bereitstehen, wie sie realisiert werden, all das kann sich – so sagt uns zumindest die Alltagserfahrung mit Fremden und als Fremde – von Kultur zu Kultur unterscheiden. Zum anderen macht z.B. Gumperz konkrete Voraussagen, wo in interkulturellen Begegnungen die Kommunikation fehlschlagen kann: nämlich dort, wo sich die verwendeten Kontextualisierungshinweise zwischen den beteiligten Kulturen unterscheiden (vgl. die Beispiele in Kap. 15). Kontextualisierungshinweise, die indizieren, wie ein bestimmter Äußerungsinhalt verstanden werden soll, sind also selbst ein wichtiger Bestandteil von Kultur. Unterschiede in der Verfügbarkeit und Bedeutung dieser Hinweise müssen nicht mit solchen der Sprache einhergehen, d.h sie sind nicht an Sprachgemeinschaften, sondern an kulturelle Gemeinschaften gebunden.

Bevor man sich mit interkultureller Kommunikation beschäftigt, erscheint es vielen sinnvoll, den Begriff der Kultur selbst unter die Lupe zu nehmen und genauer zu bestimmen, in welcher Weise er für das sprachliche Handeln und seine Erforschung relevant wird. (Dieser Schritt ist freilich nicht ganz selbstverständlich, wie am Ende dieses Kapitels gezeigt werden wird: manche Anthropologen und Soziologen argumentieren, daß das Konzept ‚Kultur' überhaupt erst dann benötigt und erfahrbar wird, wenn wir in der Kommunikation als Fremde oder mit Fremden damit konfrontiert werden, daß unsere als allgemeingültig unterstellten Handlungsweisen auf Unverständnis stoßen oder zu Mißverständnissen führen, also zum Problem werden. Erst in der Erfahrung des Anderen relativiert sich das bisher Selbstverständliche, und erst in diesem Augenblick ‚ist' Kultur.)

Die (Kultur-)Anthropologie, die als Wissenschaft von den Unterschieden menschlicher Kulturen schlechthin gelten kann, hat seit ihrem Bestehen die unterschiedlichsten Vorstellungen von diesem Anderssein entwickelt.[1] Dabei ist sie einen weiten Weg gegangen vom Kulturbegriff des 19. Jahrhunderts, der Kultur mit Hochkultur und diese mit den Kulturen Europas, Vorder- und Ostasiens gleichsetzte, und dem zufolge die sog. primitiven Kulturen der ‚Wilden' letztlich nur nach ihrem Abstand von den Hochkulturen beschreibbar waren, bis zu den deskriptiven Kulturtheorien des 20. Jahrhunderts, die sich jeder Bewertung enthalten. Die Frage, was man eigentlich unter Kultur zu verstehen habe, hat die Anthropologie allerdings bis heute nicht endgültig beantwortet. In Zeiten, in denen der Kulturbegriff von Nicht-Anthropologen inflationär gebraucht wird – nicht nur in Zusammenhängen wie ‚multikulturelle Gesellschaft', ‚multikulturelle Identität', ‚multikulturelle Erziehung', etc., sondern auch in Neubildungen wie ‚Jugendkultur', ‚Buchkultur', ‚Gesprächskultur' oder ‚Unternehmenskultur' – scheinen sich viele Anthropologen sogar schon völlig von diesem Begriff verabschiedet zu haben. (Von John Gumperz stammt das Diktum, ein Anthropologe sei ein Mensch, der sich weigere, das Wort ‚Kultur' in den Mund zu nehmen.) Wir wollen dennoch versuchen, einige wichtige Diskussionslinien nachzuzeichnen.

Frühe Missionare, Expeditionsteilnehmer und Weltreisende wie auch zunächst die Anthropologen (und Volkskundler) haben Kultur als Ansamm-

---

[1] Die Literatur zu diesem Thema ist entsprechend umfangreich. Als Überblick sind u.a. geeignet: Kroeber & Kluckhohn (1952); Kluckhohn (1962); Keesing (1974); Sarangi (1995).

lung von Artefakten eines bestimmten Volks (Ethnie) gesehen; die europäischen Museen für Völkerkunde sind Ansammlungen solcher Artefakte, die dem frühen Dokumentationsbedürfnis über fremde Kulturen entsprungen sind. Ein Besuch in einem solchen Museum macht aber schnell klar, daß aus der Betrachtung der Dinghis aus der Südsee oder der Schattenspielpuppen aus Java zwar ein ästhetischer Gewinn erwachsen kann, daß wir aber aus den Dingen an sich nichts über die Fischerei- oder Theaterkultur in diesen Ländern lernen, geschweige denn erkennen können, welche Vorstellung von ‚Gott und der Welt' die Menschen in der Südsee oder auf Java damit verbinden. Zwar spüren wir, daß die gesammelten Artefakte in der einen oder anderen Art auf diese Vorstellungen verweisen, der Gegenstand, den sie evozieren wollen – eben die Kultur, von der sie Zeugnis ablegen sollen – ist für uns westliche Betrachter jedoch nicht identifizierbar. Sie bleiben als Objekte ohne ihren Verwendungskontext und ohne das Wissen, wie man sie gebrauchen und was man mit ihnen ausdrücken kann, sinnlos wie ein Hinweis-Pfeil, der auf nichts zeigt.

Die Sammlung und Betrachtung von Artefakten läuft (gerade wenn wir dazu auch abstraktere Dinge wie Belletristik oder Musik zählen) zudem immer Gefahr, Kultur als eine Art Emanation des Weltgeistes zu sehen, als etwas, was losgelöst von den Menschen, die in einem kulturellen Umfeld leben, existiert und sich letztendlich auf geheimnisvolle Weise von selbst weiterentwickelt. Zwar bestimmt diese Kultur das Leben und Handeln der Menschen in einer allumfassenden, unausweichlichen Weise, diese selbst erscheinen aber eher als Unterworfene denn als ‚Träger' (oder besser: ‚Macher') der Kultur.

Die Anthropologie hat deshalb seit langem andere Vorstellungen von Kultur entwickelt und dabei zunächst den Gegenstand ihrer Forschung von den Artefakten immer mehr in die Köpfe der Mitglieder einer Gesellschaft verlagert. Entsprechend mußten sich die anthropologischen Methoden verändern: von der Sammlung von Dingen aus einer bestimmten Region der Welt zur ethnographischen Arbeit in einer fremden Ethnie, also dem Versuch, diese mehr oder weniger vollständig zu verstehen, indem man in ihr lebt. Zu dieser Entwicklung gehört auch das Paradigma, das in den 60er Jahren für die Anthropologie maßgebend geworden ist und bis heute einen wichtigen Platz in ihrer Theoriebildung einnimmt, nämlich die *kognitive Anthropologie*. Sie hat ihre Wurzeln zwar im späten 19. Jahrhundert – etwa wenn Edward B. Tylor 1891 „culture or civilization, taken in its wide ethnographic sense" definiert als „that complex whole which includes knowledge, belief, art, morals, law, custom, and any other capabilities and habits acquired by man as a member of society" (Tylor 1891 [⁴1903:1]) –, entwickelte sich dann aber erst durch die Arbeiten von Ward Hunt Goodenough (z.B. 1956) und Charles Frake (z.B. 1975) zum dominanten anthropologischen Theorierahmen. Der kognitiven Herangehensweise zufolge besteht Kultur aus dem Wissen, Denken und Fühlen der Mitglieder einer Gesellschaft oder Ethnie. In einer prägnanten Formel Goodenoughs ist Kultur all das, was man wissen und glauben muß, um für die Mitmenschen in einer Gesellschaft akzeptabel zu ‚funktionieren'; also alles, was dem Menschen nicht angeboren ist, sondern was er im Laufe seiner Sozialisation lernt. Sie läßt sich nicht direkt beobachten, denn sie besteht weder aus Dingen noch aus Handlungen, sondern aus den kognitiven Modellen, die die Mitglieder einer Ethnie im Kopf haben, um die Dinge in der Welt um sie zu verstehen und zu bewerten.[2] Ziel der anthropologischen Beschreibung muß es deshalb sein, ein System von Regeln, eine Art ethnologischen Algorithmus aufzustellen, das/der die kognitiven Muster modelliert, die das konkret beobachtbare, in einer Kultur akzeptable Verhalten generieren.[3]

In der Praxis ist es recht schwierig, solche kulturellen Modelle zu explizieren (jedenfalls wenn sie den kognitiven Repräsentationen ‚in den Köpfen der Handelnden' homolog sein sollen), denn oft funktionieren sie ganz anders als die gewohnten wissenschaftlichen Modelle; sie können widersprüchlich, unlogisch, ambig und redundant sein. Die kognitiven Anthropologen waren dort am erfolgreichsten, wo das kulturelle Alltagswissen sich in seiner Struktur am wenigsten von wissenschaftlichen Modellen unterscheidet; hier konnten sie sich an linguistische Methoden der sog. Komponentialanalyse[4] anlehnen und mit ihrer Hilfe relativ strikt organisierte ‚Bezirke' des Wissens explizieren. So gibt es zahlreiche Arbeiten über Verwandtschaftsbegriffe, über ethnomedizinische Begriffssysteme, über die Kategorien, mit denen die Bereiche von Häusern u.ä. benannt werden, also über *Ethno-Terminologien* zur Benennung von Dingen oder Handlungen.[5] Wesentlich weniger erfolgreich war die kognitive Anthropologie bei der Darstellung der Bewertungskategorien, über die die Mitglieder einer Kultur verfügen, denn sie sind kontextfrei nur sehr schwer zu beschreiben.

---

[2] Vgl. Goodenough (1964).
[3] In diesem wie auch vielen anderen Punkten zeigt sich die Verwandtschaft der kognitiven Anthropologie mit der generativen Linguistik, die ebenfalls Sprache (Grammatik) als einen Algorithmus betrachtet, der in den Köpfen der Menschen (allerdings nicht so sehr durch Lernen, sondern als Konsequenz eines biologischen Programms) gespeichert ist, und die – wie Goodenough – argumentiert, daß sich das Objekt der Untersuchung nicht durch Beobachtung tatsächlichen (sprachlichen) Verhaltens (be)greifen läßt.
[4] Vgl. etwa Nida (1975).
[5] Vgl. Berlin (1978) zu Pflanzen, Frake (1975) und Bourdieu (1979) über Teile von Häusern, Frake (1969/1972) über sprachliche Handlungsbezeichnungen (zum Thema ‚Streit'), Goodenough (1956) und Wallace & Atkins (1962) über Verwandtschaftsbegriffe; zur Kritik der *ethnoscience* vgl. Frake (1977) und Eglin (1980).

Clifford Geertz setzt nun gegen diesen kognitiven Ansatz einen anderen, der Kultur nicht in den „Köpfen und Herzen" (Goodenough) der Menschen lokalisiert, sondern in ihrem Handeln, also in den tatsächlich verwendeten Symbolen, die wir untereinander austauschen. Diese Symbole können bedeutungsvolle Dinge (Artefakte, wie ein Gastgeschenk), Laute oder Gesten sein. Wenn die Kultur einer Ethnie dem typischen Handeln ihrer Mitglieder ihren Stempel aufdrückt, dann ist es auch umgekehrt möglich, aus diesen real verwendeten Symbolen Kultur zu rekonstruieren.

Da Symbole nur in Texten vorkommen[6], ist für Geertz Kultur ein semiotisches Geflecht solcher Texte (wobei Text im weitestmöglichen Sinn verstanden wird, also sowohl schriftliche als auch mündliche Texte, sprachliche und nicht-sprachliche Ver-Textungen umfaßt). Diese Texte bestehen aus dem konkreten oder standardisiert gedachten (idealtypischen) Verhalten der Teilnehmer, also im Sinne Webers, auf den sich Geertz explizit bezieht, aus Handlungen. Ihre Bedeutung bekommen sie nicht aus ihrer systematischen Verankerung in einem abstrakten mentalen System von Begriffen, sondern aus ihrem Gebrauch in der jeweiligen Situation.[7] Anthropologen dürfen sich also weder darauf beschränken, Verhalten in behavioristischer Manier zu dokumentieren (etwa zu messen) – dies wäre in Geertz' Terminologie lediglich eine „dünne Beschreibung" –, noch dürfen sie sich in mentalistischer Manier damit begnügen, psychische oder kognitive Befindlichkeiten der Mitglieder einer Gesellschaft aufzudecken. Nötig ist vielmehr eine verstehende Analyse des in einer Kultur vorgefundenen Handelns, das notwendigerweise mehrfach kontextuell eingebunden („in ungleiche Interpretationsrahmen" gestellt) ist. Geertz nennt eine solche Analyse eine „dichte Beschreibung".

---

[6] Vgl. Hartmann: „Es wird, wenn überhaupt gesprochen wird, nur in Texten gesprochen" (1968:212). Zum textbezogenen Kulturbegriff vgl. auch Günthner (1993, Kap. 1).

[7] Der in der Theorie radikal handlungsbezogene Kulturbegriff Geertz' ist freilich in seinen verschiedenen Schriften unterschiedlich stark in die Praxis der anthropologischen Arbeit umgesetzt. Während zum Beispiel der frühere Aufsatz „Person, Zeit und Umgangsformen auf Bali" von 1966 Kultur noch als Gesamtheit von symbolischen Mustern versteht, und die Anthropologie demzufolge als die Untersuchung „jenes Apparats, dessen sich die Individuen und Gruppen von Individuen bedienen, um sich in einer andernfalls unverständlichen Welt zu orientieren" (1966 [1983:136]), eine Formulierung, die durchaus das strukturalistisch-kognitive Forschungsparadigma anklingen läßt, schreibt Geertz in „Thick description", der Versuch, „Kultur rein als symbolisches System zu behandeln ⟨...⟩, indem man ihre Elemente isoliert, die innere Beziehung zwischen diesen Elementen näher bestimmt und dann das gesamte System auf allgemeine Weise charakterisiert", laufe Gefahr, „die Erforschung von Kultur von ihrem eigentlichen Gegenstand, der informellen Logik des tatsächlichen Lebens, abzuschneiden" (1973 [1983:25]).

(Geertz' Kritik an der kognitiven Anthropologie speist sich übrigens aus dem Wittgensteinschen Einwand gegen „private Bedeutungstheorien" [vgl. Kap. 6] sowie aus der Theorie des von Wittgenstein beeinflußten britischen Philosophen Gilbert Ryle, insbesondere aus dessen Buch *The Concept of Mind*, das einen „öffentlichen Denkbegriff" propagiert.[8] Entsprechend ist Geertz' „öffentlicher" Kulturbegriff zu verstehen. Von Ryle kommt auch die Unterscheidung zwischen „dünnen" und „dichten" Beschreibungen.[9]) Im Vergleich zur kognitivistischen Kulturtheorie hat die handlungsorientierte einige entscheidende Vorteile. Zum Beispiel ist nur ein „öffentlicher" Kulturbegriff in der Lage, zu erklären, daß kulturelles Wissen erworben und vermittelt werden kann. Solange Kultur nur in den Köpfen (und Herzen) der Menschen versteckt ist, ist sie auch nicht erlernbar. (Den Ausweg der Chomskianer aus diesem Dilemma – nämlich anzunehmen, daß Sprache zu einem großen Teil gar nicht erlernt werden muß, sondern sich auch dann entwickelt, wenn angeborene Dispositionen bloß ‚angetippt' werden – haben die kognitiven Anthropologen nie ernsthaft erwogen.) Ein anderer Vorteil ist, daß der Geertzsche Kulturbegriff anders als der kognitive durch Inkonsistenzen nicht zu erschüttern ist. Eine wesentliche Evidenz kognitiver Kulturmodelle besteht in der Stimmigkeit der einzelnen Wissensbestandteile zueinander, d.h. ihre Verknüpfung muß Sinn ergeben. Die zur Rekonstruktion herangezogenen Algorithmen setzen Stringenz und Kohärenz voraus. Für Geertz sind solche – faktisch kaum zu erfüllenden Kriterien – irrelevant. Nichts sei so kohärent wie die Wahnvorstellungen eines Paranoikers, merkt er an, Kohärenz daher kein besonders attraktives Merkmal für die Bewertung von Laientheorien; die Anthropologie diskreditiere sich nur, wenn sie sich auf die „Erstellung einwandfreier Abbildungen von formalen Ordnungen, an deren Existenz niemand so recht glauben kann", konzentriere (1973 [1983:26]).

Ein kurzes Beispiel aus Geertz' Arbeiten mag sein Vorgehen deutlicher machen: die Anrede in traditionellen dörflichen Gemeinschaften auf Bali.

---

[8] Die Ähnlichkeiten zu Vološinovs materialistischer Sprachtheorie, die „Ideologie" – sc. Kultur – im „Dialog" – sc. Handeln – verortet, waren ihm wohl nicht bewußt (vgl. dazu das folgende Kapitel).
[9] Vgl. Geertz: „Um Vorstellungen, Begriffe, Werte und Ausdrucksformen weder als Schatten auffassen zu müssen, die die Organisation der Gesellschaft auf die unbewegte Oberfläche von Geschichte wirft, noch als Weltgeist, dessen Fortschreiten sich der inneren Dialektik beider Momente verdankt, wurde es notwendig, sie als unabhängige, aber dennoch nicht voneinander losgelöste Kräfte zu sehen, deren Wirkungs- und Auswirkungsbereich nur innerhalb bestimmter sozialer Kontexte liegt, an die sie sich anpassen und von denen sie stimuliert werden, auf die sie jedoch gleichzeit einen mehr oder minder bestimmenden Einfluß ausüben." (1966:134). Vgl. zum Begriff der „dichten Beschreibung" auch Denzin (1989), besonders Kap. 5.

Es lassen sich dabei mehrere aufeinander bezogene Systeme linguistischer Anredemittel erkennen, die unterschiedliche Anwendungsbedingungen haben, die sich manchmal auch widersprechen. Sie werden jedoch laut Geertz durch ein tieferliegendes, allgemeineres Merkmal zusammengehalten, das die Auffassung der Balinesen von der Zeit widerspiegelt.

Für die Balinesen gibt es sechs Möglichkeiten der Anrede. Zum einen hat jeder Balinese einen Eigennamen (Vornamen), der aus beliebigen Silben ohne Sinn zusammengesetzt ist, keinerlei Rückschlüsse auf den Träger oder die Trägerin erlaubt – und vom Namensträger wie auch von den anderen kaum verwendet wird. Eigennamen sind also extrem privat und haben wenig soziale Bedeutung für den Namensträger; wie sich jedoch zeigen wird, sind sie für die Benennung der Eltern des Namensträgers wichtig. Zum zweiten haben die Balinesen Geburtsfolgenamen: *Wayan* für den Erstgeborenen, *Njoman* für das zweite, *Made* oder *Negah* für das dritte und *Ktut* für das vierte Kind. Da der Zyklus beim fünften Kind von vorne beginnt (also mit dem Namen des Erstgeborenen, der zugleich auch Name des Fünftgeborenen ist, etc.) und da auch Fehlgeburten und Abtreibungen mitgezählt werden, läßt sich aus dem Geburtsfolgenamen eines Kindes relativ wenig schließen; er hat kaum eine referentielle Bedeutung. Um Ambiguitäten zu vermeiden, werden die Geburtsfolgenamen manchmal durch die Eigennamen ergänzt. Die Geburtsfolgenamen werden solange verwendet, bis jemand selber Kinder hat; sie zeigen also an, daß der Träger dieses Namens im sozialen Sinn noch ein Kind ist.

Zum dritten gibt es auf Bali Verwandtschaftsbegriffe, die nach dem Generationenprinzip (‚Hawaii-Typus') organisiert sind, d.h. alle Vertreter einer Generation haben, unabhängig von der Nähe der Verwandtschaft, denselben Namen (Vater = Onkel, etc.). Außerdem sind die Begriffe für die dritte aufsteigende und dritte absteigende Generation identisch (Urenkel = Urgroßmutter, etc.). Die Verwandtschaftsbegriffe werden nur gebraucht, wenn man sich auf einen Dritten beziehen will, also nicht als Anredeformen; die wesentliche soziale Information, die sie vermitteln, betrifft die Generationenfolge.

Das vierte System von Anredeformen ist für den alltäglichen Gebrauch das wichtigste; es ist ein System der Teknonyme (> griech. τεκνον ‚Kind' also eigentlich ‚Kind-Name'). Jeder Vater und jede Mutter wird nach dem Eigennamen seines oder ihres Kindes benannt, solange bis er oder sie das erste Enkelkind bekommt; dann nimmt er/sie das Teknonym ‚Großvater/ -mutter von X' an. Durch die Teknonyme wird die Beziehung zwischen Mann und Frau also über die gemeinsamen Kinder definiert. Die einzelnen Lebensstadien eines Menschen bestimmt nicht sein biologisches Alter, sondern sein ‚familiäres Altern', also seine Stellung im Fortpflanzungssystem. Interessant ist dabei, daß man den Einzelnen nicht nach seiner Stellung zu den *Vor*fahren benennt (wie dies im System der Vaternamen der Fall ist, die in Europa verbreitet sind), sondern nach seiner Beziehung zu den *Nach*fahren. Dem entspricht, daß auf Bali die Vorfahren tabu sind.

Schließlich gibt es als fünftes Anredesystem Statustitel, ein Prestigesystem, das vor allem für das ausgeprägte linguistische Höflichkeitssystem wichtig ist, aber nicht auf Macht, Reichtum oder Ruf aufbaut, sondern auf die spirituellen Anlagen des Trägers verweist. Das System ist aus Indien importiert (Bali ist hinduistisch). Es umfaßt auch öffentliche Titel für bestimmte Funktionäre, die sich in den höchsten Rängen des Adels mit denen der Götter vermischen.

Das allgemeine Prinzip, das Geertz hinter diesem Anredeverhalten am Werk sieht, ist eines der Anonymisierung der Personen zu Gruppen von „Zeitgenossen" (im Sinne von Schütz, vgl. Kap. 11). Nicht Individualität wird hervorgehoben, sondern die Stellung des Einzelnen in einer „überdauernden, im Grunde ewigen metaphysischen Ordnung" (1973 [1983:172]), die aus rekurrenten zeitlichen Abläufen und Zuordnungen des einzelnen zu Generationen besteht. Die Entpersönlichung der Person geht mit einer Entzeitlichung der Zeit einher. Geertz unterstützt dieses Argument durch eine Analyse der balinesischen Zeitausdrücke, die in vielerlei Hinsicht mit dem System der Teknonyme und Geburtsnamen vergleichbar ist. Neben einem für die Landwirtschaft wichtigen Lunisolar-Kalender steht das kulturell wesentlich einflußreichere System eines Permutationskalenders, in dem sich ständig zehn Zyklen von Tagesnamen wiederholen, die jeweils einen bis zehn Tage umfassen und nebeneinander herlaufen. Die Hauptzyklen umfassen fünf, sechs und sieben Tage; sie treffen sich also alle 210 Tage (was aber keine besondere kulturelle Bedeutung hat). Das System dient dem Bezeichnen der Tage (wie die Geburtsnamen und Teknonyme dem Bezeichnen der Personen), aber da es wie dieses ohne Anfang, Ende und Höhepunkt ist, dient es kaum der Dauer-Messung (im Sinn unseres westlichen Kalenders). Die Zyklen „summieren sich nicht, fügen sich zu nichts zusammen und verbrauchen sich nicht. Sie geben nicht die Zeit an, sie geben an, welche Art Zeit es ist" (1973 [1983:177]).

Wesentlich für Geertz' Beschreibung ist, daß sie nicht allein auf Inventaren von Anredemöglichkeiten (semantischen Feldern wie dem der Verwandtschaftsbegriffe, der Titel, der Teknonyme, etc.) aufbaut, sondern die Arten (Regeln) ihrer Verwendung mit einbezieht. Aus dem Gebrauch der Zeichen, nicht aus ihrer Existenz innerhalb eines Systems von Benennungsmöglichkeiten, resultiert die Analyse der balinesischen Kultur.

Dasselbe kulturelle Analyseverfahren wendet Geertz in einem bekannten Aufsatz auf die balinesischen Hahnenkämpfe an (1973 [1983:202ff.]). Die Details dieser faszinierenden Beschreibung können hier nicht referiert, sondern lediglich angedeutet werden: wie der Hahn auf Bali (und natürlich auch anderswo) als Symbol von Männlichkeit und Männerrollen fungiert, wie der Hahnenkampf die von den Balinesen sonst verachtete Animalität zum Zentrum des (männlichen) Interesses macht, wie sich in ihm wilde, ungebändigte, haßerfüllte Raserei und perfektionierte Form verbinden, aber auch: wie die Höhe der Wetten in und um die Arena den Hahnenkampf zu einem uninteressanten oder interessanten („tiefen") kulturellen Ereignis macht, in dem es um Einfluß, Ansehen und *face* (vgl. Kap. 14) geht und in dem sich die balinesische Statushierarchie und die Dorfgemeinschaften abbilden. Aber welcher Aspekt der balinesischen Kultur – des balinesischen Selbstverständnisses – wird im Hahnenkampf symbolisch zu Bewußtsein gebracht? Es ist einerseits wieder die rhythmische Struktur des Lebens, die an die Stelle der linearen Zeitlichkeit im westlichen Sinn tritt (‚Puls' statt ‚Fluß'): der Hahnenkampf entspricht als Zeit (ver)dichte(te)r Bedeutung, die mit „leerer" Zeit ohne signifikante Ereignisse alterniert, dem typischen balinesischen „Rhythmus plötzlicher Ausbrüche" (1973 [1983:249]). Aber nicht nur Zeit-als-Rhythmus findet im Hahnenkampf ihren Ausdruck, sondern auch eine Sozialstruktur, die sich – trotz aller Konflikte – nicht ändert: denn aufgrund eines ausgeklügelten Wettsystems ist der soziale Status der Wett-Teilnehmer nie wirklich bedroht. Zwar werden im Hahnenkampf Statusspannungen in symbolischer Form in einer Intensität und Aggressivität zum Ausdruck gebracht, die den Balinesen sonst völlig fremd ist; während die sozialen Hierarchien im Alltagsleben „in den Dunst der Etikette, eine dicke Wolke von Euphemismen und Zeremonien, Gesten und Anspielungen gehüllt sind, werden sie hier, durch die Tiermaske kaum verstellt, zum Ausdruck gebracht, wobei die Maske sie eher wirkungsvoller demonstriert als verdeckt" (1973 [1983:251]). Diese Statusspannungen werden aber nur „imaginär" ausgelebt, ohne die tatsächlichen Machtverhältnisse zu bedrohen. Nach Geertz ist der balinesische Hahnenkampf also vor allem eine Ausdrucksform, mit der sich die Balinesen des latent gewaltsamen Charakters der existierenden Status-Verhältnisse bewußt werden können: „So ermöglicht es der endlose, endlos neuinszenierte Hahnenkampf dem Balinesen, eine Dimension seiner Subjektivität zu entdecken – ähnlich wie bei uns die wiederholte Lektüre von *Macbeth*" (1973 [1983:256]). Es gibt andere Aspekte dieser Subjektivität, die durch andere Formen ausgedrückt werden; zusammen bilden sie ein „Ensemble von Texten" (1973 [1983:259]), die der Anthropologe zu lesen (und zu deuten) versucht.

Vergleicht man Geertz' empirische Analysen mit seinen theoretischen Aussagen zu einem handlungsbezogenen Kulturbegriff, so fällt zunächst auf, daß er fast immer mit Idealtypen von Handlungen oder Handlungsabläufen arbeitet; beschrieben wird nie oder selten die Partikularität eines konkreten Hahnenkampfes oder einer konkreten Personenanrede, sondern die verallgemeinerte Form, in der dieses Handeln stattfindet. (Er unterscheidet sich in diesem Punkt deutlich von Gumperz, Hymes oder auch Goffman.) So schreckt Geertz auch nicht davor zurück, die meisten seiner Aussagen in generischer Form über ‚die Balinesen' oder das, was ‚auf Bali' gilt, zu formulieren: die balinesische Kultur erscheint als hochgradig homogen.[10] Kritische Arbeiten zum Kulturbegriff (Barth 1989, Herzfeld 1992) geben dagegen zu bedenken, daß generische Aussagen dieser Art über die Maßen konsensorientiert sind und die faktischen Brüche, Widersprüche und Variabilitäten innerhalb einer Gesellschaft ausblenden. Daß solche Brüche bestehen, wird schnell klar, wenn man sich überlegt, wie problematisch Aussagen über ‚die Deutschen' von uns selbst wahrgenommen werden, wenn wir sie gelegentlich (etwa in der ausländischen Presse) lesen. Ist die Art und Weise, wie hier von Laien (einschließlich Journalisten) oder Spezialisten (Anthropologen) über Kultur gesprochen wird, wirklich frei von bestimmten praktischen Zielen, die diese Aussagen selbst als sprachliche Handlungen verfolgen, oder *konstruiert* sie nicht vielmehr gerade dort Kulturalität, wo sie lediglich zu beschreiben vorgibt?

Dies führt zurück zum eingangs angesprochenen Thema des Kulturkontakts und der kulturellen Abgrenzung. Es gilt hier, zwei Ebenen getrennt zu halten: einmal die des *interkulturellen Diskurses* (innerhalb einer Gesellschaft), also der Art und Weise, in der sich eine Gesellschaft kultureller Ideologeme bedient, um sich gegen andere abzugrenzen. Davon muß man die *interkulturelle Kommunikation* selbst – also die Interaktion zwischen Menschen mit verschiedenen kulturellen Wurzeln – unterscheiden.

Interkulturelle Diskurse sind in der Regel Abgrenzungsdiskurse (manchmal auch Ausgrenzungsdiskurse), die weitgehend monokulturell (also innerhalb einer Kultur) geführt werden. Wenn etwa in Deutschland (unter Deutschen) von Kultur die Rede ist, dann vor allen oppositiv: die ‚deutsche Kultur' wird zum Beispiel gegen ‚andere Kulturen' gesetzt, die in Deutschland als ‚multikulturellem Staat' vertreten seien.[11] Der Verweis auf solche

---

[10] Anders als Geertz' theoretische Aussagen zum „dichten Beschreiben" nahelegen, sind seine teils sehr weitgehenden Interpretationen (vgl. etwa die Querverbindung zwischen Macbeth-Lektüre und Teilnahme am Hahnenkampf) keineswegs immer aus der Perspektive der Kulturmitglieder, sondern eher aus der des allwissenden Anthropologen formuliert. Vgl. in diesem Sinn die Kritik Denzins: „His [i.e., Geertz'] interpretations are decontextual, nonrelational, and noninteractional. They are thinly disguised as thick interpretations. They are monologic and suppress the native's voices. They are not dialogical, for Geertz imposes his interpretations on the native's experiences. They presume a factually accurate rendering of the form and content of the cockfight (i.e., the propositions). What is missing is the local account and interpretation of the cockfight. This means we have only Geertz's theory of the cockfight. There is no way of knowing if his theory fits the interpretations held by the participants in this event." (1989:116)

[11] Vgl. zur Kritik dieses Diskurses Radtke (1992) und (1993).

kulturellen Differenzen kann argumentativ als Instrument eingesetzt werden, um andere Bevölkerungsgruppen zu marginalisieren oder auch, um bestimmte Verhaltensdifferenzen zu erklären und um Verständnis für sie zu werben. Interkulturelle Diskurse neigen dazu, generische Aussagen über den Anderen bzw. das Andere zu treffen. Differenzierungen beeinträchtigen lediglich die Funktionalität der jeweiligen Aussagen und werden deshalb vermieden. Wenn man interkulturelle Diskurse dieser Art zum Gegenstand linguistischer („diskurskritischer") Forschung machen will, ist es ratsam, nicht so sehr danach zu fragen, was eine Kultur *ist*, sondern was (und wer) Kultur *macht*, welche Ziele also von den Sprechern und Schreibern verfolgt werden, die sich argumentativ auf kulturelle Differenzen berufen.

Anders verhält es sich auf der Ebene des faktischen interkulturellen Handelns, das über Jahrhunderte hinweg seinen Ort vor allem außerhalb der 1. Welt hatte (weil nur dort fremde und eigene Kultur aufeinanderprallten), in diesem Jahrhundert aber mehr und mehr zu einer Erfahrung wird, die auch innerhalb der Gesellschaften der 1. und 2. Welt unausweichlich ist: ‚das Fremde' kommt geographisch näher. Die Problematik interkultureller Kommunikation in diesem zweiten, direkten Sinn führt uns zu der eingangs angesprochenen Auffassung mancher Anthropologen zurück, daß Kultur letztendlich immer (nur) dann ‚ist', wenn wir (als Fremde oder mit Fremden) die Erfahrung des Fremden machen, wenn wir also mit unserem eigenen ‚Latein am Ende sind' (so etwa Agar 1996). Demnach impliziert jede kulturelle Erfahrung die Erfahrung der Differenz des *common sense*-Zugriffs auf die Alltagswelt durch ‚uns' und ‚sie', die *innerhalb* eines kulturellen Rahmens nicht nötig und nicht möglich wäre.[12] Diese Erfahrung des Interkulturellen als eines Scheiterns alltäglicher Interpretations- und Handlungsmuster interagiert allerdings mit aktiven Prozessen der Kategorisierung, also der *Konstruktion* des Eigenen und des Fremden. (Wir konzipieren den Anderen als ‚anders' – und *machen* ihn zum Fremden.) Zwischen aktiven Zuschreibungsprozessen und mehr passiven Erfahrungen des Scheiterns alltäglicher Routinen bestehen schwer zu erfassende Interdependenzen: oft ist es nicht leicht, zwischen Kategorisierungen als Folge interkultureller Inter-

---

[12] Alfred Schütz hat diese Erfahrungen schon 1944 in seinem Aufsatz „The stranger: an essay in social psychology" während seines Exils in Amerika beschrieben. Der Fremde findet sich mit einer Situation konfrontiert, in der die Verfahren der „natürlichen Einstellung" zur Welt nicht mehr greifen: die Idealisierungen der „Austauschbarkeit der Standpunkte" und der „Kongruenz der Relevanzsysteme" (vgl. Kap. 11) funktionieren nicht mehr; von dem, was ich verstehe, kann nicht mehr unterstellt werden, daß es praktisch identisch ist mit dem, was mein Gegenüber versteht. Das Denken-Wie-Üblich kommt in die Krise, das „Selbstverständliche" wird zum „Abenteuer".

pretationsdivergenzen (der Andere wird als Fremder wahrgenommen, weil wir das Scheitern unserer Alltagsresourcen der Sinngebung mit ihm erlebt haben) und interkulturellen Fehlschlägen als Folge bestimmter Kategorisierungen zu unterscheiden. Hier nähern sich interkultureller Diskurs und erlebte Interkulturalität also einander an.

In den heute gängigen *Ansätzen zur Erforschung interkultureller Kommunikationssituationen*, ihren theoretischen Hintergründen und praktischen Konsequenzen, findet sich die Unterscheidung zwischen handlungsorientiertem und kognitivem Vorgehen in abgewandelter Form wieder, die Geertz bzw. die von ihm kritisierte kognitive Anthropologie charakterisieren. Kognitiv kann man Ansätze nennen, die unterschiedliche Wissensbestände der Mitglieder zweier unterschiedlicher Kulturen explizieren wollen – etwa die jeweils andere Art und Weise, bestimmte sprachliche Aktivitäten auszuführen. Aus der Differenz zwischen diesen Wissensbeständen ergibt sich die Vorhersage interkultureller Kommunikationsprobleme. Interkulturelle Trainingskurse, wie sie heute vor allem für Geschäftsreisende angeboten werden, stehen oft in dieser Tradition und zielen darauf ab, den Kursteilnehmern Wissen über die fremde Kultur, in der sie ihre Geschäftsabschlüsse tätigen sollen, beizubringen.[13] Man erwirbt zum Beispiel ein minimales Rezeptwissen darüber, wie man in Japan eine Bitte formuliert, wie man die Bitte des japanischen Geschäftspartners ablehnt, etc.

Das Modell von interkultureller Kommunikation, auf dem diese Kurse aufbauen und das fast der gesamten sozialpsychologischen Forschung zum Thema unterliegt, macht u.a. die folgenden Annahmen: (1) interkulturelle Kommunikation findet immer dann statt, wenn zwei Menschen miteinander kommunizieren, die aus zwei verschiedenen Gesellschaften oder Ethnien stammen; (2) Kultur ist eine Ansammlung von Wissensbeständen über richtiges und falsches Verhalten, die kontextfrei aufgelistet werden können; (3) wenn zwei Individuen aus verschiedenen Kulturen aufeinandertreffen, erwarten sie trotzdem von ihrem Gegenüber, daß er/sie sich wie ein Mitglied der eigenen Kultur verhält; zugleich sind sie selbst nicht in der Lage, ihr Verhalten den kulturellen Erwartungen des Interaktionspartners anzupassen. Als Konsequenz muß interkulturelle Kommunikation scheitern; (4) wird jedoch Wissen über die fremde Kultur vermittelt, so verbessert dies die Chancen erfolgreicher Kommunikation.

Es dürfte nach der vorher ausgeführten Kritik Geertz' an der kognitiven Anthropologie nicht schwerfallen, zu erkennen, wo die Schwachpunkte dieses Konzepts liegen. Gegen Annahme (1) ist einzuwenden, daß Kultur als

---

[13] Vgl. in dieser Tradition z.B. Brislin & Yoshida (1994) oder Gudykunst & Nishida (1994).

relevanter Kontext – wie jedes andere Kontextelement auch – nicht unabhängig von der in ihm stattfindenen Interaktion gegeben ist; vielmehr muß eine Interaktion – sagen wir: zwischen einem holsteinischen und einem Tokyoter Geschäftsmann – erst interkulturell werden. Die Tatsache, daß ein Japaner und ein Holsteiner sich miteinander unterhalten, sagt noch nichts darüber aus, ob eine interkulturelle Begegnung stattfindet. Lediglich das Potential dazu ist gegeben. Wenn man Geertz' Argumenten folgt, ist auch klar, warum Annahme (2) nicht haltbar ist: Kultur ist nicht (nur) in den Köpfen der Menschen als Wissen gespeichert, sondern findet in ihren Handlungen statt. Mit dem Wissen über ‚die japanische Kultur' ist es also nicht getan. Vielmehr muß dieses Wissen kontextspezifisch eingesetzt werden; der interkulturell Handelnde muß – mehr oder weniger bewußt – selbst eine „dichte Beschreibung" der Situation, in der er sich befindet, vornehmen. Annahme (3) ist in beiden Punkten unbegründet. Wir können sicher nicht davon ausgehen, daß die Teilnehmer an potentiell interkulturellen Treffen ihr Gegenüber ausschließlich nach ihren eigenen kulturellen Mustern beurteilen. Wahrscheinlich wird sogar ein Holsteiner, der sich vollständig in Übereinstimmung mit den japanischen Normen verhält, mindestens beim ersten Treffen erhebliche Irritationen bei seinen japanischen Partnern provozieren. Denn alle Beteiligten gehen mit bestimmten Vorannahmen (Stereotypen) in eine deutsch-japanische Interaktion, also einem Vorwissen darüber, wie sich typische Deutsche oder Japaner verhalten. Sie werden von diesen Vorannahmen geleitet – bisweilen auch fehlgeleitet. Zudem werden bestimmte Verhaltensweisen, die innerhalb einer Kultur gelten, in interkulturellen Begegnungen systematisch außer Kraft gesetzt – etwa deshalb, weil das *face-work*[14], das Mitglieder einer Gesellschaft untereinander leisten, in solchen Außenkontakten weitgehend irrelevant ist. (U.a. aus diesem Grund wirken zum Beispiel Japaner auf Deutsche in interkulturellen Begegnungen keineswegs immer höflich.)

Schließlich baut Annahme (4) auf dem irrigen Glauben auf, die Menschen seien grundsätzlich bestrebt, sich zu verstehen. Es ist aber durchaus denkbar, daß zumindest eine der beiden Parteien in einer interkulturellen Kommunikationssituation eine konflikt- statt konsensorientierte Strategie verfolgt, also durch Nicht- oder Mißverstehen gerade die Grenze zwischen der eigenen und der fremden Ethnie oder Gesellschaft aufrecht zu erhalten oder zu bestätigen versucht. Das ist der Fall, den die berühmte Werbung einer norddeutschen Bierbrauerei aus den Mitt-90ern karikiert, in der drei Ostfriesen den smarten Surfer aus der Großstadt, der sie nacheinander auf Hochdeutsch, auf Plattdeutsch und auf Friesisch nach dem Weg zum Strand fragt, mit Schweigen bestrafen und das Ganze – nachdem der Surfer in

---

[14] Vgl. Kap. 14.

seinem Cabrio kopfschüttelnd die Szene verlassen hat – mit den Worten kon.mentieren: „Viele Sprachen konnte der ja – aber genützt hat's ihm nichts".[15]

---

[15] Zur Kritik an der kognitivistischen Auffassung von interkultureller Kommunikation vgl. auch Blommaert (1991), Günthner (1993), Roberts & Sarangi (1993).

Kap. 19

Ideologie

Valentin Vološinov

V. Vološinov (? – ?) ist sicherlich der geheimnisumwittertste der Autoren in diesem Buch. Wir wissen lediglich, daß es im Kreis um Bachtin (vgl. Kap. 20) während dessen Zeit in Vitebsk (1918–1922) auch einen Konservatoriumslehrer dieses Namens gab. Vitebsk war nach der Oktoberrevolution zeitweise eine wichtige Stadt für die konstruktivistische sowjetrussische Kunst (dort lehrten u.a. Mark Šagal, Kazimir Malević und Lazar Lisickij). Auch nach Bachtins Rückkehr nach Petrograd scheint Vološinov weiter zu seinem Kreis gehört zu haben. In den 30er Jahren, als Bachtin längst in Konflikt mit der herrschenden stalinistischen Lehrmeinung lag, verliert sich die Spur des Konservatoriumslehrers; vermutlich wurde er ein Opfer der stalinistischen ‚Säuberungen'.

Nach der Meinung mancher Forscher (vgl. etwa Todorov 1981; Clark & Hoquist 1984:146ff.) ist die Person V. Vološinov aber – anders als ihr Name – für die Theorie der sprachlichen Interaktion nur von geringer Bedeutung. Es gibt nämlich Hinweise darauf, daß die unter diesem Namen veröffentlichten Schriften von Bachtin geschrieben wurden; dafür sprechen neben biographischen Berichten[1] auch zahlreiche theoretische und thematische Ähnlichkeit zwischen den unter Vološinovs und Bachtins Namen erschienenen Werken.

Daß Vološinov-Bachtins Werke in der stalinistischen Sowjetunion auf Dauer keinen Beifall finden konnten, erklärt sich nur teilweise daraus, daß ihr Autor in der bürgerlichen europäischen Sprachphilosophie und Linguistik bestens Bescheid wußte; eine wesentliche Inspiration für sein Buch *Marxismus und Sprachphilosphie* war zum Beispiel Leo Spitzers *Italienische Umgangssprache* (Spitzer 1922). Entscheidend war vielmehr, daß Vološinovs dialogbezogene Sprachphilosophie zu einer platten materialistischen Abbildtheorie (ökonomische bzw. Sozialstruktur spiegelt sich im ideologischen Überbau) ebenso in Gegensatz stand wie zu dem zunehmenden Sprachzentralismus und -purismus der stalinistischen Sowjetunion.

In der westlichen Linguistik wurden Vološinovs Schriften erst in den 70er und 80er Jahren rezipiert. Dazwischen bewahrte lediglich der Prager Funk-

---

[1] Vgl. Todorov (1981 [1984:6ff.]).

tionalismus einige von Vološinovs/Bachtins Ideen über die Jahrzehnte (und den Ost/West-Gegensatz) hinweg.

Die unter Vološinovs Namen zwischen 1925 und 1930 erschienenen Schriften umfassen neben einigen Aufsätzen vor allem die Monographien *Freidizm* (Leningrad 1927/Reprint Moskau 1993: Labirint; engl. als *Freudianism. A Marxist critique*; New York: Academic Press, 1976) und *Marksizm i filosofia jazyka* (Leningrad 1929/reprint Moskau 1993: Labirint); engl. als *Marxism and the Philosophy of Language*, Cambridge, Mass.: Harvard University Press, ⁵1993; dt. als *Marxismus und Sprachphilosophie*, Frankfurt: Ullstein, 1975). Als Anhang zu *Freudianism* ist auch der wichtige Aufsatz „Slovo v žizni i slovo v poezii" von 1926 (*Zvezda* 6, S. 244–267) übersetzt.

Zu Vološinovs Sprachphilosophie sei verwiesen auf die Einleitung zur deutschen Übersetzung (Weber 1975) sowie die Anhänge der Herausgeber zur englischen Ausgabe von *Marksizm i filosofia jazyka* (Mateijka 1973 und Titunik 1973); außerdem auf Grübel (1979) und, besonders zum Ideologiebegriff, auf Gardiner (1992). Vgl. auch die biographischen und bibliographischen Hinweise zu Bachtin im folgenden Kapitel.

* * *

Vološinov verwendet den Begriff Ideologie in einem sehr modernen Sinn. Sie ist für ihn nicht Teil des ‚Überbaus' einer Gesellschaft, sondern das Ensemble der Annahmen und Voraussetzungen, die von den Menschen mitverstanden werden, wenn sie kommunizieren, die also normalerweise nicht explizit gemacht werden müssen und auch nicht explizit gemacht werden.[2] (Er spricht teils auch von „Ideologie des Alltagslebens", um diesen Unterschied deutlich zu machen; 1929 [1975:152].) Die Nähe seines Ideologiebegriffs zum Kulturbegriff (vgl. das vorausgehende Kapitel) ist daher evident.[3]

Selbstverständlich ist die Behandlung des Themas Ideologie in einem Buch, das *Marxismus und Sprachphilosophie* betitelt ist, trotzdem auf dem Hintergrund der marxistischen Ideologiediskussion zu sehen, wie sie sich

---

[2] Vgl. Verschueren (1995a).
[3] In der linguistischen Anthropologie der letzten Jahre hat sich ein weiterer, davon völlig unabhängiger Ideologiebegriff eingebürgert, der mit M. Silversteins Konzept der Metapragmatik verbunden ist (vgl. dazu etwa Silverstein 1979). Dabei ist mit Ideologie allerdings ausschließlich Sprachideologie gemeint, und zwar im Sinne der Einstellungen und Bewertungen, die die Verwendung bestimmter sprachlicher Formen in bestimmten Kontexten begleiten. Vgl. zu diesem Ideologiebegriff die Anmerkungen in Kap. 22, S. 251f.

im relativ liberalen Klima der jungen Sowjetunion nach der Oktoberrevolution für eine kurze Zeit entfalten konnte. Nach Marx[4] sind Ideologien notwendigerweise verzerrte Darstellungen der Wirklichkeit, also falsches Bewußtsein. Sie stehen im Interesse der sie propagierenden sozialen Agenten, die damit die tatsächlichen Machtverhältnisse verschleiern und ihre Herrschaft stabilisieren. Solche die Wirklichkeit verzerrenden ideologischen Systeme sind z.B. religiöse oder philosophische (etwa idealistische) Denkgebäude. Vološinovs Auffassung von Ideologie unterscheidet sich davon zu allererst durch ihre Neutralität: jede sprachliche Äußerung (*slovo*) ist für ihn ein ideologisches Gebilde. Die unausweichliche ideologische Dimension des Zeichens hat zur Folge, daß dieses nie unmittelbar auf die Wirklichkeit referieren kann, sondern sie nur „gebrochen" darstellt (1929 [1975: 71]):

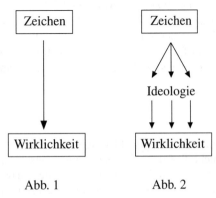

Abb. 1   Abb. 2

Die orthodox-marxistische Auffassung von Ideologie als verzerrter Wahrnehmung der Wirklichkeit setzt ein (naiv) repräsentationales Zeichenmodell voraus (das ‚klassische Zeichenmodell' in Abb. 1), denn sie unterstellt die Möglichkeit eines unmittelbaren Zugriffs auf die Wirklichkeit als Kontrastfolie zum ‚falschen', ideologischen Bewußtsein. Dagegen steht Vološinovs ‚ideologisches Zeichenmodell' (Abb. 2), in dem *jeder* referentielle Bezug ideologisch geprägt ist; hier ist es nicht möglich, ideologische gegen die ‚tatsächlich zutreffenden' Darstellungsformen auszuspielen.

Vološinov wendet sich auch gegen Sprachtheorien, denen zufolge die sozialen Klassen jeweils eine eigene Sprache sprechen, also über eigene Zeichen verfügen.[5] In der Regel gelte vielmehr, daß *dieselben* Zeichen von

---

[4] Vgl. Marx & Engels (1932 [1847/48]).
[5] Diese Meinung beherrscht die sowjetische Sprachwissenschaft der 30er und 40er Jahre weitgehend; ihre Vertreter bezogen sich vor allem auf die Schriften des 1934

verschiedenen gesellschaftlichen Gruppierungen mit jeweils unterschiedlicher ideologischer ‚Aufladung' verwendet werden, um auf dieselben oder auch verschiedene Aspekte der Wirklichkeit zuzugreifen. (Der zuletzt genannte Fall ist dann gegeben, wenn verschiedene Ideologien in der Wirklichkeit unterschiedliche Relevanzen setzen, also andere Dinge der Wirklichkeit „als Werte akzentuiert werden"; 1929 [1975:69].) Der ‚ideologische Klassenkampf' besteht nicht darin, daß die einen eine Sprache sprechen, die die anderen nicht verstehen und umgekehrt, sondern darin, daß mit denselben sprachlichen Zeichen unterschiedliche, ideologisch geprägte Bedeutungen (in einem weiten Sinn des Wortes) verbunden sind; dabei kommt freilich den herrschenden Klassen eine besondere Rolle zu, denn sie sind bestrebt, den ideologischen Bereich zu hegemonialisieren, d.h. ihre Ideologie auch den anderen Klassen aufzudrängen. Das Zeichen ist also (aus der Perspektive der sprachlichen Gemeinschaft als ganzer gesehen) immer ein umkämpftes Terrain, ein instabiles und ambivalentes Gebilde, dessen Bedeutung sich genau deshalb nicht festlegen läßt, weil sie sich für die einzelnen gesellschaftlichen Gruppen unterschiedlich darbietet und weil sich in dem daraus resultierenden divergierenden Konnotationen die unterschiedlichen Interessen innerhalb einer Gesellschaft ausdrücken.

Hier liegt ein wesentlicher Unterschied zu anderen Zeichentheorien, etwa der Saussures, für den das Zeichen zwar auch nicht unmittelbar mit der Wirklichkeit verbunden ist,[6] aber für die Sprachgemeinschaft insgesamt konstant ist, d.h. es wird eine einheitliche (idealisierte) Zeichenbedeutung unterstellt. Dies entbehrt aber jeder Berechtigung, so wendet Vološinov ein: ‚die Sprachgemeinschaft' ist sich, wenn man die ideologischen Bedeutungskomponenten mit einbezieht, durchaus nicht einig darüber, was bestimmte Wörter bedeuten.[7] Er denkt dabei natürlich weniger an linguistische Zeichen, die die Schlichtheit der üblichen Lehrbuchbeispiele haben, wo gern mit Äpfeln, Enten oder Flugzeugen gearbeitet wird, als an politische Begriffe. (Beispiele wären das Wort *Bürger*: in der DDR in Opposition zu *Genosse* ausgrenzend verwendet, in der BRD nur als staatsrechtlicher Begriff üblich; oder die Art und Weise, in der politische Parteien versuchen, bestimmte Schlüsselbegriffe für sich zu reklamieren und in ihrem ideologischen System zu verankern: *ökologisch, christlich, sozial; Solidarität, Leistung,* etc. Freilich sind auch Ost- und Westdeutsche oder CDU- und SPD-

---

verstorbenen J. N. Marr, der behauptete, daß der Sprachtyp – agglutinierend, flektierend, synthetisch – unmittelbares Abbild der Produktionsverhältnisse sei (vgl. Marr 1968). 1950 mischte sich Stalin höchstpersönlich in die Diskussion ein und erklärte diese einfache Abbildtheorie für absurd (vgl. Stalin 1950).
[6] Vgl. die Darstellung des Modells auf Seite 23.
[7] Später wird sich Pierre Bourdieu in einem ähnlichen Sinn kritisch zur Homogenitätsannahme Saussures äußern (vgl. Kap. 22).

Mitglieder keine ideologisch homogenen Gruppen, sondern selbst von ideologischen Kämpfen um die Bedeutung sprachlicher Zeichen geprägt.) Indem er den Begriff der Ideologie an den des Zeichens bindet, gelingt es Vološinov, ihn aus der schwer faßbaren Sphäre des individuellen oder auch „kollektiven Bewußtseins" (der damals in der Sowjetunion gerade gängigen Variante des Marxschen „Klassenbewußtseins") in die in der konkreten Zeichenverwendung sichtbare semiotische Sphäre zu transponieren. Ebenso verfährt er mit dem Begriff des (individuellen) Bewußtseins: es ist nicht etwa *Quelle*, sondern *Folge* der am sprachlichen Zeichen manifesten Ideologie, also selbst durch die Verwendung ideologischer Zeichen bestimmt. Wie wir über die Welt denken und wie wir sie sehen, ist durch die Brille geprägt, die unsere Ideologie uns aufsetzt. Humboldtianische Tradition ist nicht zu verkennen, wenn Vološinov schreibt: „Man kann sagen, daß sich der Ausdruck weniger unserer inneren Welt anpaßt als unsere innere Welt sich den Möglichkeiten unseres Ausdrucks." [1929 [1975:152], orig. kursiv] Da nun aber das Zeichen seiner Natur nach instabil ist, kann auch die Bildung des Bewußtseins in der semiotischen Praxis nicht zur Entwicklung mit sich selbst identischer, autonomer Individuen führen; das Individuum löst sich vielmehr in der heterogenen Zeichenpraxis (zumindest tendentiell) auf.

Mit Humboldt verbindet Vološinov noch ein zweiter wichtiger Aspekt seiner Sprachtheorie, nämlich die Auffassung von Sprache als *energeia*, nicht *ergon*, also die Betonung des sprachlichen Handelns, der sprachlichen Veränderung und Heterogenität anstelle des unveränderbar vorgegebenen Sprachsystems.[8] Dieser Aspekt hilft ihm, die Gefahren einer kruden Relativitätstheorie (jedenfalls in ihrer gängigen, auf Whorf zurückgeführten Form[9]) zu vermeiden, derzufolge die Sprachstruktur das Bewußtsein eines Volkes oder einer Klasse bzw. das Denken der individuellen Sprachbenutzer determiniert. Das eigentliche Objekt seiner Linguistik ist nämlich nicht das ‚fertige' Zeichen mit geschlossener Bedeutung, so wie es in abstrakter Form in Isolation gedacht werden kann, sondern das ‚emergente' Zeichen in der lebendigen Rede. (Das von ihm verwendete russische Wort *slovo* – ‚Wort' – faßt beides zusammen: Gebrauch und System.) Entsprechend wird Bewußtsein nicht vom sprachlichen *System* geprägt, sondern von der sprachlich-kommunikativen *Praxis*.

Sprachlich zu handeln bedeutet demzufolge nicht, die Strukturen des abstrakten Sprachsystems in ihrer „signalhaften Identität" (Vološinov 1929

---

[8] Vgl. auch Kap. 2.
[9] Vgl. zur neueren Diskussion dieser These und einigen Reformulierungsversuchen, die Vološinov näher kommen, Gumperz & Levinson (Hg., 1996).

[1975:124]) wiederzuerkennen; vielmehr bedeutet es, sie zu verstehen, d.h. sie in ihrem jeweiligen ganz eigenen Kontext mit Bedeutung zu füllen.[10] Diese Bedeutung ist reicher als die des Wörterbucheintrags, und sie ist notwendigerweise von der einen zur nächsten Verwendung mehr oder weniger different. Denn das Wort ist nicht mit sich selbst identisches Zeichen, sondern ein Netz mehr oder weniger unterschiedlicher Verwendungen: Vieldeutigkeit ist sein konstitutives Merkmal (1929 [1975:165]).

Diese *Heteroglossie*[11] erläutert die unter dem Namen Bachtin veröffentlichte Schrift „Slovo v romane" („Das Wort im Roman", Bachtin 1972 [1981]) genauer. Die ideologischen Dimensionen des Zeichens in seinen verschiedenen Verwendungen lassen sich zentrifugalen und zentripedalen Kräften zuordnen. Zentripedal sind jene Kräfte, die die heteroglossische Natur des Zeichens zugunsten der Vereinheitlichung der Sprache zu überwinden und das Bedeutungspotential der Sprache und somit des Diskurses zu regulieren suchen; dies erfolgt einerseits durch die (Unter-)Ordnung des Sprechens in Gattungen, andererseits aber auch durch die Entwicklung einer normierten und kodifizierten Einheitssprache. Bachtin sieht also die zentripedalen Kräfte nicht nur auf der Inhaltsseite des Zeichens am Werk, wo sie die Beziehung zwischen Zeichen und Wirklichkeit solchermaßen kanonisieren, daß das ‚klassische Zeichenmodell' (Abb. 1) den Zeichenbenutzern selbst als das einzig plausible erscheint (und damit zum Teil der *Sprach*ideologie[12] wird), sondern auch auf der Ausdrucksseite, wo die Hochoder Literatursprache zulasten der Dialekte das Sprechen zu ‚zentralisieren' sucht.[13] Die zentripedalen Kräfte im Kampf um das sprachliche Zeichen sind sich also im Sinne von Gramsci[14] *hegemoniale* Bestrebungen, mittels derer eine gesellschaftliche Gruppe oder Klasse[15] die übrigen Gruppen unter den von ihr vertretenen ideologischen Führungsanspruch subsumieren und damit deren Stimme neutralisieren will.

Gegen diese Tendenzen, die Heteroglossie des Wortes zu überwinden, stehen die zentrifugalen Tendenzen, die sich in den regionalen Sprachformen (Dialekten), aber auch in Sonder- und Gruppensprachen, Fachsprachen, etc. manifestieren. Eine spezifische Form der zentrifugalen Kräfte ist die „Karnevalisierung" (Bachtin 1965 [1987]), die spielerische und ironische

---

[10] Vgl. in diesem Sinn auch Benveniste (Kap. 5), der ebenfalls zwischen dem Erkennen des sprachlichen Zeichens qua Bestandteil des sprachlichen Systems und Verstehen der sprachlichen Äußerung im Diskurs unterscheidet.
[11] Todorov (1981 [1984]) übersetzt das Bachtinsche *raznorečie* (eigentlich ‚Wider-Spruch', im heutigen Russisch nicht mehr gebräuchlich) mit *heterolog*.
[12] Vgl. dazu Silverstein (1979).
[13] Vgl. dazu auch Bourdieus Konzept des sprachlichen Markts (Kap. 22).
[14] Vgl. Gramsci (1975).
[15] Bei Gramsci ist dies die Arbeiterklasse.

Pervertierung und Subvertierung der zentripedalen (Einheits-)Sprache.[16] Jede sprachliche Äußerung muß Stellung beziehen im Spannungsfeld zwischen zentrifugalen und zentripedalen Kräften; genauer: der Sprecher lokalisiert sich durch die Wahl seiner Äußerungsform in diesem Spannungsfeld und damit auch in dem ihm entsprechenden gesellschaftlichen Konfliktraum. Die am *ergon* orientierte moderne (strukturalistische) Sprachwissenschaft ist für Vološinov „über den Kadavern geschriebener" und teils toter Sprachen entstanden; sie hat deshalb den Dialog, die lebendige Sprache, zugunsten der Analyse nicht mehr dialogisch eingebetteter Textfragmente vernachlässigt. Dabei wurde sie sowohl ihrer Variabilität als auch ihrer ideologischen Bedeutungskomponenten beraubt, die sich ja erst aus der Differenz der einzelnen Verwendungsweisen ergeben. So kommt die Linguistik zu der ungerechtfertigten Auffassung, Sprache sei ein System elementarer Formen, das ein *Minimum* an Verständlichkeit garantiert, anstelle umgekehrt Sprache als ideologisch geprägte Ausdrucksform zu verstehen, mit der ein *Maximum* gegenseitiger Verständigung möglich wird (Bachtin 1972 [1981]). Die variations- und ideologiefrei konzipierte moderne Sprachwissenschaft (etwa des Strukturalismus) trifft sich an diesem Punkt mit dem Bedürfnis des zentralistischen Staates, die Sprache zu überwachen und ihre heteroglossen Elemente einzudämmen (vgl. Bachtin 1972 [1981:83ff.]).

Eine solche „linguistische Denkmethode, die zur Auffassung der Sprache als eines Systems normativ identischer Formen führt", hält Vološinov/ Bachtin für grundsätzlich falsch (vgl. Vološinov 1929 [1975:127]), denn „das Wort ist auf den Gesprächspartner orientiert, es ist darauf orientiert, wer dieser Gesprächspartner ist ⟨...⟩. Einen abstrakten Gesprächspartner, sozusagen den Menschen an sich, kann es nicht geben" (1929 [1975:145, ohne Herv.]). Um eine neue linguistische Denkweise zu entwickeln, die diesem Fehler entgeht, muß Vološinov eine dialogische Theorie des „Worts" entwickeln, in der dieses nicht mehr Hervorbringung eines Sprechers, sondern „zweiseitiger Akt ⟨ist⟩: Es wird in gleicher Weise dadurch bestimmt, von wem es ist, als auch für wen es ist. Es ist, als Wort, genau das Produkt der Interaktion von Sprechendem und Zuhörendem. ⟨...⟩ Das Wort ist das gemeinsame Territorium von Sprechendem und Gesprächspartner" [ohne Herv.] (1929 [1975:146]) Das, was die Bedeutung der Äußerung ist, liegt „nicht im Wort, nicht in der Seele des Sprechenden und auch nicht in der Seele des Zuhörenden. Die Bedeutung ist die Wirkung der Interaktion zwischen Sprechendem und Hörendem im Material des gegebenen Laut-

---

[16] Hieran schließt sich Bachtins Analyse der Volkskultur, des Volksfests, der Sprache des Markts, der anarchischen Mißachtung des Dekorums im Grobianismus, etc. an. Bachtin versteht die literarische Gattung des Romans als ausgezeichneten Ort einer solchen Karnevalisierung, zugleich als Ort der Dekonstruktion des Autors.

komplexes" (1929 [1975:167f.]). Von dieser Bedeutung trennt Volosinov noch einmal die Bewertung der Äußerung, die vor allem durch die Intonation ausgedrückt wird (1929 [1975:168]).

Der Beitrag des Hörers besteht darin, daß er, schon während der andere spricht, in einer Art innerem Monolog „Antwortwörter" produziert: „Das Verstehen sucht für das Wort des Sprechenden ein *Gegenwort*" (1929 [1975:167]), ob dieses nun tatsächlich in äußere Zeichen überführt wird (d.h. tatsächlich geantwortet wird) oder nicht. Neben Sprecher und Rezipienten wird die Äußerung außerdem von der „unmittelbaren sozialen Situation und dem sozialen Milieu im weiteren Sinne" bestimmt (1929 [1975:146f.]).

So entsteht eine für die Zeit höchst bemerkenswerte Sprachtheorie, die die Bedeutung der Äußerung quasi dem Sprecher entreißt und den Kontext nicht als Addendum sieht, das das sprachliche Zeichen umgibt, sondern als *Teil* der Äußerung. Die Äußerung hat also immer einen expliziten und einen mitgemeinten Teil.[17] Für die Sprachwissenschaft ergibt sich nach dieser Auffassung von Sprache das folgende, von der damals üblichen Praxis deutlich abweichende Programm: es müssen *zuerst* „Formen und Typen der sprachlichen Interaktion im Zusammenhang mit ihren konkreten Bedingungen" erforscht werden, dann erst die „Formen der einzelnen Äußerungen", und schließlich, davon ausgehend, erfolgt die „Revision der Sprachformen in der üblichen linguistischen Auslegung" (Vološinov 1929 [1975:159]). Diese Reihenfolge ist dadurch begründet, daß das „Werden der Sprache" ebenso verläuft.[18] Die Beschränkung der Sprachwissenschaft auf die Syntax des Satzes ist aufzugeben (d.h. es ist das nötig, was später als Textlinguistik bezeichnet werden sollte). Die traditionellen grammatischen Kategorien dürfen von der neuen Linguistik nicht einfach übernommen werden, sondern müssen auf ihre Tauglichkeit geprüft werden, denn „die linguistischen Kategorien ziehen uns hartnäckig von der Äußerung und ihrer konkreten Struktur ins abstrakte System der Sprache" (1929 [1975:175]).[19]

Vološinovs Auffassung von Sprache ist in Abb. 3 zusammengefaßt:

---

[17] Vološinov nennt diesen mitgemeinten Teil den „Enthymem-Charakter" der Sprache, nach der logischen Figur des unvollständigen Schlusses, in dem die Voraussetzungen nicht alle expliziert sind; vgl. Vološinov (1926 [1976]).
[18] Hier scheint Vološinov der idealistischen Denkweise der deutschen Romanisten Voßler und Spitzer verpflichtet, auch wenn er sie explizit kritisiert.
[19] Vgl. zur Einlösung dieses Programms am Beispiel der Kategorien Nomen und Verb etwa Hopper & Thompson (1984).

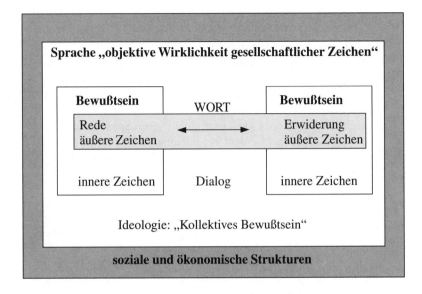

Abb. 3

Sie ist radikal semiotisch und radikal dialogisch, außerdem antimentalistisch, weil Vološinov sich weigert, dem Bewußtsein Priorität über das Zeichen einzuräumen. Aus diesem Grund – nicht nur im Sinne eines Lippenbekenntnisses zur dominanten Gesellschaftslehre, das sein wissenschaftliches und leibliches Überleben sichern sollte – bezeichnet sich Vološinov als Materialist und grenzt sich scharf von der Hermeneutik (z.B. von Dilthey) ab: die Materialität des Zeichens ist die Grundlage für alle anderen Untersuchungsebenen (z.B. des Bewußtseins). Erst auf der Basis der Zeichen formiert sich das individuelle Bewußtsein, nicht etwa umgekehrt, und nur auf der Grundlage eines semiotisch konstituierten individuellen Bewußtseins ist Verstehen möglich (wie der ‚Innere Monolog' zeigt).

Andererseits ist kein Zeichen möglich, ohne daß Individuen einander im Dialog verstehen. Hier liegt die Bruchlinie zwischen Vološinov und dem, was er den „abstrakten Objektivismus" in der Sprachwissenschaft nennt (zu seiner Zeit repräsentiert durch den Saussureschen Strukturalismus): die Zeichen sind nicht ein für allemal der Sprachgemeinschaft gegeben, sondern werden in der Rede ständig neu verhandelt; ihre Bedeutung ergibt sich aus ihrem Gebrauch in der Rede (vgl. Kap. 6). Deshalb ist Vološinovs semiotischer Materialismus keiner des virtuellen Zeichens, sondern einer der faktischen Zeichenpraxis. Die Rede zielt darauf ab, verstanden zu werden, und Verstehen bedeutet einen „Prozeß der Interaktion eines individuellen Bewußtseins mit einem anderen", oder genauer, da ja individuelles Bewußtsein nur semiotisch denkbar ist: „Verstehen ist eine Erwiderung auf Zeichen mit Zeichen" (1929 [1975]).

Damit ist allerdings der konkrete Verstehensakt selbst wieder auf die Verfügbarkeit der Zeichen angewiesen. So schließt sich der Kreis: im Dialog entstehen die ideologischen Zeichen durch Bezugnahme eines Bewußtseins auf ein anderes, das selbst schon durch ideologisch gebundene Zeichen konstituiert wird. Es gibt aus der Welt der Zeichen kein Entrinnen.

Kap. 20

Intertextualität

Michail M. Bachtin

M. Bachtin (1885–1975) studierte in St. Petersburg und war nach der Oktoberrevolution Gymnasiallehrer und Mitarbeiter am „Staatsverlag" in Nevel', Vitebsk und seit 1924 in Petrograd/Leningrad. Obwohl er in dieser Zeit höchst aktiv am intellektuellen Leben der Nachrevolutionszeit teilnahm und sich vor allem intensiv und kritisch mit der Formalen Methode in der Literaturwissenschaft auseinandersetzte, gibt es vor 1929 außer einem kleinen Aufsatz von 1919 keine Veröffentlichungen unter seinem Namen. (Wie bereits im letzten Kapitel erwähnt, nehmen manche Bachtin-Spezialisten jedoch an, daß Publikationen unter V. Vološinovs und P. N. Medvedevs[1] Namen aus dieser Zeit möglicherweise von Bachtin verfaßt wurden.) 1929, im Jahr des erstmaligen Erscheinens seines Buchs über Dostojewski, wurde Bachtin inhaftiert und nach Kustanaj (Kasachstan) verbannt, wo er wieder als Lehrer seinen Lebensunterhalt verdiente. 1937–1945 war er in Kimry als Deutsch- und Russisch-Lehrer und teils an verschiedenen akademischen Instituten (u.a. Institut für Weltliteratur in Moskau) tätig; erst 1946 konnte er mit seinem Buch über Rabelais ‚promovieren' (russ. Habilitation) und wurde auf den Lehrstuhl für allgemeine Literaturwissenschaft in Saransk berufen. Von 1957 an arbeitet er an der Mordwinischen Staatsuniversität als Lehrstuhlinhaber für russische und ausländische Literatur. Sein Rabelais-Buch wurde 1965 (fast 20 Jahre nach seinem Entstehen) veröffentlicht. Erst in den 70er Jahren wurde Bachtin in der Sowjetunion vollständig anerkannt und sein gesamtes Werk publiziert.

Im Westen ist Bachtin ebenfalls erst in den 60er Jahren bekannt geworden, und zwar vor allem durch die Vermittlung der französischen Semiotikerin Julia Kristeva. In den 80er Jahren folgte die Rezeption in der deutschen Literaturwissenschaft (z.B. Broich & Pfister (Hrsg.), 1985) und danach in der Linguistik. Bachtins Vorstellungen von „Polyphonie" und „Intertextualität" sind inzwischen aber integraler Bestandteil der linguistischen Anthropologie, Soziolinguistik, Diskursanalyse (*Critical Discourse Analysis*) und Stilistik, zumindest im englischen Sprachraum (vgl. zuletzt Silverstein & Urban (Hrsg.), 1996).

---

[1] Vgl. Medvedev (1976 [1928]).

In seinen Monographien *Prolemy tvorčestva Dostoevskogo* (Leningrad 1929, ²1963; dt. *Probleme der Poetik Dostoievskijs*, München: Hanser, 1971) und *Tvorčestvo Fransua Rable i narodnaja kul'tura srednevekov'ja i Renesansa* (Moskau 1965, dt. *Rabelais und seine Welt*, Frankfurt/M.: Suhrkamp, 1987) entwickelt Bachtin seine Ideen des polyphonen Textes bzw. des Karnevals und der Karnevalisierung. Literaturwissenschaftliche Werke sind außerdem auf deutsch in M. M. Bachtin, *Die Ästhetik des Wortes* (Hrsg. von R. Grübel, Frankfurt/M.: Suhrkamp, 1979) zusammengestellt. Aus linguistischer Sicht sind vor allem die folgenden Aufsätze wichtig: „Problema rečevych žanrov" (ca. 1952/3 geschrieben), *Literaturnaja učeba* I, S. 200–219, 1978 (engl. als „The problem of speech genres", S. 60–102, in: Ders., *Speech Genres and Other Late Essays*, Austin: University of Texas Press, 1986); „Problema teksta v lingvistike, filologii i drugix gumantiarnyx naukax: Opyt filosofkogo analiza" (geschrieben ca. 1959/61), in: *Èstetika slovesnogo tvorčestva*, Moskau, 1979, S. 281–307 (engl. als „The problem of the text in linguistics, philology, and other human sciences – an attempt at a philosophical analysis", in: *Speech Genres and Other Late Essays*, Austin: University of Texas Press, 1986, S. 103–131) und „Slovo v romane" (geschrieben ca. 1934/35), *Voprosy literatury* 6, 1972 (engl. als „Discourse in the novel", in: M. Holquist, Hrsg., *The Dialogic Imagination*, Austin: University of Texas Press, 1981, S. 259–422).

Über Bachtin vgl. u.a. Grübel (1979), Todorov (1981; v.a. Kap. 5 zur Intertextualität), Kristeva (1967 [1972]), Fairclough (1992, bes. Kap. 4) und Clark & Holquist (1984).

* * *

Schon in den unter dem Namen Vološinov erschienenen Schriften ist der Dialog so allgemein definiert („Interaktion von wenigstens zwei Äußerungen", Vološinov 1929 [1975:180]), daß neben der umgangssprachlichen auch eine weite Lesart möglich ist, die bei der Diskussion der Redewiedergabe sogar dominant wird. In den (späteren?) Schriften Bachtins (ab den 50er Jahren) ist diese erweiterte Auffassung von Dialog vorherrschend. Allgemein stützt sich Bachtin (nun) weniger auf die „soziologische Methode", die von Vološinov in *Marxismus und Sprachphilosophie* propagiert wurde, als auf eine semiotisch-literaturwissenschaftliche; demzufolge wird der Bezug zur nicht-literarischen Alltagssprache schwächer. Aber für Bachtin sind die Übergänge fließend: poetische Sprache ist der Alltagssprache nicht diametral entgegengesetzt, diese ist vielmehr Voraussetzung für jene. Da ihre Strukturen schon in der Alltagssprache angelegt sind, muß der Analyse der poetischen Sprache notwendigerweise eine Theorie der Alltagssprache vorausgehen. So gibt es trotz der methodischen und thematischen Gegensätze zwischen den Schriften aus den 20er Jahren und denen aus der späteren Zeit deutliche Parallelen. Schon in *Marxismus und Sprachphilosophie* hatte Vološinov, ungeachtet seiner dominant (sozio-)linguistischen Argumentationsweise, sein einziges empirisches Beispiel der Analyse der Redewiedergabe (‚fremden Rede') bei Dostojevski gewidmet, also einem Thema, das in Bachtins literaturwissenschaftlichem Werk eine große Rolle spielt; umgekehrt wird auch in den späteren Schriften, z.b. über Gattungen und Texte, immer wieder linguistisch argumentiert.

Der erweiterte Dialogbegriff[2] läßt es zu, die Opposition Monolog/Dialog der früheren Gegenüberstellung von linguistischer Struktureinheit (als Teil des Sprachsystems, z.B. ‚Satz') und Äußerung/Handlung anzunähern: alle Äußerungen werden nun dialogisch gedacht, alle Elemente des Sprachsystems monologisch. In einer Darstellung Grübels (1979:46) ergibt sich dann das folgende Oppositionsmuster zwischen Dialog und Monolog:

	Äußerungstyp	Prinzip	System	Relation	Wissenschaft
consensus fixus	MONOLOG	GESETZ	STATIK	INTRA-SUBJEKTIV	LINGUISTIK
consensus apertus	DIALOG	LEBEN	DYNAMIK	INTER-SUBJEKTIV	META-LINGUSTIK

Im *consensus fixus* läßt sich unschwer die Humboldtsche Konzeption der Sprache als *ergon* wiedererkennen, also als statischem, geschlossenen System, das in einer Sprachgemeinschaft normative Gültigkeit hat. Wenn Bachtin diese Erscheinungsform der Sprache als monologisch und intrasubjektiv bezeichnet, so impliziert dies für ihn, daß sie keinen Handlungscharakter hat. Als vom einzelnen Sprecher erlernte und mental repräsentierte Struktur ist sie stärker mit Chomskys *competence* als mit Saussures *langue* verwandt, von der sie ihr un-sozialer, individueller Charakter unterscheidet. Im *consensus fixus* ist das sprachliche Zeichen mit sich selbst identisch. Hingegen ist der *consensus apertus* der Humboldtschen *energeia* verpflichtet; hier ist Sprache ein offenes, im Wandel begriffenes System, das in der sozialen Praxis, in der Intersubjektivität der Alltagswelt (im „Leben")

---

[2] Zum Dialogbegriff vgl. Vološinov (1929 [1975:157ff.]).

seinen Ort hat und durch Heteroglossie gekennzeichnet ist (vgl. das vorangegangene Kapitel). „Metalinguistik" ist Bachtins Wort für eine Sprachwissenschaft, die die Satzgrenzen, also die der traditionellen Grammatik, überschreitet. (Sie entspricht teils der modernen Text- und Diskurslinguistik.) Aber auch Bachtins Dialogbegriff ist durchaus nicht eindeutig und schwankt verschiedentlich zwischen einer sehr konkreten Bedeutung (Dialog als direkte Interaktion) und einer eher allgemeinen, die sich vielleicht besser mit dem Wort „Dialogizität" umschreiben läßt. Um Dialog im engeren Sinn (also *conversation* im Sinne der Konversationsanalyse) handelt es sich zum Beispiel, wenn die folgenden Eigenschaften sprachlicher Äußerungen beschrieben werden, die sie vom Satz als Teil des sprachlichen Systems abgrenzen:[3]

1) Die Äußerungsgrenzen sind durch Sprecherwechsel gekennzeichnet. Bachtin verweist damit auf eine Grundeigenschaft aller gesprochenen Sprache: sie kommt nur in Gesprächsbeiträgen (*turns*) vor. Dieser Gesichtspunkt ist erst in den 70er Jahren durch die Konversationsanalyse (unabhängig von Bachtin) wieder ins Gedächtnis der Linguisten gerufen worden.[4]

2) Jede (vollständige) Äußerung hat ihre spezifische „innere Abgeschlossenheit", d.h. ihr mögliches Ende wird erst dann erreicht, wenn der Sprecher zu einem möglichen Abschlußpunkt gekommen ist. Auch diese „possible turn completion points" im Sinne einer „transition relevance" von einem zum nächsten Sprecher sind in der Konversationsanalyse später ausführlich behandelt worden; vgl. Sacks, Schegloff & Jefferson 1974/1978. Dabei denkt Bachtin sicherlich nicht in erster Linie an formale, syntaktische Vollständigkeit (denn es ist klar: nicht jede syntaktische Grenze/Satzgrenze ist schon eine mögliche Grenze für einen Redebeitrag). Vielmehr geht es ihm um pragmatisch-semantische Abgeschlossenheit, also darum, daß eine Äußerung erst dann als beendet gelten kann, wenn es im gegebenen Kontext möglich ist, zu verstehen, was der Sprecher sagen will. Erst dann, d.h. erst wenn die Intention des Sprechers erkennbar ist, bietet die Äußerung die Möglichkeit, auf sie zu antworten.

3) Die Äußerung denotiert ihren Gegenstand nicht nur (wie der Satz oder, genauer, die Proposition), sondern ist außerdem Ausdruck der Subjektivität des Sprechers.[5] Durch die expressiven Komponenten der Sprache (allen voran verweist Bachtin immer wieder auf die Intonation), können wir auf Eigenschaften des Sprechers zurückschließen; nicht nur auf indi-

---

[3] Vgl. Bachtin (1978 [1986]) und Todorov (1981 [1984:53ff.]).
[4] Vgl. Kap. 14 sowie Schegloff (1979), Auer (1996), Selting (1995a).
[5] Vgl. in ähnlichem Sinn Benveniste (Kap. 5) und Bühler (Kap. 2).

viduelle Eigenschaften und psychische Zustände, sondern auch auf seine soziale und regionale Zugehörigkeit.
4) Die Äußerung ist immer an jemanden gerichtet, sie hat einen Adressaten. Auch diese Gerichtetheit der Äußerung ist später in der Konversationsanalyse – unter dem Stichwort „recipient design" – ausführlich behandelt worden (vgl. Sacks 1992:385ff., 438ff. *et passim*).
5) Alle sprachlichen Handlungen können als Teil von Gattungen beschrieben werden. Schon in *Marxismus und Sprachphilosophie* nennt Vološinov als Beispiel für solche Gattungen das „Salongeschwätz" mit Wortspielen, Andeutungen, etc., die „abendliche Versammlung der Dorfjugend", die „städtischen Promenaden", etc. Diese Gattungen sind „Teil des sozialen Milieus" (Vološinov 1929 [1975:161]). Bei Vološinov (1930 [1983]) findet sich auch der Versuch einer Typologie solcher Diskursgattungen. Danach sind zu unterscheiden: (1) Kommunikation, die Produktionsprozesse begleitet (also, in Bühlers Begriffen, empraktisch eingebunden ist), (2) Kommunikation geschäftlicher Art (also transaktionales Sprechen), (3) familiäre Kommunikation (phatische, informelle Gespräche, nicht nur zuhause, sondern auch auf der Straße oder im Café) und (4) ideologische Kommunikation, nämlich in Bildungsinstitutionen, in der Propaganda, in der Philosophie, etc.

Später hat Bachtin (1978 [1986]) dieses Gattungskonzept theoretisch weiter untermauert und ausgebaut. Gattungen sind für ihn strukturell durch formale Kookkurrenzen gekennzeichnet; sie konstituieren somit sprachliche Strukturen, die über den Saussureschen *langue*-Begriff hinausgehen, in dem sie auf einer höheren Ebene als der des Satzes (der maximalen Struktureinheit der Grammatik im Strukturalismus) Inhalt und Form des Sagbaren regeln.[6] Damit sind Gattungen Diskurstraditionen, die der heteroglossischen Natur des Sprechens mehr oder weniger starke Fesseln anlegen. Manche Gattungen – wie die Alltagssprache – sind dabei weniger rigide als andere (etwa institutionelle Diskurse). Nach Bachtin (1978 [1986]) ist aber kein Sprechen ohne Einbettung in eine Gattung möglich. In dieser Hinsicht ist sein Gattungsbegriff exhaustiv und wesentlich weiter als der Luckmanns (vgl. Kap. 15). In mancher Hinsicht ähnelt er Foucaults Diskursbegriff (vgl. das folgende Kapitel).

Gattungen sind deshalb für die soziologisch orientierte Interaktionsanalyse so wichtig, weil sich in ihnen gesellschaftliche Veränderungen besonders schnell ankündigen und niederschlagen, weil sie aber andererseits auch zu solchen Veränderungen beitragen, wenn sie sich verändern. Besonders trifft

---

[6] Bachtin kritisiert de Saussure ganz explizit wegen seiner Vernachlässigung solcher Gattungen (1978 [1986:260]).

dies natürlich auf die Gruppe der „ideologischen" Gattungen im Sinne Bachtins zu. (Ein Musterbeispiel für dramatische Veränderungen dieser Art im „kommunikativen Haushalt" (Luckmann) einer Gesellschaft ist der kommunikative Wandel in Ostdeutschland beim Übergang von der DDR zu den „Neuen Bundesländern".[7]) Gattungen sind also das Bindeglied zwischen linguistischer Einzeläußerung und gesellschaftlicher Struktur.

Die genannten Eigenschaften (3), (4) und (5) des „Wortes" lassen sich aber nach Bachtin noch in einem anderen, wesentlich weiteren Sinn verstehen: sie sind Resultat der Beziehungen zwischen der Äußerung selbst und anderen, vergangenen und zukünftigen, generischen oder individuellen Äußerungen: jedes Zeichen, wenn es Teil einer Äußerung ist, erlangt nur dadurch Bedeutung, daß es auf frühere Äußerungen verweist, und daß es selbst Bezugspunkt einer Erwiderung, d.h. anderer, späterer Äußerungen werden kann. Für diese Auffassung von Dialogizität, d.h. von der polyphonen und heteroglossen Regulierung der Sprachpraxis, die weit über den aus Rede und Gegenrede bestehenden Dialog des Alltagsgesprächs hinausgeht, hat Julia Kristeva den Begriff der *Intertextualität* eingeführt; er hat sich in der Forschung anstelle des ambigen Terminus Dialog, den Bachtin selbst verwendet, weitgehend durchgesetzt.

Intertextualität ist auf sehr vielen Ebenen feststellbar. Sie reicht von sehr allgemeinen bis zu sehr konkreten Beziehungen, die Äußerungen untereinander eingehen. Auf der allgemeinen Seite stehen generische Beziehungen, durch die sich die augenblickliche Äußerung in eine Menge von Vorgängeräußerungen gleicher Art einbettet. So kann sich eine gegebene Äußerung als eine *weitere* Äußerung in den Typ der ‚Äußerungen über Thema X' einordnen. Sie wird dadurch Teil eines *Diskurses* (vgl. Kap. 21), der meist nicht mehr in seine einzelnen Äußerungen zerlegt, sondern global wahrgenommen wird. Liefert man zum Beispiel einen Redebeitrag zum Thema ‚Nationalsozialismus in Deutschland', so kann man dies nicht tun, ohne zugleich intertextuelle Bezüge zu früheren Stellungnahmen zu diesem Thema herzustellen. Die Äußerung findet keinen ‚unschuldigen' Gegenstand, vielmehr tritt sie in ein Umfeld ‚fremder' Wörter ein, die auf denselben Gegenstand gerichtet waren und sind.

Eine Äußerung steht aber nicht nur in generischen intertextuellen Bezügen zu anderen thematisch verwandten Äußerungen, sie ist auch auf eine Antwort hin gerichtet, und diese (erwartete) Erwiderung beeinflußt ihre eigene Form: die antizipierte und provozierte Antwort strukturiert zugleich die Äußerung selbst.

---

[7] Vgl. Auer (1998), Birkner & Kern (in Vorb.).

Schließlich ist jede Äußerung dialogisch/intertextuell angelegt, weil sie zu einer bestimmten Gattung gehört und sich damit auf frühere Äußerungen derselben Gattung bezieht. Hält jemand zum Beispiel eine Rede, so bettet sich dieses singuläre Ereignis für die Zuhörer in die Diskurstradition ein, die die Gattung ‚Rede' ausmacht, d.h. es stellt (für die einzelnene Rezipienten wohl sehr verschiedene) Bezüge zu früher gehörten Reden her. Wieder werden diese in der Regel nicht individuell erinnert, sondern als generalisierte Vorstellung darüber, was eine Rede ist (wie also die Gattung Rede geformt ist).

Somit ‚gehört' das Wort, das der Sprechende verwendet, nicht ihm; es ist aber auch nicht Teil eines abstrakten Sprachsystems. Vielmehr muß es sich der Sprechende aneignen, indem er es mit seinen eigenen Absichten, mit seinem eigenen Akzent, mit dem ideologischen Hintergrund seiner gesellschaftlichen Stellung füllt. Dabei bleibt das Wort aber zugleich denen verbunden, die es bereits benutzt haben[8], d.h. seine Aneignung durch den Sprecher ist immer unvollständig. Manche Wörter fügen sich dem Sprecher leichter, andere weniger leicht:

> Nicht alle Wörter unterwerfen sich gleichermaßen leicht dieser Aneignung, dieser Besitzergreifung und Verwandlung in Privatbesitz: viele Wörter widersetzen sich hartnäckig, andere bleiben fremd, klingen fremd im Mund dessen, der sie sich angeeignet hat und sie nun ausspricht; sie können seinem Kontext nicht angepaßt werden und fallen aus ihm heraus; es ist, als ob sie sich gegen den Willen des Sprechers selbst mit Anführungszeichen versehen würden. Sprache ist kein neutrales Medium, das einfach in den Privatbesitz der Sprecherabsichten übergeht; vielmehr ist sie bevölkert – übervölkert – mit den Absichten der anderen. (Bachtin 1972 [1981]; Übersetzung aus dem Engl. P.A.)

Es gibt aber auch sehr konkrete Bezugnahmen auf vorherige Äußerungen; ganz besonders offensichtlich ist dies bei der *Redewiedergabe*. Im sprachlichen Alltagshandeln sind wir ständig damit beschäftigt, auf das, was andere gesagt haben, Bezug zu nehmen; wir berichten, was andere gesagt haben, kritisieren es, kommentieren es, regen uns darüber auf, freuen uns darüber, usw.[9] Bachtin/Vološinov untersucht dieses Thema anhand der Darstellung von Diskursen im Roman.[10] Dabei gibt es verschiedene Möglichkeiten. Der wiedergegebene Diskurs kann in direkter Rede wiedergegeben werden; dann

---

[8] Aus der Betonung der Intertextualität allen Sprechens ergibt sich notwendigerweise eine Art von Dekonstruktion des Autors/Sprechers, die manche Elemente der poststrukturalistischen Diskussion der 70er und 80er Jahre vorwegnimmt (z.B. bei Foucault). Allerdings hebt Bachtin die Einheit der sprechenden Person (und auch des literarischen Autors) nie vollständig auf.
[9] Vgl. zur Redewiedergabe in der Alltagssprache auch Günthner (1998).
[10] Vgl. dazu auch Todorov (1981:70ff.).

ist die Wiedergabe „ein-stimmig" (uniphon), denn es kommen nur die Stimmen des reportierten Sprechers zum Ausdruck. Oder die Wiedergabe ist „mehr-stimmig" (polyphon). In diesem Fall interagiert die Stimme des Autors mit der der reportierten Sprecherperson; das kann „passiv" geschehen, indem diese in der Wiedergabe quasi von der Stimme des Autors überlagert wird, der sie entweder stilisiert (etwa wenn wir jemandes Rede wiedergeben und dabei seinen regionalen Akzent nachmachen) oder parodiert (dann gewinnt dieses Imitieren eine kritische Dimension). Oder es kann „aktiv" geschehen; dann wird die andere Stimme nicht direkt erwähnt, die Stimme des Autors nimmt aber ständig auf das von jener anderen Stimme Gesagte Bezug, indem sie sich mit ihm auseinandersetzt.

Unter den Stimmen, die in die Rede des Sprechers einfließen, haben solche eine herausragende Bedeutung, die für sich beanspruchen, daß wir uns ihnen ideologisch unterwerfen. Diese *autoritativen Stimmen* (etwa die der Moral, der Religion, der Altvorderen; vgl. Bachtin 1972 [1981]) beziehen ihre Macht aus der Vergangenheit, sie stellen sich hierarchisch über uns und verkünden ihre Wahrheiten in der Sprache der Tradition.[11] Sie lassen keine Auseinandersetzung zu, sind starr und unflexibel und erwarten unbedingten Gehorsam.

Die genannten Dimensionen der Intertextualität sind von Bachtin für literaturwissenschaftliche Analysen entwickelt und in der Literaturwissenschaft ausführlich rezipiert und verwendet worden, sie sind aber auch für die Analyse von nicht-literarischer Sprache relevant. Dies mag ein Ausschnitt aus einer berühmten Bundestagsrede verdeutlichen:[12]

```
01   die jahre von neunzehnhundertDREIunddreißig bis
02   neunzehnhundertACHTunddreißig sind selbst aus der
03   (dins/dis)tanzZIERten RÜCKschau, (–) und in kenntnis (–)
04   des FOLgenden, (–) noch HEUte ein FasziNOsum; (–) in
05   ZOfern, (–) als es in der geschichte KAUM eine Parellele,
06   (1.0) zu dem politischen TriUMPFzug hitlers während
07   jener ERSten jahre gibt, (1.5) WIEdereingliederung der
08   SAAR, (1.5) EINführung der allgemeinen WEHRpflicht,
09   (1.0) MASsive AUFrüstung, (1.0) ABschluß des
10   DEUTSCHbritischen FLOTtenabkommens, (1.0) besetzung des
11   RHEINlandes, (1.0) olimpische SIMmerspiele in BerLIN,
12    (1.0) ANschluß Östreichs und großdeutschen REICH,
13   (1.0) und SCHLIESSlich, (–) nur WEnige wochen, (–) vor den
14   noVEMberpogromen, (–) münchner ABkommen. (1.0)
15   ZerSTÜCkelung der TschechislowaKEI, (3.0) der
16   VerSAILler verTRAG war WIRKlich NUR noch ein FETzen PaPIER,
```

[11] Vgl. Kap. 17, besonders das Mexicano-Beispiel von S. 189.
[12] Die Transkription folgt der tatsächlichen mündlichen Artikulation (nicht der Protokoll-Version).

17 (1.5) und das deutsche reich mit EInem mal (–) die
18 hegemoniALmacht des alten KONtinents. (2.5) für die
19 DEUtschen, (1.0) die die weimarer repubLIK (–)
20 Überwiegend als ABfolge AUSsenpolitischer DEmütigungen
21 empfunden hatten, (1.5) mußte dies (–) alles wie ein (–)
22 WUNder erscheinen. (1.5) und nicht geNUG daMIT, (sos)
23 MASsenarbeitslosigkeit war VOLLbeschäftigung (–) aus
24 MASsenelend so etwas wie (–) WOHLstand, der für breiteste
25 (–) SCHICHten geworden; (1.0) statt VerZWEIFlung und
26 HOFfnungslosigkeit herrschten OptiMISmus; (–) und
27 SELBSTvertrauen. (2.0) *machte: nicht hitler WAHR, (–)*
28 *was wilhelm der zweite nur (–) verSPROChen hatte; (–)*
29 *nämlich die DEUtschen HERRlichen ZEIten entGEgen zu*
30 *führen? (1.5) war (r) nicht WIRKlich von der VORsehung*
31 *auserwählt? (–) ein FÜHrer, wie er nur, (–) einem VOLK nur*
32 *EINmal (–) in TAUsend JAHren geSCHENKT wird?* (2.5)
33 SICher meine damen und herren, in FREIen WAHlen hätte
34 hitler NIEmals (–) eine MEHRheit der DEUTschen HINter
35 sich gebracht. (2.0) aber wer wollte beZWEIfeln, daß
36 neunzehnhundertACHTunddreißig (–) eine große MEHRheit der
37 deutschen HINter ihm stand, (1.5) sich mit IHM und
38 seiner poliTIK identifiZIERte, (1.5) geWISS, (–) *einige*
39 *querulantische NÖRgler (–) wollten keine RUhe geben* und
40 (–) wurden von (–) SICherheitsdienst und GeSTAPpo
40 verFOLGT; (2.0) aber die MEISSten DEUTschen, (1.5) und
41 zwar aus Allen SCHICHten, (1.0) aus dem BÜRgertum; (–)
42 wie aus der ARbeiterschaft; (1.0) dürften
44 neunzehnhundertACHTunddreißig überZEUGT gewesen sein
45 (1.0) in hitler den GRÖSSten staatsmann unsrer
46 geSCHICHte erblicken zu solln. (2.5)

Viel ließe sich sagen über die nur teilweise geglückte phonetische und grammatische Aneignung der Sprache der ‚großen Rede' durch diesen Redner; für ihn gilt sicherlich das oben zitierte Wort Bachtins, manche Wörter würden sich der Aneignung durch bestimmte Sprecher widersetzen. Im vorliegenden Fall tun sie das in einer ganz konkreten, im phonetischen Material nachweisbaren Art und Weise, die in der Transkription nur angedeutet ist.

Auf der generischen Ebene verweist dieser Text auf eine äußerst umfangreiche diskursive Tradition thematischer Art (Reden über das 3. Reich) und formaler Art (nämlich andere Reden und die allgemeine Form der (Bundestags-)Rede). Noch interessanter sind allerdings die kleinräumigeren Verweise, mit denen der Redner die Meinung anderer (nämlich der Deutschen in der Zeit 1933–1938) ins Spiel bringt. Indem diese Meinung (die selbst generisch, nicht am Einzelfall orientiert formuliert wird) neben die Meinung des Redners selbst tritt, wird der Text polyphon: es vermischen sich die Stimmen der Deutschen in der frühen Nazizeit und die Stimme des Redners. In Z. 27ff. geschieht das in Form des *discours indirect libre* (des ‚inneren Monologs'), der als besonders harmonische Vermischung von Gedanken des Autors und solchen des reportierten Denkers gilt: an der Oberfläche ist es nicht möglich, die formulierten Überlegungen als Meinung der Deutschen während des Dritten Reichs zu erkennen; sie sind z.B. nicht durch formale Mittel der Redewiedergabe (wie *verba dicendi* zur Redeanführung) identifiziert. Diese Vermischung zwischen eigener und fremder Stimme war bekanntlich für die Rezeption der vorliegenden Rede fatal: der Redner, Philipp Jenninger, mußte 1988 aufgrund der ihm vorgeworfenen mangelnden Distanz zum Nationalsozialismus als Bundestagspräsident zurücktreten.[13]

---

[13] Vgl. zu dieser Rede auch Laschet & Malangré (o. J.); v. Polenz (1989); Suzuki (1991); Krebs (1993).

Kap. 21

Diskurs

Michel Foucault

M. Foucault (1926–1984) ist vermutlich neben Jean-Paul Sartre der einflußreichste Nachkriegs-Philosoph Frankreichs. Er war nach dem Studium der Philosophie und Psychologie und nach verschiedenen Tätigkeiten im Ausland (u.a. war er 1959/61 Leiter des Institut Français in Hamburg) Professor an den Universitäten von Clermont-Ferrand, Tunis und Vincennes, bevor er 1969/1970 auf den Lehrstuhl für Geschichte der Denksysteme am Collège de France berufen wurde.

Obwohl die Begriffe des Diskurses und der Äußerung (die ja unmittelbar an dieselben Termini bei Benveniste – vgl. Kap. 5 – erinnern) vermuten lassen könnten, daß die Analyse sprachlichen Handelns in Foucaults Werk einen zentralen Stellenwert einnimmt, ist sein tatsächliches Erkenntnisinteresse anders gelagert. Es liegt – im linguistisch noch am ehesten einschlägigen Teil seines Schaffens, nämlich den Schriften aus den 70er Jahren – vor allem in der Analyse von Diskurspraktiken, die unter dem Einfluß bestimmter Machtkonstellationen die Formierung des gesellschaftlichen Wissens regeln. Die Analyse dieser „Diskurspraktiken" erreicht allerdings einen Grad von Abstraktheit, der jede unmittelbare Umsetzung in die linguistische Empirie verbietet. Es lassen sich freilich zahlreiche Parallelen zu Bachtins Theorie der Intertextualität und zu Vološinovs Ideologiebegriff erkennen (ohne daß Foucault sich auf diese Autoren explizit beziehen würde).

Foucaults Arbeiten bieten keineswegs einen in sich konsistenten Theorierahmen. Vielmehr hat sich seine Art und Weise, die Beziehung zwischen diskursiven und nicht-diskursiven Praktiken, zwischen Macht und Diskurs und zwischen Wissen und Diskurs zu sehen, mehrmals verändert. Die frühere Phase der mehr strukturell orientierten „Archäologie des Wissens" umfaßt neben der Dissertation, *Histoire de la folie à l'âge classique* (Paris: Gallimard, 1961; dt. als *Wahnsinn und Gesellschaft*, Frankfurt/M.: Suhrkamp, 1969), vor allem die Bücher *Les mots et les choses. Une archéologie des sciences humaines* (Paris: Gallimard, 1966; dt. als *Die Ordnung der Dinge*, Frankfurt/M.: Suhrkamp, 1971), *Naissance de la clinique. Une archéologie du regard médical* (Paris: Presses universitaires de France, 1963; dt. als *Die Geburt der Klinik,* München: Hanser, 1973) und *L'archéologie du savoir*

(Paris: Gallimard, 1969; dt. als *Archäologie des Wissens,* Frankfurt/M.: Suhrkamp, 1973).

Die spätere „Genealogie" des Wissens[1] sowie der diskursiven Praktiken, durch die es hervorgebracht wird, löst die strukturelle Methode insofern auf, als deren synchronische Betrachtungsweise durch eine diachrone (allerdings nicht teleologisch-geschichtliche) ersetzt wird; ihre Annahme eines in sich geschlossenen Systems durch die eines „Spiels" vielfältiger, sich teils widersprechender Kräfte; und eben die nicht-diskursive Betrachtungsweise durch die diskursive. Es bleibt aber die strukturalistische Skepsis gegen sprecherbezogene Bedeutungsbeschreibungen und gegen die Konstanz und Relevanz eines sprechenden Subjekts selbst. Die wichtigsten Schriften dieser Periode, auf die sich die folgende Darstellung vor allem stützt, sind *Histoire de la sexualité I: La volonté de savoir* (Paris: Gallimard, 1976; dt. als *Sexualität und Wahrheit, Band I: Der Wille zum Wissen,* Frankfurt/M.: Suhrkamp, 1977) sowie Foucaults Antrittsvorlesung am Collège de France (von 1970) – *L'Ordre du discours* (Paris: Gallimard, 1971), dt. *Die Ordnung des Diskurses* (Frankfurt: Ullstein, 1974).

Von den zahlreichen Arbeiten über Foucault (die kaum auf interdisziplinäre Bezüge zur Linguistik eingehen), sei hier lediglich die Einführung von Fink-Eitel (1989) erwähnt. Aus linguistischer Sicht findet sich eine kritische Zusammenfassung bei Fairclough (1992, Kap. 2); eine Anwendung auf sprachbiographische Interviews bei Fix (im Druck).

* * *

Wie ‚Performanz' und ‚Gattung' ist auch der Terminus ‚Diskurs' schillernd; der weiteren kulturwissenschaftlichen Verwendung des Begriffs im Sinne einer aufeinander bezogenen, oft auch institutionell zusammenhängenden Menge von Texten/Äußerungen und der in ihnen erscheinenden und durch sie produzierten gesellschaftlichen Wissensbestände, wie sie auf Foucault zurückgeht, steht eine linguistische gegenüber, die damit im Wesentlichen nichts anderes als Gespräch meint, allerdings in einem anderen analytischen Zugriff als in der ethnomethodologischen Konversationsanalyse.[2] Die beiden Traditionen haben relativ wenig miteinander zu tun. Bei Foucault ist mit Diskurs kein direkt (*face-to-face*) interaktives oder auch nur mündliches Sprechereignis gemeint; sicherlich also nicht das Gespräch. Wenn man

---

[1] Foucault bezieht sich mit dieser Begrifflichkeit auf Nietzsche; vgl. Foucault (1974a).
[2] Diese anglo-amerikanische Tradition ist z.B. in van Dijk (1987) dokumentiert. Empirische Arbeiten, die mit dem linguistischen Diskursbegriff arbeiten, sind z.B. Labov & Fanshel (1977) oder Sinclair & Coulthard (1975).

seinen Diskursbegriff überhaupt als dialogisch bezeichnen kann, dann nur in dem viel allgemeineren Sinn Bachtins, in dem sich Texte oder Äußerungen verschiedener Menschen zu mehr oder weniger demselben Thema aufeinander beziehen.

Obwohl ein Diskurs für Foucault eine Menge von Äußerungen (*énoncés*) ist, interessiert er sich also nicht für deren grammatische Form, referentielle Bedeutung oder Performanz (im Sinne von Hymes); ja, letztendlich interessieren ihn diese Äußerungen selbst nicht besonders. Wichtiger ist Foucault vielmehr die Konstitutionsweise des Diskurses, also die Regeln und Beschränkungen, die die Äußerungen eines Diskurses ermöglichen, während andere Äußerungen in ihm nicht möglich sind. Diese Formationsregeln legen zum Beispiel fest, welche Gegenstände zu referentiellen Objekten von Äußerungen werden können; damit wird reglementiert, was als Wissen gelten kann. Sie bestimmen überdies die „diskursiven Praktiken" (z.B. die möglichen Gattungen, in denen in einem Diskurs Äußerungen formuliert werden können). Inhaltlich-thematische und formale Seite des Diskurses zusammen nennt Foucault eine diskursive *formation*.

Foucaults Denkweise kann man insofern konstruktivistisch nennen, als seiner Meinung nach in Diskursen nicht Wirklichkeiten abgebildet, sondern (durch gesellschaftlich basierte Konstitutionsprozesse) hergestellt werden, und zwar dadurch, daß sich in ihnen Grundmuster der Deutung herausbilden, die das kollektive Wissen einer Zeit und einer Gesellschaft über einen bestimmten Ausschnitt der Welt organisieren. Natürlich denkt er hier nicht so sehr an die konkreten Dinge des Alltagslebens, sondern an Abstraktionen, für die unmittelbar evident ist, daß sie nicht einfach vorhanden sind, sondern zu bestimmten Zeiten in bestimmten Kulturen ‚erfunden' wurden. Für den modernen Diskurs des Wahnsinns sind das zum Beispiel psychiatrische Konzepte wie Paranoia, Schizophrenie, Demenz, Hysterie, etc., Begriffe, die die Wahrnehmung abweichenden Sozialverhaltens steuern und in bestimmter Weise strukturieren. Dazu mußte sich die Psychiatrie des 19. Jahrhunderts im Rahmen des damaligen (bis heute fortwirkenden) Diskurses des Wahnsinns erst ihre eigene Begrifflichkeiten schaffen, die sie von älteren Auffassungen solcher Devianz (die anderen Diskursen zugeordnet waren) abgrenzte. Aber auch wenn dieselben Wörter weiter verwendet werden, sind die Objekte verschiedener Diskurse nicht dieselben: ‚Liebe' im Liebesdiskurs des 16. Jahrhunderts ist nicht derselbe Gegenstand wie ‚Liebe' im Liebesdiskurs des 19. Jahrhunderts, etc.

Die Diskursvorschriften legen also u.a. die wesentlichen Konzepte fest, die von den Handelnden verwenden werden können; sie bestimmen damit ihre Inhalte und Gegenstände. Natürlich sind Diskurse selbst nicht stabil, sondern entwickeln sich weiter. Dabei können sich auch die Gegenstände allmählich verschieben. Thematische Konsistenz ist also kein definierendes

Merkmal für Diskurse. Die Einheit des Diskurses stellt sich vielmehr über die Bezüge zwischen einzelnen Äußerungen her, die den Regeln dieses Diskurses gehorchen. Jede Äußerung verweist mehr oder weniger explizit auf eine andere. Das kann innerhalb eines Textes geschehen, etwa durch die üblichen linguistischen Kohäsionsverfahren, aber auch durch die rhetorische und Gattungs-Struktur des Textes. Aber Äußerungen können auch – im Sinne Bachtins – *intertextuell* aneinander gebunden sein. Sie verweisen dann aufeinander, indem sie nebeneinander oder hintereinander stehen, offiziell Bezug nehmen oder offiziell verschweigen, andeuten oder widersprechen, zustimmen oder verteidigen (vgl. Kap. 20).

Neben den Gegenständen, die sie konstituiert, legt die Diskursformation auch die diskursiven Praktiken fest. Indem er bestimmte sprachliche Handlungen in einer dem Diskurs und seinen Regularitäten entsprechenden Form ausführt, konstituiert sich der Sprecher zugleich – ganz im Sinne Benvenistes – als sprechendes Subjekt. Es wäre jedoch falsch – auch wenn es die westliche Sprachideologie suggeriert – , von einem autonomen Menschen auszugehen, der sich der Sprache (der diskursiven Praktiken) als Instrument bedient, um etwas mitzuteilen. Vielmehr reguliert der Diskurs diese Mitteilungen, indem er es dem Einzelnen ermöglicht, Stellung zu beziehen und bestimmte Rollen einzunehmen, andere aber nicht erlaubt bzw. sogar negativ sanktioniert (z.B. durch Ignorierung). Der moderne Diskurs des Wahnsinns ermöglicht es zum Beispiel manchen Menschen, die Rolle des Arztes oder Psychiaters, des Schizophrenen oder der Hysterikerin einzunehmen. Diese Rollen sind mit bestimmten diskursiven Praktiken verbunden, wie z.B. der psychiatrischen Eingangsuntersuchung, der psychiatrischen Visite, dem Schreiben der Krankenakte, etc. Ältere Diskurse des Wahnsinns haben hingegen andere diskursive Praktiken (und mit ihnen verbundene Rollen) bereitgestellt; etwa die Rolle des Hofnarren mit der damit verbundenen Lizenz, tiefe Weisheiten, ja göttliche Botschaften zu verkünden. Das Individuum verschwindet also nach Foucault hinter dem Diskurs: es wird nicht vorausgesetzt, sondern ist Ergebnis der diskursiven Praktiken, die die Regeln des Diskurses bereitstellen.

Die Formationsregeln eines Diskurses umfassen also seine Gegenstände, seine Praktiken und seine Begrifflichkeiten. Im ersten Band von *Sexualität und Wahrheit*[3] beschäftigt sich Foucault z.B. mit dem Diskurs der Sexualität im 19. Jahrhundert. Er wendet sich gegen die Auffassung, das 19. Jahrhundert habe die Sexualität durch Verbot, Zensur und Verneinung unter-

---

[3] Die folgenden beiden Bände, kurz vor Foucaults Tod erschienen, verändern die Perspektive grundlegend und verlassen das Thema des Diskurses.

drückt, während der heutige Diskurs die Repression aufhebe, und erläutert weiter (1976 [1977:21]):

> Die Einwände, die ich gegen die Repressionshypothese erheben möchte, zielen weniger auf den Nachweis, daß diese Hypothese falsch ist, als vielmehr darauf, sie in einer allgemeinen Ökonomie der Diskurse über den Sex anzusiedeln, wie sie seit dem 17. Jahrhundert im Innern der modernen Gesellschaften herrscht. Warum hat man von der Sexualität gesprochen, was hat man davon gesagt? Welche Machtwirkungen wurden von dem Gesagten ausgelöst? Welche Verbindungen gab es zwischen den Diskursen, den Machtwirkungen und den Lüsten, die sie besetzten? Welches Wissen bildete sich darüber? Kurz, es geht darum, das Regime von Macht – Wissen – Lust in seinem Funktionieren und in seinen Gründen zu bestimmen, das unserem Diskurs über die menschliche Sexualität unterliegt. Daher kommt es uns (zumindest in erster Linie) nicht so sehr darauf an zu wissen, ob man nun Ja oder Nein zum Sex sagt, ob man Verbote oder Erlaubnisse ausspricht, ob man seine Bedeutung bejaht oder aber seine Wirkungen verleugnet, ob man die Worte, mit denen man ihn bezeichnet, zügelt oder nicht; vielmehr interessiert uns, *daß* man davon spricht, wer davon spricht, interessieren uns die Orte und Gesichtspunkte, von denen aus man spricht, die Institutionen, die zum Sprechen anreizen und das Gesagte speichern und verbreiten, kurz die globale ‚diskursive Tatsache‘, die ‚Diskursivierung‘ des Sexes.

Foucault versucht dann nachzuweisen, daß die *Diskursivierung* des Sex seit dem 16. Jahrhundert einen „Mechanismus zunehmenden Anreizes" in Gang setzte, sich mit Sexualität zu beschäftigen, sie also keineswegs aus dem Diskurs verdrängte, sondern im Gegenteil fest als Gegenstand etablierte, nicht zuletzt auch als Gegenstand der Wissenschaft. Überall wird – auch unter Tabu, denn auch Schweigen und Verschweigen kann eine typische sprachliche Modalität eines Diskurses sein – über Sex geredet; nicht weniger als früher, eher mehr: „Man scheucht den Sex auf und treibt ihn in eine diskursive Existenz hinein." (1976 [1977:46]) Im Universum der „aufgescheuchten" Sexualität konkurrieren sogar mehrere Diskurse miteinander – etwa der Freudianische mit dem medizinischen, der medizinische mit dem kirchlichen, etc.

Laut Foucault kommt unter diesen Diskursen dem der christlichen Seelsorge eine besondere Rolle zu. Sprachlich sind die Aktivitätstypen/Gattungen, die sich in ihrem Umfeld etablieren – z.B. die Beichte – besonders wichtig, denn sie waren die ersten, die die Sexualität durch die „endlose Mühle des Wortes drehten" (1976 [1977:31]); von hier aus sieht Foucault eine direkte Verbindungslinie bis zu den ‚skandalösen' literarischen Produktionen des späten 18. und 19. Jahrhunderts (von de Sade bis zu Fanny Hill). Beide verbindet ihre Obsession für sprachliche Detaildarstellung. Dazu kommen die sprachlichen Modalitäten, in denen die Wissenschaft, die Strafjustiz und die öffentliche Gewalt (Staat, Verwaltung) die Sexualität für ihre

Zwecke, z.B. die Zwecke der Geburtenregelung und -steuerung, thematisieren und zu regulieren versuchen.

Die wichtigste sprachliche Teilaktivität, die sich in der Beichte, in den erotischen Memoiren, aber auch in der Psychoanalyse findet, ist nach Foucault das *Geständnis*. Die heutigen Sex-Talkshows im Fernsehen wären dann nur die jüngste Etappe einer Geständnis-‚Kultur', die zu einer dominanten Technik der (diskursinternen) Wahrheitsproduktion wird. Man offenbart sich Sünden, Gedanken, Begehren, Träume, Kindheitserlebnisse: „Mit größter Genauigkeit bemüht man sich zu sagen, was zu sagen am schwersten ist; man gesteht in der Öffentlichkeit und im Privaten, seinen Eltern, seinen Erziehern, seinem Arzt und denen, die man liebt" (1976 [1977:76]). Allerdings sind Geständnisse keine monologischen Aktivitäten; vielmehr nimmt der Zuhörer für den Gestehenden eine wichtige interaktive Rolle ein – manchmal als Richter, manchmal als Prüfer, manchmal, um zu verzeihen und zu verstehen, manchmal, um zu verurteilen oder zu drohen.

Dies deutet schon an, daß sich für Foucault Diskurse nicht demokratisch oder gar herrschaftsfrei entwickeln. Vielmehr gehört zu den Formationsweisen eines Diskurses ganz wesentlich, wie und von wem er kontrolliert wird. Moderne Machtausübung besteht im wesentlichen aus einer effektiven Diskurskontrolle; dazu kann die Macht nicht brachial von oben ausgeübt werden, sondern sie wird „polymorph", versteckt sich in den organisatorischen Details der Diskursformation. Oder, mehr in Foucaults Begrifflichkeiten ausgedrückt: die nicht-diskursiven Praktiken der körperlichen Disziplinierung (durch Gefängnis, Psychiatrie, Militär, etc.) bedürfen der kollaborativen Abstützung durch die Diskurse der Wissenschaften; das von ihnen erzeugte Wissen ist ein „Wissen zur Macht" (in all den vielfältigen Bedeutungen, die die Präposition „zu" in diesem Syntagma haben kann). Foucaults Begriff des Dispositivs (1976 [1977] eingeführt) will auf diese Verknüpfung von diskursiven und nicht-diskursiven Praktiken, von Macht und Wissen hinweisen.

In *L'ordre des mots* (1971 [1974]) nennt Foucault die folgenden *externen* Ausschließungsverfahren, die Diskurse regulieren: 1) Das *Verbot*, das sich in Tabus (auf den Gegenstand bezogen), in situativen Einschränkungen (man darf nicht überall alles sagen) und in sozialen Einschränkungen (nicht jeder darf über alles reden) niederschlägt. 2) Den Gegensatz zwischen *Vernunft* und *Wahnsinn:* „Der Wahnsinnige ist derjenige, dessen Diskurs nicht ebenso zirkulieren kann wie der der andern." Vielmehr werden die Worte der Wahnsinnigen (zumindest in der Neuzeit) weitgehend zu sinnlosem Geräusch gemacht. 3) Den Gegensatz zwischen *wahr* und *falsch*. Wahr und falsch werden im modernen westlichen Denken (das seit Plato durch den „Willen zur Wahrheit" gekennzeichnet ist) als unvermittelte referentielle Beziehungen zwischen Wort und Ding gesehen.

Dazu kommen *interne* Kontrollverfahren. Sie betreffen die soziale und teils auch die sprachliche Organisation des Diskurses. Foucault nennt 1) „einmal gesagte Dinge, die man aufbewahrt, weil man in ihnen ein Geheimnis oder einen Reichtum vermutet" (1971 [1974:16]), also rituelle oder kultische Texte, die dann selbst durch *Kommentare* ausgelegt werden. Juristische und theologische Exegesen (z.B. zur Auslegung des neuen Testaments), Texteditionen der Werke von Schriftstellern und andere Kommentare regeln den Diskurs dadurch, daß sie die Interpretationsmöglichkeiten des Rezipienten einschränken und vielleicht sogar normieren; 2) den *Autor* als ein Prinzip der „Gruppierung von Diskursen ⟨...⟩ als Mittelpunkt ihres Zusammenhalts" (1971 [1974:19]); dadurch, daß die Rolle des Autors so konstruiert wird, daß ihm die Verantwortung für alles zukommt, worunter sein Name steht, nimmt sie dem Zufall seinen Spielraum; 3) die (wissenschaftlichen) *Disziplinen*, die Gegenstände, Methoden, Axiome, Regeln, Techniken, Instrumente festschreiben und damit bestimmen, was zu einer bestimmten Sache Wahres gesagt werden kann (nicht freilich das Wahre selbst). Foucault nennt als linguistisches Beispiel die Suche nach der ursprünglichen Sprache – bis ins 18. Jahrhundert ein ernstzunehmendes Thema, heute ein „Hirngespinst" und deshalb eine „sprachwissenschaftliche Monstruosität" (1971 [1974:23]).

Eine dritte Gruppe von Regulierungsverfahren für Diskurse betrifft schließlich die Kontrollen, die der *Verknappung der sprechenden Subjekte* dienen. Dazu gehört das *Ritual* (wer z.B. die Rituale des Gerichtswesens nicht kennt, kann nicht in den juristischen Diskurs eintreten), die *Diskursgesellschaften*, die Diskurse durch Geheimhaltung und Verbreitung regeln (Beispiele reichen von den Freimaurern bis zur generativen Linguistik); die *Doktrinen*, die sich zwar eigentlich (im Gegensatz zu den Diskursgesellschaften) nicht der Verknappung, sondern der Ausbreitung bestimmter Denkweisen verschrieben haben, dabei jedoch immer eine Gruppe von Menschen, deren Zusammengehörigkeit rassisch, national, geschlechtlich etc. begründet sein kann, als sprechende Subjekte unterwerfen; sowie die *Erziehung*, die die gesellschaftliche Aneignung der Diskurse steuert.

Schon zu Beginn dieses Kapitels wurde erwähnt, daß Foucaults Desinteresse für die Form der Äußerungen, die Diskurse konstituieren und von ihnen geprägt werden, es schwer macht, seine Gedanken linguistisch zu konkretisieren. (Er unterscheidet sich in diesem Punkt von Vološinov/Bachtin, der seinerseits allerdings kaum an einer inhaltlichen Ausbuchstabierung einzelner für die abendländische Moderne zentraler Diskurse interessiert ist.) Fairclough (1992:56ff.), der die Vernachlässigung der Textanalyse bei Foucault ebenfalls kritisiert, schlägt deshalb die Kombination mit anderen theoretischen Elementen z.B. der Textlinguistik und Soziolinguistik vor.[4] In Form der sog. kritischen Diskursanalyse haben sich auch im deutschsprachigen Raum linguistisch gewendete Formen der Foucaultschen Diskursanalyse entwickelt, die vor allem mit politischen Texten arbeiten.[5]

---

[4] In verschiedenen Schriften (v.a. „Language Ideology", in Fairclough 1992:70–83) kombiniert er außerdem Foucaults Diskursanalyse mit dem von Gramsci adaptierten Begriff der Hegemonie und einem neomarxistischen Ideologiebegriff; vgl. auch Fairclough (1995).
[5] Vgl. etwa Jäger (1994) und (1993), Wodak u.a. (1990).

Kap. 22

Sprachlicher Markt

Pierre Bourdieu

P. Bourdieu (geb. 1930) wurde nach dem Studium der Philosophie und einer Berufstätigkeit als Philosophie-Lehrer und Hochschulassistent in Algier 1964 *directeur d'études* an der Ecole Pratique des Hautes Etudes der Sorbonne. Seit 1982 ist er Mitglied des Collège de France. Er hat als Anthropologe über die Kabylei(-Berber) gearbeitet, als Kultursoziologe über zahlreiche Phänomene des Geschmacks und der Alltagskultur (Fotographie, Essen, Kunst, Kleidung, Literatur, etc.) in Frankreich. Seine Sprachsoziologie ist eine Kritik Saussures wie Chomskys, denen er vorwirft, die „legitime Sprache" zum quasi-natürlichen Gegenstand der Linguistik verklärt zu haben, anstatt ihre gesellschaftlichen Grundlagen freizulegen.

Bourdieu sieht seine Soziologie selbst als Resultat einer Auseinandersetzung mit Karl Marx (Begriff der Praxis), Max Weber (Verschränkung ökonomischer und soziologischer Denkweisen) und Emile Durkheim (soziale Klassenanalyse). In der Bundesrepublik ist er einerseits durch seine Erziehungs- und Schulsoziologie bekannt geworden (vgl. Gogolin 1994), andererseits durch sein kultursoziologisches Klassen- oder Schichtenmodell, dessen Rekurs auf Phänomene wie Geschmack und Distinktion zu vielerlei Adaptionen geführt hat; zuletzt in bezug auf die deutsche Gesellschaft wohl in Schulzes *Erlebnisgesellschaft* (1992).

Bourdieu hat zahlreiche Bücher zur Kultursoziologie und Anthropologie veröffentlicht, darunter: *Esquisse d'une théorie de la pratique, précédé de trois études d'ethnologie kabyle* (Genf: Dros, 1972; dt. als *Entwurf einer Theorie der Praxis auf der ethnologischen Grundlage der kabylischen Gesellschaft*, Frankfurt/M.: Suhrkamp 1979), *Le sens pratique* (Paris: Ed. de Minuit, 1980; dt. als *Sozialer Sinn*, Frankfurt/M.: Suhrkamp 1987), *La distinction – critique sociale du jugement* (Paris: Ed. de Minuit, 1979; dt. als *Die feinen Unterschiede – Kritik der gesellschaftlichen Urteilskraft*, Frankfurt/M.: Suhrkamp, 1982), *Réponses: pour une anthropologie réflexive* (Gespräche mit Loïc J. D. Wacquant, Paris: Ed. du Seuil, 1992; dt. als *Reflexive Anthropologie,* Frankfurt/M.: Suhrkamp, 1996).

Bourdieus Auffassung von Kapital und Praxis ist u.a. in seinem Aufsatz „Ökonomisches Kapital, kulturelles Kapital, soziales Kapital", in: R. Kreckel (Hrsg.), *Soziale Ungleichheit* (= *Soziale Welt*, Sonderband 2), Göttingen 1983, S. 183–198, dargestellt; zum Feldbegriff vgl. besonders „Le champ littéraire" (*Actes de la Recherche en Sciences Sociales* 89, 1991, S. 4–46; dt. als „Das literarische Feld", in: L. Pinto & F. Schultheis (Hrsg.), *Streifzüge durch das literarische Feld*. Konstanz: Universitätsverlag, S. 33–147), zum Handlungsbegriff besonders das Kapitel „Ist interessenfreies Handeln möglich?" in: *Praktische Vernunft. Zur Theorie des Handelns*, Frankfurt/ M.: Suhrkamp, 1998, S. 139–157 (orig. in: *Raisons pratiques. Sur la théorie de l'action*, Paris: Ed. de Seuil, 1994). Arbeiten Bourdieus sowie seiner Mitarbeiter findet man auch in der von ihm begründeten Zeitschrift *Actes de la recherche en sciences sociales*.

Bourdieus nicht sehr umfangreiche, jedoch in der Soziolinguistik stark beachtete Schriften zur Sprachsoziologie sind theoretischer Art; die wichtigsten Gedanken finden sich in *Ce que parler veut dire* (Paris: Fayard, 1982; dt. als *Was heißt Sprechen?* Wien: Braumüller 1982). Als Einführung ist der Aufsatz „Der sprachliche Markt" (in: *Questions de sociologie*, Paris: Ed. de Minuit, 1980; dt. als *Soziologische Fragen*, Frankfurt/M.: Suhrkamp, 1993, S. 115–130) gut geeignet. Vgl. zur empirischen Anwendung auf das Französische u.a. Encrevé (1982), auf eine Varietät des Deutschen – nämlich den Berliner „Jargon" – Schlobinski (1987), auf die Mehrsprachigkeit in Kanada Heller (1994, bes. Kap. 3).

Zur Einführung in Bourdieus Werk sei auf Müller (1986), Schwingel (1995) und (mit deutlich kritischen Akzenten) Jenkins (1992) verwiesen.

* * *

In den vergangenen Kapiteln dieses Buchs ist das Code-Modell der Kommunikation (Kap. 1) aus verschiedenen Perspektiven kritisiert worden; dabei wurde aber immer noch die Idealisierung aufrecht erhalten, die sprachlich Handelnden seien gleichberechtigte Partner, d.h. beliebige Personen könnten beliebige Handlungen ausführen. Die gängige linguistische Lehrmeinung will es tatsächlich so: alles, was mit Unterschieden zwischen den sprechenden Menschen zu tun hat, gehört in die Soziolinguistik, nicht in die Theorie des sprachlichen Handelns (Pragmatik). Bourdieu greift diese Meinung scharf an. Er behauptet:

> Der sprachliche Austausch ist nicht nur eine Kommunikationsbeziehung zwischen einem Sender und einem Empfänger, die auf Kodierung und Dekodierung aufbaut, d.h. auf der Aktivierung eines Codes oder einer generativen Kompetenz, sondern auch ein ökonomischer Austausch, der sich in in einem bestimmten Verhältnis symbolischer Kräfte herstellt zwischen einem Produzenten, der über ein gewisses sprachliches Kapital verfügt, und einem Verbraucher (oder einem Markt), und der geeignet ist, bestimmte materielle oder symbolische Profite zu erzielen. Anders gesagt: Sprechen besteht nicht nur (oder nur im Ausnahmefall) aus Zeichen, die verstanden oder

dekodiert werden sollen; sondern auch aus Zeichen des Reichtums, die bewertet und gewürdigt werden sollen, und aus Zeichen der Autorität, die geglaubt oder befolgt werden sollen." (1982:59f., Übersetzung P. A.)

Das sprachliche Zeichen hat also nicht nur einen informativen Wert, sondern es wird unausweichlich *stilistisch* überformt; diese stilistische Überformung wiederum bekommt ihren sozialen (symbolischen) Wert, weil sie in einem „Universum von Stilen" in Kontrast zu anderen möglichen Arten, dasselbe zu sagen, gesehen und bewertet wird. Um diesen Wert zu beschreiben, rekurriert Bourdieu auf den Begriff des „sprachlichen Markts", der seinerseits als linguistische Spezifizierung des sonst von ihm verwendeten Begriffs des „(sozialen) Felds" gelesen werden kann.

Bourdieus soziologisches Interesse gilt einer Theorie des sozialen Handelns, die einerseits die „Akteure" (wie er sie nennt) nicht bedingungslos zu Elementen eines ihr Verhalten determinierenden Systems macht, ihnen andererseits aber auch nicht die Autonomie rational (d.h. in vernünftiger Verfolgung eines übergeordneten Handlungsziels planvoll) handelnder „Subjekte" unterstellt. Beide Positionen – die man im einen Fall mit strukturalistischen bzw. systemtheoretischen Gesellschaftstheorien, im anderen mit rationalistischen (oder gar utilitaristischen) Handlungstheorien (etwa im Sinne von Grice oder Searle, aber auch Max Weber) assoziieren kann – lehnt Boudieu ab; ihm geht es um eine Soziologie, die gerade das Spannungsverhältnis zwischen individuellem Handeln (dem er seine Begriffe der Praxis und des Habitus zuordnet) und den gesellschaftlichen, klassengeprägten Zwängen, denen es unterworfen ist (und die sich in seinen Begriffen des Felds und – bezogen auf die Sprache – eben auch des Marktes wiederfinden), zum Thema hat. Entsprechend oszilliert Bourdieus Position zwischen Strukturalismus und Rationalismus/Utilitarismus bzw. Interaktionismus.[1]

Beginnen wir mit dem Begriff des *Felds* und damit der Komponente der Theorie Bourdieus, die stark strukturalistische Züge trägt. Felder sind Stätten der Auseinandersetzung über knappe Güter in einer Gesellschaft, wobei jedes Feld (etwa das der literarischen Produktion, das der (staatlichen) Ge-

---

[1] „C'est, de façon générale, ce qui fait toute la difficulté de ma position dans le champ sociologique: d'un côté, je peu paraître proche des ‚grands théoreticiens' (structuralistes, notamment) en ce que j'insiste sur les grands équilibres structuraux, irréductibles aux interactions et aux pratiques dans lesquelles ils se manifestent; d'un autre côté, je me sens solidaire des chercheurs qui regardent les choses de près (je pense par exemple aux interactionnistes, à Goffman, et à tous ceux qui, par l'observation directe ou l'analyse statistique, débusquent des réalités empiriques que les ‚grands théoreticiens' ignorent: ils regardent la réalité de trop haut...)" (Bourdieu/Wacquant 1992:88).

walt, das der Justiz, das der Bürokratie, das des Erziehungssystems oder das der Wissenschaft, um nur einige der von Bourdieu untersuchten Bereiche zu nennen) durch die Beziehung zwischen Angebot und Nachfrage definiert wird. Zugleich ist ein Feld eine Konfiguration von Beziehungen zwischen den Beteiligten, das deren Machtpositionen bestimmt.[2] Bourdieus Gesellschaftstheorie sieht also keine autonomen Positionen (z.B. Klassen) vor, sondern nur Relationen bzw. „Differenzen". Die zahlreichen Raummetaphern in seinen Schriften (etwa: Feld, sozialer Raum) reflektieren diese Idee der relationalen Positionierung von gesellschaftlich handelnden Individuen bzw. Gruppen (die voneinander „Abstand" halten).

Die Feldmetapher setzt Bourdieu in den Kontext der Semantik des Spiels; und dieser Kontext des „Spielfelds" führt zugleich von der rein strukturellen Ebene des sozialen Raums zu seiner ideologischen Durchdringung durch die „Mitspieler". Denn so, wie die einzelnen Spieler trotz des Wettstreits um den Sieg, den sie austragen, in einem abstrakteren Sinn miteinander kooperieren müssen – insbesondere müssen sie die Spielregeln einhalten, denn sonst käme kein Spiel zustande – , so sind auch die „Spieler" auf einem sozialen Feld durch bestimmte „Spielregeln" miteinander verbunden. Nur für ihr jeweiliges Feld gelten ihre Kapitaleinsätze, so wie die Jetons eines Spiels nicht für ein anderes verwendet werden können. Zum Funktionieren sozialer Felder gehört also der Glaube an sie (*doxa*), das unbefragte Hinnehmen der Gültigkeit ihrer Regeln: man muß vergessen, daß es sich um ein Spiel handelt, und so der „Verzauberung" des Spiels erliegen. Nur in dieser „*il-lusio*"[3] können die objektiven Strukturen des sozialen Raums mit den ihnen entsprechenden mentalen Repräsentation (Ideologien) gleichgesetzt werden.

Dem sozialen Feld entspricht in Bezug auf die Sprache der *sprachlichen Markt*[4], auf dem sich die Beziehungen zwischen den Gesprächsteilnehmern definieren, die Mittel der Grammatik und Stilistik einsetzen. Jede (nicht nur sprachliche) Handlung ist ökonomisch ausgerichtet, zielt also „auf die Maximierung materiellen oder symbolischen Gewinns" ab (1973 [1979:356f.]). In dieser radikalen Ökonomisierung der Handlungspraxis liegt die Affinität

---

[2] Dem ordnen sich Schlagworte zu wie: „Das Reale ist relational" bzw. „Die Wirklichkeit ⟨ist⟩ nur eine Differenz" (1994 [1998:15, 18]).

[3] Bourdieu übernimmt das Wortspiel (*ludus – illusio*) von Huizinga, ist sich aber natürlich wie dieser der tatsächlichen Etymologie (*illūsio > (il)lūsum* ‚Spott, Posse') bewußt.

[4] Jenkins (1992:87) wendet nicht ganz unbegründet gegen den Begriff des Markts ein, daß die Verwendung des ökonomischen Begriffs gerade die Assoziation von Kosten-Nutzen-*Rechnungen* weckt, die Bourdieu andererseits in seiner Kritik des rationalen Handelns ablehnt. Allerdings darf nicht nicht vergessen werden, daß diese Assoziation insbesondere durch den Begriff des Habitus (siehe unten) korrigiert wird.

zwischen Bourdieu und Marx; beide argumentieren, daß selbst noch die scheinbar selbstlosesten und wertfreiesten Handlungen (einerseits die banalsten: wie das Essen einer Apfelsine, andererseits die hehrsten: wie die Kreationen des künstlerischen Genies) Marktgesetzen unterworfen sind, und zwar in so konstitutiver Weise, daß es keinen soziologischen Sinn macht, sie getrennt von ihnen zu analysieren. Marktgesetzen unterworfen zu sein bedeutet, daß eine Handlung nur jenen (symbolischen, teils aber in Geld übersetzbaren) Wert hat, der auf dem Markt erzielt werden kann. Je nach ihrer sozialen Herkunft verfügen die Handelnden über unterschiedlich bewertete Ressourcen, die sie einsetzen können, um Profite zu erzielen; im sprachlichen Bereich sind dies bestimmte sprachliche Kompetenzen. Diese Ressourcen sind ihr Kapital. Sprache als Kapitalform aufzufassen heißt, daß der Wert der Formen, in denen etwas gesagt werden kann, wie auch der Inhalte, die ausgedrückt werden können[5], nach den Gesetzen des jeweiligen Markts bestimmt werden und damit auch von denjenigen, die diese Gesetze kontrollieren.

Die Begriffe des Felds und des Markts dienen Bourdieu also dazu, Fragen nach der Macht und ihren Mechanismen, ihrer Kontrolle und ihrer Reproduktion zu stellen und zu beantworten. Seine zentrale These ist nun, daß in den postindustriellen westlichen Industriegesellschaften nicht so sehr Familien- oder Klassenzugehörigkeit im einfachen, durch Geburt festgelegten Sinn ausschlaggebend für die Reproduktion von Macht sind, sondern Dimensionen wie Kultur, Bildung und Geschmack. Um diese These untersuchen zu können, führt Bourdieu zusätzlich zum ökonomischen die Begriffe des *kulturellen* und *sozialen Kapitals* ein, die beide unter bestimmten Voraussetzungen in ökonomisches (Geld) konvertierbar sind.

Besonders der Begriff des *kulturellen Kapitals* – zu dem die Sprache gehört – kann erklären, warum bestimmte Mitglieder einer Gesellschaft trotz gleichen oder sogar höheren ökonomischen und sozialen Kapitals weniger ‚Marktchancen' haben (z.B. eine berufliche Position in den Spitzenfunktionen der Gesellschaft zu bekommen) als andere, warum also ökonomisches und kulturelles Kapitel nicht völlig miteinander korrelieren. Obwohl nämlich die Inhaber kultureller Kapitaltitel (die „Bildungsbürger") über vergleichsweise wesentlich weniger ökonomisches Kapital verfügen als die „Besitzbürger", kommt ihnen eine nicht unerhebliche soziale und berufliche Macht („Prestige") zu, die sich nicht erklären läßt, wenn man mit einem traditionell-marxistischen ökonomischen Klassenmodell arbeitet. Sie beruht auf der schon erwähnten gesellschaftlichen Entwicklung in den westlichen Gesellschaften, die die Legitimationsfrage immer mehr auf den Di-

---

[5] In diesem (und nur in diesem) Sinn lassen sich in Bourdieus Marktbegriff auch Elemente des Foucaultschen Diskursbegriffs finden; vgl. Kap. 19.

Sprachlicher Markt 245

mensionen Lebensstil, Geschmack und Bildung beantwortet – schlicht gesagt also auch dem Unternehmerssohn nur dann Zugang zum ökonomischen Kapital seines Vaters garantiert, wenn er einen Universitätsabschluß, das richtige Auto und das richtige Haus hat, die richtigen Bilder kauft und in die richtigen Urlaubsorte fährt. Zum kulturellen Kapitel gehört auch die Verfügbarkeit sprachlicher Kapitaltitel, etwa die korrekte Aussprache und Verwendung der ‚richtigen' (gelehrten) Fremdwörter, die Vermeidung von Dialektalismen, die Beherrschung der Regeln (z.B. der unsystematischen, und daher nur schwer zu erwerbenden Regeln für *liaison* und *enchaînement* in der französischen Phonologie), etc. (Aus den Beispielen wird allerdings auch ersichtlich, daß kulturelles Kapital immer nur eine stützende Funktion hat; es ist in Bourdieus eigenen Worten eine „nicht-dominante Kapitalform".)

Das kulturelle Kapital tritt oft in *inkorporiertem* Zustand auf; d.h. in Form von Kenntnissen und als Ergebnis von Bildungsprozessen, die nur die Person an sich selbst vollziehen bzw. ‚erdulden' kann. Dieses quasi im Körper gespeicherte Kapital besteht teils aus Wissen, das z.B. in der Familie oder in der Schule vermittelt wurde (u.a. auch Sprachkenntnisse), aber es umfaßt auch die Art und Weise, wie sich jemand gibt, seine Manieren und Sitten: ob er/sie lieber ins Kino oder ins Theater geht, wie er/sie sich bewegt und seinen/ihren Körper bildet (ob er z.B. einen Bierbauch ansetzt oder sie Bodybuilding betreibt; vgl. unten zum Begriff des ‚Habitus'). Hochbewertete Bildungsarbeit dieser Art ist zeitaufwendig, und man kann sie nicht delegieren. Daher führt ein Mehr an Bildungsaufwand (der wiederum mit finanziellem Aufwand verbunden ist: Nachhilfestunden, Privatschulen, Tanzunterricht) zum Gewinn eines knappen Gutes, das ‚teuer verkauft' werden kann: nicht jeder kann es sich z.B. ‚leisten' (finanziell und zeitlich), Cello spielen zu lernen. Familien, die über ein starkes – finanzielles oder kulturelles – Grundkapital verfügen, fällt es leichter, es weiterzugeben, als es anderen, die nicht über dieses Kapital verfügen, fällt, es neu zu erwerben.

Objektiviertes Kulturkapital kann man z.B. durch den Kauf von Kulturgütern gewinnen (vgl. die Gemäldegalerie als Kulturkapital der Monarchen); *institutionalisiertes Kulturkapital* wird durch die Institutionen (vor allem Schule und Hochschule) in Form von Diplomen und Titeln vergeben.

Der Wert eines bestimmten Kulturguts (darunter auch der einer bestimmten sprachlichen Form, eines bestimmten Stils, bestimmter orthographischer Regeln, einer bestimmten Fremdsprache, etc.) steht nicht ein für allemal fest. Es kann sein, daß einstmals hochgeschätzte Güter entweder durch Inflation an Wert verlieren (wenn jeder lesen und schreiben kann, ist dieses Kulturgut relativ wertlos), oder daß sie aus der Mode kommen (etwa die Kenntnis des Lateinischen oder Altgriechischen). Aber wer bestimmt die Spielregeln des sozialen Felds, wer legt die Gesetze des Markts fest? Nach

Bourdieu sind dies die obersten Sozialschichten, die nicht selten gerade dann neue Kulturgüter zu Distinktionsmerkmalen erheben (und die alten fallenlassen), wenn die mittleren und unteren Schichten sie sich gerade mit viel Aufwand angeeignet haben. Kulturellen Wandel ‚von unten' scheint Bourdieu nicht zu kennen. (Hier seien Zweifel angemeldet: wandern neue Moden im Zeitalter der *trend scouts*, der Medien und Werbeagenturen tatsächlich immer von oben nach unten? Bourdieus Sicht auf die soziale Welt ist ausschließlich vertikal ausgerichtet, die horizontalen Verwerfungen in verschiedene Sub-, Teil- und Anti-Kulturen berücksichtigt er wenig. In Bezug auf den Sprachwandel hat aber schon Labov (1966) sowie die gesamte auf ihm aufbauende variationslinguistische Forschung in Europa und anderen hochentwickelten Industriegesellschaften gezeigt, daß sprachliche Innovationen in der Regel nicht von den obersten Schichten ausgehen, sondern eher von der Mittelschicht oder der oberen Unterschicht; Bourdieus Ansatz erinnert hier eher an ältere sprachsoziologische Theorien wie die Hans Naumanns vom „gesunkenen Kulturgut"; vgl. Naumann 1922.)

Neben dem ökonomischen und dem kulturellen steht das *soziale Kapital*; es umfaßt die Ressourcen, die jemand kraft Zugehörigkeit zu einer bestimmten sozialen Gruppe (einer Familie, Kaste, Schicht, Verbindung, etc.) beanspruchen kann. Je dichter das Netzwerk einer Person und je mehr die Netzwerkbeziehungen in andere Kapitalformen umsetzbar sind, um so mehr sind sie auf dem Markt von Nutzen. Das soziale Kapital schlägt sich also in dem allbekannten Faktum nieder, daß es nützlich ist, ‚Beziehungen zu haben'; es läßt sich manchmal unmittelbar in ökonomisches konvertieren (vgl. die sog. Nachbarschaftshilfe). Soziales Kapital hat also mit Solidarität und Abgrenzung zu tun. In den oberen Schichten manifestiert es sich in Adelstiteln; daß auch die übrigen Schichten über soziales Kapital verfügen und es einsetzen, bleibt in Bourdieus Perspektive ‚von oben' verborgen.

Während also Bourdieus Feld- und Marktbegriff vor allem auf die dem Individuum externen Zwänge der gesellschaftlichen Struktur abheben, bildet sein Begriff der *Praxis* ein Gegengewicht, indem er die entgegengesetzte Dimension des individuellen Handelns ins Spiel bringt. Durch ihn betont Bourdieu den zeitlich und räumlich gebundenen Charakter allen Handelns (und Sprechens), ein Aspekt, den gerade die Linguistik sonst gern marginalisiert (getreu der Saussureschen Trennung von Phonation als Teil der Substanz und sprachlichem Zeichen als reiner Form). Für Bourdieu ist (sprachliches) Handeln (Sprechen wie natürlich auch Schreiben) hingegen ein körperlicher Akt, und die verschiedenen Arten des Sprechens (/Schreibens) sind daher inkorporierte Kapitalformen in einem ganz physiologischen Sinn. Um sie in der Praxis einzusetzen, werden Muskeln angespannt, feinmotorische, hochgradig komplexe Bewegungsabläufe synchronisiert, etc. Sprachliche Kompetenz bedeutet also nicht nur, eine bestimmte Varietät abstrakt („formal", im Sinne Saussures) zu beherrschen, sondern auch, die notwendigen Produktionsabläufe als fertige Muster inkorporiert zu haben, sie also ohne Anstrengung und routinemäßig ablaufen lassen zu können. Die Phonetik spielt (neben dem Lexikon) für Bourdieu deshalb auch die wichtigste Rolle, wenn es um das kulturelle Kapital Sprache geht.

Anders als für Marx übersetzen sich die sozialen Strukturen (z.B. Klassenstruktur, Familienstruktur) für Bourdieu aber nicht direkt in die Praxis des Handelns; es setzt nicht jeder das ihm verfügbare Kapital optimal ein und maximiert so seine Profite. Zwischen Praxis und Sozialstruktur steht vielmehr der *Habitus*.[6] Dieser bestimmt die Art und Weise, nach der der Einzelne seine soziale Umwelt wahrnimmt und bewertet und wie er in ihr handelt:

> Der Reduktion auf das bewußte Kalkül stelle ich das Verhältnis des ontologischen Einverständnisses entgegen, das zwischen Habitus und Feld herrscht. 〈...〉 Soziale Akteure, die den Sinn für das Spiel besitzen und die Unzahl der praktischen Wahrnehmungs- und Bewertungsschemata inkorporiert haben, die als Instrumente der Konstruktion der Realität fungieren, als Prinzipien der Wahrnehmung und Gliederung der Welt, in der sie sich bewegen, brauchen die Ziele ihrer Praxis nicht als Zwecke zu setzen. Sie stehen nicht wie *Subjekte* vor einem Objekt (oder gar einem Problem), das durch einen Akt der intellektuellen Erkenntnis zu einem solchen gemacht worden wäre, sie sind, wie man so sagt, *ganz bei der Sache* (ganz bei dem, was sie *zu tun haben*): Sie sind präsent für das, was *zu kommen hat*, zu tun ist, was ihre Sache (griechisch *pragma*) ist, ein unmittelbares Korrelat der Praxis (*praxis*), das keine gedankliche Setzung, kein planvoll ins Auge gefaßtes Mögliches ist, sondern etwas, das angelegt ist in der Gegenwart des Spiels. (1994 [1998:144])

Auch der Habitus ist nicht nur eine kognitive, sondern immer auch eine körperliche Realität („Körper gewordenes Spiel", 1994 [1998:145]): er *manifestiert* sich nicht im Handeln, sondern ist sein untrennbarer *Teil*. Er sagt uns, was zu tun ist, ohne daß wir darüber nachdenken müssen, und er sagt uns, *wie* es zu tun ist – als „generatives und vereinheitlichendes Prinzip" (1994 [1998:21]) bestimmt er zugleich den in sich konsistenten *Stil* einer Person oder einer sozialen Gruppe. Selbstverständlich ist der Habitus (im Sinne typisierter Denk- und Verhaltensweisen) in hohem Maß von der sozialen Herkunft geprägt. Er bestimmt, wie wir uns gewöhnlich verhalten, was wir uns (mit einer bestimmten Schichtzugehörigkeit im Rücken und angesichts eines bestimmten Markts) zu tun trauen und was uns nicht zuzustehen scheint. Obwohl der Habitus erworben wird, ist er in der Regel unbewußt – auch wenn Benimmbücher und andere explizite Stellungnahmen zu Fragen der Verhaltens- und Geschmacksverfeinerung immer wieder versu-

---

[6] Lat. ‚Haltung, Ausdruck, Äußeres, Kleidung, Zustand'; Bourdieu verwendet manchmal auch das griech. Wort *hexis* (ursprüngl. etwa dieselbe Bedeutung), um auf die Art und Weise zu verweisen, wie ‚sich jemand gibt'.

chen, Teile des Habitus – wie man eine Tasse hält, wie man sich auf einen Stuhl setzt, wie man geht – aus dem Unbewußten ins Bewußte und damit Kontrollierbare zu heben.

Auch für Sprache gilt, daß sie sich (als kulturelle wie soziale Kapitalform) erst vermittelt über den sprachlichen Habitus in die Praxis umsetzt. Auch beim sprachlichen Handeln, so wendet Bourdieu gegen Grice' Theorie der Implikaturen (vgl. Kap. 9) ein, verfolgen wir nicht rational (d.h. mit auf das Ziel ausgerichtetem, optimiertem Mitteleinsatz) unsere Interessen, sondern diese Interessen – wie auch die sprachlichen Formen, die wir verwenden – sind über den Habitus in kulturelle und soziale Zusammenhänge eingebunden. Rationale Bedeutungstheorien sind lediglich die wissenschaftliche Version der westlichen *folk theory* über Sprache (Sprachideologie), die uns glauben macht, wir handelten als autonome, vernünftige Individuen. Bourdieu bezieht sich bei seinen Überlegungen zum sprachlichen Habitus damit vor allem auf diejenige Sprachform, die er die *legitime Sprache* nennt, nämlich die kodifizierte Standardsprache, die sich in Frankreich gegen die pejorativ so genannten *patois* abgrenzt. Für Bourdieu ist diese legitime Sprache immer komplizierter, arbiträrer, mehr von Ausnahmen und ad-hoc-Regeln gekennzeichnet, als nicht-legitime Sprachen, z.B. Dialekte, die ‚natürlicher' – regelmäßiger, einfacher, phonetisch weniger aufwendig, etc. – sind; d.h. die legitime (Hoch-)Sprache ist mit artikulatorischem und kognitivem Mehraufwand verbunden.

Die legitime Sprache ist zumindest in Europa eine Angelegenheit der staatlichen Zentralgewalt.[7] Ihr Marktwert ist daher um so größer, je offizieller die Situation ist, in der gesprochen wird. Da sie von den herrschenden Schichten als Kapital in die Gesprächssituation eingebracht wird, sind deren Vertreter von vornherein (qua Schichtzugehörigkeit, aber auch als Inhaber von institutionellen Kapitaltiteln) bei der Verwendung der legitimen Sprache privilegiert. Dagegen setzen sich die Versuche anderer Schichten – v.a. des Kleinbürgertums – ab, eine ihnen nicht-inkorporierte, aber angestrebte legitime Sprachform zwanghaft erreichen zu wollen; also etwa Dialektsprecher, die nur ausnahmsweise die Hochsprache verwenden (z.B. in einer offiziellen Situation, etwa einer Prüfung), dabei aber die geforderte, auf dem sozialen Markt anerkannte Norm nur annähernd erreichen. Sie verhalten sich inkonsistent, produzieren Hyperkorrektismen, vor allem aber: sie müssen sich – in einem ganz körperlichen Sinn – um die legitime Sprache *mühen*. Wieder andere Sprecher – die der unteren Schichten – sind von ihrem Habitus her von vornherein nicht disponiert, die Sprache der Mächtigen überhaupt, und wenn auch nur versuchsweise, zu sprechen: sie bleiben beim Dialekt, obwohl sie sein geringes Prestige kennen, oder besser: erlei-

---

[7] Vgl. dazu auch Kap. 19, S. 217–218.

den. So zensiert ihr Habitus die Sprecher, ohne daß sie es bewußt wahrhaben könnten und wollten. Was sie sagen und wie sie es sagen, ist durch die Trias aus mitgebrachten sprachlichen Kompetenzen (ihrem Kapital), dem (durch ihre Schichtzugehörigkeit bestimmten) Habitus und dem jeweiligen sprachlichen Markt, auf dem sie sich bewegen, bestimmt.

Eine Sprachgemeinschaft zeichnet sich nicht (nur) dadurch aus, daß ihre Mitglieder ‚eine Sprache sprechen' (dies sei sowieso nur in einem sehr abstrakten Sinne richtig; Bourdieu spricht von der „illusion du commmunisme linguistique qui hante toute la théorie linguistique", 1982:24), sondern vor allem dadurch, daß sie sich auf eine gemeinsame Bewertung der Sprachformen geeinigt haben. Es gibt also keine unschuldigen Wörter und keine unschuldige Äußerung.[8] Die Versuche der Linguisten – etwa Saussures –, das Sprachsystem als soziale Einrichtung außerhalb jeder Sprachverwendung und unabhängig von seinen Benutzern zu definieren, können überhaupt nur in bezug auf diese legitime Sprache, die tatsächlich als kodifizierte Grammatik vorliegt (ganz anders als die gesprochenen, nicht-legitimen Sprachformen), ernsthaft verfolgt werden; sie setzen also die legitime Sprache schon voraus und überspringen ihre soziale Einbettung in ein System von Distinktionen („Sprachfetischismus"; 1982:39).

Die Vereinheitlichung des sprachlichen hat in Europa parallel zur Vereinheitlichung des ökonomischen Markts stattgefunden; beide waren Teil der Herausbildung der europäischen Nationen. Für Bourdieu scheint diese *unification du marché* sehr weitgehend zu sein. Die Kräfte des national vereinheitlichten Markts lassen nur kleine Nischen übrig, in denen z.B. die Verwendung des Dialekts angebracht und möglich ist (1982:66), z.B. in der Familie; je informeller die Situation, um so geringer der Marktwert der legitimen Sprache. Die Unifizierungsverfahren können auf brutaler Zensur beruhen (etwa wenn in der Schule der Dialektgebrauch schlicht verboten wird), oder, in fortgeschrittenen Phasen der Konsolidierung des Markts, darauf, daß die Teilnehmer, die keinen privilegierten Zugang zu sprachlichen Kapitalformen haben, die Minderbewertung ihrer eigenen Sprache und die Achtung vor der Nationalsprache als Teil ihres Habitus verinnerlicht haben.[9] Allerdings ist hier zu fragen, ob Bourdieu die Bedeutung alternativer Märkte nicht unterschätzt. (Nur selten, z.B. wenn er von der „Virilität" der Nicht-Standard-Varietäten und der „Effeminiertheit" der Hochsprache spricht, läßt er sich auf alternative – „heterodoxe" – Marktzusammenhänge

---

[8] Vgl. den Ideologiebegriff Vološinovs, Kap. 19.
[9] In diesem Fall wird die Vereinheitlichung des Markts – im Sinne Gramscis (1975 [1991]) – durch hegemoniale Verfahren hergestellt. Die ideologische Vereinheitlichung, die der objektiven des Marktes entspricht, und die durch solche hegemonialen Verfahren zustande kommt, ist nichts anderes als Bourdieus *doxa* (vgl. oben, S. 243).

ein.) Dazu muß man sich die bisher in der Diskussion des Sprachbegriffs bei Bourdieu unberücksichtigte Dimension des *sozialen Kapitals* in Erinnerung rufen: sie resultiert aus der Solidarität mit den anderen Netzwerkmitgliedern, die für Dialektsprecher eben gerade durch die Verwendung ‚ihrer' Sprache (der nicht-legitimen Sprache) erreicht wird. Hier hat die nicht-legitime Sprache ihren Marktwert: der Pariser Intellektuelle, dem das *patois* der Handwerker nicht als Kulturgut zur Verfügung sieht, wird vielleicht die Kraft dieses Marktes unmittelbar in Form ökonomischer Verluste beim Bau seines Ferienhauses auf dem Lande erleben, während die Solidarität der Nicht-Standard-Sprecher in derselben Situation sich in ökonomisches Kapital umsetzen läßt. Auch in bezug auf die Sprache zeigt sich das Fehlen horizontaler Diversifizierung in Bourdieus ausschließlich vertikalem Modell: die zahlreichen konkurrierenden Varietäten auf (mehr oder weniger) einer vertikalen Höhe (Dialekte, Register, Sondersprachen, jugendsprachliche Codes) sind in seinem Modell nicht recht unterzubringen.

Schließlich scheint auch Bourdieus Fokus auf Phonetik/Phonologie einseitig. Die Phonetik des Standards garantiert noch nicht optimalen Marktwert. Vielmehr gibt es zahlreiche stilistische Distinktionsmerkmale, die weit über die Lautung hinausgehen. Man vergleiche den folgenden Ausschnitt aus einer Glosse der Wochenzeitung DIE ZEIT mit dem Titel „Neudeutsche Stilfragen" (Vorschaltüberschrift: „Es gibt wieder das Vergnügen an der geschliffenen Sentenz") von Arno Widmann (21.6.1996). Da heißt es unter anderem:

> Vor Jahren schon hat Nikolaus Sombart darauf hingewiesen, daß in den letzten fünf Jahrzehnten der Hang zur Sentenz nahezu ganz verschwunden sei. Sein Vater, der noch aus dem wilhelminischen Deutschland kommende Sozialhistoriker Werner Sombart, habe für jede Lebenslage ein Zitat parat gehabt. Es machte damals den Witz einer Konversation nicht nur unter Intellektuellen aus, in leicht ironischer Distanz das eigene Leben und das seiner Nachbarn mit Schiller- oder Homersentenzen zu charakterisieren. Es war eine Zeit, die sich gern in alten Traditionen spiegelte. Die Zitate der großen Männer der Vergangenheit waren ebenso solide wie Reichtum und Macht der großen Familien, die seit Jahrhunderten nie ganz unangefochten, aber doch die Geschichte beherrschten. Die Lust am Zitat prägte den Stil. Gut schreiben hieß entweder, alte Weisheiten geschickt aufzupolieren oder aber selbst Sentenzen zu prägen.

Der hier beschriebene Stil der wilhelminischen Bildungsbürger läßt sich gut als Einsatz auf einem ökonomischen Markt erfassen. Es geht um die Verwendung einer „kleinen Form" (Jolles 1930), nämlich der Sentenz, die mühsam erworbenes, inkorporiertes kulturelles Kapital voraussetzt; dafür hatte sie Distinktionswert, weil sie ein knappes Gut war und damit nur einer kleinen Schicht von Intellektuellen und Bildungsbürgern Zugang zum inneren Zirkel der Macht gewährte, also jenen „großen Familien", von denen hier die Rede ist. Zugleich geht es um ein soziales Kapital, das durch Sprache gesichert wird: der sozial-ökonomisch-kulturelle Hintergrund, den ‚man' gemeinsam hat, manifestiert sich in den Sentenzen. Aber das Beispiel zeigt auch die Vergänglichkeit von Märkten und ihren Regelungsmechanismen:

> Von der wilhelminischen Elite ist nach zwei Weltkriegen und ‚Drittem Reich' wenig übriggeblieben. In Zeiten radikaler Umbrüche war Flexibiliät gefragt. Alles Alte war per se verdächtig geworden. Eine Einsicht, die vor zehn Jahren oder gar vor Jahrhunderten gegolten hatte, war schon deshalb obsolet. Das Feste, das Geprägte, galt von vornherein als überholt. Die Parole hieß Fluxus. Gegenüber dem offenen Kunstwerk gab es kein endgültiges Urteil.

Die entscheidende Frage bei der Beurteilung der Tragweite der empirischen Aussagen Bourdieus ist, ob mit der im Zitat angedeuteten Veränderung nicht die Zeit der einheitlichen sprachlichen Märkte in vielen Teilen der (westlichen) Welt zuende war, auch wenn in Frankreich diese Entwicklung vielleicht langsamer vonstatten gegangen ist als anderswo.

Auf der Ebene der Theoriebildung kann man immerhin feststellen, daß es Bourdieu (mehr als zum Beispiel Bernstein oder Labov) gelungen ist, die Frage nach der gesellschaftlichen Bewertung sprachlicher Ausdrucksformen (als abstrakter Ressourcen innerhalb eines Systems wie auch als praktischer Handlungen in ihrem Verwendungszusammenhang) aufzuwerfen. Bezeichnet man diese Dimension von Sprache (mit Silverstein 1979) als die der *sprachlichen Ideologie*, so kann man die Grundstruktur sprachlichen Handelns (der „kommunikativen Praxis") dreidimensional darstellen: neben den verwendeten sprachlichen und sonstigen Mitteln, die als Wissensbestände situationsübergreifend und systematisch gespeichert und (mit gewissen Einschränkungen) stabil sind (also z.B. grammatischem Wissen, aber auch Wissen über andere symbolische Systeme wie Gesten, Schriftzeichen, etc.), steht der jeweilige Aktivitätstyp, in den sich die Handlung einbettet und der sie als Kontext mit prägt, sowie die sprachliche Ideologie, die beide „metasprachlich" bzw. „metapragmatisch" durchdringt und mit bestimmt (vgl. Hanks 1996:230):

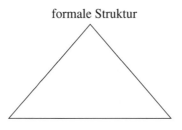

Aktivitätstyp   sprachliche Ideologie

Mit Ideologie sind dabei alle Bewertungen (Stereotype, Einstellungen, Kontextualisierungspotentiale für soziale Rollen und Situationen, etc.) gemeint, die die Auswahl sprachlicher Mittel beeinflussen. Bourdieus Theorie – besonders sein Begriff des Habitus – erfaßt in erster Linie diese Beziehung zwischen Ideologien und Formen. Sprachliches Handeln ist unvermeidlich mit sozialen Bewertungen verbunden, die es legitimieren oder diskreditieren und damit essentiell an seiner ‚Bedeutung' teilhaben, die auf diese Weise durch Macht und Herrschaft geprägt wird.

Literaturverzeichnis

Vorbemerkung: Die Schriften der 22 Autoren, die in den einzelnen Kapiteln dieses Buchs vorgestellt werden, sind im ersten Abschnitt des jeweiligen Kapitels bibliographiert. Sie werden hier nur dann wiederholt, wenn auf sie auch in anderen Kapiteln verwiesen wird.

Abrahams, Roger D. (1976): Talking Black, Rowley (Mass.): Newbury.
Adelswärd, Viveka (1988): Styles of Success. On Impression Management as Collaborative Action in Job Interviews, Linköping University: VTT-Grafiska Vimmerby (Linköping Studies in Art and Science).
Agar, Michael H. (1996): The Professional Stranger. An Informal Introduction to Ethnography, 2. Aufl. San Diego: Academic Press.
Ash, Mitchell G. (1988): Die Entwicklung des Wiener Psychologischen Instituts 1922–1938, in: Eschbach, Achim (Hg.): Karl Bühler's Theory of Language. Proceedings of the Conferences Held at Kirchberg, August 26, 1984 and Essen, November 21–24, 1984, Amsterdam/Philadelphia: Benjamins (Viennese Heritage/Wiener Erbe; 2), S. 303–325.
Assmann, Aleida/Assmann, Jan (Hg.) (1987): Kanon und Zensur, München: Fink.
Auer, Peter (1986): Kontextualisierung, in: Studium Linguistik 19, S. 22–47.
Auer, Peter (1988): On Deixis and Displacement, in: Folia Linguistica XXII, 3–4, S. 263–292.
Auer, Peter (1988a): Liebeserklärungen. Oder: Über die Möglichkeiten, einen unmöglichen sprachlichen Handlungstyp zu realisieren, in: Sprache und Literatur in Wissenschaft und Unterricht 61, S. 11–31.
Auer, Peter (1989): Über Natürlichkeit und Stil, in: Hinnenkamp, Volker/Selting, Margret (Hg.): Stil und Stilisierung. Tübingen: Niemeyer, S. 27–59.
Auer, Peter (1991): Rezensionsaufsatz zu: Drew, Paul/Wootton, Anthony J. (Hg.): Erving Goffman. Exploring the Interaction Order, in: Linguistics 29, S. 177–189.
Auer, Peter (1993): Über ⌐, in: Zeitschrift für Linguistik und Literaturwissenschaft 23, 90/91, S. 104–138.
Auer, Peter (1996): On the Prosody and Syntax of Turn-Continuations, in: Couper-Kuhlen, Elizabeth/Selting, Margret (Hg.): Prosody in Conversation. Interactional Studies, Cambridge: Cambridge University Press (Studies in Interactional Sociolinguistics; 12), S. 57–100.
Auer, Peter (1998): Learning How to Play the Game. An Investigation of Role-Played Job Interviews in East Germany, in: Text 18 (1), S. 7–38.
Auer, Peter/di Luzio, Aldo (Hg.) (1992): The Contextualization of Language, Amsterdam/Philadelphia: Benjamins (Pragmatics & Beyond. New Series; 22).
Auer, Peter/Couper-Kuhlen, Elizabeth/Müller, Frank E. (1999): Language in Time. The Rhythm and Tempo of Verbal Interaction, New York: Oxford University Press.
Bachtin, Michail M. (1965 [1987]): Tvorčestvo Fransua Rable i narodnaja kul'tura

srednevekov'ja i Renesansa, Moskau. Deutsche Übersetzung: Rabelais und seine Welt. Volkskultur als Gegenkultur, hg. und mit einem Vorwort versehen von Renate Lachmann, Frankfurt a. Main: Suhrkamp (1987).
Bachtin, Michail M. (1972 [1981]): Slovo v romane, in: Voprosy Literatury 6 (1972). Englische Übersetzung: Discourse in the Novel, in: Holquist, Michael (Hg.): The Dialogic Imagination. Four Essays, Austin: The University of Texas Press 1981, S. 259–422.
Barth, Fredrik (1989): The Analysis of Culture in Complex Societies, in: Ethnos 54, 3/4, S. 120–142.
Basso, Keith H. (Hg.) (1976): Meaning in Anthropology, Albuquerque: University of New Mexico Press.
Bateson, Gregory (1955): A Theory of Play and Fantasy, in: Psychiatric Research. Reports of the American Psychiatric Asociation, 1955, Nr. 2, S. 39–51.
Bateson, Gregory et al. (1956): The Message ‚This is Play', in: Transactions of the Second Conference on Group Processes, New York: Josiah Macy Jr. Foundation, S. 145–242.
Bateson, Gregory (1936): Naven. Cambridge: University Press.
Bateson, Gregory (1972 [1981]): Steps to an Ecology of Mind, New York: Ballantine Books. Deutsche Übersetzung: Ökologie des Geistes, Frankfurt a. Main: Suhrkamp 1981.
Bateson, Gregory/Jackson, Don D./Haley, J./Weakland, J. (1956): Towards a Theory of Schizophrenia, in: Behavioral Science 1, S. 251–264.
Bateson, Gregory/Jackson, Don D. (1964): Some Varieties of Pathogenic Organization, in: M.J. Rioch, D./Weinstein, E. A. (Hg.): Disorders of Communication, Baltimore: Williams & Wilkins Co., S. 277–290.
Bauman, Richard (1978): Verbal Art as Performance, Rowley (Mass.): Newbury House.
Bauman, Richard (1986): Story, Performance, and Event. Contextual Studies of Oral Narrative, Cambridge: Cambridge University Press (Cambridge Studies in Oral and Literate Culture; 10).
Bauman, Richard/Briggs, Charles L. (1990): Poetics and Performance as Critical Perspectives on Language and Social Life, in: Annual Review of Anthropology 19, S. 59–88.
Behaghel, Otto (1930): Von deutscher Wortstellung, in: Zeitschrift für Deutschkunde, S. 81–89.
Behaghel, Otto (1932): Deutsche Syntax. Eine geschichtliche Darstellung, Heidelberg: Carl Winters Universitätsbuchhandlung. Bd. 4.
Ben-Amos, Dan (Hg.) (1976): Folklore Genres, Austin (Texas): University of Texas Press.
Berger, Peter Ludwig/Luckmann, Thomas (1966 [1969]): The Social Construction of Reality, New York: Doubleday. Deutsche Übersetzung: Die gesellschaftliche Konstruktion der Wirklichkeit. Eine Theorie der Wissenssoziologie, Frankfurt a. Main: Fischer 1969.
Bergmann, Jörg R. (1981): Ethnomethodologische Konversationsanalyse, in: Schröder, Peter/Steger, Hugo (Hg.): Dialogforschung. Jahrbuch 1980 des Instituts für deutsche Sprache, Düsseldorf: Pädagogischer Verlag Schwann (Sprache der Gegenwart; 54), S. 9–52.
Bergmann, Jörg R. (1987): Klatsch. Zur Sozialform der diskreten Indiskretion, Berlin: de Gruyter.
Bergmann, Jörg R. (1993): Alarmiertes Verstehen. Kommunikation in Feuerwehrnotrufen, in: Jung, Th. et al. (Hg.): Wirklichkeit im Deutungsprozeß, Frankfurt a. Main: Suhrkamp, S. 283–328.

Bergmann, Jörg R. (1994): Ethnomethodologische Konversationsanalyse, in: Fritz, Gerd/ Hundsnurscher, Franz (Hg.): Handbuch der Dialoganalyse, Tübingen: Niemeyer, S. 3–16.
Berlin, Brent (1978): Ethnobiological Classification, in: Rosch, Eleanor/Lloyd, B. B. (Hg.): Cognition and Categorization, New York: Wiley, S. 9–27.
Besch, Werner (1996): Duzen, Siezen, Titulieren. Zur Anrede im Deutschen heute und gestern, Göttingen: Vandenhoeck & Ruprecht.
Bilmes, Jack (1988): The Concept of Preference in Conversation Analysis, in: Language in Society 17, S. 161–181.
Birkner, Karin/Kern, Friederike (in Vorb.), Impression management in West German job interviews. Erscheint in: Spencer-Oatey, H. (Hg.): Culturally Speaking. Managing Relations in Talk Across Cultures. London: Cassell Academic.
Blommaert, Jan (1991): How Much Culture is there in Intercultural Communication, in: ders./Verschueren, Jef (Hg.): The Pragmatics of Intercultural and International Communication, Amsterdam: Benjamins, S. 13–31.
Bloomfield, Leonard (1933): Language, New York: Holt, Rinehart & Winston.
Bourdieu, Pierre (1979): Entwurf einer Theorie der Praxis auf der ethnologischen Grundlage der kabylischen Gesellschaft, Frankfurt a. Main: Suhrkamp. Original: Esquisse d'une théorie de la pratique, précédé de trois études d'ethnologie kabyle, Genf: Dros 1972.
Bradford, Richard (1994): Roman Jakobson – Life, Language, Art, London: Routledge.
Brednich, Rolf Wilhelm (1995): Die Spinne in der Yucca-Palme. Sagenhafte Geschichten von heute, München: dtv. Originalausgabe München: Beck 1990.
Brekle, Herbert E. (1988): Bühlers ‚Gesetz der Abdeckung' – ein Ansatz für eine dynamische Stereotypsemantik, in: Eschbach, Achim (Hg.): Karl Bühler's Theory of Language. Proceedings of the Conferences Held at Kirchberg, August 26, 1984 and Essen, November 21–24, 1984, Amsterdam/Philadelphia: Benjamins (Viennese Heritage/Wiener Erbe; 2), S. 173–182.
Briggs, Charles L. (1988): Competence in Performance. The Creativity of Tradition in Mexicano Verbal Art, Philadelphia: University of Pennsylvania Press.
Briggs, Charles L. (1993): The Patterning of Variation in Performance, in: Preston, Dennis R. (Hg.): American Dialect Research, Amsterdam: Benjamins, S. 379–431.
Brinker, Klaus/Sager, Svend (1989): Linguistische Gesprächsanalyse, Berlin: Schmitt.
Brislin, Richard W./Yoshida, Tomoko (1994): Intercultural Communication Training. An Introduction, Thousand Oaks, etc.: Sage Publications.
Broich, Ulrich/Pfister, Manfred (Hg.) (1985): Intertextualität, Tübingen: Niemeyer.
Brown, Penelope/Levinson, Stephen C. (1987): Politeness. Some Universals in Language Usage, Cambridge: Cambridge University Press. Zuerst erschienen in: Goody, E. N. (Hg.) (1978): Questions and Politeness. Strategies in Social Interaction, Cambridge: Cambridge University Press, S. 56–289.
Brown, R./Gilman, A. (1960): The Pronouns of Power and Solidarity, in: Sebeok, Thomas A. (Hg.): Style in Language, Cambridge (Mass.): Technology Press of MIT, S. 253–276.
Buchheister, Kai/Steuer, Daniel (1992): Ludwig Wittgenstein, Stuttgart: Metzler.
Bühl, Walter L. (1972): Einleitung: Die alte und die neue verstehende Soziologie, in: ders.: (Hg.): Verstehende Soziologie, München: Nymphenburger Verlagshandlung, S. 7–76.
Bühler, Karl (1907/08): Tatsachen und Probleme zu einer Psychologie der Denkvorgänge, in: Archiv für die gesamte Psychologie 9 (1907), S. 297–365; 12 (1908), S. 1–23 & 24–92.

Bühler, Karl (1934): Sprachtheorie. Die Darstellungsfunktion der Sprache, Jena: Gustav Fischer.
Butterworth, Brian L. (1975): Hesitation and Semantic Planning in Speech, in: Journal of Psycholinguistic Research 4, S. 75–87.
Butterworth, Brian L. (1980): Evidence from Pauses in Speech, in: ders. (Hg.): Language Production, Bd. 1: Speech and Talk, London, etc.: Academic Press, S. 155–176.
Butterworth, Brian L./Goldman-Eisler, Frieda (1979): Recent Studies on Cognitive Rhythm, in: Siegman, Aron W./Feldstein, Stanley (Hg.): Of Speech and Time, Hillsdale (N.J.): Erlbaum, S. 211–224.
Carnap, Rudolf (1961): Der logische Aufbau der Welt, 2. Aufl. Hamburg: Meiner.
Castaneda, Carlos (1974): Die Lehren des Don Juan, Frankfurt a. Main: Fischer.
Chomsky, Noam (1957): Syntactic Structures, The Hague/Paris: Mouton.
Chomsky, Noam (1959): Review of B. F. Skinner's ‚Verbal Behavior', in: Language 35, S. 26–58.
Chomsky, Noam (1965): Aspects of the Theory of Syntax, Cambridge (Mass.). Deutsche Übersetzung: Aspekte der Syntaxtheorie, Frankfurt: Suhrkamp, 1970.
Cicourel, Aaron (1967): Method and Measurement in Sociology, 3. Aufl. New York: The Free Press.
Clark, Katerina/Holquist, Michael (1984): Mikhail Bakhtin, Cambridge (Mass.): Harvard University Press.
Collin, Carl S.R. (1930): He has no face, in: Moderna Språk 24, S. 171–173.
Collins, Randall (1986): Max Weber, Beverly Hills: Sage.
Collins, Randall (1988): Theoretical Continuities in Goffman's Work, in: Drew, Paul/ Wootton, Anthony J. (Hg.): Erving Goffman. Exploring the Interaction Order, Cambridge: Polity Press, S. 41–63.
Conte, Maria-Elisabeth (1988): Zeigzeichen, in: Eschbach, Achim (Hg.): Karl Bühler's Theory of Language. Proceedings of the Conferences Held at Kirchberg, August 26, 1984 and Essen, November 21–24, 1984, Amsterdam/Philadelphia: Benjamins (Viennese Heritage/Wiener Erbe; 2), S. 239–255.
Cook-Gumperz, Jenny/Gumperz, John J. (1976): Context in Children's Speech, in: dies.: Papers on Language and Context, Working Paper 46, Language Behavior Research Laboratory, Berkeley.
Coseriu, Eugenio (1971): Sprache, Strukturen und Funktionen, 2. Aufl. Tübingen: Narr.
Couper-Kuhlen, Elizabeth (1983): Intonatorische Kohäsion. Eine makroprosodische Untersuchung, in: Zeitschrift für Linguistik und Literaturwissenschaft 49, S. 74–100.
Couper-Kuhlen, Elizabeth (1996): The Prosody of Repetition: On Quoting and Mimicry, in: E. Couper-Kuhlen & M. Selting (eds.), Prosody in Conversation. Cambridge: University Press, S. 366–405.
Couper-Kuhlen, Elizabeth (1998): On high onsets and their absence in conversational interaction. = InLiSt Working Paper Nr. 8, Konstanz – Potsdam – Freiburg.
Denzin, Norman K. (1989): Interpretive Interactionism, Newbury Park: Sage.
Dessons, Gerard (1993): Emile Benveniste, Paris: Bertrand-Lacoste.
Dijk, Teun van (Hg.) (1987): Handbook of Discourse Analysis, New York: Academic Press.
Drew, Paul/Wootton, Anthony J. (Hg.) (1988): Erving Goffman. Exploring the Interaction Order, Cambridge: Polity Press.
Du Bois, John W. (1986): Self-Evidence and Ritual Speech, in: Chafe, W./Nichols, J. (Hg.): Evidentiality. The Linguistic Coding of Epistemology, Norwood (N.J.): Ablex (Advances in Discourse Processes; 20), S. 313–336.

Du Bois, John W. (1987): Meaning Without Intention. Lessons from Divination, in: IPrA Papers in Pragmatics 1, 2, S. 80–122.
Duncan, S. (1974): On a Structure of Speaker-Auditor Interaction During Speaking Turn, in: Language in Society 3, S. 161–180.
Duncan, S. /Niederehe, G. (1974): On Signalling That It's Your Turn to Speak, in: Journal of Experimental and Social Psychology 10, S. 234–247.
Dundes, Alan (1980): Interpreting Folklore, Bloomington: Indiana University Press.
Dundes, Alan/Leach, Jerry W./Özkök, Bora (1972): The Strategy of Turkish Boys' Verbal Dueling Rhymes, in: Gumperz, John J./Hymes, Dell H. (Hg.): Directions in Sociolinguistics. The Ethnography of Communication, New York etc.: Holt, Rinehart and Winston, S. 130–160.
Duranti, Alessandro (1988): Intentions, Language, and Social Action in a Samoan Context, in: Journal of Pragmatics 12, S. 13–33.
Durkheim, Emile (1981): Die elementaren Formen des religiösen Lebens, Frankfurt a. Main: Suhrkamp. Französische Erstauflage 1912.
Eerdmans, Susan/Prevignano, Carlo/Thibault, Paul J. (Hg.) (1997): Discussing Communication Analysis, 1: John Gumperz, Lausanne: Beta Press.
Eglin, Peter (1980): Talk and Taxonomy. A Methodological Comparison of Ethnosemantics and Ethnomethodology with Reference to Terms for Canadian Doctors, Amsterdam: Benjamins.
Egner, I. (1995): Le rôle de l'intermédiaire dans l'échange de nouvelles en Godié (langue Kru de Côte d'Ivoire), in: Cahiers de linguistique française, 16, 145–174.
Ehlich, Konrad (1986): Funktional-pragmatische Kommunikationsanalyse, in: Flader, Dieter (Hg.): Verbale Interaktion, Stuttgart: Metzler, S. 127–143.
Ehlich, Konrad/Rehbein, Jochen (1979): Sprachliche Handlungsmuster, in: Soeffner, H.-G. (Hg.): Interpretative Verfahren in den Sozial- und Textwissenschaften, Stuttgart: Metzler, S. 243–274.
Encrevé, Pierre (1982): La liaison sans enchaînement, in: Bulletin de la Recherche en Sciences Sociales, S. 39–66.
Erickson, Frederick/Shultz, Jeffrey (1982): The Counselor as Gatekeeper. Social Interaction in Interviews, New York, etc.: Academic Press.
Eschbach, Achim (1984): Karl Bühlers Axiomatik und das Axiomensystem der Zeichentheorie, in: Graumann, Carl Friedrich/Herrmann, Theo (Hg.): Karl Bühlers Axiomatik. Fünfzig Jahre Axiomatik der Sprachwissenschaften, Frankfurt a. Main: Klostermann, S. 53–104.
Eschbach, Achim (Hg.) (1984): Bühler-Studien, 2 Bde, Frankfurt a. Main: Suhrkamp.
Eschbach, Achim (Hg.) (1988): Karl Bühler's Theory of Language. Proceedings of the Conferences Held at Kirchberg, August 26, 1984 and Essen, November 21–24, 1984, Amsterdam/Philadelphia: Benjamins (Viennese Heritage/Wiener Erbe; 2).
Fairclough, Norman (1992): Discourse and Social Change, Cambridge: Polity Press.
Fairclough, Norman (1995): Critical Discourse Analysis, London: Longman.
Feilke, Helmuth (1994): Common Sense-Kompetenz, Frankfurt a. Main: Suhrkamp.
Finegan, Ruth (1992): Oral Poetry, 2. Aufl. Bloomington: Indiana University Press.
Fink-Eitel, Hinrich (1989): Foucault zur Einführung, Hamburg: Junius Verlag.
Fischer, Rotraut (1991): Disfluenz als Kontextualisierungshinweis in telephonischen Beratungsgesprächen, unveröffentlichte Magisterarbeit, Universität Konstanz.
Fix, Ulla (im Druck): Fremdheit versus Vertrautheit – Bericht über das Projekt ‚Sprachbiographien'. Erscheint in: dies. (Hg.): Sprachbiographien, New York etc.: Peter Lang.
Flynn, Pierce J. (1991): The Ethnomethodological Movement, Berlin: Mouton de Gruyter.
Foley, William A. (1997): Anthropological Linguistics, Oxford: Blackwell.
Ford, Cecilia/Thompson, Sandra A. (1996): Interactional Units in Conversation. Syntactic,

Intonational, and Pragmatic Resources for the Management of Terms, in: Ochs, Elinor/ Schegloff, Emanuel A./Thompson, Sandra A. (Hg.): Interaction and Grammar, Cambridge: Cambridge University Press, S. 134–184.

Foucault, Michel (1974a): Nietzsche, die Genealogie, die Historie, in: ders.: Von der Subversion des Wissens, hg. von Walter Seitter, München: Hanser 1974.

Frake, Charles O. (1969/1972): Struck by Speech. The Yakan Concept of Litigation, in: Nader, Laura (Hg.): Law in Culture and Society, Chicago: Aldine. Wieder abgedruckt in: Gumperz, John J./Hymes, Dell H. (Hg.) (1972): Directions in Sociolinguistics. The Ethnography of Communication, New York etc.: Holt, Rinehart and Winston, S. 106–129.

Frake, Charles O. (1975): How to Enter a Yakan House, in: Sanches, M./Blount, B.G. (Hg.), Sociocultural Dimensions of Language Use. New York: Academic Press, S. 25–40.

Frake, Charles O. (1977): Plying Frames Can Be Dangerous. Some Reflections on Methodology in Cognitive Anthropology, in: The Quarterly Newsletter of the Institute of Comparative Human Development, The Rockefeller University, 1, S. 1–7.

Funkkolleg Sprache (1973), Frankfurt: Fischer.

Gardiner, Alan (1932): A Theory of Speech and Language, Oxford: Clarendon Press.

Gardiner, Michael (1992): The Dialogics of Critique, London: Routledge.

Garfinkel, Harold/Sacks, Harvey (1970): On Formal Structures of Practical Action, in: McKinney, J. C./Tiryakian, A. (Hg.): Theoretical Sociology, New York: Appleton-Century-Crofts, S. 337–366.

Gazdar, Gerald (1979): Pragmatics, New York: Academic Press.

Giles, Howard (1973): Accent Mobility: A Model and Some Data, in: Anthropological Linguistics 15, S. 87–105.

Givón, Talmy (1979): From Discourse to Syntax. Grammar as a Processing Strategy, in: ders. (Hg.): Discourse and Syntax, New York: Academic Press (Syntax and Semantics; 12), S. 81–112.

Goffman, Erving (1959): The Presentation of Self in Everyday Life, Garden City, N.Y.: Doubleday.

Goffman, Erving (1974): Frame Analysis. An Essay on the Organization of Experience, New York: Harper & Row. Deutsche Übersetzung: Rahmenanalyse. Ein Versuch über die Organisation von Alltagserfahrungen, Frankfurt a. Main: Suhrkamp 1977.

Goffman, Erving (1978): Response Cries, in: Language 54, 4, S. 787–815

Gogolin, Ingrid (1994): Der monolinguale Habitus der multilingualen Schule, Münster: Waxmann.

Goodenough, Ward H. (1956): Componential Analysis and the Study of Meaning, in: Language 32, S. 195–216.

Goodenough, Ward H. (1964): Cultural Anthropology and Linguistics, in: Hymes, Dell H. (Hg.): Language in Culture and Society. A Reader in Linguistics and Anthropology, New York: Harper, S. 36–40.

Goodwin, Charles (1977): Some Aspects of the Interaction of Speaker and Hearer in the Construction of the Turn at Talk in Natural Conversation, PhD Thesis, University of Pennsylvania.

Goodwin, Charles (1980): Restarts, Pauses, and the Achievement of a State of mutual Gaze at Turn-Beginning, in: Sociological Inquiry, S. 272–302.

Goodwin, Charles (1984): Notes on Story Structure and the Organization of Participation, in: Atkinson, John Maxwell/Heritage, John (Hg.): Structures of Social Action. Studies in Conversation Analysis, Cambridge etc.: Cambridge University Press/Paris: Editions de la Maison des Sciences de l'Homme, S. 225–246.

Goodwin, Charles (1995): Sentence Construction Within Interaction, in: Quasthoff, Uta (Hg.): Aspects of Oral Communication, Berlin: de Gruyter, S. 198–219.
Goodwin, Charles/Heritage, John (1990): Conversation Analysis, in: Annual Review of Anthropology 19, S. 283–307.
Goodwin, Marjorie Harness (1990): Byplay. Participant Structure and the Framing of Collaborative Collusion, in: Conein, B./Fornel, M. de/Quéré, L. (Hg.): Les Formes de la Conversation, Paris: CNET, Bd. II, S. 155–180.
Goody, J. (1961): Religion and Ritual, in: British Journal of Sociology Bd. XII, Nr. 2, S. 142–164.
Gramsci, Antonio (1975[1991]): Quaderni del carcere, hg. von V. Gerratana, Turin: Einaudi. Deutsche Übersetzung: Gefängnisbriefe, hg. von U. Apitzsch, Hamburg: Argumentverlag 1991.
Grathoff, Richard (1989): Milieu und Lebenswelt. Einführung in die phänomenologische Soziologie und die sozialphänomenologische Forschung, Frankfurt a. Main: Suhrkamp.
Graumann, Carl Friedrich (1984): Wundt – Mead – Bühler. Zur Sozialität und Sprachlichkeit menschlichen Handelns, in: ders./Herrmann, Theo (Hg.): Karl Bühlers Axiomatik. Fünfzig Jahre Axiomatik der Sprachwissenschaften, Frankfurt a. Main: Klostermann, S. 217–247.
Graumann, Carl Friedrich (1988): Aspektmodell und Organonmodell. Die Problematik des Verhältnisses zwischen Sprachwissenschaft und Psychologie bei Karl Bühler, in: Eschbach, Achim (Hg.): Karl Bühler's Theory of Language. Proceedings of the Conferences Held at Kirchberg, August 26, 1984 and Essen, November 21–24, 1984, Amsterdam/Philadelphia: Benjamins (Viennese Heritage/Wiener Erbe; 2), S. 107–124.
Graumann, Carl Friedrich/Herrmann, Theo (Hg.) (1984): Karl Bühlers Axiomatik. Fünfzig Jahre Axiomatik der Sprachwissenschaften, Frankfurt a. Main: Klostermann.
Grewendorf, Günther (1972): Sprache ohne Kontext – Zur Kritik der performativen Analyse, in: Wunderlich, Dieter (Hg.): Linguistische Pragmatik, Frankfurt a. Main: Athenäum (Schwerpunkte Linguistik und Kommunikationswissenschaft; 12), S. 144–182.
Grübel, R. (1979): Zur Ästhetik des Wortes bei Michail M. Bachtin, in: Bachtin, Michail M.: Die Ästhetik des Wortes, hg. von R. Grübel, Frankfurt a. Main: Suhrkamp, S. 21–88.
Gudykunst, W. B./Nishida, Tuskasa (1994): Bridging Japanese/North-American Differences, Newbury Park: Sage.
Günthner, Susanne (1993): Diskursstrategien in der interkulturellen Kommunikation. Tübingen: Niemeyer.
Günthner, Susanne (1994): Zwischen Konfrontation und Spiel. Zur kommunikativen Konstruktion von Frotzeleien = Arbeitspapier Nr. 12, FG Soziologie, Projekt „Moral", Universitäten Konstanz und Gießen.
Günthner, Susanne (1996): The Prosodic Contextualization of Moral Work: An Analysis of Reproaches in ‚Why'-Formats, in: Couper-Kuhlen, Elizabeth/Selting, Margret (Hg.): Prosody in Conversation, Cambridge: University Press, S. 271–302.
Günthner, Susanne (1998): Polyphony and the „Layering of Voices" in Reported Dialogues. An Analysis of the Use of Prosodic Devices in Everyday Reported Speech = InList Working Paper Nr. 3, Konstanz – Freiburg – Potsdam.
Günthner, Susanne (im Druck): Vorwurfsaktivitäten in der Alltagsinteraktion. Habilitationsschrift, Universität Konstanz (1998). Erscheint bei: Niemeyer (Reihe RGL).
Günthner, Susanne/Knoblauch, Hubert (1994): ‚Forms are the Food of Faith' – Gattungen als Muster kommunikativen Handelns, in: Kölner Zeitschrift für Soziologie und Sozialpsychologie 46, 4, S. 693–723.

Gumperz, John J. (1980): The Role of Dialect in Urban Communication, in: Zeitschrift für Dialektologie und Linguistik, Sonderheft Dialekt und Dialektologie (Beihefte, N.F.; 26), S. 318–333.
Gumperz, John J. (1982): Discourse Strategies, Cambridge: Cambridge University Press.
Gumperz, John J. (1992): Contextualization Revisited, in: Auer, Peter/di Luzio, Aldo (Hg.): The Contextualization of Language, Amsterdam/Philadelphia: Benjamins (Pragmatics & Beyond. New Series; 22), S. 39–54.
Gumperz, John J. (1992a): Contextualization and Understanding, in: Duranti, Alessandro/Goodwin, Charles (Hg.): Rethinking Context. Language as an Interactive Phenomenon, Cambridge/New York: Cambridge University Press (Studies in the Social and Cultural Foundations of Language; 11), S. 229–252.
Gumperz, John J./Levinson, Stephen C. (Hg.) (1996): Rethinking Linguistic Relativity, Cambridge: Cambridge University Press (Studies in the Social and Cultural Foundations of Language; 17).
Habermas, Jürgen (1971): Vorbereitende Bemerkungen zu einer Theorie der kommunikativen Kompetenz, in: ders./Luhmann, Niklas: Theorie der Gesellschaft oder Sozialtechnologie – Was leistet die Systemforschung?, Frankfurt a. Main: Suhrkamp, S. 101–141.
Haiman, John (1985): Natural Syntax. Iconicity and Erosion, Cambridge: Cambridge University Press.
Hamilton, Peter (Hg.) (1991): Max Weber – Critical Assessments, London: Routledge.
Hanks, William F. (1987): Discourse Genres in a Theory of Practice, in: American Ethnologist 14, S. 669–692.
Hanks, William F. (1996): Language and Communicative Practices, Boulder, Colo.: Westview Press.
Hartmann, Peter (1958): Das Wort als Name. Struktur, Konstitution und Leistung der benennenden Bestimmung, Köln/Opladen: Westdeutscher Verlag (Wissenschaftliche Abhandlungen der Arbeitsgemeinschaft für Forschung des Landes Nordrhein-Westfalen; 6).
Hartmann, Peter (1968): Zum Begriff des sprachlichen Zeichens, in: Zeitschrift für Phonetik, Sprachwissenschaft und Kommunikationsforschung 21, 3/4, S. 205–222.
Heger, Klaus (1984): ‚Zeigfeld‘ und ‚Symbolfeld‘, in: Graumann, Carl Friedrich/Herrmann, Theo (Hg.): Karl Bühlers Axiomatik. Fünfzig Jahre Axiomatik der Sprachwissenschaften, Frankfurt a. Main: Klostermann, S. 105–116.
Hekman, Susan J. (1983): Weber, the Ideal Type, and Contemporary Social Theory, Notre Dame (Ind.): University of Notre Dame Press.
Heller, Monica (1994): Crosswords. Berlin: Mouton/de Gruyter.
Henne, Helmut/Rehbock, Helmut (1979): Einführung in die Gesprächsanalyse, Berlin/New York: de Gruyter (Sammlung Göschen; 2212).
Heritage, John C. (MS) (1980): The Availability of ‚Context‘. A Response to Levinson from a Sociological Perspective.
Heritage, John C. (1984): A Change-of-State Token and Aspects of its Sequential Placement, in: Atkinson, John Maxwell/Heritage, John (Hg.): Structures of Social Action. Studies in Conversation Analysis, Cambridge, etc.: Cambridge University Press/Paris. Editions de la Maison des Sciences de l'Homme, S. 299–345.
Heritage, John C. (1984a): Garfinkel and Ethnomethodology, Cambridge: Polity Press.
Heritage, John C./Watson, D. R. (1980): Aspects of the Properties of Formulation in Natural Conversation. Some Instances Analyzed, in: Semiotica 30, 3/4, S. 245–262.
Herrlitz, Wolfgang (1973): Aufbau eines Modells der sprachlichen Kommunikation, in: Funkkolleg Sprache, Bd. 1, Frankfurt a. Main: Fischer, S. 38–46.

Literaturverzeichnis

Herzfeld, M. (1992): The Social Production of Indifferences, Chicago: University of Chicago Press.

Hettlage, Robert/Lenz, Karl (Hg.) (1991): Erving Goffman – ein soziologischer Klassiker der zweiten Generation, Bern: Haupt.

Hewitt, J. P./Stokes, R. (1975): Disclaimers, in: American Sociological Review 40, 1, S. 1–11.

Hilbert, David/Bernays, Paul (1934–1939): Grundlagen der Mathematik, Berlin: Springer.

Hindelang, Goetz (1994): Sprechakttheoretische Dialoganalyse, in: Fritz, Gerd/ Hundsnurscher, Franz (Hg.): Handbuch der Dialoganalyse, Tübingen: Niemeyer, S. 95–112.

Hockett, Charles F./Altmann, S. A. (1968): A Note on Design Features, in: Sebeok, T. A. (Hg.): Animal Communication, Bloomington: Indiana University Press, S. 61–72.

Holenstein, Elmar (1975): Roman Jakobsons phänomenologischer Strukturalismus, Frankfurt a. Main: Suhrkamp. 3. Aufl. 1993.

Holenstein, Elmar (1979): Einführung: Von der Poesie und der Plurifunktionalität der Sprache, in: Jakobson, Roman: Poetik – Ausgewählte Aufsätze 1921–1971, Hg. von Elmar Holenstein und T. Schelbert, Frankfurt a. Main: Suhrkamp, S. 7–62.

Holly, Werner (1979): Imagearbeit in Gesprächen. Zur linguistischen Beschreibung des Beziehungsaspekts, Tübingen: Niemeyer (Reihe Germanistische Linguistik; 18).

Hopper, Paul J./Thompson, Sandra A. (1984): The Discourse Basis for Lexical Categories in Universal Grammar, in: Language 60, 4, S. 703–752.

Hopper, Robert (1992): Telephone Conversation, Bloomington (Ind.): Indiana University Press.

Hutchby, Ian/Wooffitt, Robin (1998): Conversation Analysis. Principles, Practices and Applications, Oxford: Polity Press.

Hymes, Dell H. (1972): Models of the Interaction of Language and Social Life, in: ders./ Gumperz, John J. (Hg.): Directions in Sociolinguistics. The Ethnography of Communication, New York etc.: Holt, Rinehart and Winston, S. 35–71.

Innis, Robert E. (1982): Einleitung, in: ders. (Hg.): Karl Bühler. Semiotic Foundations of Language Theory, New York: Plenum Press.

Innis, Robert E. (1988): The Thread of Subjectivity: Philosophical Remarks on Bühler's Language Theory, in: Eschbach, Achim (Hg.): Karl Bühler's Theory of Language. Proceedings of the Conferences Held at Kirchberg, August 26, 1984 and Essen, November 21–24, 1984, Amsterdam/Philadelphia: Benjamins (Viennese Heritage/Wiener Erbe; 2), S. 77–106.

Jackson, Don D. (1965): The Study of the Family, in: Family Processes 4, S. 1–20.

Jäger, Siegfried (1993): Kritische Diskursanalyse. Eine Einführung, Duisburg: Duisburger Institut für Sprach- und Sozialforschung (DISS).

Jäger, Siegfried (1994): Text- und Diskursanalyse. Eine Anleitung zur Analyse politischer Texte, 5. Aufl. Duisburg: Duisburger Institut für Sprach- und Sozialforschung (DISS).

Jakobson, Roman (1957 [1971]): Shifters, verbal categories and the Russian Verb; zuerst 1957 als MS, Cambridge MA: Harvard University, Dept. of Slavic Languages and Literatures. Wieder abgedruckt in ders., Selected Writings, Den Haag/Paris: Mouton, 1971, Bd. II, S. 130–147.

Jakobson, Roman (1970): Die Sprache in ihrem Verhältnis zu anderen Kommunikationssystemen, in: ders.: Form und Sinn. Sprachwissenschaftliche Betrachtungen, München: Fink (Bibliothek für Allgemeine Linguistik; 13), S. 162–175.

Jefferson, Gail (1990): List-Construction as a Task and Resource, in: G. Psathas (Hg.): Interactional Competence, Washington, D.C.: University Press of America, S. 63–92.

Jenkins, Richard (1992): Pierre Bourdieu, London: Routledge.

Jolles, André (1930): Einfache Formen, Halle/S.: Niemeyer.
Käsler, Dirk (1979): Einführung in das Studium Max Webers, München: Beck.
Kallmeyer, Werner (1978): Fokuswechsel und Fokussierungen als Aktivitäten der Gesprächskonstitution, in: Meyer-Hermann, Reinhard (Hg.): Sprechen – Handeln – Interaktion. Ergebnisse aus Bielefelder Forschungsprojekten zu Texttheorie, Sprechakttheorie und Konversationsanalyse, Tübingen: Niemeyer (Konzepte der Sprach- und Literaturwissenschaft; 26), S. 191–241.
Kallmeyer, Werner/Schütze, Fritz (1976): Konversationsanalyse, in: Studium Linguistik 1, S. 1–28.
Kant, Immanuel ([1781]1998): Kritik der reinen Vernunft, 5., erneut überprüfter reprographischer Nachdruck 1983 der Ausgabe Darmstadt 1956, Sonderausgabe, Darmstadt: Wissenschaftliche Buchgesellschaft.
Keenan, Elinor O. (1974): Norm-Makers, Norm-Breakers. Uses of Speech by Men and Women in a Malgasy Community, in: Bauman, Richard/Sherzer, Joel (Hg.): Explorations in the Ethnography of Speaking, Cambridge: Cambridge University Press. Deutsche Übersetzung: (1991): Normen kreieren – Normen variieren. Männliches und weibliches Sprechen in einer madegassischen Gemeinschaft, in: Günthner, Susanne/Kotthoff, Helga (Hg.): Von fremden Stimmen. Weibliches und männliches Sprechen im Kulturvergleich, Frankfurt a. Main: Suhrkamp, S. 75–100.
Keesing, R. M. (1974): Theories of Culture, in: Annual Review of Anthropology 3, S. 73–97.
Kemmerling, A. (1991): H. Paul Grice, in: Nida-Rümelin, Julian (Hg.): Philosophie der Gegenwart in Einzeldarstellungen. Von Adorno bis v. Wright, Stuttgart: A. Kröner, S. 199–204.
Kendon, Adam (1988): Goffman's Approach to Face-to-face Interaction, in: Drew, Paul/ Wootton, Anthony J. (Hg.): Erving Goffman. Exploring the Interaction Order, Cambridge: Polity Press, S. 14–40.
Kendon, Adam (1990): Conducting Interaction. Patterns of Behavior in Focused Encounters, Cambridge: CUP.
Keppler, Angela/Luckmann, Thomas (1991): ‚Teaching'. Conversational Transmission of Knowledge, in: Marková, Ivana/Foppa, K. (Hg.): Asymmetries in Dialogue, Hemel Hempstead: Harvester Wheatsheaf, S. 143–165.
Keppler, Angela/Luckmann, Thomas (1992): Lebensweisheiten im Gespräch, in: Petzold, H. G./Kühn, R. (Hg.): Psychotherapie und Philosophie – Philosophie als Psychotherapie?, Paderborn: Junfermann, S. 201–222.
Kerbrat-Orecchioni, Catherine (1980): L'énonciation: de la subjectivité dans le langage, Paris: Armand Colin.
Klein, Wolfgang (1984): Bühler Ellipse, in: Graumann, Carl Friedrich/Herrmann, Theo (Hg.): Karl Bühlers Axiomatik. Fünfzig Jahre Axiomatik der Sprachwissenschaften, Frankfurt a. Main: Klostermann, S. 117–141.
Kluckhohn, Clyde (1962): Culture and Behavior. Collected Essays, New York: Free Press.
Koerner, Konrad (1984): Karl Bühlers Sprachtheorie und Ferdinand de Saussures Cours, in: Eschbach, Achim (Hg.): Bühler-Studien, Bd. 2, Frankfurt a. Main: Suhrkamp, S. 89–115.
Kohz, Armin (1982): Linguistische Aspekte des Anredeverhaltens, Tübingen: Narr.
Kotthoff, Helga (1991): Der Tamada gibt am Tisch den Ton an. Tafelsitten, Trinksprüche und Geschlechterrollen im kaukasischen Georgien, in: Günthner, Susanne/Kotthoff, Helga (Hg.): Von fremden Stimmen. Weibliches und männliches Sprechen im Kulturvergleich, Frankfurt a. Main: Suhrkamp, S. 229–261.
Kotthoff, Helga (1992): Von Klageweibern und Kapiameistern. Ethnolinguistische Stu-

dien zu oralpoetischen Gattungen im kaukasischen Georgien, Arbeitspapier Nr. 48, Fachgruppe Sprachwissenschaft, Universität Konstanz.

Kotthoff, Helga (1993): Unterbrechungen, Überlappungen und andere Interventionen, in: Deutsche Sprache 2, S. 162–185.

Kotthoff, Helga (1995): The Social Semiotics of Georgian Toast Performances. Oral Genre as Cultural Activity, in: Journal of Pragmatics 24, S. 353–380.

Kotthoff, Helga (1998): Spaß Verstehen, Tübingen: Niemeyer.

Krebs, B.-N. (1993): Sprachhandlung und Sprachwirkung, Berlin: E. Schmidt Verlag.

Kristeva, Julia (1967): Bakhtine, le Mot, le Dialogue et le Roman, in: Critique XXIII, S. 438–465. Deutsche Übersetzung: Bachtin, das Wort, der Dialog und der Roman, in: Ihwe, I. (Hg.): Literaturwissenschaft und Linguistik, Bd. 3, Frankfurt a. Main: Fischer, 1972, S. 345–375

Kroeber, Alfred L./Kluckhohn, Clyde (1952): Culture, Cambridge (Mass.): The Museum.

Kubczak, Hartmut (1984): Bühlers ‚Symptomfunktion', in: Zeitschrift für Romanische Philologie 100, 1–2, S. 1–25.

Kuno, Susumu (1987): Functional Syntax, Chicago: University of Chicago Press.

Labov, William (1966): The Social Stratification of English in New York City. Washington, D.C.: Center of Applied Linguistics.

Labov, William (1972): Rules for Ritual Insults, in: Sudnow, David (Hg.): Studies in Social Interaction, New York: The Free Press, S. 120–169.

Labov, William/Fanshel, D. (1977): Therapeutic Discourse. Psychotherapy as Conversation, New York: Academic Press.

Labov, William/Waletzky, J. (1967): Narrative Analysis. Oral Versions of Personal Experience, in: Helm, J. (Hg.): Essays on the Verbal and Visual Arts, Seattle: University of Washington Press, S. 12–44.

Laschet, A./Malangré, H. (1989): Philipp Jenninger: Rede und Reaktion, Aachen: Einhard.

Lebzeltern, G. (1969): Karl Bühler – Leben und Werk, in: Karl Bühler, Die Uhren der Lebewesen und Fragmente aus dem Nachlaß, Wien: Böhlau, S. 7–70.

Leech, G. (1983): Principles of Pragmatics, London: Longman.

Leiter, K. (1980): A Primer on Ethnomethodology, Oxford /New York: Oxford University Press.

Le Page, R. B./Tabouret-Keller, Andrée (1985): Acts of Identity. Creole-Based Approaches to Language and Ethnicity, Cambridge: Cambridge University Press.

Levinson, Stephen C. (1983): Pragmatics, Cambridge: Cambridge University Press.

Levinson, Stephen C. (1988): Putting Linguistics on a Proper Footing. Explorations in Goffman's Concepts of Participation, in: Drew, Paul/Wootton, Anthony J. (Hg.): Erving Goffman. Exploring the Interaction Order, Cambridge: Polity Press, S. 161–227.

Levinson, Stephen C. (1989): A Review of Relevance, in: Journal of Linguistics 25, S. 455–472.

Levinson, Stephen C. (1992): Activity Types and Language, in: Drew, Paul/Heritage, John C. (Hg.): Talk at Work. Interaction in Institutional Settings, Cambridge: Cambridge University Press, S. 66–100.

Ljungerund, I. (1979): Der deutsche Anredestil. Geschichten und Geschichtliches, in: Moderna Språk 73, S. 353–379.

Local, John/Kelly, John (1986): Projection and ‚Silences'. Notes on Phonetic and Conversational Structure, in: Human Studies 9, S. 185–204.

Lord, A. B. (1960): The Singer of Tales, Cambridge (Mass.): Harvard University Press.

Lotringer, Sylvère/Gora, Thomas (Hg.) (1981): Polyphonic Linguistics. The Many Voices of Émile Benveniste = Semiotica (1981 Special Supplement).

Luckmann, Thomas (1986 [1992]): Grundlagen der Soziologie. Strukturen sozialen

Handelns, Fernuniversität Hagen (3 Studienbriefe); wieder erschienen als: Theorie des sozialen Handelns, Berlin: de Gruyter 1992.
Maas, Utz/Wunderlich, Dieter (1972): Pragmatik und sprachliches Handeln. Mit einer Kritik am Funkkolleg ‚Sprache', 2. Aufl. Frankfurt a. Main: Athenäum.
Maas, Utz (1976): Kann man Sprache lehren? Für einen anderen Sprachunterricht, Frankfurt a. Main: Syndikat.
Malinowski, Bronislaw (1923): The Problem of Meaning in Primitive Languages, in: Ogden, Charles R./Richards, Ivor A., The Meaning of Meaning. London: Routledge and Kegan Paul, Supplement I, S. 296–336.
Mannheim, Karl (1921/1922): Beiträge zur Theorie der Weltanschauungs-Interpretation, in: Jahrbuch für Kunstgeschichte I/(XV), 4, S. 236–274. Wiederabgedruckt in: ders. (1964): Wissenssoziologie. Auswahl aus dem Werk, Hg. von Kurt Heinrich Wolff, Berlin: Luchterhand, S. 91–154.
Marc, Edmond/Picard, Dominique (1984[1991]): Bateson, Watzlawick und die Schule von Palo Alto, Frankfurt a. Main: Hain. Original: L'École de Palo Alto, Paris: Editions Retz 1984.
Marr, J. N. (1968): Über die Entstehung der Sprachen, München: Rogner und Bernhard.
Martin, Louis (1981): On the Theory of Written Enunciation. The Notion of Interruption-Resumption in Autobiography, in: Lotringer, Sylvère/Gora, Thomas (Hg.) (1981): Polyphonic Linguistics. The Many Voices of Emile Benveniste = Semiotica (1981 Special Supplement), S. 101–112.
Martinet, A. (1960): Eléments de linguistique générale, Paris: Colin (Collection Armand Colin; 349). Deutsche Übersetzung: Grundzüge der Allgemeinen Sprachwissenschaft, Stuttgart et al.: Kohlhammer 1963 (Urban-Taschenbuch; 69).
Marx, Karl/Engels, Friedrich (1932[1847/48]): Die deutsche Ideologie. (= M[arx und]E[Engels]G[es.]A[rbeiten], Hg. von V. Adoratskij, Bd. 5, Berlin: Akademie-Verlag.)
Mateijka, Ladislav (1973): On the First Russian Prolegomena to Semiotics, in: Voloshinov, Valentin N.: Marxism and the Philosophy of Language, New York: Seminar Press, S. 161–174.
Mead, George Herbert (1967): Mind, Self, and Society. From the Standpoint of a Social Behaviorist, 15. Aufl. Chicago: Chicago University Press.
Medvedev, P. N. (1976 [1928]): Die formale Methode in der Literaturwissenschaft, hg. und übersetzt von Helmut Glück, Stuttgart: Metzler. Original: Formal'nyi metod v literaturovedenii, Leningrad 1928. Reprint: Moskau: Labirint 1993.
Monk, Ray (1990): Ludwig Wittgenstein, Stuttgart: Klett-Cotta (3.Aufl.).
Montague, Richard (1968): Pragmatics, in: Klibansky, Ray (Hg.): Contemporary Philosophy. A Survey, Florenz: La Nuova Italia Editrice, S. 102–122. Wiederabgedruckt in: Thomason, R. H. (Hg.) (1974): Formal Philosophy. Selected Papers of Richard Montague, New Haven: Yale University Press, S. 95–118.
Müller, Frank Ernst (1991): Kleine Listen – Listenstrukturen und Listenbildung im gesprochenen Italienisch, in: Dausendschoen-Gay, U. et al. (Hg.): Linguistische Interaktionsanalysen, Tübingen: Niemeyer, S. 107–127.
Müller, Hans-Peter (1986): Kultur, Geschmack und Distinktion, in: Neidhardt, F. et al. (Hg.): Kultur und Gesellschaft = Kölner Zeitschrift für Soziologie und Sozialpsychologie: Sonderheft; 27, S. 162–190.
Naumann, Hans (1922): Grundzüge der deutschen Volkskunde, Leipzig: Quelle & Meyer.
Nida, Eugene A. (1975): Componential Analysis of Meaning. An Introduction to Semantic Structures, The Hague: Mouton.
Nofsinger, R. E. (1991): Everyday Conversation, Newbury Park: Sage.

Objartel, Georg (1984): Die Kunst des Beleidigens, in: Cherubim, Dieter/Henne, Helmut/Rehbock, Helmut (Hg.): Gespräche zwischen Alltag und Literatur, Tübingen: Niemeyer, S. 94–122.
Ochs, Elinor (1984): Clarification and Culture, in: Schiffrin, Deborah (Hg.): Meaning, Form and Use in Context. Linguistic Applications, Washington (D.C.): Georgetown University Press, S. 325–341.
Ochs, Elinor/Schieffelin, Bambi B. (Hg.) (1983): Acquiring Conversational Competence, London: Routledge & Kegan Paul.
Ortner, Hanspeter (1988), Bühler und die Syntaxforschung. Konsequenzen aus seiner Axiomatik, in: Eschbach, Achim (Hg.): Karl Bühler's Theory of Language. Proceedings of the Conferences Held at Kirchberg, August 26, 1984 and Essen, November 21–24, 1984, Amsterdam/Philadelphia: Benjamins (Viennese Heritage/Wiener Erbe; 2), S. 153–172.
Parry, Milman (1971): The Making of Homeric Verse. The Collected Papers of Milman Parry, Oxford: Clarendon.
Patzelt, Werner J. (1987): Grundlagen der Ethnomethodologie, München: Fink.
Peirce, Charles Sanders (1960–66): The Collected Papers of Charles Sanders Peirce, Hg. von Ch. Hartshorne, P. Weiss und A. Burks, Cambridge (Mass.): Harvard University Press.
Polenz, Peter v. (1989): Verdünnte Sprachkultur. Das Jenninger-Syndrom in sprachkritischer Sicht, in: Deutsche Sprache 17, 4, S. 289–316.
Preisendanz, Wolfgang (1970): Über den Witz, Konstanz: Universitätsverlag.
Propp, Vladimir J. (1928 [1975]): Morfologija Skazki, Leningrad. Deutsche Übersetzung: Morphologie des Märchens, hg. von Karl Eimermacher, Frankfurt a. Main: Suhrkamp 1975.
Psathas, George (1995): Conversation Analysis, Thousand Oaks: Sage.
Radtke, Frank-Olaf (1992): Die Konstruktion des Fremden im Diskurs des Multikulturalismus, in: Kursat-Ahlers, H. Elçin (Hg.): Die multikulturelle Gesellschaft. Der Weg zur Gleichstellung?, Frankfurt a. Main: Verlag für Interkulturelle Kommunikation, S. 129–140.
Radtke, Frank-Olaf (1993): Multikulturell. Die Konstruktion eines sozialen Problems und ihre Folgen, Opladen: Westdeutscher Verlag.
Raible, Wolfgang (1980): Was sind Gattungen?, in: Poetica 12, S. 320–349.
Raible, Wolfgang (1989): Konzeptuelle Schriftlichkeit, Sprachwerk und Sprachgebilde. Zur Aktualität Karl Bühlers, in: Romanistisches Jahrbuch 39, S. 16–21.
Reddy, Michael J. (1979): The Conduit Metaphor. A Case of Frame Conflict in Our Language about Language, in: Ortony, Andrew (Hg.): Metaphor and Thought, Cambridge: Cambridge University Press, S. 284–324.
Rehbein, Jochen (1977): Komplexes Handeln. Elemente zur Handlungstheorie der Sprache, Stuttgart: Metzler.
Reichenbach, H. (1947): Elements of Symbolic Logic, New York: Macmillan.
Roberts, Celia/Sarangi, Srikant (1993): ‚Culture' Revisited in Intercultural Communication, in: Boswood, T. et al. (Hg.): Perspectives on English for Professional Communication, Hongkong: City Polytechnic, S. 97–114.
Rogers, Rolf R. (1969): Max Weber's Ideal Type Theory, New York: Philosophical Library.
Rolf, Eckard (1994): Sagen und Meinen, Opladen: Westdeutscher Verlag.
Rosaldo, Michelle Z. (1982): The Things We Do with Words. Ilongot Speech Acts and Speech Act Theory in Philosophy, in: Language in Society 11, S. 203–237.
Ross, John R. (1970): On Declarative Sentences, in: Jacobs, R. A./Rosenbaum, P. S. (Hg.): Readings in English Transformational Grammar, Waltham (Mass.): Ginn, S. 222–277.

Ross, John R. (1980): Ikonismus in der Phraseologie. Der Ton macht die Bedeutung, in: Semiotik 2, S. 39–56.
Russell, Bertrand (1940): An Inquiry into Meaning and Truth, London: Allen & Unwin (6. Aufl. 1961).
Ryle, Gilbert (1949): The Concept of Mind, New York: Barnes & Noble.
Sacks, Harvey (1972): Notes on Police Assessment of Moral Character, in: Sudnow, David (Hg.): Studies in Social Interaction, New York: The Free Press, S. 280–293.
Sacks, Harvey (1972a): On the Analyzability of Stories by Children, in: Gumperz, John J./Hymes, Dell H. (Hg.): Directions in Sociolinguistics. The Ethnography of Communication, New York etc.: Holt, Rinehart and Winston, S. 325–345.
Sacks, Harvey (1984), A Note on Methodology, in: Atkinson, M./Heritage, J. (Hg.), Structures of Social Action, Cambridge: University Press, S. 21–27.
Sacks, Harvey (1992): Lectures on Conversation, hg. von Gail Jefferson, 2 Bde, Oxford: Blackwell.
Sacks, Harvey/Schegloff, Emanuel A./Jefferson, Gail (1974/1978): A Simplest Systematics for the Organization of Turn-Taking for Conversation, in: Language 50, S. 696–735; erweiterte Version in: Schenkein, James N. (Hg.): Studies in the Organization of Conversational Interaction, New York: Academic Press 1978, S. 7–55.
Sarangi, Srikant (1995): Culture, in: Verschueren, Jef/Östman, J. O./Blommaert, J. (Hg.): Handbook of Pragmatics, Amsterdam: Benjamins, S. 1–30.
Savigny, Eike von (1988/1989): Wittgensteins ‚Philosophische Untersuchungen'. Ein Kommentar für Leser, Frankfurt a. Main: Klostermann.
Savigny, Eike von (1993): Die Philosophie der normalen Sprache, 3. Aufl., Frankfurt a. Main: Suhrkamp (suhrkamp taschenbuch wissenschaft; 1071).
Scannell, Paddy (Hg.) (1991): Broadcast Talk, London: Sage.
Schegloff, Emanuel A. (1977): Identification and Recognition in Interactional Openings, in: de Sola Pool, I. (Hg.): The Social Impact of the Telephone, Cambridge (Mass.): MIT Press, S. 415–450.
Schegloff, Emanuel A. (1978): On Some Questions and Ambiguities in Conversation, in: Dressler, W. U. (Hg.): Current Trends in Textlinguistics, Berlin/New York: de Gruyter, S. 81–102. Wieder abgedruckt in: Atkinson, John Maxwell/Heritage, John (Hg.) (1984), Structures of Social Action. Studies in Conversation Analysis, Cambridge: University Press, S. 28–52.
Schegloff, Emanuel A. (1979): The Relevance of Repair to Syntax-For-Conversation, in: Givón, Talmy (Hg.): Syntax and Semantics, Bd. 12: Discourse and Syntax, New York: Academic Press, S. 261–286.
Schegloff, Emanuel A. (1980): Preliminaries to Preliminaries. ‚Can I Ask You a Question', in: Sociological Inquiry 50, 3/4, S. 104–152.
Schegloff, Emanuel A. (1982): Discourse as an Interactional Achievement: Some Uses of ‚uh huh' and Other Things that Come Between Sentences, in: Tannen, Deborah (Hg.): Analysing Discourse: Text and Talk, Washington, D.C.: Georgetown University Press, S. 71–93.
Schegloff, Emanuel A. (1988): Presequences and Indirection. Applying Speech Act Theory to Ordinary Conversation, in: Journal of Pragmatics 12, S. 55–62.
Schegloff, Emanuel A. (1988a): Goffman and the Analysis of Conversation, in: Drew, Paul/Wootton, Anthony J. (Hg.): Erving Goffman. Exploring the Interaction Order, Cambridge: Polity Press, S. 89–135.
Schegloff, Emanuel A. (1992): Repair After Next Turn. The Last Structurally Provided Defense of Intersubjectivity in Conversation, in: American Journal of Sociology 97, S. 1295–1345.

Schegloff, Emanuel A./Jefferson, Gail/Sacks, Harvey (1977): The Preference for Self-Correction in the Organization of Repair in Conversation, in: Language 53, S. 361–382.
Schlobinski, Peter (1987): Stadtsprache Berlin, Berlin: de Gruyter.
Schneider, H. J. (1993): Ausprägungen pragmatischen Denkens in der zeitgenössischen Sprachphilosophie, in: Stachowiak, Herbert (Hg.): Sprachphilosophie, Sprachpragmatik und formative Pragmatik, Hamburg: Meiner (Pragmatik; 4), S. 1–37.
Schütz, Alfred (1944): ‚The Stranger'. An Essay in Social Psychology, in: American Journal of Sociology 49, S. 499–507.
Schütz, Alfred/Luckmann, Thomas (1975/1984): Strukturen der Lebenswelt, Neuwied: Luchterhand (ST; 82).
Schulz von Thun, Friedemann (1981), Miteinander reden, 2 Bde, Reinbek b. Hamburg: Rowohlt.
Schulze, Gerhard (1992): Die Erlebnisgesellschaft: Kultursoziologie der Gegenwart, Frankfurt am Main: Campus.
Schwingel, Markus (1995): Bourdieu zur Einführung, Hamburg: Junius-Verlag.
Schwitalla, Johannes (1994): Poetisches in der Alltagskommunikation, in: Halwachs, D. W./Penzinger, C./Stütz, I. (Hg.): Sprache, Onomatopoesie, Rhetorik, Namen, Idiomatik, Grammatik, Graz: Universitätsverlag (Grazer Linguistische Monographien; 11), S. 227–243.
Searle, J. R. (1969): Speech Acts, London: Cambridge University Press. Deutsche Übersetzung: Sprechakte. Ein sprachphilosophischer Essay, Frankfurt a. Main: Suhrkamp 1971.
Selting, Margret (1995): Prosodie im Gespräch, Tübingen: Niemeyer.
Selting, Margret (1995a): Der ‚mögliche Satz' als interaktiv relevante syntaktische Kategorie, in: Linguistische Berichte 158, S. 298–325.
Selting, Margret et al. (1998): Gesprächsanalytisches Transkriptionssystem (GAT), in: Linguistische Berichte 173, S. 91–122.
Sharrock, W. W./Anderson, Robert J. (1986): The Ethnomethodologists, Chicester: Ellis Horwood Ltd.
Sherzer, Joel (Hg.) (1987): Native American Discourse. Poetics and Rhetoric, Cambridge: Cambridge University Press.
Silverstein, Michael (1976): Shifters, Linguistic Categories and Cultural Description, in: Basso, Keith H. (Hg.): Meaning in Anthropology, Albuquerque: University of New Mexico Press, S. 11–56.
Silverstein, Michael (1979): Language Structure and Linguistic Ideology, in: Clyne, M. (Hg.): The Elements. A Parasession on Linguistic Units and Levels, Chicago: Chicago Linguistic Society, S. 208–216.
Silverstein, Michael (1984): On the Pragmatic ‚Poetry' of Prose, in: Schiffrin, Deborah (Hg.): Meaning, Form and Use in Context. Linguistic Applications, Norwood (N.J.): Ablex, S. 181–199.
Silverstein, Michael (1993): Metapragmatic Discourse and Metapragmatic Function, in: Lucy, J. A. (Hg.): Reflexive Language, Cambridge: Cambridge University Press, S. 33–58.
Silverstein, Michael/Urban, G. (Hg.) (1996): Natural Histories of Discourse, Chicago: University of Chicago Press.
Sinclair, J. McH./Coulthard, R. M. (1975): Towards an Analysis of Discourse. The English Used by Teachers and Pupils, Oxford: Oxford University Press.
Skalička, V. (1966): Ein „typologisches Konstrukt", in: Travaux linguistique de Prague (TLP), Bd. II, S. 157–165.

Sperber, Dan/Wilson, Deirdre (1986): Relevance, Cambridge (Mass.): Harvard University Press.
Spitzer, Leo (1922): Italienische Umgangssprache, Bonn: Schroeder.
Sprondel, Walter M./Grathoff, Richard (Hg.) (1979): Alfred Schütz und die Idee des Alltags in den Sozialwissenschaften, Stuttgart: F. Enke.
Sprondel, Walter M./Seyfarth, Constans (Hg.) (1981): Max Weber und die Rationalisierung sozialen Handelns, Stuttgart: F. Enke.
Srubar, I. (1981): Die Konstitution von Bedeutsamkeit im Alltagshandeln. Zur Schützschen Lösung eines Weberschen Problems, in: Sprondel, Walter M./Seyfarth, Constans (Hg.): Max Weber und die Rationalisierung sozialen Handelns, Stuttgart: F. Enke, S. 93–107.
Streeck, Jürgen (1980): Speech Acts in Interaction. A Critique of Searle, in: Discourse Processes 3, S. 133–154.
Streeck, Jürgen (1983): Konversationsanalyse. Ein Reparaturversuch, in: Zeitschrift für Sprachwissenschaft 2, 1, S. 72–104.
Streeck, Jürgen (1994): Die leichte Muse des gewöhnlichen Gesprächs. Über die Unterhaltungskunst älterer Frauen in der Filsbachwelt, in: Kallmeyer, Werner (Hg.): Kommunikation in der Stadt, Teil 1: Exemplarische Analysen des Sprachverhaltens in Mannheim, Berlin/New York: de Gruyter (Schriften des Instituts für Deutsche Sprache; 4,1), S. 578–610.
Suzuki, Y. (1991): Erlebte Rede und der Fall Jenninger, in: Germanistisch-Romanistische Monatshefte, 1, S. 5–12.
Tannen, Deborah (1979): What's in a Frame? Surface Evidence for Underlying Expectations, in: Freedle, Roy O. (Hg.): New Directions in Discourse Processing, Norwood (N.J.): Ablex, S. 137–181.
Taylor, Talbot J./Cameron, Deborah (1987): Analysing Conversation. Rules and Units in the Structure of Talk, Oxford: Pergamon Press.
Tedlock, Denis (1980): Songs of the Zuni Kachina Society. Composition, Rehearsal, Performance, in: Frisbie, C. (Hg.): Southwestern Indian Ritual Drama, Albuquerque: University of New Mexico Press, S. 7–35.
Tedlock, Denis (1989): Ethnopoetics, in: Barnouw, E. (Hg.): International Encyclopedia of Communications, Bd. 2, New York: Oxford University Press, S. 116f.
Titunik, I. R. (1973): The Formal Method and the Social Method (M. M. Baxtin, P. N. Medvedev, V. N. Vološinov) in Russian Theory and Study of Literature, in: Voloshinov, Valentin N.: Marxism and the Philosophy of Language, New York: Seminar Press, S. 175–200.
Todorov, Tzvetan (1981 [1984]): Mikhail Bakhtine. Le Principe Dialogique suivi de Ecrits du Cercle de Bakhtine, Paris: Editions du Seuil. Englische Übersetzung: Mikhail Bakhtin. The Dialogical Principle, Minneapolis: University of Minnesota Press, 1984.
Todorov, Tzvetan (1981a): Significance and Meaning, in: Lotringer, Sylvère/Gora, Thomas (Hg.) (1981): Polyphonic Linguistics. The Many Voices of Émile Benveniste = Semiotica (1981 Special Supplement), S. 113–118.
Trubetzkoy, N. S. (1939): Grundzüge der Phonologie, Göttingen: Vandenhoeck & Ruprecht.
Tylor, Edward Burnett (1891 [⁴1903]): Primitive Culture. Researches into the Development of Mythology, Philosophy, Religion, Language, Art, and Custom, 4. Aufl. London: John Murray. Erste Auflage 1891.
Ulmer, B. (1988): Konversionserzählungen. Strukturen und Funktionen einer rekonstruktiven Gattung, in: Zeitschrift für Soziologie 17, 1, S. 19–33.
Ungeheuer, G. (1967): Die kybernetische Grundlage der Sprachtheorie von Karl Bühler, in: To Honor Roman Jakobson, The Hague: Mouton, S. 2067–2986.

Ungeheuer, Gerold (1984): Bühler und Wundt, in Eschbach, Achim (Hg.): Bühler-Studien, Bd. 2, Frankfurt a. Main: Suhrkamp, S. 9–67.
Verschueren, Jef (1995): The Pragmatic Return to Meaning. Notes on the Dynamics of Communication, Degrees of Salience, and Communicative Transparency, in: Journal of Linguistic Anthropology 5, 2, S. 127–156.
Verschueren, Jef (1995a): Contrastive Ideology Research: Aspects of Pragmatic Methodology, in: Thema's en Trends in de Sociolinguistiek, 2, S. 55–70.
Veltruský, Jiří (1984): Bühlers Organon-Modell und die Semiotik der Kunst, in: Eschbach, Achim (Hg.): Bühler-Studien, Bd. 1, Frankfurt a. Main: Suhrkamp, S. 161–205.
Vološinov, Valentin N. (1929 [1975]) Marksizm i folosifja jazyka, Leningrad, 1929. Deutsche Übersetzung: Marxismus und Sprachphilosophie, Frankfurt: Ullstein, 1975.
Vološinov, Valentin N. (1983): Literary Stylistics, in: Shukman (Hg.): Bakhtin School Papers. Russian Poetics in Translation 10, S. 93–152.
Wallace, A./Atkins, J. (1962): The Meaning of Kinship Terms, in: American Anthropologist 62, S. 58–80.
Wardhaugh, Ronald (1985): How Conversation Works, Oxford: Blackwell.
Warnock, G. J. (1989): J. L. Austin, London: Routledge.
Watzlawick, Paul (1976): Wie wirklich ist die Wirklichkeit?, München: Piper.
Watzlawick, Paul (1988): Die Unsicherheit unserer Wirklichkeit: ein Gespräch über den Konstruktivismus (mit Franz Kreuzer), München/Zürich: Piper.
Watzlawick, Paul/Beavin, Janet H./Jackson, Don D. (1967 [1972]): Menschliche Kommunikation, Bern et al.: Huber. Original: Pragmatics of Human Communication. A Study of Interactional Patterns, Pathologies and Paradoxes, New York: W. W. Norton Inc. 1967.
Watzlawick, Paul/Weakland, J. H./Fisch, R. (1974): Lösungen, Bern, etc.: Huber. Original: Change, New York: W. W. Norton Inc. 1974.
Watzlawick, Paul/Weakland, J. H. (Hg.) (1977 [1980]): Interaktion, Bern, etc.: Huber. Original: The Interactional View. Studies at the Mental Research Institute, Palo Alto, 1965–1974, New York: W. W. Norton Inc. 1977.
Waugh, Linda R. (1976): Roman Jakobson's Science of Language, Lisse: Peter de Ridder Press.
Weaver, Warren (1949): Recent Contributions to the Mathematical Theory of Communication, in: Shannon, Claude E./Weaver, Warren: The Mathematical Theory of Communication, Urbana: University of Illinois Press, S. 1–28.
Weber, Max (1904): Die ‚Objektivität' sozialwissenschaftlicher und sozialpolitischer Erkenntnis, in: Archiv für Sozialwissenschaft und Sozialpolitik 19, 1, S. 22–87.
Weber, Samuel M. (1975): Der Einschnitt. Zur Aktualität Vološinovs, in: Vološinov, Valentin N.: Marxismus und Sprachphilosophie, Frankfurt a. Main: Ullstein, S. 9–45.
Wegener, Philipp (1885): Untersuchungen über die Grundfragen des Sprachlebens, Halle: Niemeyer.
Weinrich, Harald (1964): Tempus. Besprochene und erzählte Welt, Stuttgart: Kohlhammer.
Weiß, Johannes (1975): Max Webers Grundlegung der Soziologie, München: Verlag Dokumentation (UTB).
Weissenborn, Jürgen (1988): Von der *demonstratio ad oculos* zur *Deixis am Phantasma*. Die Entwicklung der lokalen Referenz bei Kindern, in: Eschbach, Achim (Hg.): Karl Bühler's Theory of Language. Proceedings of the Conferences Held at Kirchberg, August 26, 1984 and Essen, November 21–24, 1984, Amsterdam/Philadelphia: Benjamins (Viennese Heritage/Wiener Erbe; 2), S. 257–276.

Whitehead, Alfred N./Russell, Bertrand (1910–1913): Principia Mathematica, Cambridge: Cambridge University Press.
Wiener, Norbert (1948): Cybernetics, or Control and Communication in the Animal and the Machine, New York: The Technology Press.
Wittgenstein, Ludwig (1971): Philosophische Untersuchungen, Frankfurt a. Main: Suhrkamp.
Wodak, Ruth et al. (1990): ‚Wir sind alle unschuldige Täter'. Diskurshistorische Studien zum Nachkriegsantisemitismus, Frankfurt a. Main: Suhrkamp.
Wootton, Anthony J. (1975): Dilemmas of Discourse. Controversies about the Sociological Interpretation of Language, London: Allen Unwin.
Wright, Georg Henrik van (1955): Ludwig Wittgenstein – A Biographical Sketch, in: The Philosophical Review 64, S. 527–545.
Wünsche, K. (1985): Der Volksschullehrer Ludwig Wittgenstein, Frankfurt a. Main: Suhrkamp.
Wunderlich, Dieter (Hg.) (1972): Linguistische Pragmatik, Frankfurt a. Main: Athenäum.
Wunderlich, Dieter (1976): Studien zur Sprechakttheorie, Frankfurt a. Main: Suhrkamp.
Ziff, Paul (1967 [1972]): On H. P. Grice's Account of Meaning, in: Analysis 28 (1967), S. 1–8. Wieder in: ders.: Understanding Understanding, Ithaca (N.Y.): Cornell University Press.

Sachregister

Abbildtheorie 63–65, 71, 212, 215
accountable 133, 138
acts of identity 169
adjacency pair Siehe Paarsequenz
Adressat 23, 26, 159, 167
Adressatenselektion Siehe Fremdselektion
Adressiertheit, doppelte 161
Affekt 111 Siehe Emotion
affektuelles Handeln 110, 111
Ähnlichkeit (*similitudo*) 26, 36
Akkommodation 108
Aktivitätstyp 65, 171, 184–186, 251
Alltag 116–126, 128, 129, 154, 158, 213
alltägliche Einstellung 119
Alltagsgespräch 138, 140–142, 145, 157
Alltagsinteraktion 191, 193
Alltagssprache 37, 49, 132, 223, 226
Anakoluth 108
analog (vs. digital) 45–46, 48
Angemessenheit 191
Animator 161 Siehe Sprecher
Anredeformen 29, 167–168, 169, 204, 206
Ansammlung Siehe *gathering*
Anspielung Siehe *innuendo*
Anthropologie, kognitive 200, 201, 203, 209
Antwort 140, 142

Anzeichen 26 Siehe Symptom, Index
Appellfunktion 20, 25–28, 34, 45
Arbitrarität (des Zeichens) 34, 45
Assertieren 186
Assonanz 37
Assoziationstheorie 64, 66
Ästhetisierung 191
audience Siehe Publikum
Aufmerksamkeitsfokus 157
Aufrichtigkeitsbedingung 84
Ausdrucksfunktion 25–27, 33, 36, 45
Auslösung 25
Aussage 78, 79
Äußerung 225, 232 Siehe *énonciation*, *slovo*
Austauschbarkeit der Standpunkte 208
authentische Performanz 190
Automatentheorie 7
Autor 162, 228, 238 Siehe Sprecher
avoidance process 153
avoidance ritual 151

backchannel behaviour 35
Bali 203–206
Bedeutung 13, 14, 40, 63, 68, 71, 77, 106, 107, 215, 216, 217, 218, 227, 252
Gebrauchstheorie 61
referentielle 167
wörtliche 97

Bedeutungstheorie 64, 66, 67, 92, 248
Begegnung *Siehe* fokussierte Interaktion
Begriff 67
Behaviorismus 8, 23, 24, 41, 51, 64
Beichte 236, 237
Beleidigung 75–78
Beratungsgespräch 86, 89
Bericht 56–57, 59
Bewerbungsgespräch 181–182, 188
Bewußtsein 214, 216, 220
Beziehung, soziale 112–113, 116–117, 120–121, 168 *Siehe* Wir-Beziehung
Beziehungsaspekt 45–48 *Siehe* Inhaltsaspekt
binary digit 10
binomiale Ausdrücke 37
biographische Erfahrung 118
Bitte 106
Blickkontakt 76, 108, 160
Botschaft (*message*) 14, 33, 36, 42, 54
Brauch 113
Brechungsexperimente 130–131
bricolage 196
Bühne 161, 192
Burschenschaften 75–76, 78
byplay 161
bystander 159, 161, 163

change-of-state-token 67
Code 13, 15, 36, 42, 92, 241
Code-Theorien (der Bedeutung) 93, 101
conversational schism 160
corrective process 154
crossplay 161

Darstellungsfunktion 20, 25–29
deference 151
Deixis 21–22, 28–29, 36, 52, 53, 55–57, 66, 76, 132, 162, 166, 167, 171, 172
 am Phantasma 172
 soziale 168
Deklarativ 82
Dekontextualisierung 177, 192–193 *Siehe* Kontextualisierung
demeanour 151
Denken 124
Denotat 22, 23, 25, 36
design features (of language) 21
Dialekt 217, 249–250
Dialog 203, 218, 220–221, 223–234 *Siehe* Intertextualität
dichte Beschreibungen 202–203, 207, 210
digital (vs. analog) 46, 48
Direktiv 82
disclaimer 95, 154
Diskurs 53–54, 56–59, 217, 226–227, 231–239, 244
 der Sexualität 235–237
 des Wahnsinns 235
 interkultureller 207–208
Diskursanalyse 239
Diskursgesellschaften 238
diskursive Praktiken 235
Diskurskontrolle 179
Diskurstradition *Siehe* Tradition des Sprechens
Diskursvorschriften 234
Doktrin 238
dokumentarische Methode der Sinngebung 134
Doppelbindung (*double bind*) 39, 49–50
Doxa 243
Du-Einstellung 120
Duzen 167–168

eavesdropper 159
einfache Formen 176, 179, 250
Einheitssprache 217–218 *Siehe*
 legitime Sprache
Einladung 125
Einleitungsregeln 83, 88–89
Ellipse 22, 65, 105
Emotion 33 *Siehe* Affekt
emotive Funktion 33
Empfänger 9, 15, 24, 33, 42,
 155, 241
 semantischer 12–13
encounter Siehe fokussierte
 Interaktion
energeia 27–28, 216, 224
énonciation 53–60, 106 *Siehe*
 Äußerung
Entropie 11, 12, 14
ergon 27–28, 216, 218, 224
Erklärung 111–112
Erwiderung 78, 138, 140, 142,
 173, 227
Erzählung 181
Erziehung 238
Etc.-Prinzip 134
Ethnographie der Kommunikation
 164, 184, 187
Ethnomethodologie 57, 117,
 127, 128–130, 133, 135, 137,
 142
ethnomethodologische Indifferenz
 129, 137
ethnomethodologische
 Konversationsanalyse 62
ethnoscience 201
Ethno-Terminologie 201
expliziter Sprechakt 83, 85
explizit-performatives Verb 74–
 78, 84
Expressiv 82
expressive order 154

face 92, 148, 150–155, 206, 210
face-to-face-Interaktion 119,
 120, 121
Fahrscheinkontrolle 165–166,
 172–173
Familienähnlichkeit 67
Familienhomöostase 39
Familientherapie 39
Feld 243, 244, 246
 soziales 242
fokussierte Interaktion 120, 156–
 160, 171
footing 156, 163, 166
Formalismus (russischer) 30, 36–
 37, 222
formation discursive 234–235
Formulierung 131, 172
Frage 87, 139–140, 142, 169–
 170
frame Siehe Rahmung
fremde Rede *Siehe* Redewiedergabe
Fremde, das 208
Fremdselektion 160
Frotzeln 196
„Funkkolleg Sprache" 8
Funktion
 emotive 33
 konative 34
 metasprachliche 35
 phatische 35
 poetische 36, 191
 referentielle 25, 34
funktionaler Ansatz 185

Gäste bei Tisch 151–153
GAT 16
gatekeeping 183
gathering Siehe Situation,
 soziale
Gattung 171, 175–186, 188,
 192–194, 198, 217–228, 234

Außenstruktur 179–180
Binnenstruktur 179–181
gesellschaftliche Funktion 183
Zwischenstruktur 180–181
Gattungshybrid 183
Gebrauch 63–69, 202, 210
Generalthese der wechselseitigen Perspektiven 118 *Siehe reciprocity of perspectives*
Generative Linguistik 201
Geschichten *Siehe* Erzählung
gesellschaftliche Struktur 227
Gesicht *Siehe face*
Geständnis 237
Grammatik 125, 162, 249
Gruß 94, 157

Habitus 243, 245, 247–249, 252
Hahnenkampf (auf Bali) 205–207
Handeln 41, 52, 58, 82, 112, 117–118, 202–203, 216, 242, 246–248, 251
  affektuelles 110–111
  interkulturelles 208
  soziales 54, 121, 123
  traditionelles 110
  wertrationales 110–111
  zweckrationales 110
Handlung 80–81, 104–114, 116–117, 120–122, 124, 128–129, 135, 138, 140, 186
  soziale 107–108
Handlungsentwurf 122–124
Handlungsmuster 184–185
Handlungssequenz 186
Handlungstyp 126, 170, 189
Handlungsziel 110, 124, 242
Hegemonie 215, 217, 239
Heiraten 72–73
Hemisphäre (Hirn-) 45
Hermeneutik 220

Heteroglossie 215–218, 225–227
Hintergrundwissen 16, 160
Höflichkeit 76, 92, 99–100, 167
Homogenität (von Sprache) *Siehe* Heteroglossie
Homöostase 42, 44, 49 *Siehe* Familienhomöostase
Hörer 13, 14, 16, 22, 25, 55, 60, 155–156, 159–161, 218–219
Humor 100, 194 *Siehe* Frotzeln, Ironie
Hyperbel 97
Hyperkorrektismus 248

ideale Konversation 95, 101
Idealisierung 118, 119
Idealtyp 109–110, 113–114, 202, 206
Ideologie 203, 213–221, 228, 232, 243, 252 *Siehe* Sprachideologie
Ihr-Einstellung 120
Ikonismus 21, 26, 35–36
Illokution 77–79, 81–82, 93
Ilongot 101
Image *Siehe face*
Implikation 73, 77
Implikatur 94, 97–99, 248
  konventionelle 99
  konversationelle 94, 98
  skalare 98
  Standardimplikatur 98
impression management 155
Indexikalität 21, 129–135, 137–139, 170–172
indices 26, 45, 172
Indirektheit 100
Inferenz 49, 97, 100–101
Inferenz-Theorie (der Bedeutung) 93
Informatik 7

Sachregister

Information 8, 10–12, 14–15, 40, 42, 96
Informationsquelle 9, 11, 13, 15, 33
Informationstheorie 34, 36
Inhalts- (vs. Beziehungs-) Aspekt 45–48
innere Zeit 124
innerer Vorgang 67
innerer Zustand 68
innuendo 160
Intention 54, 76, 94, 100–102, 138, 140
interaction order 148, 150–163
Interaktion 41, 128, 155, 218
 fokussierte 120, 156–157, 158–160, 171
Interaktionsgeschichte 139, 140, 142
Interaktionssystem *Siehe* System
Interjektion 33
interkulturelle Kommunikation 198–199, 207–211
interkulturelles Mißverständnis 174
Interpretation 140, 174
Interpunktion (des Verhaltens) 39, 43–44
Intersubjektivität 138, 140, 143
Intertextualität 183, 227–232, 235
Interview, ethnographisches 192
Intonation 29, 34, 169–170, 174, 219, 225
Ironie 97

Kanal 11–12, 24, 33, 35
Kanon 179
Kapital 244, 248
 kulturelles 244–245
 soziales 244, 246, 250–251
Karnevalisierung 217, 223

Kategorisierung 208 *Siehe* Typisierung
Kinder 161
Klassen, soziale 214–217, 242–244, 247–248
Kodierung 10, 12, 241
kognitive Anthropologie 200–201, 203, 209
Kommentar 238
Kommissiv 82
Kommunikation 20, 41, 241
 gestörte 47–50
 interkulturelle 198–199, 207, 209–211
 mediale 161
 pathologische 76
 phatische 45
Kommunikationsmodell 24–25, 33, 37, 41–42, 96, 113, 155–156, 163, 170
Kommunikationstheorie 7–17, 32, 35
Kommunikativ 82
kommunikative Kompetenz 189, 190, 197
kommunikative Pathologie 76
kommunikativer Haushalt 177, 184, 227
Kompetenz 197, 224, 241, 249
Komponentialanalyse 201
konative Funktion 34
konditionelle Relevanz 141
Kongruenz der Relevanzsysteme 118, 208
Konjektur 100
Konstativ 71, 77, 78, 82
Konstruktivismus 40, 135
Kontext 10, 11, 13, 15, 21, 40, 45, 52, 139, 147, 166, 167, 170, 210, 219
 sequentieller 89
Kontexttheorie 30, 60, 167

Kontextualisierung 46, 50, 57, 126, 163, 164–174, 180–181, 192, 198, 252
Kontiguität 26, 36
Kontrolle 238
Konventionalisierung 97, 111, 114, 121, 172–173, 179–180
von Sprechakten 74
konventionelle Implikatur 99
Konversation 96
ideale 95, 101
konversationelle Implikatur 94, 98
Konversationsanalyse 41, 62, 90, 114, 127, 129, 136–148, 155, 157, 160, 186, 225
Konversationsmaxime 94–102
Kooperation 95–99
Kotext 21
Kultur 198–211, 213
Kundgabe 20, 25
Kybernetik 7, 20, 31, 40, 42

langue 28, 36, 52, 58, 224, 226
Lauscher 156 *Siehe eavesdropper*
Lebensform 65
legitime Sprache 248–250 *Siehe* Einheitssprache
Liebesgeständnis 178–179
Listen 37
Litotes 95
lokutiver Akt (*locutionary act*) 77, 80
logischer Positivismus 44, 61, 115, 132

Macht 179, 182, 214, 232, 237, 243–244, 252
Malfeld 21, 28–29
Märchen 193
Markov process 10

Markt, sprachlicher 38, 217, 240–252
Marxismus 213
Materialismus 220
mediale Kommunikation 161
Meinen 65, 67–68, 88, 92–93, 113, 128, 170
Metakommunikation 39, 44–50
Metapher 36, 96, 97
Metaphrase 193
Metapragmatik 30, 35, 213, 251
metapragmatische Ausdrücke 75, 77
Metaregeln 44
metasprachliche Funktion 35
Metonymie 36, 96
Mexicano 189, 191, 192
Milieu 180, 226
Mißgeschick 109, 158
Mißglücken von Sprechakten 72, 83, 88
Mißverstehen 102, 119, 210
bei interkultureller Kommunikation 174
Modalität 34, 58
Monolog 224
Moral 183, 193
moralische Ordnung 151
Motiv 110–112, 116
Motiviertheit 122
Muster 186
Musterwissen 186

Nachricht 9–12, 15–16
Namensgebungsakt 26
natürliche Syntax 35
natürliche Einstellung 117–118, 122, 128, 208
Nennwort 28
Neuigkeit 140
new ethnography 198
Notruf 180

oh! 67
open state of talk 159–160
ordinary language 71
ordinary language philosophy 61, 70
Ordnung der Interaktion 148, 150–163
Organonmodell 18–20, 22, 25, 28–29, 32–33, 55
origo 21, 167
ostentative Definition 66
overhearer 159 Siehe Hörer

Paarsequenz 125, 141–142, 186
paradigmatisch 36, 54
Paradoxie, pragmatische 48–50
parole 25, 28, 36, 52, 54, 147
pathologische Kommunikation 76
Peinlichkeit 153
Performanz 147, 185, 187–197, 234
  authentische 190
Performativ 34, 59, 71–79
  explizites 74, 75
performative Analyse 82, 85, 92
performatives Verb 74–76, 82, 85
Perlokution 78–79, 81, 88, 93, 94
Personalpronomina 25, 56–58, 168
Perspektivierung 29
phatische Funktion 35
phatische Kommunikation 45
Phonetik 247, 250
Planen 110
poetische Funktion 36, 191
Polyphonie 222, 227, 229 *Siehe* Intertextualität
Positivismus, logischer 44, 61, 115, 132
Präsens 57

Präsuppositionen 73, 77, 88, 160, 171
Praxis 64, 216, 220, 224, 227, 240, 243, 246–248, 251
presentational ritual 151
pre-sequence 139, 142, 154
  Siehe Vorlauf
principal Siehe Sprecher 162
Privatsprache 68
Produktionsformat 161, 163
propositionaler Akt 81
Prosodie 26, 33, 59, 165–166, 169, 171, 172
Psychoanalyse 40
Publikum 161, 191–192, 196

Quantor 49

Rahmung 50, 171, 174
Raten 83–90
ratifizierter Teilnehmer 157, 159, 161
Rationalität (des Handelns) 242–243, 248
Rauschen 9, 12, 156
  semantisches 12–13, 15
recipient design 16, 60, 226
reciprocity of perspectives 119, 128 *Siehe* Generalthese der wechselseitigen Perspektiven
récit 53 *Siehe* Bericht
Rede 194, 196, 216, 220, 228, 230
Redebeitrag *Siehe* turn-taking
Redekonstellationstyp 8
Rederecht *Siehe* turn-taking
Redewiedergabe 162, 163, 223–224, 228
Redundanz 11, 14, 40, 42
referentielle Bedeutung 167
referentielle Funktion 25, 34
Reflexivität 133–135, 138, 140

Regel 67, 83, 84
  für Sprechakte 83
Regel des propositionalen Gehaltes 83
Regulativ 82
Reichweite 118, 157
Rekalibrierung 44, 47–48, 50, 171
Rekontextualisierung 166, 193, 194 *Siehe* Kontextualisierung
Relativitätstheorie, sprachliche 216
Relevanz 92
  konditionelle 141
Relevanzsysteme, Kongruenz der 118
remedial exchange Siehe corrective process
Reparatur 102, 130, 143, 144–146
  Präferenz für Selbstreparatur 145
Repräsentativ 82
Resonanz 26
response cries 108, 158
retrospektiv-prospektive Orientiertheit der Sinngebung 134
Rezipient 101, 138, 192
Rezipientensignal 35, 141, 159
Rhetorik 26
Ritual 74, 150–155, 196, 238
ritual order Siehe expressive order
rituelle Klammer 157
Rohrpost-Modell (der Kommunikation) 17, 156
Rolle 252
  soziale 171
Routine 140, 165, 178–179, 181, 183
Rückkopplung 42, 43

S → R-Kette 24
Samoa 100
sampling 10
Satz 226
Satzmodus 25
Schicht, soziale *Siehe* Klasse
Schismogenese 39, 42, 43, 50
Schizophrenie 41
Schrift 28
Sedimentierung 178
Seitenkommunikation *Siehe side-play*
Selbst 150, 154–155
semantischer Empfänger 12–13
semantisches Rauschen 12–13, 15
Sender 9, 11–12, 14–16, 24, 33, 42, 155, 241
Sentenz 250
Sequentialität 89, 138–147, 180
Sexualität, Diskurs der 235
side-play 163
Signal 9, 11–12, 26, 28, 45
Sinn 104–105, 107–108, 116–117, 128–129, 137–138, 140, 142
  durchschnittlicher 109
  gemeinter 109
  idealtypischer 109
  objektiver 105, 107, 121, 123
  subjektiver 105–107, 116, 123, 129
Sinngebung 113–114, 143, 209
  dokumentarische Methode der 134
  retrospektiv-prospektive Orientiertheit 134
Sinnzusammenhang 110–111, 116
  objektiver 121
Situation, soziale 29, 36, 49, 53, 57, 148, 155–163, 180, 252

Situationsentbindung 21–22, 28
slovo 214, 216, 226–228 Siehe Äußerung
small talk 35, 45
Solidarität 168
soziale Beziehung 112–113, 116–117, 120–121, 168 Siehe Wir-Beziehung
soziale Deixis 168
soziales Feld 242
Soziolinguistik 187
Soziologie 104
  verstehende 103, 112–113, 115, 127, 129
speech event 184–185
Spiel 243
Sprache 119, 125
  alltägliche 49
  legitime 248–250
Spracherwerb 119
Sprachfetischismus 249
Sprachfunktionen 25, 30–38 Siehe Funktion
Sprachgebilde 27–28
Sprachgemeinschaft 215, 249
Sprachhandlung 28
Sprachideologie 63, 82, 213, 217, 235, 248, 251
Sprachkritik 62
Sprachspiel 65, 184
Sprachtyp 215
Sprachwerk 27–28, 55
Sprechakt 27–28, 80–90, 184, 186
  expliziter 85
  impliziter 85
  indirekter 86
  Konventionalisierung 74
  Mißglücken 72, 83, 88
  Regeln 83
Sprechakttheorie 51, 59, 62, 67, 70–71

Sprechaktverb 59, 75, 85, 125 Siehe explizites Performativ
Sprecher 13, 16, 22–23, 25, 55, 155–156, 161–162, 167, 171, 218–219, 228 Siehe Autor
Sprecherwechsel Siehe turn-taking
Sprechhandlung 27
Sprechsituation 76, 167, 184
Sprechzeitpunkt 57
Standardimplikatur 98
Status, sozialer 153, 206
Stereotyp 210
Stil 169, 179, 242, 247, 250
Strukturalismus 30, 51, 218, 220, 226, 242
Subjektivität 26, 33, 58–60, 225
summons 29
Symbol 26, 28
Symbolfeld 21–22, 29, 53
Symptom 26, 28
syntagmatisch 36, 54
System 40, 42–44, 47–48, 52, 54, 216, 218, 224

Tabu 237
talking machine 161 Siehe Sprecher
Tätigkeitstheorie 185
Taufakt 35
Tautologie 97
Teilnehmer, ratifizierter (*ratified participant*) 157, 159, 161
Teilnehmerkategorie (*members' category*) 50, 128 Siehe Typisierung
Teilnehmerkonstellation 159–163, 167, 171, 180–181, 198
Teknonym 204
Tempussystem 55, 57, 59
Text 202, 206, 238
Textlinguistik 225

Textsorte 176
Thema 171
Therapie 40, 43, 47, 89
Thermodynamischer Hauptansatz 11
Tradition des Sprechens 177, 191, 226
traditionelles Handeln 110
transition relevant space Siehe Turnübernahme
Trope 95
Turnkonstruktionseinheit 145
turn-taking 145–146, 161, 225
Turnübernahme 108, 146
Typisierung 117, 119–121, 123, 125–126, 129, 147

Umfeld 25
Umwelt 44
Um-zu-Motiv 124–125
Unaufrichtigkeit 77
Universalpragmatik 82
urban legends 176
Urteilstafel 96

Varietät, sprachliche 58, 250
Verbot 237
Vergesellschaftung 112
Verhalten 41, 107, 108, 111, 120, 122–124, 129, 135–138, 242
Verkauf 183
Versprechen 75, 101
Verstehen 68, 105, 110, 112–113, 128, 140, 217, 219, 220
Verstehende Soziologie 103, 112–113, 115, 127, 129
Vertauschbarkeit der Standpunkte 118
Verzögerungsphänomen 108
Vokativ 26
Vorlauf 90, 139, 141 *Siehe pre-sequence*

Vorlaufsaktivitäten 90
Vorwurf 34, 84

Wahnsinn, Diskurs des 235, 237
wahr 65, 71–72, 77–78, 85, 95, 237
Warnen 84
Wechselseitigkeit der Perspektiven 123
Weil-Motiv 124–125
Werkzeugmetapher 22, 54
wertrationales Handeln 110–111
Wertrationalität 111
Wesentliche Regel 84
Wir-Beziehung 120–121, 125, 157 *Siehe* soziale Beziehung
Wirklichkeit 40, 117
Wissen 160, 183, 201, 209–210, 232, 234, 237, 245
Wissenstradierung 191
Witz 142
Wort (*slovo*) 214, 216–218, 226–228

Zauberformel 34
Zeichen 20–25, 27, 32–34, 54, 214–217, 220–221, 224, 227, 246
Zeigegeste 66
Zeigfeld 21–22, 29, 53
Zeigwort *Siehe* Deixis
Zeit 56–57, 205–206
    innere 124
Zeitgenosse 120, 205
Zeitstruktur von Handlungen 124
Zensur 249
Zeremonie 150, 154
Zuhörer, adressierter 159
Zustand, innerer 68
zweckrationales Handeln 100, 110, 113, 114, 116
Zweifeldertheorie 20–22, 28

Personenregister

Austin, John   27, 34, 58–59, 61–62, 70–82, 84, 93, 100
Bachtin, Michail   37, 212–232, 234–235, 238
Bateson, Gregory   7, 39–41, 171
Benveniste, Emile   26, 29, 33, 51–60, 106, 155, 162, 171, 217, 225, 232, 235
Bernstein, Basil   251
Birdwhistell, Ray   7
Bloomfield, Leonard   23
Bourdieu, Pierre   215, 217, 240–252
Bréal, Michel   51
Briggs, Charles   189, 191–192, 197
Brown, Penelope   149
Brown, R.   168
Bühler, Charlotte   18
Bühler, Karl   18–29, 31–36, 45, 52–53, 55, 172, 225
Carnap, Rudolf   44, 61, 115, 132
Castaneda, Carlos   117
Chomsky, Noam   10, 24, 147, 196, 197, 224, 240
Coseriu, Eugenio   28
Denzin, Norman   207
Dilthey, Wilhelm   220
Durkheim, Emile   104, 149, 154–155, 240
Ehlich, Konrad   184–186
Erickson, Milton   39
Fairclough, Norman   238–239
Foucault, Michel   226, 228, 232–239, 244

Frake, Charles   198, 200
Frege, Gottlob   13, 54, 61–62
Freud, Siegmund   46, 62
Gardiner, Alan   18
Garfinkel, Harold   40, 62, 127–136, 138–139, 171
Geertz, Clifford   198–211
Gilman, A.   168
Givón, Talmy   19
Goffman, Erving   35, 50, 92, 120, 135–136, 148–163, 171, 188, 207, 242
Goodenough, Ward Hunt   198, 200–201
Goodwin, Charles   108
Goodwin, Marjorie   161
Goody, Jack   154
Gramsci, Antonio   217, 239
Grice, H. Paul   91–102, 171, 242, 248
Gumperz, John   46, 50, 135, 164–174, 187, 198–199, 207
Gurwitsch, Aron   115
Habermas, Jürgen   82
Halle, Morris   30
Heger, Klaus   28
Hilbert, David   44
Hockett, Charles   7
Holenstein, Elmar   25, 32, 34
Holly, Werner   149
Humboldt, Wilhelm von   27–29, 57, 125, 216, 224
Husserl, Edmund   18, 51, 115, 117

Hymes, Dell 31, 184–185, 187–197, 207, 234
Jackson, Don 39
Jakobson, Roman 13, 19, 30–38, 46, 51, 53, 55, 191
Jolles, André 176, 179, 250
Kendon, Adam 158
Koerner, Konrad 27
Kotthoff, Helga 152
Kristeva, Julia 222
Labov, William 176, 187, 246, 251
LePage, Robert B. 169
Levinson, Stephen 149, 184–186
Lévi-Strauss, Claude 30
Luckmann, Thomas 112, 125, 175–186, 188, 191, 227
Maas, Utz 17
Malinowski, Bronislaw 35
Marr, Jurij N. 215
Marty, Anton 33
Marx, Karl 104, 214, 216, 240, 244, 247
Mathesius, Vilém 30
Medvedev, Pavel N. 37, 222
Meillet, Antoine 51
Montague, Richard 13, 132
Morris, Charles 42
Naumann, Hans 246
Ochs, Elinor 100
Parsons, Talcott 115, 127
Peirce, Charles 26, 36, 172
Plato 22, 25, 237
Prager Linguistenkreis 30
Raible, Wolfgang 28
Reddy, Michael 17
Rehbein, Jochen 184–86
Reichenbach, Hans 48, 132
Rosaldo, Michelle 100
Russell, Bertrand 44, 61, 64, 77
Ryle, Gilbert 61, 70, 203
Sacks, Harvey 136–147

Saussure, Ferdinand de 18, 25–30, 34, 36, 51–52, 147, 215, 220, 226, 240, 246–247, 249
Scheflen, Albert 7, 39
Schegloff, Emanuel 145, 155
Schlick, Moritz 61
Schulz von Thun, Friedemann 27
Schütz, Alfred 40, 109, 112, 115–129, 134, 157, 175, 181, 198, 205, 208
Searle, John 70, 80–90, 91, 93, 100, 186, 242
Selting, Margret 169
Shannon, Claude 7–17, 25, 31–33, 37, 40, 42, 91, 155, 170, 171
Silverstein, Michael 30, 172, 213, 251
Sperber, Dan 14
Spitzer, Leo 212, 219
Stalin, Iosif 215
Trubetzkoy, Nikolaj S. 19, 25, 30
Tukey, John W. 10
Tylor, Edward 200
Ungeheuer, Gerold 19
Vološinov, Valentin 203, 212–232, 238
Voßler, Karl 219
Watzlawick, Paul 7, 35, 39–50
Weaver, Warren 8–17
Weber, Max 41, 103–114, 116–117, 120–121, 123, 198, 202, 240, 242
Wegener, Philipp 18
Weinrich, Harald 51
Whorf, Benjamin 125, 216
Wiener, Norbert 7, 40
Wilson, Deirdre 14
Wittgenstein, Ludwig 19, 35, 44, 61–69, 70–71, 93, 128, 132, 184, 198, 203
Wundt, Wilhelm 18, 26